尚长荣题写《王紫苓评传》

王紫苓青年时代便装照

赵春华《福寿双全》图，以贺《王紫苓评传》出版

王紫苓《尚德傲骨》图

王紫苓《留香》图

王紫苓与周汝昌

王紫苓与荀慧生师徒

王紫苓与尚小云师徒

王紫苓（左）与启蒙老师魏效荀先生（中）

1960年5月王紫苓与梅兰芳先生

王紫苓与尚长荣亲切交谈

《白牡丹》电视剧开拍合影,前排左起:周桓、景辉、刘长瑜、梅葆玖、袁世海、吴素秋、王世续、王紫苓、张正芳、尚明珠

王紫苓与赵燕侠(右)

王紫苓与吴素秋(左)

中国艺术家评传
CRITICAL BIOGRAPHY OF CHINESE ARTISTS

戏曲卷

王紫苓评传

赵绪昕 著

主编 谢柏梁

中国文联出版社

图书在版编目（CIP）数据

王紫苓评传 / 赵绪昕著. -- 北京：中国文联出版社, 2023.12

ISBN 978-7-5190-5430-4

Ⅰ.①王… Ⅱ.①赵… Ⅲ.①王紫苓－评传 Ⅳ.①K825.78

中国国家版本馆 CIP 数据核字(2023)第 257373 号

| | |
|---|---|
| 作　　者 | 赵绪昕 |
| 责任编辑 | 张凯默 |
| 责任校对 | 秀点校对 |
| 封面设计 | 马庆晓 |
| 出版发行 | 中国文联出版社有限公司 |
| 社　　址 | 北京市朝阳区农展馆南里 10 号　　邮编：100125 |
| 电　　话 | 010-85923025（发行部）　010-85923091（总编室） |
| 经　　销 | 全国新华书店等 |
| 印　　刷 | 天津画中画印刷有限公司 |
| 开　　本 | 710 毫米×1000 毫米　1/16 |
| 印　　张 | 23.75 |
| 字　　数 | 359 千字 |
| 版　　次 | 2023 年 12 月第 1 版第 1 次印刷 |
| 定　　价 | 65.00 元 |

版权所有·侵权必究

如有印装质量问题，请与本社发行部联系调换

# 序一

## 年画·大观茶园·荀派·王紫苓

周汝昌

丁亥年腊月廿三，灶王爷上天的那一晚，我除了照例吃糖瓜之外，还作了一首怀念儿时祭灶的小诗，诗曰："一片饧香九十年，灶王依旧上青天。小宪立在灶台上，存在今朝值万钱。"

除了这些，那天晚上我又多了一层享受，就是友人正好送来一部《中国木刻年画集成》之杨柳青卷，于是立刻展卷快读，不禁喜出望外。因为其中的内容太丰富了，勾起了我百般思绪。这些思绪我都想写写，可那将会太繁乱了，成不了文字，只好先将几个最难忘却的片段暂记于此。

杨柳青年画是我平生最珍爱的民俗艺术瑰宝，那真是一种民族智慧创造的奇迹。我几岁时，慈母就唱民间俗曲给我听："天津城西杨柳青，有一个美人白俊英"；"巧手丹青能绘画——这家人，十九冬……"从那时起，我就把杨柳青的这位才女白俊英和年画联系在了一起。后来我一直想在讲年画的书上寻找白俊英这个美好的名字。如今这部《中国木刻年画集成》里是否有她的芳名，我还抱有发现她的希望。

这部《中国木刻年画集成》里的佳作，篇篇幅幅都令我爱不释手，可是最令人惊奇叫绝的是竟然有一幅是我青年时期常到的大观茶园。一经发现这幅奇作，我就把书合上，心里自言自语地说："行了，够了，有了这一幅，别的不看也就满足了。"读者也许要问，"你这话什么意思呢？"我答："这个茶园标志着我生平百般曲折坎坷中的一段重要变化。"简单地说，理由如下：这幅年画的右侧就明显地记有"官银号旁"四个大字，而官银号在我心目中实在可以称为具有天津特色代表的一处地方。我十几岁时，读初中是在天津市河北区大经（中山）路北端的觉民中学，每逢星期日，准许住校生外出游玩，我所能到的唯一一处地方就是官银号。但那时我这个少年学生是不能进茶园戏馆的，只能到老商务印书馆买一两本古典诗文。官银号实际是天津老城的东北角，到我升高中进入南开中学时，却转到了西南角，从此再无机会重游官银号这处可爱的地方。说来令我至今心有余痛：从九一八事变以后，我很快失学了，回到郊区老家经过百般的苦难，盼到了抗战胜利（1945年8月侵略军投降）。可是那时候国家政府并没有能力派军政人员到天津地区受降，我在家乡（天津东南郊）耐心地静候了疑问的一长段时间，这才有盟国军方由大沽口入境，来到天津举行受降礼——这些经过对我这篇小文又有关涉吗？答曰："我这样的叙述正是要说明，我从此才得以又到官银号重温旧梦。"这样一段大悲大喜的复杂心情，今天读我这篇短文的读者如何能体会其中的真情实感，那就不是我所能想象的了。到此，我这小文也方能回到本题，我重游官银号，已经是十多年以后的事了。我这时才有机会常常坐在大观茶园里欣赏我最喜欢的民族艺术京剧和鼓曲。

我常到的这处茶园名为大观楼，就是杨柳青年画上左侧标明的"大观茶园"。园子不大，还都是老式木建筑结构，园内气氛清雅，并无喧嚣庸俗之陋习，台上先是鼓曲、单弦牌子曲等献艺，然后开锣是两三出精彩的京戏，令我这曲迷、戏迷十分过瘾。据《中国木刻年画集成》书内的说明得知，这个小茶园始建于清光绪二十四年（1898），年画表现的上场门、下场门，上方有彩绣凤凰的横幅，下方有粉红色的绣帘，绣着梅花。而园内台上正演的是什么戏呢？——是《连环套》中《天霸拜山》，有趣的是，天霸的身旁有一匹真的白马。

从光绪二十四年（1898），到我坐在大观茶园内赏戏，已经是经历了近50年的时光了，而我所看的戏不是《连环套》的武戏，而是文戏。其中有一位年幼的花旦角色，年纪不过十五六岁，然而演技却非常出色，大方而自然，端庄而美丽，这是难得兼有的优长之处。我和四哥祜昌对这位小姑娘都非常赞赏，闲谈时常常提到这位"小花旦"。

这位小花旦是谁呢？原来她叫王紫苓。据她自述，她出身于一个贫苦家庭，自幼酷爱演艺，冲破种种困难障碍，终于得到了登台献艺的机会。如今其早已成为四大名旦中荀慧生荀派的继承艺术家，也是天津地方戏曲人才中的佼佼者。

四大名旦是梅、程、荀、尚，梅、程以青衣最为擅长，尚武旦戏演来精彩，荀则不同于梅、尚，独以花旦戏见长。我最喜欢荀慧生的《小放牛》，他和马富禄的牧童，演来真是人间绝唱、天上更无。如今王紫苓的戏似乎更宽泛了。

我和王紫苓女士素不相识，她因在报纸上看到我在拙文中赞赏过她的艺术，故以信函前来联络谢意，由此得见，她的毛笔字写得非常工整，而且给我写信时，一定要用宣纸，繁体汉字竖写，一丝不苟，文辞表达能力亦深有造诣，足见这一位老艺术家文化水平不同凡响，应该向她学习。我也多次敦促她写自传，给梨园史留下一份宝贵的历史资料，我也盼望不久能在天津电视台看到有关王紫苓的专题节目。

文末缀以小诗，诗曰：

其一：慈母歌吟忆幼时，柳青年画忒珍奇。美人柏俊英何在？细向新书觅旧姿。

其二：城隅东北角官银，小小茶园地可亲。题曰大观深有味，小中见大古犹今。

其三：荀派传人在紫苓，大观楼上管弦清。回眸60年前事，绣幕重温史可惊。

注：这里我还称呼"糖瓜"，其实是一个代词。糖瓜的形式，我在京城一般商店中已然多年不见了，故乡如何，无从得知。又，北京人管祭灶的麦芽糖叫作关东糖，天津似无此称，通俗称为大糖。旧时供灶王的小龛，市上有卖的，都是用高粱、玉蜀黍秆变成的，灶王升天焚烧神时，就一起烧掉了。我家的小灶王龛则是木质的，小巧可爱，假如能保存到今天，亦是一种民俗文物了。

戊子新正初二日

（周汝昌先生遗作，载于《今晚报·副刊》2008年2月22日，代为序）

# 序二

## 喜看硕果满枝头

周 桓

弹指一挥间,已届九秩之年,精力有限,很少外出活动,与许多老友也疏于联系。不久前,津门著名京剧艺术家王紫苓女士寄来信件,言说要将八十载从艺生涯成书,嘱我这位忝居京剧行列中的老朋友作序,让我很是欣喜,也使我回忆起与紫苓艺家相识、相交几十年的往事。

我的父亲是京剧戏迷,与诸多名伶往来甚密,我自幼受到熏陶,打3岁起就迷上京剧。20世纪50年代,我从部队转业到北京市文化局戏曲科,从事京剧相关工作,1959年至1963年,我又有缘任京剧大师荀慧生先生秘书,协助荀先生整理剧本和演出心得。紫苓艺家为荀先生爱徒,我们时常在荀宅或剧场相逢,十分熟悉。一直到1995年,为西单剧场闭幕纪念,我和爱人魏喜奎操办京剧、北京曲剧"两下锅"的《大劈棺》演出,已然花甲之年的紫苓艺家应邀出演田氏,她依然结合自己的年龄,有新的发挥、创造。可以说,几十年来,我亲眼看到她在舞台上下勤奋求索、孜孜追求。

紫苓艺家1932年出生在天津一个贫苦家庭,因为迷戏,10岁时随荀先生大弟子魏效荀学习京剧,后又向方连元、王润生等老师学习身段,由于她聪慧好学、勤奋刻苦,进步很快。1946年,紫苓艺家拜京剧大师荀慧生先生为师,荀先生非常喜爱她,说她天然腼腆含羞,具古代仕女气质,且不仅脸上有戏,还浑身带戏,是唱花旦不可多得的好材料。荀先生亲授了她《棒打薄情郎》《大英杰烈》《荀灌娘》《红娘》《棋盘山》、全本《玉堂春》《勘玉钏》《霍小玉》《钗头凤》等剧目。1949年,京剧大师尚小云见紫苓艺家武功扎实、求学若渴,也欣然收其为徒，先后亲授《杨排风》《穆桂英》《汉明妃》《乾坤福寿镜》《十三妹》《虹霓关》等尚派名剧。此后，为求深造，紫苓艺家又向名家筱翠花、宋德珠、李洪春讨教，亦得到精心指点传授。经多年舞台实践，已经形成了独特风格，特别是2015年应中央电视台之约，与全国老艺术家共庆重阳节，紫苓艺家以84岁高龄表演了载歌载舞的《打焦赞》片段。融合了荀、尚、筱、宋诸大家神髓，演唱上以情带声，先情后声；表演上出神入化、流畅自然。其优美的身形、柔美的念白、灵活的眼神、多变的步法，把伶俐飒爽的少女，表现得淋漓尽致、轻松自如。可见其功底雄厚，博得了国内外观众朋友的赞赏，为紫苓艺家的艺术魅力而倾倒，至今让观众念念不忘。

  20世纪50年代初，紫苓艺家奔走京津沪献艺，大部分时间在北京。她艺高人胆大，自己挂头牌，梅尚程荀的戏她均演，梅派戏她能演《凤还巢》《宇宙锋》；程派戏她能演《锁麟囊》《武家坡》《六月雪》；筱派戏她能演《大劈棺》《翠屏山》《武松与潘金莲》；宋派戏她能演《扈家庄》。所到之处，她必以荀师传授的《大英杰烈》打炮，饰陈秀英，前为花旦，活泼俏丽，后女扮男装武小生，英姿飒爽，再到后面武生开打火爆热烈，气度不凡。一个角色根据剧情刻画出三种不同人物风格，充分展示了王紫苓的聪慧天赋和演艺技巧，据我所知，敢动这个戏且声名远播者，只有天津的王紫苓和北京的赵燕侠。此外，她还别出心裁，安排剧目时，时常是前面她唱整本《红娘》，后面反串《白水滩》的十一郎；前面唱整本《杨排风》，后面反串《三岔口》的任堂惠；《武松》中，她前饰潘金莲，后演孙二娘。无论塑造任何一个角色，无论角色大小，她都是从人物出发，细致入微地刻画人物内心世界，使观众随着剧中人物的悲喜而动情。普通的一句台词，普通的一个身段，到了王紫苓身上，就和别人演出不一样，就让观众觉得眼前就是戏里那个人。许多观众说："有些演员的戏是'听'，而王紫苓的戏是'看'。她演得像真事儿，让你入神入戏，越看越带劲，连厕所都舍不得去，要是少看个表情和动作怪可惜的。看她的戏，不管看多少遍，也不腻！"当时在北京，用戏班的话说，紫苓艺家真是红得"山崩地裂"，因为她的表演清新脱俗、落落大方，因为台下的她温婉含蓄、真诚善良。她的戏迷大部分是知识分子，既有大学的教授和学生，又有翻译和职员，还有许多社会名流。那个年代散戏晚，戏迷们雇不上三轮车，无论路途远近步行回家，是常有的事儿。甚至散戏后许多热情的观众围在剧场门前不走，都想看看紫苓的"庐山真面"，那时紫苓单纯，不擅长交往，时常找个"替身儿"从剧场前门出来，而她被同行掩护着从后门溜走。行笔至此，让我想起一桩往事，20世纪80年代初，天津京剧院旅京公演，本来没有安排紫苓艺家的《潘金莲》，谁想因为一位主演临时嗓音失润不能演出其拿手剧目，北京老观众点戏，特请紫苓艺家露演《潘金莲》，并表示年轻时就没看够她演的这出戏，紫苓艺家青年时代在北京的影响，可窥一斑。当时风华正茂的紫苓不光受到观众疯狂追捧，就连杨宝森、李万春等大家亦曾邀她同班，均被一心想独挑大梁组班演出的紫苓婉拒。

1956年，紫苓艺家回到家乡参加天津京剧团，作为顶梁花旦，长年与武生翘楚厉慧良和张世麟合作。二位大师对紫苓艺家均极为看重，厉慧良先生演大轴，必请紫苓艺家垫一出《拾玉镯》《花田错》《打樱桃》或《柜中缘》，而张世麟演《战宛城》，必由她演邹氏；演《武松》，必由紫苓艺家演潘金莲。几十年来，除与厉、张合作，紫苓艺家自己也挑梁演出了多部"大块戏"，如《大英杰烈》《红娘》《佘赛花》《穆桂英》《杨排风》《弓砚缘》《铡判官》等，均受到内外行的交口称赞。

紫苓艺家爱戏如命，她经常开玩笑："戏是我的魂，有戏演，甚至聊聊戏，我就精神百倍，离开了戏，我就觉得浑身没劲儿！"为此，她还曾专门写过一篇文章抒怀——《人为本，戏为魂》。几十年来，紫苓艺家从未停止对京剧艺术的孜孜追求。1998年后，随着年事增高，她登台演出少了，把重心放在传承上来，经常到戏校为学生教课或在家培养青年，说起戏来，依然眉飞色舞、神采飞扬，示范身段一丝不苟。2009年，已然78岁高龄的紫苓艺家4次奔赴上海，将濒临失传的荀派早期代表剧目《棋盘山》保留精华、重新整理，亲授给优秀青年演员熊明霞，嘱咐她一定要抓住荀派"美、媚、柔、脆"之特色，以情为主，打出人物感情，并亲自示范高难度身段，使这出荀派名剧得以复活、传承，令业界人士深深感叹。

在繁忙的演出、传艺之余,紫苓艺家还潜心学习写作,以她旧时代闯荡江湖所经所闻为素材,创作出多篇反映旧戏班故事的小说,如《招财进宝》《老虎搭拉》《花红柳绿》,依然秉持她演戏的风格,入情入理、活灵活现。读着她的小说,仿佛耳边响起锣鼓经,仿佛看到各色人等登上舞台,可以说,她写小说,是"未登舞台心系舞台",把多年的舞台积累用文字表达出来。近年,紫苓艺家又迷上书画,所绘红梅,姿容俏丽铮铮傲骨,所绘清竹挺拔刚劲高节清风,同样是她心系舞台的写照,她要把舞台上的五颜六色渲染到画纸上,激励自己为振兴京剧艺术奉献晚霞余晖。

红了八十载的紫苓艺家,多才多艺的紫苓艺家,碍于时代局限,很遗憾没留有太多影像资料。她当年的风采,京剧艺术的后学者、年轻的戏迷不太了解。她又多年脱离舞台,生活中含蓄低调,她多方面的艺术才干,她呕心沥血塑造人物的心得体会,不为人知。那么,就请大家静静地翻开这本书,领略老一辈艺术家迷人的风采……

（周桓口述,刘万江执笔）
（作者系北京京剧院著名剧作家、评论家）
2019 年 1 月 12 日于北京

序三

# 赤子心　春不老
## ——京剧名家王紫苓印象

周哲辉

王紫苓是荀慧生、尚小云两位大师成就的天津名角，老戏迷都知道她是当年的"天津四大名旦"之一，红学大师周汝昌在年轻时就是她的粉丝。当代观众印象最深的，是2015年中央电视台戏曲频道《空中剧院》播出的重阳节京剧老艺术家演唱会上，84岁高龄的王紫苓先生表演了《打焦赞》片段，其行云流水般的步法、利落潇洒的身段、清脆讲究的白口、顾盼生辉的眼神，给人留下了极深的印象。晚霞散绮，春光永驻，宝刀不老，很多人评价当晚的演唱会，紫苓老师最佳。

作为两位大师的入室弟子，紫苓老师在舞台上呈现的荀派戏多，尚派戏少，并不意味着她向尚小云先生学习得少。1948年，她拜尚小云先生为师后，去尚先生家中跟随先生学戏半年多，学艺术，更学规矩，学做人，甚至后者对她影响终身。每次与她见面，提及尚先生，她沉浸在那种美好回忆中的神情，一下把我们也带入当时的情境中。尚先生家风严格，吃饭时长幼有序，恭让有礼，她第一次在先生家吃饭就学着长春、长麟师兄弟的样子敬师父、敬师娘、敬大哥、敬大嫂，得到了尚先生的赞赏。尚先生说话的语声温和而不失威严，未见其人，先闻其声的一声轻咳，能让正在说闹的室内一下归于寂静。每每说起这些，她便眉飞色舞、活灵活现地讲述，仿佛就让人看到她年轻的身影，就像尚先生在眼前一样。看紫苓老师的戏，是一种享受，听她讲述，更是一种难得的享受。

与她尊敬的尚小云先生一样，紫苓老师也是性情中人，爱憎分明，其性格使然，也有当年跟随尚先生耳濡目染的影响。2016年1月，正是数九隆冬，陕西省举办纪念尚小云先生诞辰115周年活动，我负忝受邀参加。王紫苓老师以85岁高龄在已60岁的弟弟陪护下，不顾严寒路远，由津赴陕莅临活动。25日上午，举办"纪尚"研讨会，匆匆间，天已过午，时间所限，紫苓老师未能在会上发言。回到酒店餐厅，她拉着我的手，委屈万分："为什么不让我说几句呢？虽然我在舞台上演老师的戏不多，但我跟老师学到了很多东西，老师的人太好了，他有一颗水晶心哪！我想念师父呀！"说话间，热泪流淌面颊。紫苓老师何尝没有一颗真诚的水晶心呢？她的委屈，绝不是对会议组织、主持人员的抱怨，更多的是缘于深厚的师生情而对尚小云先生的思念，是她爱憎分明、赤诚真挚、没有心机的性格流露。

2016年6月，尚小云先生家乡河北南宫举办"尚德南宫——纪念尚小云先生诞辰116周年"活动，王紫苓老师欣然受邀参加。她专门创作了一幅梅花图，参加书画展。演唱会地点在政府礼堂，舞台是光滑的木地板，没有专门的台毯，作为组织方，我们考虑王老毕竟年事已高，这样的舞台条件，不用表演节目，请王老上台献画，既有机会表达对尚小云先生的崇敬，也能满足观众一睹其神容的心愿。结果，王老提前悄悄来到演唱会地点，看了看场地，告诉我，没问题，可以演。当时参加演出的名角很多，李莉、鞠小苏、周莉、周美慧、查思娜、高秋云、金梦等许多尚派三四代传人的演唱，已经使演唱会喝彩声不断，高潮迭起。李万春弟子、82岁高龄的洪和昌演的黄天霸"走边"将李派武生风采演绎得惟妙惟肖，更如烈火烹油，将演唱会推到了一个新的高潮，年龄已经在老艺术家身上没有了概念。待到紫苓老师的《十三妹》一出场，一个举手扬鞭，一个如电的眼神，一声清脆的念白，就使台下炸了窝，哪里还有耄耋老人的影子，分明就是一个果敢俏丽的年轻女郎！

余生也晚，和紫苓老师相识、相交于近两年。在她面前，我是小字辈。每次见面、通话或微信联系，她的客气、谦虚，绝不是虚礼，那种神态和语气，透着对人的真诚和友爱，以及对艺术的虔诚和敬重。

紫苓老师擅演的《红娘》中，有一句唱词"春色撩人自消遣"。我忽然明白了她的微信昵称"春不老"的内涵，在京剧艺术的无边春色里，紫苓老师一如那个伶俐活泼的小红娘，陶醉其中，天真烂漫，她是永远的红娘、永远的十三妹、永远的春不老！

（作者系南宫市文化广电体育和旅游局党组书记、局长，邢台市戏剧家协会主席）

序四

# 赞大师姐王紫苓

荀令言

大师姐王紫苓是天津市京剧团的当家花旦、刀马旦，1946年即拜家父荀慧生为师，后又拜师尚小云先生，荀、尚两派俱通皆能，好一身的本领，文武双才，唱作俱佳，20世纪50年代即是风靡大江南北的红角。

2016年，我应邀参加南宫市举办的"纪念尚小云先生诞辰116周年演唱会"，与大师姐相遇，同台献艺，大师姐时年已是84岁高龄，与我应是隔代人，因家学之渊源，故我应称其为师姐，叫大师姐以为敬重。

演唱会名家荟萃，精彩纷呈。精彩之最当数大师姐，她演的《十三妹·悦来店》中的"趟马"片段，娴熟、自然的身段，疾如风驰电掣，缓若羽翔飞鸿，几个翻身后勒马亮相，沉稳有度，美不胜收，在雷鸣般的掌声中令人赞叹的是节奏与韵律的掌控。她推出的是精品，展现的是大师的艺术风貌，要知道这时的她已是年过八旬的耄耋老人，却显出宝刀不老，老当益壮，可见她的基本功该有多么的深厚、扎实。

我不禁回忆起20世纪80年代，正是百花盛开之际，大师姐虽然芳华已过，然而正值盛年，演出频繁，一场接一场，恢复的剧目一出跟着一出，令天津观众目不暇接、大饱眼福。其时，我经常在天津跟随恩师程正泰学艺，曾多次随家母看望大师姐和看她的演出。

一次，大师姐在中国大戏院演出《打焦赞》，彰显出大师姐深厚的功力，尤其舞棍"清场花"，舞动起来花团锦簇，如飓风呼呼作响，"叉拳"打得险中见奇，奇中见稳，脚下错落有致，方显出杨排风那又帅、又狠的高强武艺，与焦赞等人开打的"十八棍"打得更是高潮迭起。场内掌声雷动，赞叹声不绝于耳，只见台上哨棍碰撞的响声清脆，如疾风暴雨，棍与棍不离分寸，险象环生，令人屏声息气，忽又婀娜体态，莲步轻移，好个亦威亦谐、聪明伶俐的杨排风，大师姐太棒了！她的每次演出都出神入化、令人叫绝。

家母每每看到大师姐的演出，更是连呼"过瘾"，对我讲："紫苓1946年拜的你父，学戏很开窍（聪明意），尤其刻苦，令人心悦又心疼。每当学唱时，总不忘把腿'压'上，她文学戏、武练功，文武开工，从不懈怠，平时点滴时间都在抓紧积累，才有她今天的火候。"家母感叹道，能把荀派戏唱得又好又全，当数大师姐，她不但擅演《红娘》《勘玉钏》《红楼二尤》《十三妹》《杜十娘》《霍小玉》这些眼前的荀派戏，像《荀灌娘》《人英杰烈》这样吃功夫的戏，她也能轻松驾驭，这可就不是每位徒弟都能胜任的了。

我深知这既是家母夸赞大师姐，也是在对我谆谆教导。

向您学习！大师姐，学习您把京剧艺术当作第二生命，一生锲而不舍。看今天的大师姐，仍然坚持每天练功，她以辛勤为乐，她是真正的"春不老"（大师姐的微信名）。

（作者系京剧老生演员，荀慧生三公子）

序五

# 胞姐王紫苓坎坷的艺术人生

王宝麟

我姐姐王紫苓的一生,是艰苦的一生、忙碌的一生、顽强奋斗不服输的一生,更是将艺术视作生命的一生。

我家中姐弟七个,我最小,王紫苓是我二姐。自打我记事起,为了生活,母亲就带二姐和我没日没夜地在外地奔波演出,因此我和二姐最亲。

二姐王紫苓成名后,每天演出很晚才回来。她为这个家含辛茹苦操劳了一辈子,十分不容易。因此,我们很尊重她,也很心疼她。在她休息时,我们屏声静气,都悄悄地躲在一边,不敢乱动。

二姐王紫苓的舞台表演艺术精益求精,表现喜怒哀乐处处到位、深入人心、老少咸宜、雅俗共赏。可惜当年条件匮乏,基本没有影像录音资料。那个年代不像现在的媒体宣传得这么到位,全凭王紫苓刻苦修练的真功夫来报答观众。

二姐为人处世一生光明磊落!刚直不阿!待人诚恳!不求私利!把几十年积累的艺术心得,不计报酬,无私地传承给后来者,堪称德艺双馨。

正因为二姐王紫苓在表演艺术上要求很高,很严谨,性格直率,所以至今没有正式收徒弟,以致她的表演艺术的精髓没能全面地传给下一代。年青一代很少有人看过她的演出,更不知道她表演艺术的精髓和魅力,令人惋惜。因此,我尽量帮她寻找亲朋好友、梨园后代收集资料,自学电脑,拍照录像,制作了一些难能可贵的照片,大多是晚年很少的一部分资料,特提供出来以保证此评传能够全面地展现她的艺术和生活。

尚门英姿杨排风，
小家碧玉金玉奴；
出神入化玉堂春，
荀韵留香红娘舞。

年复一年白发渐，
岁月匆匆一瞬间；
艺术生涯苦回首，
舞台风采难再现。

写于 2020 年 12 月 20 日

王宝麟、（右）王紫苓姐弟悉尼合影

# 前　言

赵绪昕

"楼前百戏竞争新，唯有长竿妙入神。"（唐·刘晏：《咏王大娘戴竿》）

在20世纪40年代的"百戏竞争新"中，中国京剧舞台脱颖而出一位"妙入神"的京剧新秀，如冉冉升起的一颗明星，她就是王紫苓先生。

王紫苓是一位京剧著名表演艺术家，国家一级演员，她是京剧旦行荀（慧生）派和尚（小云）派两大主要艺术流派的非遗传承人，被列为国家艺术资助项目的京剧尚派艺术表演人才培训班聘为教学督导。20世纪五六十年代，她在北京挑班演出，因表演细腻、文武兼备颇得观众赞许，后受邀入天津市京剧团任当家花旦，享有"天津市四大名旦"〔丁至云（梅）、林玉梅（程）、杨荣环（尚）、王紫苓（荀）〕的美誉。她还曾连续4年被评为天津市市级先进工作者及天津市市级劳动模范（1958—1961），被聘为天津市少儿京剧活动中心的艺术顾问、天津市振兴京剧艺术基金会理事、天津市表演艺术咨询委员会终身委员。享受国务院特殊津贴，并荣获全国京剧终身成就奖及非物文化遗产传承人。

她从10岁开始跟随启蒙老师、荀慧生先生早期亲传弟子魏效荀先生学习京剧旦角戏。之后，她成为天津德高望重的京剧名家三吉仙（王润生）先生的入室弟子，并先后拜京剧荀派艺术创始人荀慧生先生、尚派艺术创始人尚小云先生为师，深得两位京剧大师的言传身教。在全国京剧演员中，能够有幸得到荀慧生、尚小云两位艺术大师的亲传亲授，传承荀派和尚派两大重要流派艺术的已属凤毛麟角。时至今日，身兼这两大流派艺术的亲传弟子，恐怕王紫苓先生是硕果仅存了。

不仅如此，王紫苓先生在继承荀慧生、尚小云两位前辈艺术大师的流派艺术基础上，又虚心学习和吸收筱（翠花）派、宋（德珠）派等流派艺术精华。她广征博采，刻苦钻研，文武兼修，积累了丰富的舞台演出经验，心得颇多，结合自身条件和时代变化，有不少的艺术创造，形成了她自己的艺术风格，在同行中威望很高，在广大观众中享有盛誉。

因此，记下王紫苓先生的艺术生活经历，特别是总结她从艺将近80年的表演艺术经验，将她的这些宝贵经验与心得传播开去，保存留世，提供给后学演员和戏校老师引为借鉴，对传承和保护中国传统民族文化，特别是京剧艺术，其意义是不言而喻的。10年前，《红楼梦》著名研究家、诗人、书法家周汝昌先生在其《年画·大观茶园·荀派·王紫苓》一文中写道："我也多次敦促她写自传，给梨园史留下一份宝贵的历史资料。"（《今晚报·副刊》2008年2月22日）如今周老作古，本人希望这本《王紫苓评传》能为京剧的发展与传承略尽绵薄之力，也算是圆共为天津同乡的乡贤周汝昌老人一个遗愿吧。

20世纪80年代初期，经陈书成医生的介绍，我与王紫苓先生相识。在舞台上认识她的时间要早得多，20世纪50年代，我10多岁时就开始在天津新中央戏院、天华景戏院、中国大戏院、新华戏院等处看她的戏，对天华景戏院、中国大戏院前厅悬挂的她的剧照至今印象深刻，舞台上她那灵动的艺术形象给我留有深刻的记忆。我认为，王紫苓先生确是一位不可多得的花旦优秀表演艺术家。

1980年开始，我致力于京剧史研究和文艺评论，为积累口述的活史料，补充京剧资料的不全或对不确定的资料进行勘误，撰写名家传记，采访过诸多京剧艺术家，其中就包括王紫苓先生。不过当时她的身体健康状况不稳定，对她不便过多打扰，对她的采访便停了下来。时隔十余年，1996年年末和1997年相交之际，年近96周岁的京剧前辈大家赵松樵先生不幸病逝，我受赵老家属之托，协助打理葬礼期间的文宣和联络工作。例如，赵老的悼词是我撰写的，由我提议请来李紫贵、叶盛长、王金璐、谭元寿四位到天津参加追悼会等。王紫苓前去赵老寓所吊唁，我与她不期而遇，自那之后我们恢复了联系。2000年以后，我与王老师时常相聚，谈戏论艺，过从较多，但却拿不准从何处切入为她动笔。2010年，看到她为上海京剧院著名荀派花旦演员熊明霞指导排演的《棋盘山》在中央电视台播出以后，我突发灵感，在《中国京剧》杂志当年第7期正式为她写了一篇长文《荀派名家王紫苓》，总算了却我多年想为她写点东西的一桩心愿。大约在2012年以后，王紫苓先生开始明确表达邀请我为她写书的意愿。她不无感慨地说："这件工作如果在30年前我们初识时开始着手就好了。"对此我也有同感，只是当时她的身体状况不允许，以致此事一拖就是二三十年。耽误的时间实在太久啦，对流逝的时光嗟叹唏嘘，于事无补，莫如以勤补拙，亡羊补牢，犹未晚也。

王紫苓先生出书之念拖延至今，还有另一个因素，她在"曼衍鱼龙戏，簇娇春罗绮，喧天丝管"（宋·柳永：《破阵乐·露花倒影》）的舞乐中，不仅成为一位斐然的京剧表演艺术家，而且她把自己锤炼成了一位作家，她有自己写传的宏愿。我与她都是中国作家协会天津分会的会员，作协成为我们加强联系的另一条纽带。20世纪80年代中期，她发表过多篇小说作品，得到过著名作家方纪、原《天津日报》报社负责人石坚、温超藩及李克明等几位文化界老友的指导帮助和热情鼓励。1988年，她在接受《天津书讯》记者的采访时曾表示："待病情好转，条件允许时，想以自身经历为素材，写一部自传体的长篇小说。"可是自那以后著书立说之事延宕了20余年，如今她是八旬开外的老人了，心有余而力不足。承蒙先生信任，约我合作，完成此愿。看到比我年长10多岁的她精气神那样地足，对艺术的热情依然如故，我受到了很大鼓舞和激励。尽管自知才疏学浅，推托和谦让不恭，还是勉为从命，尽力而为吧。从我有针对性地加紧搜集有关她的资料开始，就与她经常相聚晤谈。经过四五年的努力，撰就此书，今天终于拿出来奉献给读者，接受朋友们的检验。书中难免有不当之处，敬希读者指正，勿因笔者不才而伤王紫苓先生德艺之一二。

王紫苓先生的生活积淀厚重，多才多艺，善绘画、写小说，作品深得专家和读者们的喜爱与赞扬。文学创作是她艺术成就的一个重要方面，本书原稿将她的主要小说作品收入，希望读者在欣赏到她表演艺术的同时，也能领略到她那极富天津风味的独特文采，多方位展示她的艺术才华和人生辉煌。但出版方认为这部分内容与本次出版主旨有所游离，故此只好忍痛割爱了。

本书的成功出版要特别感谢王紫苓老师的胞弟王宝麟、妹夫孙珍先生，是他们长年一直陪伴和照护胞姐，帮助收集、保存、整理资料和照片，做些电脑处理等工作，为本书的出版积极筹划，提供图片和相关资料，付出大量劳动和精力，可称是幕后英雄。此外，画家赵春华女士为本书的出版热情作画以示祝贺，画家诗予先生为本书部分图片无偿做扫描，以及最后所用图片的编排合成工作，在此一并深致谢意。

明代《荆楚岁时记》载有《饮菖蒲酒》诗云："采得菖蒲届端阳，酿成美酒送异香。角黍蔗浆祝尔寿，何妨纵饮入醉乡。"2020年正当王紫苓先生88岁寿诞，本书权当一樽"角黍蔗浆"的菖蒲酒，奉上敬贺王紫苓先生米寿。

赵绪昕

2018年3月25日修订于艺文寒斋

# 我的感言

王紫苓

光阴似箭,转眼白头,回忆往事,历历在目。

我的一生虽然为艺术而奋斗,为艺术而献身,竭尽全力,但由于个人能力有限,只觉得仍是庸庸碌碌,深感惭愧。

20世纪80年代,我写了回忆录形式的小说,得到了各界人士的认可、赞许。此时,朋友们希望我写一写艺术生涯,我觉得时机未到,因而没有动笔。这个阶段我继续教学,录音录像、当评委等工作。但是我总想有机会再登舞台,再见观众,争取为更多观众服务。熬到2015年,我总算登上了我一生当中唯一一次的中央电视台,现场直播《打焦赞》一折,和全国老艺术家共度重阳节。这是对我一生的总结,对我一生艺术成就的考验,我非常重视,更非常珍惜。在短短10分钟的演唱中如何做到人物的完美无缺,这是我晚年面向国内外戏迷朋友、新老观众和知音的一次亮相,只许成功,不许失败。演出中得到了国内外观众的一致认可及同行的赞许。我做到了先师们对我的谆谆教诲:投身艺术就不怕牺牲,对艺术要精益求精、一丝不苟、认真负责,要避浮夸,敏于行。

我自省多年来尚算自律,做到了胸怀坦荡,台上演出认真负责,台下生活艰苦朴素。我一生获得多种荣誉,我要把这些荣誉奉献给我的前辈、老师、观众、朋友、家人,感谢那些当年为我无私奉献、默默无闻的幕后英雄。

赵绪昕先生在20世纪80年代,诚心诚意想给我写艺术生涯,各种原因拖延至2016年,我与作家和戏曲评论家赵绪昕先生才坐下来商议,总结我的艺术生涯。回忆往事，酸甜苦辣咸五味杂陈。想当年学戏，一幕幕浮现眼前。都说练功苦，我却觉得甜，因为不吃苦，怎能有收获，怎能有成就。台上一招一式，都是坚持练习、勤学苦练而来，哪怕一个眼神、一个台步，甚至一个亮相，都需要无数次地对着镜子潜心研究，没有镜子就对着玻璃窗，甚至在太阳光下对着自己的影子，一遍一遍地揣摩提炼而成。所以至今的舞台成就，应该感恩的是那些无私奉献、掏心掏肺、全心全意、一丝不苟教导我的老师和戏迷爱好者及亲朋好友。联想到父母对我前途所做的努力、忘我和牺牲，总是热泪盈眶，心怀愧疚……

提起学戏，是因为小时候看了白玉霜饰演的《苏小小》而爱上演戏，不如说我是"饿"极了，我想打童工赚钱养家，但爸爸舍不得，吃白饭自己又不忍，学戏是当年的唯一出路，几年后就能赚钱养家糊口，改变家庭状况。幸喜遇到了魏效荀先生，看好我是块学戏的好材料，倾囊相授，他同情我家境贫寒，不收报酬，就是穷学。

穷人的孩子早当家，不知什么原因，我小时候特别懂事，又超人地聪明，学戏特别快，过目不忘，因而人见人爱。经过老师的悉心指点，精心栽培，我的艺术不断进步，日渐成熟。在演出中，先辈们对艺术的认真、对晚辈的提携深入我心，使我知道了先做人后演戏，以德为先，人与人之间应该互帮互爱、互教互学，团结"一棵菜"。所以我感觉后台是个大家庭，温暖和谐，前辈们看我哪里不足，立刻指导，并高兴地说"又给你置了二亩地"，回家后我认真分析摘为己用，丰富自己的舞台效果和人物的认知。

总之，我认为一个演员的成名需要无数个辛苦的不眠之夜，老师们无数次的悉心教导、无数位前辈无私的引领、无数位无名英雄，以及家人的维护和付出。因而，谨遵师训，严于律己，宽以待人，以台下苦练的汗水换取台上的风光。每演一个剧中角色，都要演出一个人物的灵魂，超越自我，争取给观众留下无穷的回忆。

赵绪昕先生是我信任的人，忠厚纯朴，有德有义，文笔甚健，著述等身，帮我查找资料，不分春夏秋冬，四处奔走。我的弟弟宝麟及妹夫孙珍为了搜集我的演艺资料，学习电脑，打印复制，翻找照片、视频，很是辛苦。在他们的密切配合协作下，约两年时光，终成此书。虽不能表达我的全部，但我尽心尽力，毫无保留地留下些许心得和历史历程，给老观众一个回忆，给新观众一个了解，更是给天堂的父母一个交代，我没有辜负他们对我的期望，在这里我深深鞠上一躬，他们可以安心瞑目了……

在此对我的各位恩师以及所有帮助过我的人，表示深深的爱意。

2019年春写于天津宅邸

# 目 录
## contents

一、艺术生涯 ·································· 001
　　初学入门 ······························ 002
　　拜师学艺 ······························ 009
　　搭班挑班 ······························ 031
　　加入市团 ······························ 056
　　赴朝慰问 ······························ 062
　　艺术盛期 ······························ 074
　　下厂下乡 ······························ 094
　　复出登台 ······························ 098
　　晚霞映红 ······························ 107

二、谈戏论艺 ·································· 115
　　（一）综述 ···························· 115
　　（二）概论 ···························· 118
　　（三）《拾玉镯》 ······················ 130
　　（四）《红娘》 ························ 143
　　（五）打焦赞 ·························· 148
　　（六）柜中缘 ·························· 156
　　（七）红楼二尤 ························ 163
　　（八）《女起解·玉堂春》 ·············· 173
　　（九）《王宝钏》 ······················ 178

001

（十）佘赛花 ……………………………………… 186
　　（十一）武松与潘金莲 …………………………… 196
　　（十二）《战宛城》 ……………………………… 209
　　（十三）铡判官 …………………………………… 215
　　（十四）曾演剧目总览 …………………………… 221

三、传艺授业 …………………………………………… 223

四、艺术散论 …………………………………………… 230

五、艺事年谱 …………………………………………… 253

六、文学成就 …………………………………………… 271

附一　王紫苓表演艺术评论选 ………………………… 280
　锐意求新
　　——谈王紫苓演出的《红娘》 …………… 王永运　280
　美的艺术　美的性格
　　——评王紫苓演出的《拾玉镯》 ………… 李　雁　282
　常将磨洗展新容
　　——京剧《武松》人物初探 ……………… 孙淑英　285
　情之所至
　　——看王紫苓演出的《红娘》 …………… 公羊子　287
　近访王紫苓 ………………………………………刘光斗　290
　荀派名家王紫苓 …………………………………赵绪昕　292
　充满朝气的王紫苓 ………………………………赵绪昕　299
　津沽的荀派"双苓" ……………………………赵绪昕　302
　戏韵丹青梅花香
　　——我与王紫苓大师切磋画梅 …………… 张学强　308
　青春永驻俏花旦 …………………………………刘万江　310

题　著名京剧表演艺术家王紫苓先生
　　………………………… 南宫尚小云纪念馆敬赠　313
名家、观众评论摘选 ……………………………… 314

## 附二　王紫苓回忆文选 ……………………………… 320

喊嗓子
　　——学戏生涯 ……………………… 王紫苓　320
我与周汝昌先生的交往 ……………………… 王紫苓　325
师艺师德育后人
　　——怀念师父荀慧生先生 ………… 王紫苓　328
我与天津中国大戏院的渊源 ………………… 王紫苓　333
回忆名丑张永禄先生 ………………………… 王紫苓　336
浅谈荀派名剧《棋盘山》
　　——我赴上海京剧院为熊明霞说戏 … 王紫苓　339

# 一、艺术生涯

王紫苓,女,京剧旦角,1932年12月生于天津,著名京剧荀派表演艺术家,为天津京剧院国家一级演员、非物质文化遗产传承人、中国戏剧家协会会员、天津市表演艺术咨询委员会委员、上海荀派艺术研究会会员、天津作家协会会员。

王紫苓幼年家贫,酷爱京剧,8岁(应为10岁——笔者注)由魏效荀开蒙,1946年拜荀慧生为师学艺,后又拜师尚小云,系早期荀慧生、尚小云亲传弟子,还曾受到筱翠花、宋德珠指点,边演出边实践。由于她聪慧好学,不仅能戏颇多,如工青衣、花旦、武旦、刀马旦兼武生等文武兼备、戏路宽广,而且她唱念韵味纯正,表演细腻,身段优美,武功出众,跷功扎实。20世纪50年代早期就自己挑班巡回于京津沪等地,以精到的荀派花旦著称,受约参加国营天津市京剧团担当首牌花旦,与厉慧良、张世麟均有合作。她的荀派戏尤为精到,演出《霍小玉》《红娘》《勘玉钏》等荀派经典,把老荀派的古典美表现得淋漓尽致。在《战宛城》《武松与潘金莲》《大劈棺》等非荀派独有的剧目中,她将荀、尚、筱、宋等艺术特点,综合成自己独有的表演艺术风格。她基本功扎实,演《银空山》中扎硬靠的代战公主,一个大圆场就赢得满堂彩。她在《大英杰烈》中饰陈秀英,前面是荀派花旦,秀丽婳娜;后半出陈秀英女扮男装,改为武小生的扮相,英姿飒爽,却仍于细节处显出女儿本色,开打火爆炽烈,但绝不脱离人物刻意卖弄。

王紫苓盛年时期的常演剧目:荀派剧目有《坐楼杀惜》《十三妹》《红娘》《勘玉钏》《钗头凤》《杜十娘》《红楼二尤》《霍小玉》《荀灌娘》;骨子老戏有《大英杰烈》《红梅阁》《战宛城》《拾玉镯》《翠屏山》《大劈棺》《武松与潘金莲》《武家坡》《汾河湾》;梅派剧目有《凤

还巢》；尚派剧目有《失子惊疯》；程派剧目有《锁麟囊》《六月雪》；反串武生戏有《三岔口》《白水滩》《八蜡庙》等。

——百度百科

## 初学入门

1945—1965年，中国菊坛的上空闪烁着一颗耀眼明星，集青衣、花旦、刀马旦于一身，汇荀（慧生）派、尚（小云）派、筱（翠花）派、宋（德珠）派艺术于一体，驰骋于各地的京剧舞台，那是她表演艺术由崭露头角到如日中天，进而达到登峰造极的时期；1978年以后，她二次复出，在此后的三四十年中经常登台，奉献技艺，依然星光熠熠，更显成熟稳重，俨然京剧艺术大家；但如今已是年近九旬的老人，88岁时仍然活跃于氍毹之上展现才华，表演《打焦赞》《十三妹》时那矫健婀娜的精彩身姿，方显宝刀不老、余勇可嘉。这就是有80年艺龄的京剧旦角大咖——王紫苓先生。

王紫苓，女，京剧表演艺术家，原名王淑慧，天津市人，1932年农历十二月二十九日在天津市河北区元纬路宝庆里8号院的一个城市贫民家庭出生，原籍蓟县（今天津蓟州区）。她在4岁时第一次接触戏曲，从此与戏曲结下了不解之缘，10岁开始学戏，14岁正式拜师学艺。她学艺和从艺以后，曾使用过几个名字，如紫灵、芝灵等，觉得都不理想，最后她与父亲一起商量确定"王紫苓"这个名字。从此她以此名行世，响名至今。

她跨进京剧的门槛，最初的引路人也是她的启蒙老师，即京剧旦行"荀派"艺术创始人荀慧生先生的早期弟子魏效荀先生。家里确定她正式要从艺之后，她又先后正式拜师荀慧生、王润生两位先生。随着她在艺术上逐步提高，武功大有进步，为了扩展戏路，多方面吸收艺术营养，她又拜京剧旦行"尚派"艺术创始人尚小云先生为师，尚先生给她取名为"凤秋"。紫苓的大师哥叫"长春"，二师哥叫"长麟"，尚小云先生想：如果再有一个"凤"就好了，于是给紫苓取了"凤秋"这个名字。可是，连同荀慧生先生给她取的名字在内，这些名字都没有叫起来，还是王紫苓这个名字用了一辈子，如今很少有人知道她曾有的或曾用过的那些名字，就连她本人和她的家人的记忆也越来越模糊。

王紫苓小时候住在一个有前后院的二进院落，这里居住着多户人家。她家住前院，后院住着一位姓李的叔叔，因为他是在戏园子里跑票，所以邻居们都叫他"票李"。有一天，李叔从外边回来，先到紫苓家门口，对在家里整天干家务照看孩子的紫苓她妈说：

"嫂子，知道你平时爱听戏，我带来两张戏票，你们两口子去看看戏，也出去散散心，你们整天挺辛苦的，我看也没个闲着的工夫。"

"哎呀，你看看，她李伯伯（天津口音读 bai）还惦记着我们，谢谢大兄弟。你瞧这几个孩子整天把我给困住啦，哪儿也甭想去，还有心思和工夫去看戏呀。这倒好，你还把票给送到家啦。多少钱呀？"紫苓她妈站在屋门口应承着李叔。

"瞧您说的，还要什么钱呀，这是我送给你们的，提钱不就见外了！"

"哎哟，那合适吗？"

"这有什么不合适的，都是多年街坊邻居的，难道还没有两张戏票的交情吗？要是要钱，我就不给你们啦！"

"那可就谢谢大兄弟啦！"

紫苓她妈客客气气地把李叔送走，脸上还布满笑容。她心想："虽然自己平时喜欢听个戏，可这贫寒的家境，丈夫整天在外为家奔饭辙，自己操持家务连带照看几个孩子，哪有闲钱和工夫去戏园子呢。今天有好心的邻居给送来戏票，不花钱去看戏，可是少有的机会，这得跟她爸说说，无论如何也要去。要是她爸没工夫去，或不愿意去，我就带上孩子去。带谁去好呢……对，就带那个又机灵又活泛的二闺女去吧。"紫苓在家排行老二，父母在家就以"大的""二的""三的"这样称呼孩子，这是天津人的习俗。想到这儿，紫苓她妈就对紫苓说："二闺女，回头跟我看戏去！"

这时的王紫苓刚刚 4 岁，这次是她有生以来第一次去戏园子，到北洋戏院看白玉霜演的《苏小小》。小紫苓看到演员以"小碎步跑圆场"下去，人就像飘着走一样，当时她还以为演员穿着溜冰鞋呢。看戏回来后，她时不时地在院子里模仿戏台上演戏的样子，学起来还真是有模有样，十分认真。也怪了，既没人教她，也没人让她去模仿，你说她怎么只看一次戏，就对演戏这种事着魔了呢？她母亲不知道这次看戏会给自己女儿的心灵带来那么大的震撼，以至于影响到她的一生，决定了孩子一辈子的人生之路。同院另一位伯伯看到小紫苓这样，就对她父母说："不如让这孩子学唱戏吧，你看她整天着魔似的，还那么有模有样的，兴许是个唱戏的料儿！"让她学唱一段，还真像那么回事。

什么是天赋、什么叫命运，也许这就是，机缘使然。

可是，尽管家里经济上并不富裕，做父母的总是不愿意耽误孩子上学的机会，哪怕自己省吃俭用，也要千方百计让孩子们读点书、学些字，这可太重要了。后来的事实证明，王紫苓念了几年书给她的从艺生涯带来了莫大好处，在领会剧情和人物上比没进过学校念书的演员容易开窍。她之所以学戏那么快，理解剧情和人物那么透彻，对戏和人物的悟性那么好，一点就透，即使不点她也能自通，而且能写一手好字，除了有一定的天赋条件和刻苦用功之外，主要就是得益于她念过几年的书。在那个时代，戏曲演员中上过学认识字的人太稀少了。

青年时期的王紫苓

王紫苓上学就读于天津有名的私立学校"木斋小学"。她天资聪颖、品学兼优，擅于朗读课文，自小喜爱文艺。学校里有个演话剧的文艺团体，一般是高年级的同学参加演剧活动。王紫苓年级较低，可是她在课余时间经常站在院里扒教室的窗户，看大哥哥大姐姐们排练节目。有一次学校文艺会演，一位演主角的男同学因病请假，不能参加演出。组织演出的老师十分着急，忽然发现了那个经常看排练的小姑娘生得机灵俊俏，老师急中生智，就问小紫苓：

"同学，你叫什么名字？"

她回答："我叫王淑慧。"

"你喜欢演戏吗？"老师继续问她。

她一边点头，一边回答："我喜欢。"

老师的心一下子落地了一半，心想，这不是天上派来的救命天使嘛，真是雪中送炭、雨中送伞呀，缺什么，来什么！老师忙问：

"我要叫你来参加演出，你愿意吗？"

紫苓闪动着聪慧的双眼，有些出乎意料的兴奋，看着老师，点头说：

"我愿意。"

老师又问：

"你会吗？"

她蛮有信心地回答：

"我都看会了。"

老师心里说："真是太好了！"于是，老师又给她辅导了一下，然后，带她上理发所剪个男孩短头，回家挨妈一顿打，说这是男不男女不女的，不让上台。小紫苓拼了命地反抗，妈妈没办法就让她上台了。老师真没想到，这孩子竟是无师自通，演得出人意料的好。老师这才发现，原来在自己身边还有这样一位天才的小演员。可是，让老师出乎意料的还在后边，就是这位小学生后来竟真的成为演京剧的大名角，成了名副其实的表演艺术家。

自从那次临时"钻锅"替同学演出成功以后，更增强了王紫苓上台演戏的兴趣和信心，从那时起，她幼小的心灵里就产生了一个坚定的信念："将来我一定要上台演戏！"也是从那时起，她不但在学校参加业余演剧活动，在家里也更频繁地在院子里表演，邻居们无不夸奖她在表演上有天赋。她受到这些鼓舞，"魔怔"得更厉害了，每天在院子里表演。当时，这对于孩子来讲就是做游戏，如果机缘巧合，有某种外部条件促成，就有可能将孩子幼时的梦想变成现实，这种可能就在王紫苓的身上真的发生了。

　　大约在1942年,有一天,在她家住的院子里出现了一位从北平来的先生,并住进了这座大院。这位先生文质彬彬、待人和气,透出有文化、有教养的气质。他就是魏效荀,本名魏翠痕,是北京辅仁大学的学生,在某文化科工作,这次从北京来天津投奔他弟弟,临时暂住。那个年代的大学生该有多么金贵呀,尤其是名牌的辅仁大学的学子。魏先生大有来头,他酷爱京剧,尤其喜欢"四大名旦"之一的荀慧生先生的荀派艺术,于是拜荀先生为师,向荀先生学戏,为此把自己的名字改成魏"效荀",立志要效仿荀派艺术。因为他有高等文化,所以荀先生让他抄戏本子,权当自己的私人秘书,很得荀慧生先生的器重。魏效荀有这个学习和工作的便利条件,学会很多荀派戏。他有一样特长,教戏、培养学生很适合,有一套办法,后来许多学习荀派戏的演员,据说吴素秋、童芷苓、李蔷华、赵慧秋、尚明珠等,都曾向他领教,一些拜荀慧生为师的学生,也都先由魏效荀调教、规整、说戏。

　　在天津与王紫苓一家住同院的这段时间,魏先生闲时经常与邻居打麻将,有时自己在屋里自哼自吟京剧唱段。小时的王紫苓机灵活泼,常常凑到大人跟前,在屋里进进出出的,有时站在院子里专心听这位先生唱戏,又有时她自己在院子里连唱带比画自娱自乐,反正是闲不住。有的大人觉得这孩子太淘气,可是她却引起了魏效荀先生的注意,真是伯乐识马。有一天,魏效荀对别人说:

　　"我看好几天了,如果这孩子学唱戏就好了,是天生唱戏的材料。"

　　别人听了,接茬说:

　　"那可好,她正愁没人教呢,这孩子都快成小戏魔了!"

童寿苓题词

有人就把魏先生的话说给了紫芩的父母,他们一合计,同意让紫芩向魏先生学戏。一个愿意学,一个有心教,双方一拍即合。可以说从这时起王紫芩就开始了京剧的职业训练,从此走上了京剧演员的艺术生涯。

旧艺人大多爱惜人才,有人要向某位学艺,除非正式拜他为师,或者关系相处得好,公开讲明要向他学,如果是位开明的先生,他会教你。有不少老先生会毫无保留地教,如果他看你是个人才,将来有发展前途,就会主动地传授给你,分文不取;可也有的老师是教一半,留一半,最关键的地方还要留着自己用,那是他的饭碗子。不是有一种说法是"教会了徒弟,饿死了师父"吗?也有的是想学,可就怎样也不告诉的,想学就只有到剧场看他的演出,去"偷艺"了。过去不少艺人是靠"偷艺"学本事的,那会儿"著作权"得不到保障,"侵权""维权"根本得不到落实,可是,他会有别的办法防你再犯。魏老师就是这样一位不贪"财"却很爱"才"的好先生。魏先生最擅长的,也是最愿意做的就是教戏,他教王紫芩学戏从来没有收过费,只是管饭就可以了,也不用特意为他做什么好饭食,王家吃什么,他就跟着吃什么。

魏先生教给王紫芩的第一出戏是学旦角的基础戏《女起解》。小姑娘站在魏先生跟前,一句一句地跟着学。魏先生教戏十分认真,也很严格,如果咬字不清、发音不准,或者一句唱腔音调不准,就用尺子打她的小手心,魏先生也不是狠心地打,不过规矩还是要有的,一切照学戏教戏的规矩办。这之后,魏先生教给她的是荀派名剧《铁弓缘》,教会之后,再去求人"过锣",就是要见胡琴、见"场面"(伴奏乐队)了。既然要进行专业训练,就要找舞台练功。那时北宁公园里有一个露天的舞台,平时没有人使用,使用也不收费。王紫芩家住在河北区元纬路,距离北宁公园较近,每天她由魏老师和父亲或母亲陪着去北宁公园练功。进公园是要门票的,王紫芩家贫穷,就连每天的门票也舍不得买,每天都要去,时间长了,算起来几个人的票钱也是一笔不小的开支。例如,每个人的门票是2分钱,三个人就是6分钱,一个月下来就需要1.8元,当时这些钱够两三口人两三天的生活费了!他们找到公园栏杆围墙有破损的地方,就偷偷地钻进去,冬天在结冰的湖上走过去,来到露天舞台。这个舞台的后边立有一堵墙,王紫芩就在这台上边练台步、使身段、耍刀枪把子、毯子功、下腰、劈叉等，因陋就简，艰苦磨炼。冬天天寒地冻，水都能结冰，她衣服单薄，人被冻得打寒战，脸被冻得像刀拉口子似的，手被冻得伸屈不灵活，可是，王紫苓还是要练。一个10来岁的小姑娘应该是娇滴滴的，然而她却不把练功看作苦痛，练一会儿就浑身是汗了。有一天，她走过湖上的冰面时，不小心滑倒了，来个仰面朝天，一下子把她给摔蒙了，短时间里不省人事，被魏老师扶起来时她只觉得头晕晕乎乎的，有些疼，还有些恶心。魏老师还叫她忍着，不让吐出来，怕吐出来可惜了喝的豆浆等早点。那时的人们该有多么的贫穷落后就可想而知了。练耍棍、枪，就用从河北大胡同土产商店买来的一对白蜡杆，一般人手握白蜡杆粗的一端练习，这样省劲。王紫苓则手握细的一端练习，虽然费力费工，可是这样练出来的功瓷实、耐劳，到舞台上演出时就会感觉举重若轻。她在学艺、从艺的初期就是这样不怕辛苦，自觉地为自己加码练功，所以她的武功比一般的旦角演员都好，打的基础牢靠。她后来回忆说：那段时期在北宁公园练功，对她后来在舞台上正式登台演出起了很大的作用，很多功夫都是在那段时间练出来的。不只在北宁公园练功，她的父母还到处求人去庆阳茶楼"过锣"，即见文武场，如《骂殿》《三娘教子》《坐宫》等都是在那里练的。从来没花过钱，因为大家都很喜欢刻苦学艺的孩子。

王紫苓的学艺之路告诉我们，一名演员能够成为名角、好角，是有多么的不容易，尤其在那个时代更是难上加难。当然，也有她个人的天赋条件，如形象好、扮出戏来俊

青年王紫苓演《天河配》

俏，这是演员必备的，也是得天独厚的先天条件。王紫苓第一次在文化馆彩唱《三堂会审》，负责给她扮戏的化装师傅张金城对周围人说："我扮这么多的戏，给这么多人扮装，就没见过扮出来这么漂亮的，将来这孩子成不了角，挖我的眼珠子。"听这话可够吓人的，不过，人们都看好这个小姑娘今后发展的前景却是真的。她果真被有眼力的老艺人看准了。

魏先生很器重王紫苓，计划教她35出荀派私房戏，大部分开蒙打基础的戏都是魏先生教的，如《春秋配》《玉堂春》《武家坡》《四郎探母》《五花洞》《祭塔》《六月雪》，以及《虹霓关》的刀枪把子等，还有荀派《铁弓缘》《樊江关》《花田错》等。后来魏效荀先生回北京，以后又来天津，继续传授紫苓荀派唱腔和表演身段，这为她以后一生从事荀派艺术打下了扎实而良好的基础。

## 拜师学艺

王紫苓随魏效荀先生学戏，是从小学时代开始的，久而久之，戏越学越多，越学越有模样，父母对她演戏的信心增强了，不管是父母还是魏先生都觉得她往职业演员方向发展是大有希望的，这也是王紫苓本人梦寐以求的。王紫苓艺术人生之路之所以走得成功，是因为她遇到了几位肯无私帮助她、扶植她的好心人，有类似魏效荀、三吉仙等先生这样高尚思想境界的好老师，更有荀慧生、尚小云这样的艺术大师对她的栽培。

王紫苓的艺术根基是魏效荀先生给打下的，可以认为魏先生是王紫苓艺术上的奶师和导师，是魏先生把她领上京剧艺术之路的。可是，魏先生并没有出于私心而把她从此捆绑在自己的育人功劳簿上，在发现了她具有更大潜能，在艺术发展方面还有更大空间之后，为了把她这位有着发展光明前途的后辈人推向艺术的更高层次，毅然决然地把她推荐给了自己的师父荀慧生先生，让她直接去接受大师的指点和熏陶，去拜"真佛"，皈依荀门正宗，以利于她今后的深造与发展。魏先生的所作所为是无条件、不讲代价和不求回报的。他深知王紫苓的家境，他要

1946年王紫苓与徐鸣远演《乌龙院》

在师父面前舍出自己的全部情面，不让王家多花钱，就求荀先生能接纳王紫苓为徒，真乃功德之为，令人肃然起敬。

1945年与1946年之交，天冷的季节，魏老师引领王紫苓与其母去北京，登荀府拜谒。

那时，荀慧生先生的家在北京西单的白庙胡同。到了荀家，荀夫人吴春生从屋里出来热情客气地迎接他们。荀先生正在里屋与琴师郎富润对戏，荀先生一边唱一边比画，琴师用心地注视着荀先生的表情，随着荀先生的唱、念、做，也要演奏出情感来，这才是好的琴师。等荀先生说完戏之后，魏先生先给师父介绍了王紫苓的情况。荀慧生先生非常平易近人，待人很随和，他看王紫苓表现出很腼腆的样子，就故意逗她，让她笑一个，王紫苓更加不好意思。演花旦的演员脸上的笑容太重要了，没有甜滋滋的笑模样是不适合扮演花旦的。荀先生看这孩子形象好，一笑露出"酒窝儿"，说她扮出戏来一定好看，有古代仕女的样子。魏先生趁机说：

"紫苓，我们不是天天讲'荀派'的吗，这位就是我向你常常提起的荀慧生先生。你天天学荀先生的戏，还没见过荀先生。"

荀先生为人很亲和，没有那么多的故事令儿，以成人之美的菩萨心说：

"正好，琴师还在这儿，你就唱一段听听吧！"

荀先生在详细问了紫苓学过什么戏之后，让她试唱一段，魏先生就让她唱《铁弓缘》里的【南梆子】一段。唱完了，荀先生比较满意，当场做了点评,给予鼓励,说她唱出了荀派的韵味,脸上表情自然、带戏,看长相,扮出戏来一定受看,特别是王紫苓笑时有少女那种羞涩的神态,不是装出来的,是她与生俱来的自然形态。荀先生觉得这个小姑娘是个演花旦的材料,并对这段唱个别的咬字、发音、腔调和人物情感等,做了纠正和指导。魏先生看到这里,喜在心里,赶紧让王紫苓给荀先生磕头,说:"紫苓,快给师父磕头,叫师父!"这时王紫苓的母亲也赶忙催促孩子给师父磕头。荀先生这天真高兴,说:"孩子,你进里屋把师母请出来。"王紫苓进到里屋,见到荀夫人,小心翼翼地说:"师母,师父请您过去。"荀夫人走出来,荀先生说:"这个徒弟我收啦!"在魏先生和母亲的督导下,王紫苓向荀先生和荀夫人正式行叩拜大礼。荀夫人对紫苓说:"快叫师父!"王紫苓激动地叫着:"师父,师母!"荀先生和荀夫人会心地一笑。魏先生和王紫苓的母亲在一旁别提有多高兴啦,荀先生能这么痛快地收王紫苓为徒,这是出乎他们意料之外的结果和收获呀!荀先生嘱咐魏效荀今后还要继续教紫苓,告诉紫苓以后来北京可以随时来学戏。

  荀慧生先生除了以唱戏为业外,还在北京开有留香饭店,荀先生让王紫苓母女住在留香饭店。王家没有什么值钱的东西送给荀师父,王紫苓唱戏还没有挣到钱,也没有经济条件在大饭庄摆上多少桌招待宾客,举行拜师大礼,这一点是让她感到遗憾的,只好给老师送些"礼券"略微表示一下。在京期间,有时母亲陪吴春生师母聊天、打牌。紫苓每天在母亲的陪同下,到荀府去学戏。荀先生给她留下的印象是:为人不是很严肃,非常大度,心地善良,很平易近人,没有

张天翼素描《红娘》

大角的架子，不让人在他面前感到拘束。荀先生的生活状态也很放松，经常打牌。他教王紫苓戏，常是在打牌时得空就给说戏。虽然不是成本大套、集中大段时间地教戏，不过这样教学让王紫苓学起来不吃力、不紧张，而且有消化琢磨的时间，不感觉有压力，学习效果反倒很好。回到饭店以后，她自己复习、练习，有不明白的地方，第二天到师父家的时候再问。这样一连住了两三个月。

在北京随师父学戏期间，师父有演出就让紫苓一起去剧场看戏。她头一次随师父去剧场，看的是师父演的《杜十娘》。荀家的家具多是红木的，吃饭在堂屋的大圆桌子上，摆上几样菜，王紫苓和师父一起吃饭。她看到师父晚上有演出，可是还喝酒，她觉得有些纳闷，不是说喝酒坏嗓子吗，怎么师父还喝酒呢？她看师父不是很严厉的人，就大胆问："师父，您今晚上还要演出，怎么还喝酒呢？"荀先生真没想到这个小姑娘会向他提出这样的问题，解释说："我是酒嗓子，习惯了。可是，你可别学我，今后无论谁劝你喝酒，你也不要喝！"荀先生还没有吃喝完毕，催戏（催请演员去剧场演出）的人前来，荀先生先让来人喝下一杯酒，然后拿起怀表，说一声："走！"荀先生与催戏的人，带着王紫苓出屋。王紫苓跟随师父坐两马拉的四轮马车去剧场，荀先生先上车，坐在马车前端的正座位上。王紫苓随师父后边上车，师父让她与自己并排坐在前边，王紫苓不肯，要坐在对面的木板上，坚持要让催戏的人与师父坐前边正座去，说自己年轻，是小辈，催戏的师傅年龄大。师父很高兴，夸赞她很懂事，有规矩。在马车行进中，师父还逗她，让她说一句天津话听听，她不好意思说，荀先生学着天津人说话的口音说："你不说，我说。'今天我们家吃的是贴饽饽熬小鱼儿！'"逗得大家笑了起来。荀先生自幼在天津西头一带他师父家学戏和生活，对天津自然很熟悉，也是从天津走出去的大艺术家之一。

来到剧场，王紫苓随师父到后台，师父给大家介绍："这是我新收的小徒弟。我扮戏，你们先带她去包厢看戏吧！"她第一次看师父的戏就被镇住了，首先是师父扮戏穿的服装与众不同，而且扮出剧中人来像变了个人，和生活中的师父好像不是同一个人了。另外，她被师父在台上的表演给迷住了，师父演戏跟真的似的，就像是真人真事，非常感人。同时第一次看师父的戏她就体会到荀派的唱腔"声断情不断，音断意不断"的特点，并且感情真挚充沛，沁人心脾。

王紫苓演《柜中缘》

　　向成了角儿的名家学戏，学员非有基础不可，因为名家给人说戏教戏，不是从零开始的，他没有时间给学员从一开始教，都是跳跃式的，针对剧中的某一重点场次、某一段唱、某一个身段动作，或者学员提出的不明白的问题，给予指点。一般是师父要给你说某出戏的某个地方，先让学员唱或走出来，他来看，不对的或需要强调的地方，师父会唱出来或走出来，教给你。有时说一整出戏，师父给简略地串一下，重点说出来，大路的地方一带而过，或者省略不说。过去学戏没有录音机、录像机，不允许当场记笔记，再说了，过去的学员自幼学艺，没上过学校，很多人不识字，只能用脑子记，记忆力好就学得多，记忆力不好就只能学不全了。有师徒关系，师父教给徒弟是应该的，但是未经师父同意，徒弟是不能随意说给别人听的。那时虽然没有严格的专利权、知识产权，可也有许多行业的潜规则要遵守。这就要求学员必须有很强的记忆力，学戏时要集中精力。笔者接触过无数演员，深有体会，演员们的记忆力都比一般人好，他们是经过长期的"口传心授"训练出来的。师父指导过以后，重要的是学员要在私底下做功课、下功夫，"生瓜蛋子"般的学员是无法跟大角儿学戏的。现在的学习条件多好呀，是过

王紫苓演《拾玉镯》

去老演员们无法相比的。我们在羡慕现在的学员学习条件优越的同时,也感觉到现在学员的学习能力与老演员比,实在差得太多了。师资肯定不如几十年前老一辈演员的老师,有的老师没上过多少舞台,如果学员自己不知努力,不能吃苦,不知敬业,是学不出来的,这也是京剧整体水平呈现衰落的原因之一。七八十岁以上的老演员会演百八十出戏很平常,也很正常,现在在线的演员会演二三十出戏就很难得了。看录像学戏,只能是照猫画虎地会演了,学到的只能是皮毛,不经过明白人指点,是学不活的,也是学不到根的,因为演戏是有很多诀窍的。

在魏效荀老师的热情推荐下,荀慧生先生爽快地收王紫苓为徒。但她是女孩之身,不可能长年留在师父身边学戏,北京和天津虽然距离不远,可还是大有"远水不解近渴"之感,况且现实生活是王紫苓要回到天津,必须要以唱戏吃饭。而要真正成为职业演员,必须要认真地进行系统的、严格的专业训练。要组班,必须有行头,前边还要有人。所以,在天津找到一位合适的师父在艺术上指导和引路,还是非常必要的。拜三吉仙为师势在必行。三老板的可贵之处是当知道了王紫苓拜荀慧生为师之后,并没有为难徒弟,表现出十分大度宽容。这是做老师的美德,不挡学生求知的路。

王紫苓早晚是要在天津登台唱戏、挣钱吃饭的。过去演员唱戏都是要自己添置上台演出需要的服装道具的,行话叫"行头",尤其唱旦角的，不仅需要服装，唱什么戏要有什么戏的行头、道具，并且还需要各种的"头面"（京剧旦角头上佩戴的各种饰物的总称）。这些不要说是添置齐全，就是添置到凑合够用，也是一笔大花销，行头、道具、头面的添置和花销是无尽无休的，要花的钱是没完没了的。刚出来唱戏的王紫苓家里没有这个经济条件，不可能给她添置这些东西。怎么办？天津京剧名家三吉仙的女儿王丽英是唱旦角的，她家里有唱旦角戏的一堂"行头"，王紫苓的父母就想暂时借用。跟三吉仙老板一谈，三老板说用他家里的"行头"可以不收钱，但要紫苓拜他为师，"写给他"（立拜师字据）才行。父母哪里舍得刚刚14岁的女儿到师父家里做徒弟，学徒是要挨打的，不是有所谓"打戏、打戏"那一说嘛，学戏是靠师父打徒弟才能够学出来的，况且一旦写给人家就没有人身自由了，人身安全也无保障。过去梨园界凡是师徒合同都有规定：打死、染病、逃跑勿论。王紫苓从小就懂事，非常理解父母的难处，家里人口多，父亲没有固定的职业和收入，一家人的生活没有保障。她自己坚持要去当学徒，她的姥姥有眼疾，看不见东西，她暗下决心："我要挣钱，给姥姥治眼病，还要让弟弟妹妹们上学，给爸爸、妈妈减轻负担。"思来想去，拜三老板为师的事就基本敲定了。

　　三吉仙是艺名，老先生本名王润生，幼时学旦角戏，后改工丑角，能兼工梆子、皮黄戏，会的戏多，戏路宽绰，各行当的戏他都能给人说，在天津梨园界享有盛誉，也可以说是一位德高望重的老艺人。他搭过许多班社、剧团，久战天津，在大观楼、大舞台、上光明、共和等戏院演出，中华人民共和国成立后参加过扶新、建新、建华等剧团，还被戏校聘为教师。他傍过很多著名演员，蓉丽娟、李洪春、白家麟、李和曾、赵燕侠、云燕铭等都曾与他同台。王润生先生为人忠厚老实、心地善良，讲义气，好助人。《翁偶虹编剧生涯》记，1946年正月，中华戏校校友剧团在天津美琪戏院演出"巾帼十艳"专场，其中有一出戏是根据梆子戏改编的神话剧《七红火烧十姨庙》，剧中有个角色丑公子，"丑公子一角，因为贾多才、李庆山都不善唱，特请天津名丑三吉仙担任。有一场'集体二百五'，颇为轰动。所谓'集体二百五'，是因袭《蝴蝶梦》里'纸人二百五'的动作……"（翁偶虹著，中国戏剧出版社出版，

1986年11月第1版第288页）可以想见三吉仙不但唱有嗓，做、表之功也属上乘，技艺全面，是一位当行出色的京剧艺术家。

依照旧规，拜三老板为师的合同里列出10个条款，起初师父要求签8年的学徒期，王紫苓事先已经跟魏先生学了不少的戏，有些基础，再拜师应该算是带艺拜师。在王家的一再要求下，最后双方同意缩短两年，规定6年为期。在王紫苓的父亲看来，师徒合同就如同女儿的卖身契，做父母的怎么能忍心把一个讨父母喜欢的女孩送去给人做艺徒呢？到了签合同的时候，王紫苓的父亲说什么也不肯在合同上按手印，还是王紫苓拉着父亲的手，强按了手印。她解劝父母说：

"师父和师娘喜欢我，不会打我。要是把我打死，谁给他们唱戏赚钱呀？你们别惦记我，放心吧！等我挣了钱，给姥姥治眼病，给你们买果子吃，让弟弟妹妹们上学。"经她这一说，更让父母心酸，多么懂事的孩子！

王紫苓到了师父家，十分勤快，什么活儿都干，人也随和，深得师父和师母的喜爱。

这位人称三老板的老艺人，虽然舞台上演丑角，却有一身的旦角戏幼功，有一肚子的旦角戏，戏路又广，生、旦、净、丑的戏会得不少，因此他培养出好几位旦角演员。他的女儿王丽英就是唱青衣兼花旦的好角，是李凌枫的徒弟，常与李和曾等同台演出。李凌枫在天津教戏很有名气，是张君秋的师父。三吉仙为自己的女儿添置了不少的"行头"。三吉仙在天津有点像北京的萧长华先生，萧先生在北京喜（富）连成科班担任总教习，也是演丑角的演员，科班里的学员，无论是学演生、旦、净、丑的，差不多都受过萧先生的传授。三吉仙在天津同行中也是位德高望重的老艺人，戏班里没有人不尊重他。他传授给王紫苓很多花旦行的玩笑戏，如《探亲家》《双摇会》等，还有"扎靠"的刀马旦戏，如《穆桂英》等。借助师父在天津南市"大舞台"搭班演出的有利条件，王紫苓有了向众多前辈学习请教和上台锻炼的机会。由于她以前已经随魏老师学了不少戏，是"带艺"过来稍有基础的，所以她到师父家10多天后就可以上台演出了。三老板收她为徒，也是因为知道她进了门就可以登台帮着演戏，不会一两年内只学不演，白吃闲饭。过去学徒都是这样的规矩，学徒期间，徒弟上台演出所得收入全归师父所有，徒弟的吃、穿费用和学习费用都由师父承担。

王紫苓正式登台演出是在大观楼戏院，第一场是《棒打薄情郎》，因为入戏，把师父唱哭了，大获成功！

那时戏班演戏大多是一天演早晚两场，她一年演700余场戏，三年多的时间共演了2000多场戏。今天的京剧演员与他们那一代及更早的老演员比，就不能同日而语了，登台演出场次的多少，就是现在演员与老一代演员艺术水平有较大差距的主要原因之一。京剧是表演的艺术，经验和成果靠积累，技艺的提高主要靠更多的舞台艺术实践，演员在演出实践中成长，才能逐步走向成熟。付出多少心血和汗水，就有多少成果，台上一目了然。

三吉仙先生在王紫苓这位徒弟身上也确实没少费心血、花力气，在南市"大舞台"不仅亲自教她练功，给她说戏、排戏，而且为她请来戏班里的知名演员给她指导，托付同行演员带着这位小徒弟演戏，甚至拜托名家给她配戏。在这里她还结识了许多年龄相仿的艺术上的伙伴，如李文英、周铁豪、王宝春等，经常一起练功的就有13人，他们后来都是有成就的艺术家。王紫苓在后来的舞台实践中越来越感觉到，她的演出经验就是在三吉仙师门里开始锻炼积累起来的，她对王润生师父感恩终生。

师父告诉她：想学唱戏，不要急于宗某一派，还说上台演出要变个人，要演人物。这些话虽然简单，却道出唱戏的真谛，让王紫苓终生难忘。

王紫苓在大观楼演出期间结识了许多社会名流，他们评价她在舞台上"风雅大方""表演真实自如不造作""太纯了"。

王紫苓在王润生师父家门里学艺期间，跟唱青衣、花旦的大师姐王丽英学了不少的戏。后来王丽英出嫁，从此不再登台唱戏，留给家里三大戏箱的"行头"，就全归王紫苓等尚在师门学戏的师妹们使用了，主要还是王紫苓使用。自从王丽英出嫁之后，王紫苓就成了师门里的重点培养对象。师父和师娘都是好人，直到今天，王紫苓回忆起小时候在师父家里时，师父和师娘对她的疼爱，仍然十分感动和留恋。他们夫妇十

20世纪50年代的王紫苓

分喜爱紫苓，觉得这个孩子机灵，学戏开窍，是天生的唱戏材料，同时也很体贴这孩子小小年纪为帮家庭减轻生活负担，自己出来学艺的志向，是个苦孩子，可人疼。王紫苓从小很懂事，一是从家出来，为家里省去一个人的生活费用，将来学成可以帮父母维持全家生活；二是在师父家里也不白吃饭，可以上台演出，在戏班里算个人头，有点收入，还能学艺长本事，锻炼自己。师父和师母对她视如己出，师娘经常挎上菜篮子，叫上紫苓：

"闺女，走，跟我买菜去！"

王紫苓高兴地跟上师娘去逛菜市。买完了菜，师娘领着她走到花店，总要给她买几朵纸花，让她戴在头上，以备演出时使用。每当这时，师娘买完一朵，王紫苓就要走，说有一朵就行了，师娘却坚持至少买两朵，说上台演出需要替换着戴。师娘看紫苓这样懂事，知道给他们省着钱用，就更加疼爱她。她记得有一次演出完了，随师父从戏园子出来，师父对她这一天的演出十分满意，特别高兴，在回家的路上，师父找出些零钱，买了两支因天晚而减价的糖堆儿（天津称糖堆儿，北京叫糖葫芦），师父自己不舍得吃，把一支递给她，另一支给了师妹。王紫苓接过糖堆儿，看到师父不舍得吃，全给了徒弟们，心里很受感动，眼泪都要流出来了。她体会到梨园行流行的一句话："师徒如父子"，真是这样呀！有一回王紫苓演出，戏的难度很大，表演很累，等她下场到了后台，师父心疼得眼圈都红了，对她说：

"孩子，你太不容易了，师父看到你这样，心疼呀！我知道你也是被生活逼得没法子，你那一大家子人全等着，指望你挣钱吃饭哪。"师父和师母能够理解她做人的难处，这对她也是莫大的安慰。有了这种互相理解，师徒间相处就有了感情基础。

师父对王紫苓在学艺上特别满意，曾多次向别人夸奖王紫苓说："这孩子'吃戏'，教戏、学戏不费劲，她自己就往外'拱戏'。"

这话的意思是紫苓学戏特别快，有悟性，一点就透，接受戏的能力强，而且在台上不僵不死，灵活自然，懂得发挥。说来也怪，她当时小小的年纪，就知道琢磨怎样把戏演好，揣摩人物的心理，懂得分析剧情和人物之间的关系，琢磨透了这些之后，她就知道该怎样去演了。过去学戏都是边学边上台演出，没有只在台下学而不上台的。学戏就是要多到台上实践，要勤见观众，多见台毯。梨园界有句话："台下练十遍，不如台上演一遍。"

王紫苓虽然刚刚十来岁，可是懂事较早，一方面她要为家里减轻生活负担，决心要替父母分担家庭生活的经济压力；另一方面她确实喜欢艺术，因此她练功、学艺不但刻苦，而且自觉。她知道"师父领进门，修行在个人"的道理，她也知道学艺是一门苦差事。可是，她与别人不同的是：她认为无论做什么事，只要自己喜欢做，并且知道做这件事的意义和价值，就会愿意去做，并且自觉去做，然后经过艰苦努力完成这件事，学会原来不会的技能，或者比以前有所进步和提高。这样，在别人认为很苦的事，自己不但不觉得苦，还在苦过之后感觉到甜。她喜欢这种先苦后甜的感觉，觉得这种甜品味起来有味道、有幸福感、有获得感。她认为被迫练功只能是以完成为目的，而自觉自愿练功不但要完成功课，还会有个琢磨劲儿，有个钻研的劲头，争取如何完成得更好。这个过程是她所要的，所以被人打出来的练功与自觉自愿练功学出来的东西绝不一样。她后来不愧能成长为一位杰出的京剧表演艺术家，这是多么具有辩证的观点，不俗而又朴素的哲学思想，把事理看得很透、很清澈。正是她具备这样明确而正确的思想，所以她在练功上既用功又自觉。师父常对别人说：

"这孩子练功不用别人催着、督着，她自己只要练成一手活儿，就像吃了嘞嘞蜜（棒棒糖）一样的美。"

练跑"圆场"，开始她走在后面，慢慢地她不但跑到了别人的前面，而且她从较小的内圈改到较大的外圈练习，与跑外圈的其他人一起练跑

1950年王紫苓演《锁麟囊》

"圆场"。练"踩跷"（又作蹻）功，在别人看来学旦角是非常苦的一件事，可是王紫苓所下的功夫是一言难尽的，并且跷功练得很瓷实，而且她并不感觉苦得有多么受不了。为了在舞台上表现过去中国妇女裹足的形象，戏曲专门为此发明和使用一种穿在脚上叫"跷"的用具，这是旦行演员为了模仿古代妇女小脚的样子，用于妆扮的一种异形鞋靴。它分为硬跷和软跷两种，硬跷是木质材料制成的，为刀马旦和武旦所用；软跷是用布制成的，为花旦、泼辣旦所用。表演时，演员的双脚各绑上一块"跷板"，在外边穿上特制的绣花鞋，腿上穿的大彩裤稍长些，要把演员的真脚盖住，在外露出的只是一对三寸"金莲"。"踩跷"是戏曲表演中属于高难度的一种特技，踩上"跷"之后，演员只有脚前掌踩在地面或舞台的台板上。表演时除了走台步外，还有走"碎步"、跑"圆场"、旋转"乌龙绞柱""屁股座子"、开打和耍各种兵器等的表演，表演的难度相当大，非常需要吃功夫，这就是所谓的"跷功"。王紫苓在学徒期间对踩跷特意用了很长时间锻炼。搭班唱戏以后，她在天津三条石大街的一家旋木轴的铺子定制了一副自己专用的"跷板"。中华人民共和国成立后，反封建，反对妇女裹足，在20世纪50年代初期开始，提倡废除舞台一切歧视和侮辱妇女的表演，踩跷即被废除。1953年，王紫苓随天津建华京剧团到外地演出，该团负责人许高扬对她说："今后政府要消灭舞台上的踩跷表演，这是早晚的事，回到天津以后还是要取消踩跷表演的，不如你从现在开始取消，习惯一下，回到市里舞台上表演会更好些。"王紫苓听从劝告，在一次演《铁弓缘》时开始脱离踩跷的表演。第一次不踩跷了，她还不习惯，人到了台上反倒有些不会走台步了，不知怎么迈步才好，慢慢地才适应过来。

三吉仙师父对王紫苓是真心疼爱和怜悯，可是在学艺上也是真严厉。王紫苓记得在师父那里的几年中，师父只打过她两次，都是因为演戏的事。她第一次扎"大靠"演《穆柯寨·穆天王》时，有个"四击头"出场，应该举手抓"翎子"，头一次没抓着，再一抓，虽然抓着了，可是她用力过大，"翎子"折了。回到后台，师父一见到她，气就冲上来了，抬腿一脚把她踹倒在地。演出结束，从"大观楼"回师父家，师父背着装"行头"的大包袱，她肩扛刀枪把子，爷俩一路走，谁也不说话，她心里想：这事恐怕还没有完。回到师父家，事情正如她想的那样，师父的气还没有消，抄起一根白蜡杆子，抡起来就打，又是一顿揍。王紫苓从来没有挨过这样的打，这一次沉痛的教训管她一辈子，让她今后在掏"翎子"上狠下功夫，直到再做这个动作时有了十成的把握。事后，三吉仙师父也后悔，对别人解释说：

"这孩子，我不舍得打，她整天满脑子都是戏，没有其他的闲事，都用在学戏练功上，总是走在我教的前边。可是，得唱多少回戏才够买上一副翎子的钱，我也有难处呀，孩子、大人都不容易！"

1950年12月5日《天津日报》

天津刚解放时，政府挨家挨户地查户口，当查到师父家时，政府工作人员查明王紫苓的学徒身份，了解到她不是师父家的亲女儿，就让她回到她的父母家。当时新观念认为师徒之间是一种剥削与被剥削的关系，政府要求解除师徒合同，让徒弟回家。眼看王紫苓快要学成，要成能唱戏的材料啦，未满师，临近快要毕业了而不让等到毕业，不但王紫苓心里觉得可惜，徒弟这一走，师父几年的心血也要付诸东流了。

其实距离合同期满只差一年多的时间，王紫苓也恨不能等到合同期满的时候再出师门，也算正式出师该有多好。这就如同上学，谁不愿意取得正式毕业证再离开学校呀。可当时执行的就是新政府的政策，这不是王紫苓一家能做主的事情，这种情况也不是她一家独有的，并不是她愿意违约。当时的历史环境下，人民政府有这样的规定，她又能怎样呢？只能遵纪守法。师父对此很理解，这也让她心里很难过。

王紫苓是个知恩报恩的人，她始终认为三吉仙师父是个好人，讲义气，做事有板有眼，在梨园界口碑很好，享有崇高威望。王紫苓在师父家时，师父待她如同自己的儿女一般。随师父学艺期间，师父在大舞台等戏院演出，熟人多，有威信，紫苓可以借师父所在的戏园子舞台练功、演出。师父还出面指派人给紫苓说戏，或者陪紫苓练功、对戏等，师父的恩德王紫苓至今不忘。

她感激三吉仙师父的还有一件事，就是她在已经考虑拜三老板的时候又另拜了荀慧生先生为师，三吉仙师父没有拦阻，没有为此有过怨言，表现出做师父无私的思想境界和宽大胸怀。若按旧规陋俗，作为健在的师父是不能容忍的，你学成了，甚至成名了，到底是算我培养的，还是算别人培养的，不好说。三吉仙先生在自己的徒弟有更高艺术追求的时候，没有作梗，不当拦路虎，不当徒弟追求进步道路上的绊脚石。他在艺术上没有门户之见，也没有把徒弟当作自己的私有财产，而是允许徒弟向各路好的老师、好的艺术学习，这一点就是老先生的高风亮节，大德之为。

王紫苓能够拜荀慧生、尚小云两位先生为师，那是她的福气。1946年去北京的时候，根本没想到荀先生会如此简单地就收她为徒了。拜师是要摆几桌酒席招待同行的，还要给师父花大钱，这些事她家里是没有经济条件去办的。可是再穷也要给老师"意思意思",只好送给老师一些礼券,其实那样的大名角有谁会在意这点"意思"呢?前辈先生们在意的是学生是不是唱戏的材料。拜过荀先生,在北京住一段时间集中学戏之后,王紫苓母亲陪女儿又去荀家多次求教。到了王紫苓搭班演出有些名气了,她就经常不断地到北京向荀老师学戏。后来她能挑班唱戏了,每到北京演出,她都要到荀先生家请安并求教。她请荀老师到场观看她的演出,并让师父现场指导她《红娘》《大英杰烈》《红楼二尤》《勘玉钏》等剧目的表演。荀先生陆续给她说过《铁弓缘》《金玉奴》《嫖院》《霍小玉》《棋盘山》《荀灌娘》《玉堂春》和《杜十娘》中"怒沉百宝箱"一场的人物心理分析、身段和唱腔等。

王紫苓饰穆桂英

过去向著名演员或师父学戏,都没有像现在这样一字一句、一个动作一个眼神地掰开揉碎、反反复复地教,都是学生先要会了这出戏,甚至已经演出了,有了相当的基础,老师只是重点指点。不只王紫苓是这样,那个年代凡是向名角学戏的都这样。这样学戏就对学习者要求高了,学生要有相当充实的基础和足够的演出实践,才能见名角去求教,老师没有工夫从头教你。反观现在,学生向名家学戏,从头开始整出地教,一出戏就要两三个月,甚至一年半载,反以此为说辞,好像是学得扎实、抠得细致，其实是暴露出学生没有基础。这样的教学速度幸亏在现在，如果在过去，无论是老师还是学生，都是没有饭吃的。更不可理解的是，有时候老师着急教，恨不能把自己会的都教给学生，学生却不着急学，老师追着学生教，岂非咄咄怪事！

荀先生告诫王紫苓说："你能演《红娘》，又能演《白水滩》，这很好，这是我年轻时的路子。但是你们的条件和我不一样，我是男声唱花旦，你是女声唱花旦，能一样吗？所以，你千万别全学我，要根据你自己的条件演戏。《铁弓缘》是花旦戏，又有'刀马'的式子，《金玉奴》不一样了，要以闺门旦应工，表演起来要含蓄一些，能不够，不要过。"

20世纪50年代前期，王紫苓经常受邀到北京演出。1959年，她在天津中国大戏院演出《大英杰烈》时正值荀师父及师娘在天津，她请荀先生到剧场观看自己的演出，征求荀先生的亲临指导。演出后，荀先生到后台对王紫苓给予鼓励和指导，并拍着紫苓的脑袋说："真棒！真是荀派，是我的路子，没走样！"

有一年，荀慧生先生到天津演出，在河北宾馆又给王紫苓说了《金玉奴》《铁弓缘》和《玉堂春》三出戏中的重点和注意事项。

荀先生说：

"从《女起解》开始，苏三的表情不能乐，要表现出心情的压抑感。唱'远远望见太原城'，望时要表现出忧郁、畏惧的神态。当唱到'有死无有生'时，声音要缩小，用颤音唱，不能用高调唱。《三堂会审》一上场，唱'举目观，两旁的……心中胆战……'这些戏词要唱出害怕的心理，用颤音唱。"

得到荀慧生先生的指导和启发后，王紫苓在后来的演出中融入了荀老师的指导意见和自己对人物与剧情的新体会，使自己的舞台表演日臻完美。

为了纪念荀慧生先生，让更多的人了解荀先生一生的苦难史和奋斗史，介绍荀先生的艺术成就，拍摄了电视连续剧《荀慧生》，其中有关荀先生坐马车的一些情节，就是王紫苓的亲身经历，以及根据她了解的荀先生的情况拍摄出来的。

1947年，王紫苓随北京富连成社出科的武旦名家方连元先生练功学戏。方连元先生亲授《水漫金山寺》，在唱、念、做、打方面以及昆曲的载歌载舞，打下了良好基础。经过两年的训练，她在身段、武功方面都有长足的进步。她父亲一位要好的朋友看到她有如此好的武功底子，就建议紫苓拜尚小云先生为师，说有这么好的武功底子，正适合尚派的戏路，不然就浪费了这身功夫。紫苓的父亲一想，朋友说的话有道理，俗话讲："艺不压身，学无止境。"望女成凤的父亲就是豁出血本也要成全女儿拜名师、访能人，何况这时王家的家境已有好转。于是，父亲把存有多年积蓄的一个老花瓶给摔碎了，取出多年攒下的所有现金。见到尚先生后，尚先生说什么也不收钱，王紫苓的父亲只好给尚先生家每人都准备了一份礼品，主要是衣料，带着女儿住在北京西四缸瓦市的亲戚家，每天去尚先生家学戏。

1949年，中华人民共和国刚成立不久的五六月的光景，在北京西单旧刑部街9号尚小云先生家举行了拜师仪式。虽说王家的家境比以前大有好转，但毕竟还不算多么富裕的家庭，仅达温饱而已。尚先生十分体谅王紫苓的家境困难，不让王家到外边的饭庄定酒席，叫自家的厨师掌勺，由王家出钱，在尚家"摆桌"举办拜师仪式。拜师那天来祝贺的有百十来人，先拜祖师爷，然后拜前辈先生们。其中有位"七爷"，可能是来人中辈分最高的，王紫苓至今印象较深，可就是没搞清楚这人的身份。先是尚老师给"七爷"磕头，然后王紫苓再给"七爷"、师父和师娘各磕三个头。

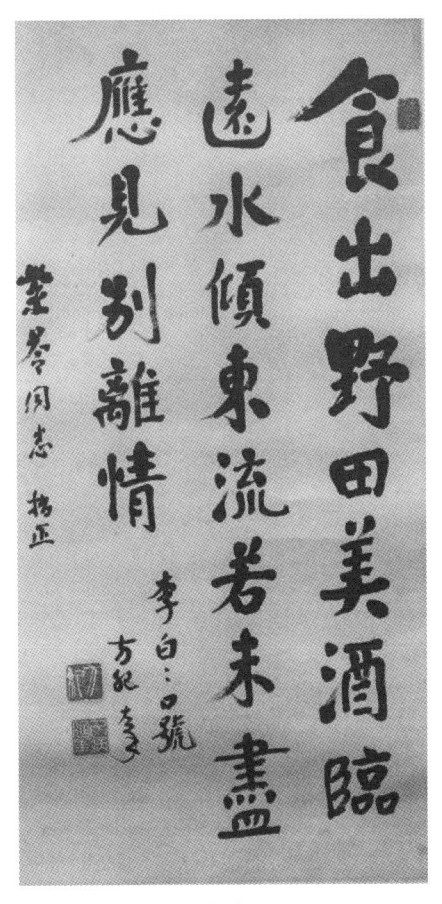

方纪左手题词

那天，来的宾客大多是王紫苓的长辈，她见人就要磕头，不过尚先生很体谅她的辛苦，让她见到其他人就只磕一个头，就这样，她这一天磕头磕得也是头昏脑涨的，根本记不清谁是谁。到晌午吃饭前，尚小云先生为了减轻王家的开销，把学生们都打发走了，在院子里摆了五六桌酒席，招待留下来的客人。尚老师为人非常仗义，平时到尚小云先生家来求帮助的人很多，对尚家来说已经习以为常，都知道尚先生有求必应。这一天来了一位求帮助的人，进门给尚先生"打千"，说些祝贺尚先生收徒的话。平时尚先生遇到这样的事，必定拿钱奉送，可是这天尚先生很不高兴，因为在今天的场合出现这样的事，王紫苓的父亲就要多一笔花销。王紫苓的父亲经常在社会上跑，有些生活经验，很懂礼数，赶忙拦住尚先生，说："您别着急，这事交给我，我来！"王紫苓的父亲掏出赏钱，把来人打发走了。尚先生叫来门房老杨，把他训了一通，埋怨老杨没有把人拦住。这事一闹，就把全体合影的事给耽误了，第二天王紫苓才与师父和五叔、长春、长麟合影留念。

在尚老师家学戏期间，王紫苓有时还帮着照顾师父的大孙女尚慧敏，那时尚慧敏还在怀抱中。2017年10月8日，尚慧敏在大津收大津市京剧院演员许佩文为徒的仪式上，与王紫苓话旧，还提到当初王紫苓曾抱过尚慧敏的事，这件事已经过去将近70年了。2015年，王紫苓在重阳节京剧老寿星演唱会上表演了尚派的《打焦赞》片段，尚慧敏的母亲（尚长春先生的夫人）看到了演出实况，非常高兴，对尚慧敏等家人说："还是小时那样！她把尚家的刚柔洒脱劲儿都用得很好，师父就是这样儿的，真棒！真利索！还是尚派那样，真好！"尚小云先生按照自己家里孩子的名字给王紫苓起名，他家已有尚长春、尚长麟，那时尚长荣还小，师父就给王紫苓取了个最后一个字是"秋"的名字，叫王凤秋，"凤"字是对着"麟"字，"秋"是对着"春"字来的。不过这个名字没有用起来，因为王紫苓这个名字已经使用多年。王紫苓这个名字是她与她父亲共同商量取的，她喜欢这个"紫"字，紫气东来，万紫千红。

拜完师后，紫苓每天早晨到尚家，中午在师父家吃饭，到下午回自己亲戚家的住处，晚上去戏园子里看师父、师哥们演戏。那时，紫苓经常与尚长麟一起在长安大戏院练功，有看功的师傅耿明义辅导和教练，

有时尚先生过来看一看、说一说，说完之后，又有其他师傅指导。王紫苓和尚长麟一起练毯子功、趟马、枪下场等，复习《昭君出塞》等一些戏。尚先生教戏也经常在长安大戏院，王紫苓和尚长麟一起接受尚先生的传授。尚先生亲授给王紫苓《穆桂英》《昭君出塞》《打焦赞》《王宝钏》《摩登伽女》等多出尚派名剧。《摩登伽女》需要的服饰太多，还要特殊人员配演，小提琴手伴奏，不便排演，王紫苓始终没有演这出戏，其他戏都经常上演。

王紫苓饰代战公主

教到《王宝钏》时，尚老师对王宝钏和王昭君两个人物做了对比，说：

"王宝钏是大青衣的旦角，虽然落难了，可也是相府出身的大家闺秀，表演时一定不要扭腰，要肃穆、端庄，目不斜视。《昭君出塞》的人物和环境不一样，王昭君本身就有些武功的底子，又是去的塞外，所以王昭君可以活动大些。如果王昭君没有这些条件，皇上也不会派她去和亲。"

尚派名剧《乾坤福寿镜》，王紫苓没有让尚老师亲自教过，但是她观摩过师父的演出。王紫苓觉得尚老师在这出戏里演的是"文疯子"，虽然有"文戏武演"一说，但是这戏终究还是青衣戏，并不像现在有些演员演得过于"武"，成了"武疯子"。想一想王紫苓先生的看法，不无道理，尺度永远是艺术表现得失的分水岭。

在尚先生这儿学戏与在荀先生处学戏完全不同。尚先生在生活中待人和气、热情、亲切，可在工作中，尤其是在教戏、督导练功、排练剧目、演戏时，则是一脸的严肃，总是绷着劲，严肃认真，可丁可卯，毫不含糊。在尚先生这儿学戏就如同在科班一样，很正规。他对自己的孩子在学艺方面要求更加严格，让尚长麟绑着"跷"复习唱《玉堂春》。尚小云先生这种做事的方式与他的人品有直接的关系。王紫苓从尚小云先生那里学到好多东西：仗义疏财，帮助弱者，严师慈父，礼节周到，待人接物与人为善，等等。他不仅对别人要求如此严格，同样严于律己。尚老师白天在家休息，晚上演出。有一次在白天，师母见到王紫苓她们，嘱咐说：

"你们别闹，小点声，师父昨晚练了一夜的功。"

王紫苓听师娘说师父经常在夜深人静时练功，琢磨剧目和演出方法，私底下暗下功夫，有时即使躺下，一旦想起来什么或有了什么新的想法，就立刻从床上爬起来做笔记，或是试验做表演动作。当时尚先生正排练《秦良玉》，其中有用刀"断臂切袖"的动作，为了"这一下"表演得真实无破绽，尚先生与其徒儿李喜鸿一起练了几个夜晚。尚先生已经是自创一派大名鼎鼎的京剧大师了，当时年龄在50岁，还如此辛苦用功，在艺术上认认真真、不敢懈怠，王紫苓从尚老师的这一件事情上深受教益。这也是师父对她潜移默化的影响，鞭策她也要像师父一样对待自己的事业谦虚谨慎、一丝不苟。师父对事业兢兢业业的态度给王紫苓留下了深刻的印象，并记了一辈子。

有一次吃早饭，不知为什么，尚老师有些不高兴，喝了一口粥，马上大发雷霆，站起来喊道："蛤蟆（尚先生私家厨师）呢，在哪儿呢？把他叫来，他这是要害我呀！"说着，坐在紫苓旁边的七姨立刻站起来拉开紫苓，说："快起来！"紫苓刚刚躲开圆形饭桌，就见尚先生把桌子给掀翻了。七姨推开紫苓说："你快去抱上慧敏躲一边去，这儿没你的事！"只见尚先生就要往屋外蹿，去找那个厨师。在场的人一边劝说一边拉着，不让尚先生去。尚夫人是个脾气特温顺的人，与尚先生的火暴脾气恰好相反，正好是一柔一刚。尚师母站到尚老师跟前，一边伸开双臂拦住尚先生，一边和风细雨地说："得啦，行啦，算了吧，别生气啦。"尚先生慢慢地平静下来。究竟为了什么呢？原来尚先生习惯喝热粥，他嫌今天碗里的粥凉了。这在普通人看来是小事一件，至于这样大吵大闹吗？岂不知这对全靠嗓子挣钱吃饭的演员来说，可是了不得的事情。嗓子是热的，就怕冷东西激它，本来平时尚小云先生就爱吃热的食物，喝热茶，最好是滚烫的开水沏的茶拿来喝才好，他不怕烫。嗓子就是演员讨生活的本钱，一旦嗓子败了，全家老小可就没饭吃了。所以尚先生才发那么大的脾气，说出"他这是要害我"的狠话。紫苓深深体会到，想做好演员，就要注意饮食起居，师父有名的"铁嗓钢喉"就是因为在生活上特别自律。

尚家规矩大、礼数严，从日常生活中处处可见。只要尚先生从外边回来，全家人（连夫人在内），都要站起来迎接他，和他打招呼。吃饭时，外边的院子里摆上一两个餐桌，作为家里帮工的人及临时从外边来的人吃饭的地方，后院正屋中间摆上一个大圆桌，是家里自己人吃饭的地方。尚老师喜欢紫苓有灵气、很清纯，就当女儿看待，王紫苓被安排与尚先生一家人围坐在正屋这个圆桌子周围一起吃饭。尚老师坐上边的正位，紧挨着坐的是师母，挨着师母坐的是常住师父家的师母的妹妹七姨，在七姨下边坐的是尚长麟。挨着师父的下首坐的是尚长春，以下是尚长荣。紫苓和长春爱人（大嫂）坐在长麟与长荣的中间。开饭时，首先是长春站起来，一只手端起碗或餐碟，另一只手拿起筷子，放在碗或碟子上边，举起来挨个地对师父、师母、七姨、长麟、长荣、紫苓说：

"爸爸请，妈妈请，七姨请，弟弟请，师妹请。"

长春说完，坐下，然后长麟站起来，如法炮制：

"爸爸请，妈妈请，七姨请，哥哥请，师妹请，弟弟请。"

接下来是长荣，最后是紫苓，如是一样：

"师父请，师母请，七姨请，师哥请，师弟请。"

挨个地让过之后，尚小云先生说：

"大家吃饭吧！"

大家这才拿起筷子正式开餐。

紫苓在尚老师家虽为徒弟，但被当作客人对待。例如，吃饺子的时候，煮出来的饺子快吃光了，盘子里还剩两三个，下一锅还没煮出来，其他人就不吃了，都让紫苓先把这仅有的吃掉。可是，紫苓从小就懂事，从来也不肯自己吃。

尚小云先生做人是方方正正的，做事是认认真真的，说一句话会砸一个坑，最讲信誉，正如孔夫子所言："言必信，行必果。"他待人坦诚直率，没有一点损人利己、害人伤人的坏心思。王紫苓提到尚小云先生，逢人就讲："尚先生的为人，让人打心眼里佩服。他的心是透明的，从来没有对人藏着掖着的，就是一颗水晶心。"尚先生内心热、外表冷，火暴脾气，爱着急上火。在王紫苓的印象里，尚小云先生像是一位古代侠客式的人物，是一位侠义之士。他古道热肠，义气豪爽。来他家里的人总是不断，而且到了吃饭的时候，谁来赶上了，就在他家留饭，所以，在他家外院摆上两三桌招待来的人和帮工吃饭，是习以为常的事。他有时高兴，会上炉火旁，亲自给家人和朋友、来客烤肉，热情招呼大家吃，大家吃得越多，吃得痛快，他越高兴。

尚先生每天起床后有一个习惯，就是"嗯嗯"地发声儿下清一清嗓子。王紫苓纳闷了一辈子，至今也没有弄明白，尚恩师的嗓子怎么能保养得那么好呢？不过，她知道师父是经常吃鸡、喝鸡汤的，不过这也不至于让他的嗓音如此之高亢一辈子吧。有一天尚先生起来后，清完嗓音，就叫家里的管家老杨，去买"马蹄儿"，说"今天吃'马蹄儿'"。王紫苓不知道师父所说的"马蹄儿"是什么，心里想：怎么师父还要吃马蹄儿呢，马蹄儿怎么能吃？等到吃饭时，王紫苓才明白，原来所谓的"马蹄儿"不是指真正的马蹄子，而是一种夹着肉末的吊炉烧饼。

尚小云先生不但是一位德高望重的梨园剧人，技艺精湛的京剧表演艺术家，而且是一位古代文物字画的收藏家、鉴赏家和书画家。笔者曾亲见过尚先生赠给少年挚友赵松樵先生的一幅扇面，所画图案和所题诗句，其书法功力比起当今许多所谓的书法家是有过之无不及的。尚先生一生用血汗钱购得很多古代名人字画和古董珍玩，后来绝大部分都无偿捐献给了国家，据估计相当于现在上亿元人民币的价值。他家的家具都是红木或紫檀木的，古色古香，高雅脱俗，充满书香气氛和文人气息。尚先生在天津住利华大楼时，王紫苓去拜望他，他曾赠给王紫苓一幅画作，可惜在"文化大革命"中遗失了，至今下落不明。

王紫苓在自己的艺术道路中，首先师从魏效荀先生，之后又正式拜荀慧生、三吉仙、尚小云三位师父。魏效荀和三吉仙两位老师给王紫苓的基本功打下了扎实良好的基础，其间又向方连元学习，得到尚小云和荀慧生两位大艺术家的亲传，幸运得到京剧"四大名旦"中两个流派的艺术滋养，这在艺术修养方面的机会是得天独厚的，为她后来在艺术品格上的提升，从而取得骄人的成就起到至关重要的作用。王紫苓勤学好问、虚心求教，很多有成就的艺术家也愿意帮助她在艺术上进步。她曾向宋德珠先生学《扈家庄》等宋派剧和表演艺术，向筱派传人崔熹云先生学《大劈棺》《武松与潘金莲》等筱派代表戏。俗话说"名师出高徒""将门出虎子""强将手下无弱兵"，诚如是也，王紫苓的成长证明了这一点。

## 搭班挑班

王紫苓正式登台是1946年，地点天津大观楼戏院，这是一座历史悠久的戏园子。它建于清代光绪年间，初名为"大观园"，几经易手，改名大观楼，位于天津老城厢外东北角的繁华地段。每天早、晚两场戏，王紫苓一待就是3年多，有时一天演3场，加起来共演出2000多场戏，配演的都是前辈，每每指点和熏陶，使紫苓艺术猛进，边学边演累计100余出戏。紫苓每天早晨还喊嗓、练功，不仅艺术提高了，更磨炼了坚持不懈、勇往直前、永不言败、谦虚好学的奋斗精神。

1950年以前，18岁的王紫苓的京剧表演艺术有了长足的进步，风华正茂，舞台上的她光彩照人，成为当时一颗冉冉升起的京剧明星，邀请她演出的人越来越多，名气大振，在京津两地已经是脱颖而出的后起之秀了。

王紫苓的人气之所以提升很快，有以下几方面的优势。

一是年纪好，1950年时她18岁，正是花样年华，正当艺术开始步入成熟的初级阶段。

二是她对京剧艺术执着的酷爱，聪明好学，刻苦用功，不图享受，不慕浮华，一门心思地钻研京剧艺术，比较全面地掌握了京剧表演的基础技能，学得多、会得多，文武之功俱备，戏路较宽，青衣、花旦、刀马旦，甚至武生的戏，她都能担。

三是赶上了好时代，恰逢中华人民共和国成立，国家百废待兴，急需各方面人才的时期，新社会对演员重视和尊重，文艺界的春天开始到来。

四是引领和指导她艺术成长之路的老师都是好人、高人，并且教给她的都是为人的正道和艺术的捷径，先学做人，后学演戏，也就是先有德后有艺，让她少走很多弯路。

五是她的身材适中，形象好，扮相俊美，立在舞台上显得青春靓丽。

六是气质好，台风文雅大方，乖巧灵透，活泼俊俏，纯真可人，天生丽质，有台缘、人缘。

作为演员，这些条件凑在一个人的身上，哪能不会成为"红"角、名角呢？

天津在1949年1月15日宣布解放，建立人民政权，战事硝烟渐散。2月正当中国春节，开始出现戏曲演出活动，杨荣环、李宗义、李铁英等，率先开台演出。到1950年，社会秩序渐趋稳定，在天津的戏曲演员不再观望，纷纷出来登上舞台，各种大小剧团组建起来，使文艺演出活动更加活跃。

20世纪40年代末50年代初，物质生活还很匮乏，初期王紫苓搭班演出时经济收入不是很多，家里兄弟姐妹一大帮。她要演出，消耗体力很大，可是当时没有条件保养身体，谈不到营养，吃饭就是炒白米饭，晚上演出回来，根本没有什么夜宵可供她享用。她就是在这样艰苦的生活状况下度过了岁岁月月。生活虽然贫穷，没有什么物质可供她享受，但她的精神生活并不匮乏，反而感到非常丰富多彩，觉得自己在精神方面很富有，因此她很乐观。艰苦岁月对她是一种意志的磨炼，对事业如果没有理想、没有抱负、没有目标，恐怕王紫苓不会走到自己的巅峰。理想在支撑着她不停地奋斗，奋斗让她有了希望，她以超乎常人的坚强理念和意志继续走自己的路，朝着自己选定的目标坚持走下去。

演出《红娘》时，她买了第一把素面的团扇子，扇子的一面有朋友给画的古代仕女。她父亲为培养她学艺、从艺，成为优秀的京剧演员，费尽心力，如今看到女儿首次正式登台演出成功，前途无量，心情无比激动。她父亲小时候在家乡读过几年私塾，为他的宝贝女儿演出成功作了一首藏头诗，赞颂女儿学业有成，表达父女情深，勉励女儿再接再厉，艺无止境，并把诗写在扇子的另一面。这成为王紫苓一辈子念念不忘的大作，她拜托书法家李葆源先生将诗撰成书法作品珍藏至今。她父亲的原诗是：

紫气光芒射斗牛，
苓花怒放艳九州。
文章潇洒侬也爱，
艺术登峰无限头。

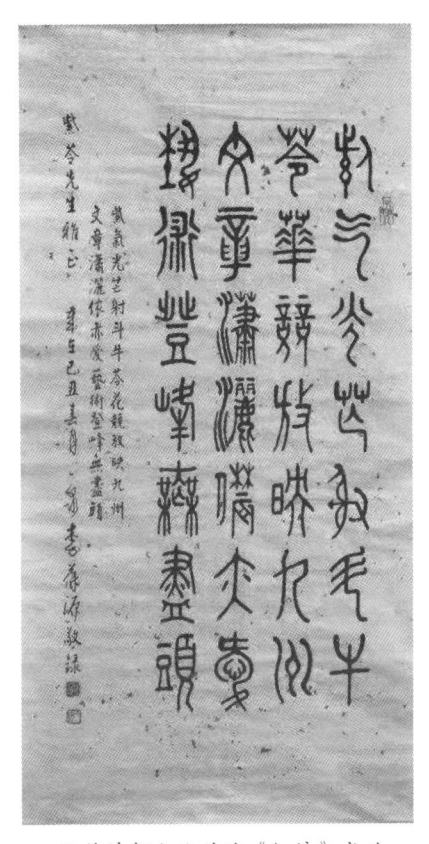

王紫苓的名字曾写作"紫菱""紫灵"，因而当初的藏头字是"紫菱文艺"。最后改用"紫苓"二字，沿用至今。李先生抄录时略作改动4个字，所以抄录的诗成为：

父作诗贺女儿首演《红娘》成功

紫气光芒射斗牛，
苓花竞放映九州。
文章潇洒侬亦爱，
艺术登峰无尽头。

这样，诗的藏头字就是"紫苓文艺"了。这次出书，她特意找出珍藏多年的这首诗把它拿出来公之于众，对深爱她并且为她操尽心力的父亲表达缅怀之情。触此话题时，80余岁的她老泪纵横，他们父女的情深意笃感人至深。

在天津、北京这样的大城市里演出，这还不算辛苦，最辛苦的是到小地方演出，那种境况令人不堪回首。1950年，王紫苓第一次出门到小城市和村镇演出，这在梨园界有个行话，叫"跑联外"（又写作"跑横线"），一个小站接一个小站地演出，生活和演出条件十分艰苦。这种经历对演员是一种磨炼，经历过"跑联外"的演员到后来遇到再大的困难也不怕，也能克服和度过。这次"跑联外"是著名丑角演员陈志华联系组织的，除了王紫苓以外，还有宋鸣啸、阎俊英等。阎俊英出身梨园家庭，她原来是唱女老生的，后改唱老旦，后来在现代戏《节振国》中担任重要角色。宋鸣啸原名宋英，原是天津铁路票房的一名优秀票友，工铜锤花脸，嗓音条件极佳，后来"下海"做演员，到邢台市演出时改名为宋鸣啸，20世纪50年代中期被天津市京剧团吸收为主要演员之一。刚解放，演员的精神都很振奋，演出都很卖力，就连观众也是十分兴奋，可见当时经过一番社会变革，人们的精神面貌有了极大的改观。这次外出演出，演员的报酬是每天8元，这在当时可是相当高的待遇了，可是其艰苦的程度是出乎意料的。到一个地方要演《戏迷传》，没有"行头"，阎俊英有"跑联外"的经验，为了减轻行李的分量，她提前把一些服装放进枕头里做枕头芯。她打开自己的枕头，找出一些服装给王紫苓使用，这一出戏凑合着唱了好几天，还很受观众的欢迎。有一天陈志华找到王紫苓，要她跟宋、阎二位唱《大探二》中的李艳妃，前边说了宋的嗓音太好了，阎又是女老生，嗓音自然也很高，王紫苓的嗓音在调门上跟不上他们，有些吃力，她是又着急又紧张，结果上火了，连牙床带嘴巴子都肿了起来，但还是要上台唱，还好唱下来了。当地要什么戏，演员就得演什么戏，谁知道会碰到什么情况，演员就是这样被形势逼着往前进，不行也

1952年王紫苓演《红娘》

要行。过去的演员在这样的环境下成长，能不进步吗？形势推着你往前走，不会的也就会了，不行的也就行了。真磨炼人哪！到一个叫河北省邢台市隆尧县的地方演出，没有火车、汽车、马车，只有老牛拉车，车轮连个橡胶轮胎都没有，就是铁轱辘，走起来又慢又颠簸，几十里地，走了足足大半天。到了地方一看，王紫苓他们大吃一惊，住的是马棚，地上铺草，男女混居。开始王紫苓和母亲搭上一个蚊帐，这分明是掩耳盗铃，里外透明，什么也挡不住。王紫苓虽然是贫苦出身，可是这样的生活条件还是没有经历过，经常哭。结果，接待方还算特殊照顾，给她们找了一个富裕家的门房，让她们母女住下来。提前讲好的，这次演出给演员的报酬高，但不管饭，这里没有饭馆，当地住户给些吃的，就这样凑合。演出前的化装没有地方，找个犄角旮旯就上装，那时的农村小镇没有电灯，只能找来一些汽灯点亮。演员们就是在这样的情况下坚持演出，观众的兴致却不减。到了农历七月七，按照习俗该演《天河配》，王紫苓饰织女，阎俊英饰牛郎，宋鸣啸饰金牛星的人形，还要真牛上台。借了一头牛，牛不上台，请来牛的主人来牵牛上台，好歹哄着牛上了台。台下观众叫好，台上乐队响起锣鼓，牛被吓得又拉又尿，弄的台上到处都是牛屎尿，演戏就是在这样的混乱中进行的。有一天下雨，农村舞台是露天的，没有可以挡雨的顶棚，戏还是要照样演，观众也够可以，下着雨还是坚持看戏，地上、树上、墙上、房顶上，到处都是看戏的人。这情景深深地感动了演员们，他们亲身体会到农村的人们是非常需要文化娱乐活动的，他们对文化生活的渴望给了城市来的演员们很大的教育和启发，他们认识到文艺演员太欠缺去为这些人们服务啦！

虽然是小地方，但是当地的戏曲人才也是"藏龙卧虎"。有一位叫李庆珠的小生老演员（老斌庆社坐科），会的戏不少，你不问，人家不会主动说，可是剧团有求他的地方，他会很热情地给予指导。他提醒演员在表演开门的动作时，不同时间做开门动作的位置不能有变化，每次开门的地方老变，就不真实了，门还能挪地方总变动吗？不应该的，那样表演就显得不讲究。当地对他们的演出很满意，尤其是王紫苓的表演很受欢迎。当地解放军（当时习惯还叫八路军）干部找到王紫苓，希望她留在当地作为文化骨干加以培养，认为她年轻有为，演戏又好，为人质朴。但是长期留下来,就不能每天 8 元了,要降为每天 4 元。王紫苓母女考虑的不是钱的多少,而是王紫苓如果将来想在艺术上有更大的发展前途,就不如回到天津,那里有更加广阔的舞台和机会,因而谢绝了盛情邀请。她们找到一辆马车,一位姓贺的勒头师傅跟着她们母女的车奔赴邢台,然后转乘火车回天津。

除了在河北省"跑联外"以外,王紫苓还到过东北的大连、福山,山东的青岛、烟台、蓬莱、益都,天津周围的葛沽、咸水沽等地演出。在东北演出时,当地人曾送给她们芋头吃。她们坐小火轮(小型轮船)去咸水沽、葛沽,当地的土地是盐碱地,挑来的水烧开时,需要一边烧火,一边搅拌水,等到烧开后,不能马上喝,要等到沉淀,水才能喝,那水还是咸的。过去的演员能熬过来真是不容易。不过她们也有高兴的时候,在蓬莱演出时,当地做买卖的小商人到了傍晚时,就把剩余的商品减价出售,急于卖完,赶着去戏院看王紫苓的戏。有人如此热衷于看自己的戏,这就是演员觉得最高兴的事了。

旧社会里的京剧演员,要在舞台上扮出戏来光鲜漂亮,都是要有自己的各式各样的演戏服饰和用品的,越是知名的演员,所需添置的私人专用的东西越多,尤其是自己挑班的演员更要如此。私房的演戏服装和道具的多少与品质,成为一名演员身价的标志之一。王紫苓也不能免俗,她节衣缩食,省下钱来就添置演戏需要的东西。上海制作的演戏用品用料考究,样式新颖,制作精细,王紫苓演戏的一些用品特意花大价钱也要从上海订购。

1950 年 10 月,南北驰名的京剧文武老生刘汉臣先生在天津成立"刘汉臣京剧团",邀王紫苓参加演出,其他主要演员有张海臣、刘宫阳、赵万鹏、周素英、杨筱卿、萧英翔(后来,刘宫阳、杨筱卿、萧英翔去了南方分别落脚在上海和南京)。10 月 24 日晚,该团在天津位于南市的上平安戏院开场,当晚王紫苓上演了《胭脂虎》,25 日白天她演出《红娘》,晚场与人合作演出《拾玉镯·法门寺》。

同年 12 月初,京剧前辈艺术大师赵松樵先生应邀在天津共和戏院重新组建起"扶新剧社",王紫苓短期加盟,与赵松樵(饰汉献帝)、郭云涛(饰穆顺)合演《逍遥津》,她饰伏后。其他主要演员还有费玉策、曹艺铸、张海臣、郭云涛、高吟秋、杨筱卿、钳韵宏、周蕴华、何昆林、小麟崑。王紫苓在这个剧社待了很短的时间，便离开了。

1951年，刘汉臣与姜铁麟联合组成剧团，在天津上平安戏院演出，王紫苓应邀再次参加，演出了《红娘》《木兰从军》等剧。同年，刘汉臣联合吴绛秋、王紫苓、朱薇芳、谷玉兰、宋啸菊、张德发、赵鸿林、刘麟童等在上平安戏院演出，王紫苓演出了《红楼二尤》《红娘》《杀惜》《得意缘》《豆汁记》等剧目。当时，刚刚19岁的王紫苓在一个剧团

王紫苓定制私用戏具订货单

的演员中位列第三块牌，应该说是出名很早的，这也显示出她的舞台表演艺术确实达到了相当高的水平，犹如一颗闪亮的明星冉冉升起。

在上平安戏院王紫苓还与闻占屏合演过《樊江关》。与刘汉臣合演过《坐楼杀惜》，刘汉臣饰宋江，王紫苓饰阎惜姣；演《比干挖心》，刘汉臣饰比干，王紫苓饰妲己，在该剧中她还自创了一套"翎子舞"。另外，他们反串演了《八蜡庙》，刘汉臣饰张桂兰，王紫苓饰黄天霸。在新中央戏院她也曾反串演过黄天霸，京剧名家白玉昆先生在《弓砚缘》剧中为她配演过邓九公。

20世纪40年代，天津出现一个以同一个家族的兄弟姐妹为主力的京剧班社，被人们称为"童家班"。1952年，天津童家班已经成立10年有余，以童遐苓、童寿苓、童芷苓、童葆苓、童祥苓为主要演员的童家班在社会上已有相当影响力。童家班是人们对这个戏班的俗称，因为戏班班主姓童而得名，实际上这个戏班的正式名称初为"公益社"，后来该戏班头牌童芷苓"走红"，在社会上的影响最大，剧社遂以他们兄

弟姊妹名字最末一个字命名，为"苓社"。

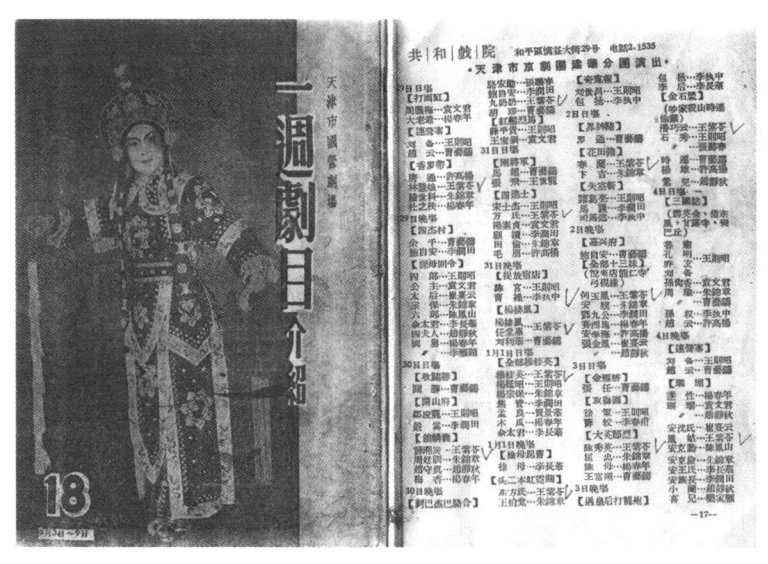

20世纪50年代初在天津建华京剧团演出戏单

1952年，在天津这样一个戏曲、曲艺非常发达、人才济济的北方大镇，王紫苓脱颖而出，形成气候，跻身名角之列是很不容易的。王紫苓的母亲出面，联合老生演员许高扬、宋啸菊等，组建起天津市建华京剧团。

王紫苓这年20岁，正在天津华林戏院演出。有一天演出《拾玉镯》，她去戏院稍晚了些，由袁文君替她先上场。等她到了戏院，大家说赶快扮戏，还来得及演下一场戏。王紫苓抓紧时间去扮戏，她在化妆间看到一位男士很面熟，可是当时急着要化装，王紫苓也没有去多想，化好装后就登台演出了。后来她才知道，那位是童家班的童寿苓。在王紫苓化装时，童寿苓给她掐了表，王紫苓用了9分半钟就扮好戏了。原来童寿苓是有备而来的，看到王紫苓扮相俊美，扮戏又是如此迅速，再看到演出，认为王紫苓不但戏演得好，而且应付演出之事已经有了相当的火候，舞台经验丰富，于是童寿苓和王紫苓的母亲谈好了"公事"（演出事宜和酬劳）。这时的童家班中童遐苓、童寿苓、童芷苓、童葆苓在社会都有了一定的影响力，艺术上也都立得住了，只有最小的弟弟童祥苓尚未"出马儿"，童家有意重点推出童祥苓，为童祥苓联系好去北京民主剧场演出，到京剧大本营的北京"挂号"（取得知名度）。童祥苓工老生，他们童氏兄弟姐妹中还没有唱老生的，正缺这一行当，童祥苓若能取得成功，刚好补上这个缺。童祥苓以老生挂牌，就要为他配备一个相称的旦角，童家相中了在京津之地十分被看好的王紫苓，王紫苓母女慨然应允。童寿苓前来接王紫苓去北京，临行前要王紫苓带上演《红娘》和《拾玉镯》两出戏需要的行头和道具。那时候童家在北京的住处是西单六部口大栅栏胡同25号，有前后院和一个跨院，王紫苓与母亲、老弟弟三人被安排在跨院住下。童祥苓这次在民主剧场只有一天的演出机会，那时京剧演员在北京各剧场演出要等日子口，轮流上演，不是可以一演就是一期连续12天的。这天开场戏是李今芳的《女起解》，中场是王紫苓的《拾玉镯》，饰孙玉姣，小生是童寿苓，扮演媒婆的演员不是朱斌仙就是茹富蕙，最后是童祥苓主演的《群英会·借东风·华容道》，再等下一个日子口又要好多天，王紫苓回了天津，《红娘》这次没有机会露演。

童祥苓比王紫苓小3岁，他的老师很多，都是好老师，在北京时学"起霸"请的是钱宝森，后来他又拜马连良为师，到上海得到周信芳的指教。据王紫苓对童祥苓的了解，她认为童祥苓的"东西"（指艺术技能）都是很讲究的，童芷苓为培养这位小老弟不惜重金，给他延请名师。童祥苓没有辜负他姐姐及全家对他的期望，他虽然生活在条件优越的蜜罐之中，可是他不畏艰难，很知上进，刻苦学艺，终成文武兼备的优秀艺术家。王紫苓与童祥苓后来多次同台演出，大多是各演各的，合演的戏不多，各有主配。他们合演过的剧目除《龙凤呈祥》外，还有在《珠帘寨》中，童祥苓饰李克用，王紫苓饰二皇娘；在《玉堂春》中，王紫苓饰苏三，童祥苓给配演过"蓝袍"；在《香罗带》中，童祥苓给配过唐通。唐通这个角色是按照荀派的演法，在剧中算是"硬里子"老生，也是个很重要的角色。王紫苓觉得童祥苓当时挂第一块牌，童家是为捧祥苓，而祥苓却能够屈尊为她配演"蓝袍"、唐通等角色，说明童祥苓先生既能够团结人，也很谦虚，在与同事相处过程中，不争演员的名次先后，不挑角色，留给她很好的印象。不久，童祥苓回到天津，在南市的上平安戏院演出，王紫苓又被邀请与之同台演出。

童家兄弟姐妹对王紫苓都很好，很热情，照顾也很周到。她与童芷苓、童葆苓是好姊妹，常在一起切磋旦角艺术，因此经常出入于童家。童芷苓的父亲童汉侠先生作为"苓社"的班主，十分喜爱紫苓，觉得童家有了芷苓、葆苓，现在又有个紫苓，三个姑娘的名字都有个"苓"字，并且芷苓和紫苓又同为荀门弟子，这是个缘分。有一天童汉侠对王紫苓讲：

"紫苓呀，咱不只做她们的师姐妹，做我的干女儿，好吧？"

就这样，童汉侠认王紫苓做了干女儿，与童芷苓结为干姐妹，紫苓从此与童家兄弟姐妹们的关系更近了一步。

王紫苓从北京演出回天津，在她母亲的操办下，联合许高扬、宋啸菊等组建"王紫苓京剧团"，王紫苓开始挑班演出。她应邀外出演出，这个京剧团后来改建为天津市建华京剧团。至此，王紫苓已经在京、津成为可以"挑大梁"（带领一个剧团的领衔主演）的名角，是京剧后起之秀中的佼佼者，这时她才刚20岁出头。

1953年5月底，天津华林戏院组班，邀请赵凤兰、史玉兰、王紫苓、万志英（后改名王志英）、杨畹英、金又琴等联合演出。

1954年开始，王紫苓再次挂头牌挑班演出。2月，她在天津黄河戏院领衔演出，与陈云声、史玉兰组班合作。同年4月12日起，王紫苓领导建华京剧团在天津新中央戏院演出，主要演员还有宋又声、李云秋。王紫苓主演的剧目有《红娘》《虹霓关》《东方夫人》，全部《穆桂英》《红楼二尤》《勘玉钏》《十三妹》《荀灌娘》《得意缘》《潘金莲》等，她参加演出的剧目有《三国》《四进士》等。这一期演下来，王紫苓

王紫苓与童祥苓在北京演出戏单

紧接着在新中央戏院领导建华京剧团，联合宋又声、孙荣蕙、刘麟童等主要演员演出。同年5月8日起，华林戏院再次邀请王紫苓领衔建华京剧团演出，与之同台的主要演员有史玉兰、郭菊贞、朱锦章、李润田、李执中、许高扬、杨春年。

20世纪50年代初与李金声组班演于北京

1952年在北京演出，她声名鹊起，留下个红底子。到了1953年，北京又邀她去演出，这次邀请她的是北京燕声京剧团，这虽然是一家私营京剧团（当时全国还没有普遍成立国营剧团），但是北京市政府对这个剧团很重视，给予大力支持，团长是李洪春先生的长子李金声，这次的很多演员是在小达子办的科班里坐科出身的，多是文武兼备。李金声工文武老生，擅演"老爷"（关羽）戏，是荣春社坐科出身，武功底子好，文武俱佳，是一位优秀的艺术家。王紫苓除开自己主演剧目外，与李金声合作演出的机会最多，他们两个轮流唱大轴戏（最末一出戏），往往让王紫苓演大轴戏的机会多。他们合作的剧目有《武松》（李金声饰武松，王紫苓前饰潘金莲，后演到《十字坡》时赶饰孙二娘，改由马鸣哲饰武松）、《玉堂春》（"会审"时李金声饰蓝袍）、《香罗带》（李金声配演唐通）、《勘玉钏》（王紫苓前饰俞素秋后饰韩玉姐，李金声配演县令熊瑞）、《霸王别姬》（李金声饰霸王，王紫苓饰虞姬）、《大名府》

（李金声饰卢俊义，王紫苓饰卢夫人）。其他同台的演员还有张金波、罗荣贵、陈金彪、迟金声、谷玉兰、姚玉成、董维贤、童遐苓、张永禄、龙文玮、张少彦等。

　　那时演晚场戏，一般是晚上7点15分或是7点半开演，到晚上11点半结束。剧团里派的戏码，给王紫苓留在台上的时间太少，经常不够用，这在梨园界有一种行业的说法，叫"赶落人"或"挤兑人"。有人把这事告诉了李洪春先生，李老先生专为此事跑到后台，一边来回走着一边念叨："我告诉你们啊，不许欺负外乡人，虽然不少行外人说我们是无义行，可是我们最讲义气……"李老先生在北京德高望重，他说话没有一个人敢吭气。这个剧团在北京的华北戏院献艺，个别人歧视外地演员，绝大多数演员还是很友善的。王紫苓来到北京，很适应和喜爱北京的文化氛围，她认为北京是京剧的发祥地，京剧的大本营，名角云集，在北京可以和好多同行老师切磋技艺，可以观摩到很多高水平的演出，这对于提高自己的艺术水平大有助益。当时北京的梨园公会会长由于连泉先生的哥哥于永利担任，本来北京的梨园公会一般不吸收外地演员参加，由于王紫苓在北京演得很红，北京的同行对她都很爱护和支持，她与北京的同行相处得又挺融洽，所以，吸收她参加了北京的梨园公会。让她加入北京梨园公会，是想留她在北京，帮她找房子，要他们全家迁到北京住，可是她母亲故土难离，没有同意。北京的同行都很看好王紫苓，觉得她具备很好的艺术条件，会有很光明的发展前景，因此对她都很爱护和热情，每次演出结束，总有很多北京的同行到后台，或者嘘寒问暖、问候辛苦，或者表示赞赏和鼓励，有的主动给她指点。李洪春先生就给她说过《花木兰》，连身段表演带唱腔；林秋雯是男旦演员，唱老荀派的，经常充二旦演员，常在身后看她化装，也常看她演出，有不到位的地方还给指出来；还有谷玉兰，要给王紫苓说《白蛇传》；刀马旦和武旦名家宋德珠当时也找到王紫苓，要免费给她说戏。总之，北京的各路好演员都很喜欢王紫苓，想给以她帮助。当时她是初出牛犊，对其他演员并不服气，有些傲娇之气、自以为是，对一些指点并不买账。后来，她认识到"山外有山，人外有人"，京剧艺术博大精深，艺无止境，要不断提高自己的艺术水平，后悔错过了许多向高人学习的机会。不过，当时她还是感受到这些北京的同行给了她很多温暖，觉得与北京的同行相处非常融洽，心情也很舒畅。

王紫苓饰尤二姐

那时剧团给演员的演出报酬主要有两部分，首先是保底的每天每人5角，其次是实行打分制，按分数多少折合成钱分配给演员。例如，全团满分如果定为100分，主要演员可能就是二三十分，跑龙套的可能只有1分半，1分半折合成钱就是1元5角，20分折合成钱是20元。有时卖的票不能满座，就在打分的基础上再"打厘"，就是把分数再打折，如果打八厘，1分半就变成1分2的分数了，再折合成钱是1元2角，20分就变成16分了，折合成钱是16元。

王紫苓与剧团签订的协议是剧团管接、管送、管住，但不管吃饭。王紫苓当时出道不久，年轻好强、特要面子，认为自己已经是"角儿"了，别让同行们瞧不起，所以在吃饭上讲究一些，小饭馆不去，每天必有一顿饭不是去晋阳饭庄就是去萃华楼，或是丰泽园，这些饭庄在当时都是梨园界有头有脸的人物经常聚会的地方。她认为这个"谱儿"是必须要摆的，陪伴她来北京的还有她的母亲和最小的弟弟，吃饭时，王母说三个人点一个大菜就可以了，吃不了那么多。王紫苓不行，每次一定要点三个菜，必有的是一个鱼、一个虾，再一个是素菜，每天如此。他们根本吃不完这些菜，从饭店带回来送给旅馆的服务人员，送个人情，她年轻，死要这个脸面。三口人每天这样的吃法，演出的收入所剩无几，可是天津的王家还有六七个人指着王紫苓在外边演出挣钱过生活，剩不下钱，作为操持一大家子人生活的王母心急如焚。她母亲提出让剧团给王紫苓再涨些戏份钱，不然就让王紫苓别在北京唱戏了，干脆打道回府吧，每天这样的开销受不了。华北戏院看王紫苓人气很旺，演出业务不错，就要与她签长期合同，名义上是与剧团签合同，可是只有李金声团长签还不行，戏院一定要王紫苓必须签名画押才算数。王母不同意签这个合同，王紫苓本人却愿意留在北京唱戏。有一天李金声到了王紫苓母女住的旅馆，对王母说："大妈，今天我领紫苓妹妹出去玩会儿，老闷在家里会闷坏的。"王母说："你领她出去我放心，你们去哪儿玩儿呀？"李金声说："去北海公园吧！"王母嘱咐了两句："那行，可千万别划船呀！"王紫苓和李金声出来，没去公园，直奔华北戏院。戏院的经理一个姓樊，一个姓岳，正在等着他们。原来王紫苓趁母亲不留神，偷偷地早把自己的印章拿了出来，私自去签了合同。回来后，母亲和她一通闹，王母有她的难处，不过也没办法，合同已经签了，只好陪女儿在北京又唱了下去。

在北京搭班燕声京剧团演出时期，有一天王紫苓贴演荀派名剧《红楼二尤》。她所在戏院的附近是民主剧场，这家戏院的演员是流动轮换的，今天这个演员，明天换了别的演员，主角儿不固定，可都是好角儿。王紫苓这边每天早晚两场戏，观众座席有1000左右，上座率很高，每晚几乎满座。这一天民主剧场贴出由赵燕侠主演梅派名剧《凤还巢》。赵燕侠的戏路和王紫苓很相近，以演荀派戏为主，两人都是文武全才，都以尊崇荀派艺术为主。不知赵燕侠是如何考虑安排戏码的，或许是怕两家位置很近的戏院同一天都演荀派戏不好，为避免撞车，或许是为表现戏路宽，贴出《凤还巢》，不是她的拿手戏，所以她那边的戏票卖得不理想，决定"回戏"（停演）。她听传言说从天津来的王紫苓在北京演出很红，正好这天停了戏，就来看王紫苓的戏。有"报耳神"（通风报信）来告诉王紫苓说："赵燕侠来啦！"王紫苓说："来就来呗，她怎么来啦？""人家今天'回戏'了，过来看你的戏来了！""她在哪儿呀？""就在前边的包厢里，你可要演好了，不然传出去可不好。"王紫苓年轻时有一种谁也不服的劲儿，对舞台、对观众从来不怵头，没有杂念，一心演好自己的戏，不懂什么叫害怕。她一出场，一眼就搭上赵燕侠了，赵燕侠坐在楼上的前排包厢里，紫苓故意往包厢里瞟了一眼。赵燕侠在当时已经是很红的大名角儿了，尤其在京津地区享有盛誉。实际上王紫苓一辈子对赵燕侠十分尊重，也很喜爱赵燕侠的表演艺术，王紫苓觉得赵燕侠的表演真实，感情充沛，很感人，嗓音又甜美悦耳。赵燕侠无论是在北京还是在天津演出，王紫苓只要有时间，一定会去看她的演出，从中吸收营养，

王紫苓饰尤三姐

丰富自己，王紫苓的表演有很多地方是从赵燕侠的表演中吸收来的。赵燕侠经常到天津新华戏院演出，有时是演一期12天，王紫苓就去戏院预订12天的戏票，中华人民共和国成立初期时赵燕侠的戏是4角一张票，王紫苓只要没有演出就坚持每场必看。她订赵燕侠的戏票，固定在第4排中间区的把边的座位。赵燕侠也经常去看王紫苓的戏，有能耐的人都是有个性的，做事有个人的作风，她看王紫苓的戏时，订的座位同样是第4排中间区把边的座位，这二人多有个性！这表明她们二位其实已经互相注意好久了，这可能就叫礼尚往来、惺惺相惜吧，她们互相学习，虚心观摩，取长补短。演员有这样的胸襟和态度，才能成为有成就的好演员。这天王紫苓演到后边，再上场看不见赵燕侠了，王紫苓嘀咕起来："哎哟，赵燕侠走了，是不是不爱看我的戏了，看出我哪儿演得有毛病了？"有人又告诉王紫苓："赵燕侠说了，王紫苓的戏演得很好，可是一上场就看她，关照她，怕搅了你的戏，所以，她挪到了另一个包厢去坐啦！"这不就是演员之间的互相爱护、体贴和支持吗？后来她

们相见时，赵燕侠对王紫苓说："我挺喜欢你的，我看你在台上有些东西像我，不然你就唱我的戏吧。"王紫苓说："对不起，我可能让你失望了。我喜欢你的表演，也向你学习了一些东西，可是，一来我已经拜在了尚先生和荀先生门下，二来我够不上你那又亮又脆又甜的嗓音。"此后，她们友好相处，互为知音。

王紫苓饰潘金莲

　　王紫苓出生在一个劳动人民家庭，上辈人和周围的亲戚中没有唱戏的，所以旧戏班中有些不良的现象和做法，她和她家里人是一概不懂，学唱戏纯为养家糊口，老实巴交做人。有一年她在北京唱戏时，有一位天津商人看她的戏，觉得不错，提起来都是天津人，就邀请她一起吃个饭。她妈妈说吃个饭可以，于是去了丰泽园饭庄。吃完饭，这位商人又说到附近朋友的一家商店里喝茶，临离开这家商店时，让王紫苓推一辆自行车走。王紫苓再三推辞，实在盛情难却，只好勉强把自行车推出商店。可是走了几步，她还是觉得不行，心想：非亲非故的，哪能随便收人家的东西？还是坚持把自行车又给送了回去。这引起那位戏迷观众不高兴了，说："这个商店本来是欠我钱的，我让你推走一辆他的自行车，其实就是趁这个机会要回我这个债的。可你说什么不要，往后这笔账我也不好开口要，这不是情不搭、义不就了吗？我和你谁也没得着便宜，这可好，便宜让给他啦！"从此这位朋友对王紫苓特别尊重、高看，认为紫苓规矩正派，不敢动一丝邪念。王紫苓就是这么个正派人，歪门邪道的事一点儿也不懂，一点儿也不做。

1954年9月2日起，童祥苓挂头牌，在天津上平安戏院领导大众京剧团演出，再次邀请王紫苓加盟演出。主要演员还有李今芳、童遐苓、苏连汉、田贵荣、王志英、计鸣宽、小玉楼、李盛元、卢邦彦、李鸣升。王紫苓主演了《十三妹》，全部《红娘》《拾玉镯》《春香闹学》《大英杰烈》《得意缘》《勘玉钏》《红楼二尤》《穆柯寨》《大破洪州》《香罗带》《姑嫂英雄》等，与童祥苓合作演出《拾玉镯·法门寺》《武松与潘金莲》《香罗带》《龙凤呈祥》《玉堂春》等。以童祥苓、王紫苓为领衔主演的大众京剧团还在北京演出，有一张老戏单记载了他们在北京石景山剧场的一天演出：《打严嵩》，童祥苓饰邹应龙，张学忠饰严嵩，虎起顺饰常宝童，孙益海饰严侠；《诓妻嫁妹》，王紫苓前饰俞素秋，后饰韩玉姐，配演有童遐苓饰张少莲、卢邦彦饰俞仁、龙文玮饰陈智、程天佑饰江海、陈羽轩饰俞夫人、罗小奎饰韩臣、尚佩文饰丫鬟鸾英。

1955年1月3日起，天津华林戏院又一次邀请王紫苓挂头牌，率领建新京剧社演出，主要演员有杨玉娟、吴铁英、梁桂亭、陈志华、费世延、张岚芳、王蕴山。1955年8月1日起，天津新中央戏院邀请王紫苓、刘麟童并挂头牌，领衔建华京剧团演出。王紫苓在此演出了《悦来店·能仁寺》《大英杰烈》《红娘》《荀灌娘》《姑嫂英雄》《虹霓关》《红楼二尤》，全部《穆桂英》《花田错》《勘玉钏》《春香闹学》《拾玉镯》《杨排风》《香罗带》，全部《弓砚缘》《得意缘》《霍小玉》等，与刘麟童合作演出了《霸王别姬》《武松与潘金莲》《六国封相》（饰演夫人）等。同年8月17日起，天津天华景戏院邀请王紫苓与王则昭、杨玉娟合作，领导建华京剧团演出。18日开始由王紫苓与刘麟童领衔演出应节戏《牛郎织女》。以上不难看出王紫苓的戏路之宽，剧目类型之多，实不多见。

20世纪50年代，在中华人民共和国成立以后，戏曲事业蓬勃发展，演出市场非常活跃，当时还都是私营剧团，演员和剧团之间的竞争也是非常激烈的。约在1954年，梅派男旦艺术家舒昌玉在外地与女老生李玉书合作演出后,李玉书说:"你应当到天津去演出,到天津你去找赵松樵先生,他爱才,肯帮人,会安排你演出的。"舒昌玉果然来到天津,找到赵松樵先生。赵先生听了舒昌玉的自我介绍,又看了他的演出,觉得规矩、大气,把他留下,帮他在天津立稳了脚跟。从此,舒昌玉先生多次到天津演出,他把天津当作第二故乡。当时在天津演出最红的坤旦演员是王紫苓、杨玉娟,还有王君菁。舒昌玉一来,更丰富了天津的文化生活。在2015年的中央电视台戏曲频道举办的重阳节老艺术家演唱会上,王紫苓和舒昌玉都受邀参加,二位都已八十四五岁,回忆当年,甚是感慨万千。

1956年1期天津《一周剧目介绍》

20世纪的50年代初期,王紫苓已经是知名演员了,特别是1952年以后,她的人气更是大增,走红菊坛,颇负盛誉,对她的邀约不断。1956年,她从东北地区唱完戏又回到北京演出,这时各地派人来接她去演出。新疆来人邀请她去,每月工资1400元,要与她订立半年的演出合同,而且答应先预支3个月的工资,打完3天炮,马上给后3个月的工资,那就是8400元。紫苓想去,她母亲不让她去,嫌太远。西安来人邀请王紫苓,答应每月酬金1200元,她本人又不愿意去;昆明也有人来邀请她,每月给900元,她本人有些心动,可是她的母亲又不让她去，说1400元和1200元都没有去，900元更不要去了。再说，昆明瘴气太大，鼻子头儿得抹蒜，变成酒渣鼻子了，这里还有一段笑话。这回邀她去昆明的是小生演员姚玉刚、姚玉成兄弟俩的父亲，人称老姚期，他计划带着自己的儿子和王紫苓一起去昆明演出。王紫苓的母亲把女儿管得很严，对姚家的邀请十分警惕和敏感，对老姚期说："我知道你没安好心，去时紫苓是我的闺女，回来时紫苓就成了你姚家的儿媳妇，你甭想！"王大妈这一闹，弄得老姚期上不来下不去，十分难堪，说："您把我好心当成驴肝肺啦！您要是这么说，就太冤枉我了。算啦，还是别去了吧，省得您不放心！"

王紫苓在20世纪50年代有几次留在北京发展的机会，都被她错过了。前边提到中华人民共和国成立初期北京梨园公会曾留她在北京发展，她母亲认为包银不理想，觉得王紫苓还能有更大发展的机会而谢绝了。在1955年前后，还没有参加天津市京剧团的杨宝森曾邀请过她，要与她合演《游龙戏凤》，其他的戏随她自己演，她也没有去。李万春也曾邀她合作，还有赵燕侠，更是给她很优厚的条件，谈好如果她与赵燕侠合作，每个月赵演10天的戏，其他时间由王紫苓随意安排演出。真正的艺术家都是爱才的，虽然可能各有一股子傲气，也确实存在着艺术上的竞争，可还都是惺惺相惜的。赵燕侠看上的是王紫苓的武功和演技，以及戏路上她们之间的接近，赵燕侠说演《白蛇传》时，要王紫苓给配演小青的角色，王紫苓当时正在风头上，没有去。话要两面说，如果王紫苓当初真的去杨宝森的宝华社，1956年杨宝森率领宝华社参加了天津市京剧团，说不定王紫苓会随杨宝森一起参加天津市京剧团，还是回到天津了。"水流千遭归大海"，最后王紫苓终归还是到了天津市京剧团。大约1960年，王紫苓随天津市京剧团到北京演出，时任北京文化局局长的张梦庚设宴招待天津市京剧团，田汉以及李万春、赵燕侠、张君秋等出席。王紫苓的座席左边是张梦庚，右边是天津市京剧团负责人张利民，张梦庚局长当着张利民团长的面要挽留王紫苓在北京，当然天津是绝对不放的，二张还对王紫苓到底算是北京的演员还是天津的演员争论不休，各执己见。王紫苓说："天津、北京都是我的家，我两边跑着演吧！"

左起李砚秀、丁至云、近云馆主（杨慕兰）、李万春、王紫苓、尚明珠、张乃琳

王紫苓与李万春、李小春父子的关系也有较深的渊源，可称是一段梨园佳话。

荀慧生先生根据王紫苓的武功基础扎实情况，对王紫苓说以后可以演文武的双出戏，荀先生在年轻时也是演过文武双出戏的。于是，20世纪50年代，王紫苓经常在一个晚上演双出戏。有一天在北京，王紫苓前演《红娘》，后演大轴戏《白水滩》，反串武生"十一郎"很受欢迎。这天，有人告诉王紫苓说："李老万来啦！"王紫苓问："谁是李老万呀？"别人说："好么，这你都不知道，李老万，李万春呀！"那天李万春先生带着一帮人，大多是他的学生，特意来看王紫苓演的《白水滩》。有人告诉王紫苓这是李万春有意要选她加入李万春的剧团。王紫苓知道后，这天的演出有些"狠劲"（特意地卖力，梨园界中人习惯将"狠"字读去声），想在同行面前显示一下，反而出了差错，所饰十一郎耍棍时掉地上了。王紫苓下意识地看了一眼李万春，想不到这时李先生从座位上站了起来，大声说："姑娘，没关系，接着耍，演员不掉棍，难道还是观众掉棍嘛！不怕，接着演！"观众给予鼓励的掌声！演出结束后，李先生到后台对王紫苓说："坤角有几个能唱《白水滩》的，你演得不错，有冲劲！以后我还要来，带上小春一起来，看你的《三岔口》！"李先生等人走了以后，有人对王紫苓说："既然他要来看你的《三岔口》，那就照李（万春）派的演法演吧。"演出那天，李万春、李小春等都来到剧场观看。演出完了，李小春在后台对王紫苓说："您的李派还要再练练，回头我给您说说。"李小春比王紫苓小6岁，在艺术上刚要冒头。此后，李万春先生见过王紫苓的演出，觉得是棵好苗子，舞台表现依然成熟，有意把王紫苓吸收进自己的剧团，让她和李小春合作，以帮衬舞台经验尚显稚嫩的李小春。为此万春先生在饭店宴请王紫苓母女，对王母开诚布公地说邀请王紫苓到自己的剧团，承诺以后他可以捧王紫苓，演《大英杰烈》时，他亲自陪演剧中的王富刚，并且设想今后要为李小春、王紫苓专门成立一个以他俩为主角的剧团。从此以后李小春和王紫苓经常来往，在天津时他俩一起到起士林、天和玉饭庄等处吃饭，互相切磋技艺，交流演出心得。她看过李小春演的《三岔口》中的任堂惠，李万春、李小春父子合演的《狮子楼》，小春饰西门庆。王紫苓认为李小春是一位很有发展前途的好演员，李小春也经常到王紫苓家聊戏，还互赠剧照。但是，王紫苓的母亲瞻前顾后，加上王紫苓本人心气儿很高，一心想自立剧团，不愿依附于人或寄人篱下，希望自己有更大的发展空间，去李万春剧团的事最终没有实现。有一次李万春和夫人李砚秀到天津，在饭店与王紫苓相遇，虽然互相看到了对方，但王紫苓因为前事未答应，不好意思主动打招呼，还是李万春先生主动过来看望她们。恢复传统戏以后，天津市京剧团派演员去北京观摩京剧演出情况，有一天在北京老长安剧院的演出是孙毓敏的《红娘》开场，中场是李万春的《武松打虎》，大轴戏是童芷苓与童葆苓合演《樊江关》。演出结束，王紫苓到后台问候多年不见的"四姐"童芷苓，见到李万春先生，李先生站起来给王紫苓让座，还提起过去那些老话儿、旧事儿都感到遗憾和惋惜！

1956年10月1日至10月31日，以王则昭、王紫苓、袁文君、曹艺铸为主要演员受邀在群英戏院演出。该团于1956年12月1日至1957年1月30日演于共和戏院。王则昭是宗谭余的著名女老生演员，为谭小培弟子，王紫苓多以演花旦为主，但和王则昭、李执中合演了《大·探·二》《四郎探母》《龙凤呈祥》《盗魂铃》等，还合演了《雁门关》。与曹艺铸也有过不少合作，曹艺铸出身梨园之家，其父曹宝义，曾用艺名小宝义，武生名家，在上海、东北等地久负盛名；其兄是享誉南北的曹艺斌，工文武老生，学贯南北之艺，受麒派影响较多，常演麒派戏；曹艺斌的夫人蓉丽娟，是先红于北京、后红于东北各地的旦角名家。曹艺铸坐科于上海，工武生，出科后搭班演出。他的戏路较宽，长靠和短打武生、武丑、猴戏均善，尤以翻跟头见长，在南京为师叔赵松樵演的关羽戏充当马童，颇获赞誉，深得赵松樵先生的赏识，故在北上时将他带到天津，随赵老在扶新剧社等剧团演出。后来曹艺铸辗转加入天津市建华京剧团，担任武生主演，在剧团里王紫苓与曹艺铸的关系很好，曹艺铸在武戏方面帮助了王紫苓不少。演反串戏《三岔口》，王紫苓饰任堂惠，曹艺铸饰刘利华；演《刺巴杰》，曹艺铸饰胡理，王紫苓饰巴九奶奶，二人的对手戏配合默契。有时演出结束，曹艺铸热情护送王紫苓母女回家，从南市步行到沙市道的王家，然后再自己回家。曹艺铸把王紫苓如小妹妹一样照顾，王紫苓心存感激。"文化大革命"以后，曹艺铸身患半身不遂，王紫苓多次去看望，一见面谈的就是戏，二人非常留恋和珍惜他们年轻时候的演戏生活。演戏已经融于老艺术家们的血液里，想把他们与演戏分离开都难呀！

1957年1月31日，王紫苓再回群英戏院，3月1日起在新华戏院演出。之后，演员阵容稍有变动，主要演员有王则昭、王紫苓、张金波、张金芳、曹艺铸。从3月16日起他们在民主剧场演出，半月后移至红旗剧场演出，4月22日起演于天华景戏院。5月13—14日早晚场演出的有张金芳的《宇宙锋》，曹艺铸的《金钱豹》，王紫苓的《盘丝洞》，王则昭与王紫苓合作的《盗魂铃》，王则昭扮演"猪八戒"。5月19日起，演出以王紫苓为主演的《蝴蝶梦》（《大劈棺》），一天两场，连演9天，共18场，最末一场因大意，王紫苓腰部受伤，6月1日开始他们在长城戏院演出，8日起演出了根据清代南通事实奇案编演的全部《杀子报》，让王紫苓主演并恢复踩跷的演法，王紫苓不想演这杀气太重的戏，因而辞职。

1950年至1957年，王紫苓在京津地区名声大噪，拥有众多忠实的观众。20世纪50年代，有人说在天津要看花旦戏，除了看赵燕侠，就看王紫苓，这两个演员会演戏、重表演，还有的观众议论说："去看《玉堂春》，别人演是要让人听戏，王紫苓演这出戏，是要让人看戏，她演的苏三，能让人落泪，从头演到尾都是苏三。"她的演出尤其受当时青年知识群体的青睐，如后来成为"红学"研究大家的周汝昌、荀派研究家徐凌云（当时名为徐昌键）、王家熙等青年时代就经常到剧场看王紫苓的戏。徐凌云改的一些剧本，还是征得王紫苓的意见后改动完成的，在当时王紫苓俨然是一位偶像型的演员。天津有姓氏为邱、张、潘的三对夫妻，都喜爱王紫苓的演出，不但经常去剧场观看，还邀请王紫苓一起吃饭。1954年的一天，有一位督军的姨太太，这位太太在她的弟弟和小姑子的陪同下经常到天津新中央戏院看王紫苓的演出，看戏入了迷，特意到后台拜访，她派人到后台找到王紫苓说："太太请你单独陪她坐一会儿，她太喜欢你了。你如果能去她家，她会给你一小箩筐宝钻首饰的。"可是，像这样的邀请却被王紫苓婉言谢绝了，她心想："要是不提送我东西，也许我会去，一提去了会送我宝钻首饰，我反倒不会去了。我很看重自己的人格，也很看重人情，看重的不是金银财宝。我很自尊，就怕别人瞧不起自己。别人尊重我，我就不知如何是好了。"

她在北京演出十分"走红"，声誉比在天津更上一层楼，拥有不少追星族。她不但在北京同行中的人气高涨，在观众中更是有许多艺术知音。社会闻人载涛、溥侊、周大文、陈恭澍、徐公肃，还有不少大学里的教授和大学生，都是王紫苓演出的剧场常客，对她的表演给予鼓励和支持。翻译家陈恭澍是一位京剧爱好者，有人向他介绍说："你一定要去看王紫苓的戏，如果谁没有看过她的戏，就不算看过戏。"一天，陈恭澍先生终于去看了王紫苓的演出，这天她和谷玉兰演的是《樊江关》，看过后陈先生评价说，王紫苓在台上演出就连身背后都有"戏"，

王紫苓饰荀灌娘

从此他几乎每天去看王紫苓的演出。从中国驻法国大使馆回国的一位翻译徐公肃先生，是苏州人，回国后在北京为《世界文学》刊物做编辑，还有一位也是从法国回来的叶老先生，他们一起来看她的演出，也是看过一次以后，即成为她的"粉丝"，还在丰泽园请她吃过饭。另有一位翻译家是盲人，夫人给他读文，他翻译，虽然他看不见台上的表演，可是在其夫人的陪同下仍然经常到剧场看戏，他的夫人在旁边为他讲解现场剧情和演员演出的情况。他说："听王紫苓的话白、语气，就知道她台上的喜怒哀乐，想象得出演员表演是丰富多采的。"这样"看"戏也是不多见的。

一天，童遐苓陪着王紫苓到一家饭馆吃饭，北京闻人周大文当时在这家餐馆就职，出来见他们，问他们要吃些什么。他的厨艺极好，亲自下厨，有的菜他还免单。后来他说他的女儿正在学唱戏，他想要女儿拜王紫苓为师，王紫苓很客气，说自己还年轻，拜师实不敢当，后来他的这位女儿成为享誉全国的知名花旦演员之一。周大文要带王紫苓去载涛府上会见，王紫苓很古板，一般情况自己是不独自拜客的，就要带着母亲和小弟，于是谢绝了周先生的好意。周先生和载涛有一段

王紫苓与李金声（右）演《大劈棺》

时间经常在王紫苓演出的北京华北戏院固定一个包厢，喜爱看王紫苓演出的《拾玉镯》《红娘》等戏，王紫苓演小姑娘角色的戏堪称一绝。王紫苓至今还清楚地记得，周曾提出过一点扮戏方面的意见，说她的表演哪里都好，就是手上搽粉不要太白，要与脸上的色调相协调才好。溥侊是前清皇族子弟，经常戴一副小茶色墨镜。在天津华林戏院时，许高扬对王紫苓说溥侊要和她唱一回《霸王别姬》的"力拔山兮"那场戏，被

王紫苓婉言回绝了。载涛是溥侊的七叔，溥侊也曾提出要带王紫苓去见载涛贝勒。尽管载涛在京剧界名望很高，很多演员巴不得能与他相识，借重他的名望以利于自己的发展，可是对此，王紫苓没有去，她的宗旨始终是唱好自己的戏，不把希望和心思放在攀龙附凤上。1957年或1958年，一位姓金的先生专为王紫苓写过一个剧本《百花公主》，委托溥侊转交给王紫苓，说如果认为这个剧本可以用，希望排演时能聘请溥侊出任导演。那时王紫苓刚进入天津市京剧团，剧团交给的演出任务非常繁忙，此事便不了了之。剧界著名人士万子和、李华亭非常爱看王紫苓的戏，并都在丰泽园饭庄正式磕头，收王紫苓为义女。万子和每次自己买票看王紫苓的《大英杰烈》，并说："坤角演这个戏的人太少，紫苓这戏属一属二，过瘾。"从这林林总总的事不难看出，王紫苓当年在北京剧坛也是叱咤风云、引起轰动的，深受剧界内外人士的欢迎和喜爱。

王紫苓在舞台上的艺术表现，既有荀派风范，又脱庸俗之气，有一种天然清新的气质，虽然天真烂漫，勾人魂魄，却是健康活泼，不讨人厌。20世纪50年代初，她的表演在天津、北京的青年知识分子中颇具影响，享有威望，她拥有许多"铁杆粉丝"。有一次，有人把收集到的一大摞信件拿给她看，足有上百封信，对她说："你看见了吗？这都是写给你的，就不给你挨个看了。咱是唱戏的，好好唱戏才是咱们的本分，其他的事不要多想，免得分你的精神！"说完，当着她的面把信放进水盆里给泡了。王紫苓当时并没把这当回事，她理解好多人看她是个唱戏的好材料，寄予很大期待，这样的举动是出于对她的爱护。这些来信大都是对她的赞美，其中也不乏求爱的表白。当时她的年龄还小，好心人不愿意让她接触这些，很多情况都是事后或过去了很多年后才听说的。据说那时一些学生中间传唱她的戏，有的学生宿舍墙上贴着她的

王紫苓演《翠屏山》饰潘巧云

演出广告或剧照。有的中学生和大学生看完戏不离开剧场,在剧场门口等她,还有人直接到后台,挑开门帘找她,都是要她在笔记本、扇面或画上签字的,那情形一点也不亚于今天追星族的狂热程度。

在北京她演完戏走出剧场时,经常碰到等待的观众一拥而上的情况,为了躲避这些纠缠,有时她要别人冒充她先走出剧场,然后从后门、旁门溜走。更让她害怕的有两件事:有一位河北工学院的大学生几次设法要见到她,可是一直见不到,到后台找,王紫苓的化妆间挂着门帘不让进,苦于不得相见,一时冲动,甚至自己划破了脖子;还有一次接到一封来信,写信人称每天在王紫苓母女的身后护送着她们,但不愿意露面与她们相见,说如果要见他,可以在散戏后回住处的路上,回头就可以看到他。接到信后,王紫苓母女特加注意,晚上只见她们身后的路上有位蹬三轮的,也不知道是不是那位神秘的侠士。

这真是:贫在深山无人问,一朝成名天下知!

## 加入市团

中华人民共和国成立后的 20 世纪 50 年代,国家经济建设开始步入正轨,社会稳定,人民生活走上正常,文化活动恢复起来了并发展兴旺。二十来岁的王紫苓,在北京、天津演出有了较高的知名度,唱成了"红角儿",是一位十分抢眼的京剧花旦演员,正是年少得志、如日中天、壮志未酬之时。

1956 年,刚刚成立的天津市京剧团的发展方兴未艾,继续招兵买马,壮大演员阵容,市团领导和知名艺术家关注到了王紫苓这位前途无量的青年优秀演员。那时王紫苓正在建华京剧团,该团的女老生名家王则昭等去外地演出,王紫苓则在天津市区继续演出。天津市京剧团的几位领导和艺术家就像今天的"探星族"一样到处搜寻目标,有意到剧场观看了王紫苓的演出,一致认为她的舞台表演青春靓丽、很有活力,在台上表演松弛,放得开,既可人招喜爱,又落落大方、不粉不黄,非常赞赏,决定将这位很有发展前途的小花旦作为主要演员招入市京剧团。当王紫苓正在北京演出之际，负责招收演员的苏世明到北京找到王紫苓，要她回天津进市团。这时王紫苓与北京方面的演出合同尚未履行完，只好暂时不去。等合同到期后，天津市京剧团已经成立，并且大部分演员去外地演出了，只好再等合适的机会进市团。她继续搭天津建华京剧团演出，只《大劈棺》一出戏她就连演了18场，在最后一场演出中受了伤，坚持把戏演完，后在家休养。1957年6月，她正在家休养，天津市京剧团的王佐明、邱炳炎、曹世嘉、张韵啸一起到王紫苓家，邀她进市团，先订合同三个月，试用一个月，没问题后转正为天津市京剧团正式的主要演员。

1963年12月22日演新编戏《红灯令》戏单，王紫苓饰秀姑

1957年8月5日起，王宝春、王紫苓领衔天津市京剧团部分演员在天津长城戏院演出9天，这实际上是王紫苓正式加入天津市京剧团的热身演出。5日晚，王宝春主演《白水滩》，王紫苓以全部《玉堂春》（游院起团圆止）"打炮"，她饰苏三，季尚春饰王金龙，包式先的崇公道，哈宝山的"蓝袍"，曹世嘉的"红袍"。第二天先是张韵啸的《遇皇后》，中场是王宝春的《嘉兴府》，大轴为王紫苓的《红娘》。第三天王紫苓在中间演《拾玉镯》，紧接着王紫苓于8日晚演《大英杰烈》，9日晚是《悦来店·能仁寺》，10日晚再演《红娘》。11日白天，由王宝

春、王紫苓合演《武松》（挑帘裁衣至快活林），晚上是王宝春的《闹龙宫》、王紫苓的《诓妻嫁妹》一人饰二角，前演（青衣）俞素秋，后演（花旦）韩玉姐。12日晚全班人马通力合作，上演《龙潭鲍骆》（刺巴杰·巴骆和·打酒馆·四杰村），王紫苓饰演巴九奶奶，这是一个蛮悍女人的形象，使金大力用的那种两段长方形的棍，耍起来十分费力，做表繁重，文武带打。这天，她在演出中不慎崴了脚，她坚持着把戏演完，第二天又坚持完成演出任务。13日晚是这一期演出的最后一场戏，有王紫苓的《花田错》、王宝春的《闹天宫·十八罗汉斗悟空》。王紫苓在连续9天的演出中，共上演了10出戏，大多是整本的大戏，充分展示出她的才能，所演剧目有青衣戏、花旦戏、武旦戏、文武的旦角戏，唱的、做的、念的、打的全了，只是刀马旦戏没有露。她已然给天津市京剧团和天津观众交上了一份满意的答卷。她以崭新的精神面貌和艺术姿态亮相舞台，开始谱写她艺术生涯的新篇章，今后的演出任务更加繁忙。她加入天津市京剧团，也给该团的总体艺术风格又增添了一道亮丽的风景线，使该团的艺术风格更为多彩，剧目更加丰富，演员阵容更加整齐强大。什么试用，什么转正，这些在王紫苓这里似乎都不存在了，一进团，在舞台上一亮相，她就是天津市京剧团的一个大主演了！国营的天津市京剧团"四梁四柱"的演员齐全，阵容严整而强大，使王紫苓的演出效果更显精彩。她来到市京剧团如鱼得水，市京剧团为王紫苓的艺术提供了更广阔的表现舞台，让她得以大展宏图。她从此成为天津京剧团的第一花旦，也有人说她是天津京剧界的当家花旦。

稍作修整后，1957年9月1日起，天津市京剧团分出一支队伍到天津塘沽戏院演出，塘沽戏院建成开幕，她与厉慧良第一次同台，为塘沽戏院开台演出。那天王紫苓在前边给厉慧良垫了一出《拾玉镯》，扮完戏，厉慧良见到王紫苓，问她："你自己扮的？"王紫苓回答："嗯，自己扮的。"厉慧良又问一句："行头呢？"王紫苓回答："也是自己的。"过去戏班里的演员，最重视其他演员的扮相和行头，一个演员会不会唱戏，能够演得怎样，先看他会不会扮戏，扮相对、扮得漂亮，这名演员演戏基本就没问题。再看他的行头，有自己的行头，行头质料好、讲究，表明这位演员的档次位置。王紫苓的这两样在厉慧良面前没有"露怯",让厉慧良刮目相看。王紫苓在塘沽戏院披挂上阵,与周铁豪、刘少泉、李少楼、李荣威等合作演出《龙潭鲍骆》;与季尚春、赵春亮、哈宝山演出全部《红娘》;与包式先、赵春亮、季尚春演出《大英杰烈》;与季尚春、赵春亮、包式先、哈宝山、苏世明演出《玉堂春》;与程正泰、薛慧萍、张美玲演出《四郎探母》;与赵春亮演出《拾玉镯》等。演期半个月后,王紫苓自9月17日起,又随以邓金昆、包式先、刘少泉、张鸣禄、李少楼、李荣威、宋鸣啸、苏世明、季尚春、周铁豪、哈宝山、赵春亮、施明华、张文轩、张世娴、张美玲、程正泰为主要演员的天津市京剧团在天津新华戏院登台。9月28日起,厉慧良领衔天津市京剧团在天津中国大戏院演出,主要演员还有王紫苓、包式先、李少楼、李荣威、苏世明、季尚春、哈宝山、赵春亮、张美玲、薛慧萍。10月1日是个特殊的日子,晚上王紫苓在中场演出了《拾玉镯》,其前后有厉慧良演的双出《盗宗卷》和《闹天宫》。不言而喻,王紫苓这一阶段的演出表现,令剧团领导和演员们十分满意、心服口服,认为她有实力,人才难得,名不虚传。

王紫苓自从加入天津市京剧团以后,没有太多休息的时间,身上承担的演出任务非常繁重,比起以前她自己搭班或挑班时期,演出更加繁忙。有演出戏单显示,当时某天下午她在中国大戏院演出《铁弓缘》,晚上又在新华戏院上演《大英杰烈》,这都是花旦演员的大型重工戏。类似这样的情况在那时是家常便饭,可是她不觉得辛苦,加入了正式的国营剧团,就好像自己找到了家,有了组织,有了党的领导,有

王紫苓演《大英杰烈》

了国家这个靠山，剧团里的同志团结互助、和睦相处，觉得自己在艺术上有了用武之地，拥有了更大的舞台、更多的观众朋友，她深深体会到社会主义大家庭的优越感。

1957年12月20日，天津市京剧团新排出南宋历史剧《洺州烽火》，首演于天津中国大戏院，由本团编导组编剧，执笔王文泉，导演厉慧良，助理导演张文轩，主要演员有王紫苓、包式先、邓金昆、刘少泉、李少楼、孙鸣凯、李荣威、宋鸣啸、周铁豪、季尚春、哈宝山、程正泰、苏世明、赵春亮、施明华、张文轩等。该剧连续演出8天，到27日止，这出新编戏获得了很大成功。

一出新戏刚刚结束，另一出新戏又将登场，新戏一出接一出，演出一场接一场，将天津京剧团舞台装得满满当当。除了自己繁忙的业务演出之外，王紫苓还担负着其他的艺术活动。1957年春天，天津人民艺术剧院排演新编话剧《钗头凤》，导演是剧作家赵大民，由著名演员马超、严美怡主演。这是一出古装戏，话剧演员对如何表现古装人物不是十分熟悉，演员马超还好，是幼时学过京剧的，后来改演的话剧，但女主角的扮演者严美怡穿上古装就不会走台步了。京剧主要演古装戏，人民艺术剧院为了提高话剧《钗头凤》的艺术质量，知道王紫苓演过京剧的《钗头凤》以后，由周健、陈小鸥出面，多次前来接王紫苓到人艺剧院指导话剧演员们表现古装人物的走台步、练身形等。其中，主要演员严美怡怎样装扮古装的头型、念台词时用什么语气、如何走台步使身段等，是王紫苓指导工作的重点。严美怡是天津人民艺术剧院多年的头牌女演员，她虚心向王紫苓学习，跟在王紫苓身后认真练习走"圆场"的动作。当时天津人民艺术剧院演出《钗头凤》的节目单上还印有"艺术指导 王紫苓"的字样。人艺在和平路上的人民剧场演出《钗头凤》非常红火，连演数十场，场场爆满，以后又多次上演，久演不衰，成为天津人艺当年的招牌剧目。

自1957年的12月31日起，王紫苓在新华戏院与宋鸣啸合作演出《铡判官》，一天两场，共演月余，上座率不减。后又排演《铡赵王》，这是剧团为王紫苓量身定制的又一出新编戏，编导张文轩、李荣威，主要演员还有季尚春、哈宝山、包式先、邓金昆、赵春亮、张文轩、李荣威、孙鸣凯、张美玲等。该剧跨年连续演到1958年的1月12日。之后，王紫苓又演出其他的传统剧目。天津市京剧团成立后，演员们的艺术创作积极性都很高，不断地编演新戏。1958年1月25日，天津市京剧团在新华戏院开始上演根据传统戏改编排演的上集《薛刚反唐》，这剧本是王紫苓从一位老艺人手中接过来，保存多年，奉献给剧团的。这是由徐盛昌、哈宝山执行导演，王紫苓领衔主演并与邓金昆、刘少泉、关明林、李少楼、孙鸣凯、李荣威、哈宝山、赵春亮、周铁豪、施明华、张文轩、程正泰、杨麟玉、张世娴等合作演出的。

王紫苓与邓金昆（左）演《铡赵王》

在短短的几十天中参加排演并主演三部大戏的任务，也只有年轻、用功和追求上进的王紫苓才能承担起这样繁忙而艰辛的任务。多少台词要背熟、多少新唱腔要练熟、多少表演要设计，需要多少精力和体力去承受呀。王紫苓不用扬鞭自奋蹄！自进入天津市京剧团以来，她为剧团活跃艺术创作、繁荣演出市场发挥出她的重要作用，竭尽全力贡献出她的才智。年轻的王紫苓一心扑在学戏、研究戏、演戏上，逍遥于台上台下、戏里戏外、角色与自我之间而心有所得，这就是她的生活，也是她的人生追求。

她在工作上不怕吃苦，不怕受累，思想单纯，在生活上没有太多复杂的想法。她在自己搭班唱戏时，每当有演员没来，她就毫不犹豫地顶替上台,"救场如救火"。有一次她应该在后边演出《十三妹》,可是在前边《武家坡》饰演王宝钏的演员未到,她就替演《武家坡》,然后再赶场演《十三妹》。她认为这很正常,也是应该的。到了天津市京剧团以后,她照样如此,谁不来,她就顶替上去了。有一次,在中国大戏院的演出,她救场替演,结果得罪了一些人,她受了累反而受到委屈和伤害。有人攻击她"抢戏""表现自己",要她"给别人留饭"。她感到很冤屈,明明自己是为了工作,怕剧团受名誉上的损失而为之,剧团有了困难,演员都应该肩负责任,勇挑重担。她对此觉得问心无愧,但她不知道有时演员不演戏,是因为与剧团的领导闹意见,是在故意为难领导,她这一替演,那个演员的意图没有达到,就会迁怒到她身上,对此王紫苓却全然不知。她认为对领导有意见,不能拿工作开玩笑,有意见可以和领导沟通,不能在工作上撂挑子。

有的同事病了,她好心好意买些水果、糕点去看望,说代表同志们来看望。这又出麻烦了,剧团里有人议论说:"用你,你算老几,你凭什么代表我们?"剧团全体职工开完会,她一个人主动留下,等大家都走了,她默默地扫地、收拾桌椅板凳。有一次剧团外出演出,自带行李,下起了大雨,她帮助同事抢运行李,唯恐同事的行李被雨淋湿,却不顾自己被淋得浑身湿透。有人又认为她是突出自己,故意在领导面前表现。社会上到处都有爱搞是非的人,这种人"以小人之心度君子之腹",好人想做点好事都难。

王紫苓别看外表那么灵光,演起戏来又那么机敏,但她对很多事都不走脑子,只知道把事往好了做,不知道别人怎么看待她。其实我们社会中实在太需要像王紫苓这样的"傻子"啦!

1958年2月底至3月底,王紫苓光荣地被批准参加天津市京剧团赴朝慰问中国人民志愿军的演出团。

## 赴朝慰问

1958年年初,天津市京剧团部分演员被批准参加中国人民赴朝慰问团第五分团，王紫苓荣幸地获准参加。参加赴朝慰问志愿军的经历，使王紫苓受到了很大的教育，成为她人生观转变的一个重要转折点。

朝鲜天气很冷，每位赴朝人员都需要添置御寒的衣服，按规定国家要给每位出国人员发300元。但周恩来总理认为这是去慰问志愿军，都是自家人，与执行外交任务的出国情况不同，赴朝可以穿得随便一点。现在正是国家展开大规模经济建设之际，各方面都需要资金，于是把300元的最后一个零去掉，每人发了30元。同志们用这些钱买了皮的或棉的帽子、手套、毛围巾等挡寒的衣物。天津京剧团里演文武丑的沈伯华是天津稽古社子弟班坐科出身的演员，他买了一双反毛鹿皮的皮靴，这双鞋的外皮不是光滑的，而是有长毛，就像南方椰子外皮包裹的一层毛一样，穿上很暖和。大家给他起了个绰号"老虎爪"。王紫苓平时没有太厚实的防寒衣服，家里给她添了70元，加上国家补贴的30元，在老天祥商场买了一件卡其布面、内里是卷羊毛的带帽子的皮大衣，帽子和袖口用的材料都是毛毡子的，她穿上这件大衣觉得暖融融的。

那时演员们都还年轻，有一股子革命热情，他们觉得被选上赴朝慰问是件很荣耀的事，不仅自己光荣，就连家里人也感到很光彩。所以，那些日子大家的情绪非常高，都处在精神非常振奋之中。临行前一天，出国人员到剧团集合，互相看着对方哈哈大笑，穿什么的都有，各式各样，与平时都不一样，仿佛变了个人似的。出发那天，火车站上人山人海，既有出国人员，也有前来送行的领导、同事和家属。他们搭乘的是国际列车，四个人一个包间，包间里四张卧铺，王紫苓和薛慧萍、张世娴、张美玲在同一个包厢里。

开餐的时候，人们集中在餐车用餐。丑角演员孙鸣凯过来了，凑到几位女演员跟前，递给她们一个小册子，是油印的，封面的首页印着《三不愿意》的剧名。他说："咱们到了朝鲜，给志愿军演出，你们看演这个戏怎么样？我看演这个戏挺热闹，志愿军们一定喜欢。如果大家同意，咱们就排一下。"大家说"好呀"，于是看起剧本来。几位演员一边看剧本，一边就给自己派上角色了。著名文丑演员包式先说演崔华合适，王紫苓说："我来二小姐，二小姐崔丽英是花旦角色！"张世娴说演大小姐崔秀英，苏晓娟说："那我就来个丫头！"张美玲说："那我就是县官夫人了！"赵春亮说他演崔家的那个长工八儿，孙鸣凯说："正好，我就来那个县官啦。"张美玲对孙鸣凯说："我来个县官的夫人，你在前边审案子，我在后边给你出主意。"大家你一言我一语的，既开心，又把戏给派定了。他们每个人都努力熟悉着自己的台词，这个戏很有戏剧性，富于表演性，唱段不多，以念白为主。他们在心里为自己要扮演的角色设计好了穿什么行头，怎样装扮，又大致排了每个角色演出时在舞台上的位置。这不但表现出演员们对赴朝慰问演出任务热情饱满，而且也说明这些演员在艺术上的成熟，只有具备扎实的艺术基础，才能有业务上这样的高效率。到了朝鲜，这出戏多次上演，效果极佳，深受志愿军战士的欢迎，他们哪里知道，这出演员们从未演过的戏，竟是在列车上"钻锅"（临时现学然后上场）排出来的。

当他们乘坐的国际列车驶过鸭绿江大桥时，大家兴奋地唱起了志愿军抗美援朝的歌曲："雄赳赳，气昂昂，跨过鸭绿江，保和平为祖国就是保家乡，祖国好儿女……"大家像志愿军一样斗志昂扬，跨桥过江就是战场了，很快就要见到志愿军，见到最可爱的人，大家的心情别提有多兴奋了！列车继续向前开去，奔驰而过，很快就来到朝鲜的新义州。前来欢迎的朝鲜人民群众跳起了朝鲜族舞蹈，欢呼声、口号声响成一片，气氛非常热烈。在这里，王紫苓等天津市京剧团的同行们遇到了来自北京的李元春、李韵秋兄妹等人，他们也是前来慰问的，不过他们与天津的同行不在同一个慰问团。分手后，天津市京剧团所在的慰问团按照上级的安排，前往朝鲜的首都平壤。

从新义州到平壤的路上看不到青壮年，能看到的只有老人和12岁以下的男孩子，大多是妇女们。大人们头顶着一块石头或大木盆，盆里装些碎石头，手里牵着孩子，有的稍大一些的孩子的手中也抱着大小不同的石头。看到这样的情景，王紫苓的心里产生酸楚的感觉。朝鲜人民经受了残酷的战争。这时王紫苓的心灵开始受到震动，更加理解了为什么毛主席一定要号召"抗美援朝，保家卫国"，她下决心一定要尽最大努力完成祖国嘱托的慰问任务。

右二王紫苓、左一张美玲与朝鲜艺术家交流

　　来到平壤,朝鲜人民军给予慰问团最隆重的接待,慰问演出在一座很大的剧场举行。天津市京剧团为了赴朝,精心准备了剧目,厉慧良准备了《闹天宫》《雁荡山》等;王紫苓准备的是《打焦赞》《拾玉镯》等;武生李少楼等准备了《三岔口》,都是些舞蹈性强、容易让人看懂的戏。王紫苓演出的《拾玉镯》尤其受欢迎,她饰演平民少女孙玉姣,季尚春扮演傅鹏,赵春亮扮演刘媒婆。开始演出时,怕朝鲜同志听不懂汉语台词,配备了翻译,介绍剧情。看了一会儿,朝鲜观众就不让翻译了,提意见说:"别翻译了,那个女演员的眼睛会说话,虽然我们听不懂她说的和唱的是什么,但我们完全能看懂她表演的是什么。我们一边看,你一边翻译,反而分散了我们的注意力,还是不要翻译的好。"翻译对演员们说:"做翻译,我看不着戏,不做翻译,我能好好看戏了!"

　　不知是志愿军方面还是朝鲜方面,在后台给演员们准备了当地出产的苹果,当地人把苹果称为"苤瓜"。年轻的演员们在一起爱开玩笑,他们根据谐音,管"苤瓜"叫"傻瓜",逗得大家哈哈大笑,这种革命的乐观主义精神在艰苦的战争岁月中是很可贵的。

　　他们在平壤总共待了十来天。有一天安排演员们参观一个展览会,让他们进一步了解到战争的残酷,给朝鲜人民带来的灾难,景况惨不忍睹,更使他们认识到抗美援朝、保家卫国的必要性。王紫苓看到400多位母亲坟的照片,她们被敌人的炮弹炸死,尸体横七竖八地放在荒野和废墟中，孩子们趴在妈妈的尸体前痛苦地哭号着；她看到只有几岁的小孩子哭叫着向死去的母亲爬去；她看到只有一两岁的嗷嗷待哺的婴儿趴在死去的母亲身上吸吮着乳头；她看到孤儿院那些失去父母的孩子的可悲境况……她的心碎了，眼泪不由自主地"哗哗"地流出来，有的同事痛苦地哭出了声。这些活生生的现实让每一位演员义愤填膺，大家暗下决心："一定要将反侵略斗争进行到底，打败穷凶极恶的侵略者和他们的走狗，保卫世界和平！"慰问团到孤儿院参观，给孩子们送去慰问品，与孩子们合唱、合影并共同栽下常青树，用温情抚慰他们在精神上受到的战争创伤。当慰问团离开孤儿院时，可怜的孩子们追着慰问团的汽车，举着小手向中国的叔叔阿姨们打招呼，他们难舍难离的样子，引得王紫苓和一些慰问团员们再一次失声痛哭。王紫苓万分悲哀，心想：这些无辜的孩子太可怜了。我们什么时候都要和平，不要战争，可是如果有谁把战争强加在我们的头上，我们也只好奉陪到底，直到取得战争的胜利。回国以后，王紫苓收到一些孩子的来信，可是王紫苓看不懂朝鲜语，又很难找到懂朝鲜语的翻译，所以没办法写回信，至今她还惦记此事，为此感到很遗憾。

王紫苓（右二）慰问朝鲜孤儿院

这一年的春节他们是在平壤度过的，大年三十这一天，王紫苓所在的慰问团与北京慰问团在平壤一起包饺子，过大年三十，和北京相声名家常宝华及其团队一起度过了一个非同寻常的春节，也算是一段佳话。大家在刚刚结束战争的异国他乡过春节，感觉是很特殊的。中朝两方面的领导很照顾这些慰问团的同志，给每人中西餐各一盒，其中有一盒饺子，还有酒，很体谅慰问团员们远离家乡，抛开在国内和平的生活，冒着生命危险带来祖国人民的慰问，尽力让大家过个好年。有一位朝鲜老同志会讲中国话，频频向中国同志祝福："春节快乐，春节快乐！"同志们听了，感到特别亲切，更加激动。这一天恰巧是王紫苓的生日，不少同事向她敬酒，表示祝贺，她比别人喝的酒都多，好多同事送来水果，给她解酒。这样的环境让人们抛弃了私心杂念，忘记了私利、私怨，增强了彼此间的友情。

  慰问团在平壤期间，周恩来总理从国内来到朝鲜平壤，与朝鲜政府会商中国人民志愿军撤军回国的事宜，并来看望志愿军和慰问团。前一天朝鲜方面为周总理举行招待演出，周总理在金日成的陪同下，在剧场的楼上就座，中国慰问团等在楼下入席。周总理入席后，向楼下的同志们挥手致意，王紫苓他们以热烈的掌声向周总理等领导人致敬，这是王紫苓第一次亲眼见到周恩来总理。这天的演员全部是朝鲜籍的，其中一位朝鲜功勋演员崔承熹有舞动两把扇子的表演，非常优美动人，王紫苓看了十分喜欢，她想："这套双扇舞太好了，我们中国戏曲有舞动一把扇子的表演，如果学过来，将来在戏曲表演中也能有舞双扇的表演了！"她的脑子无时无处不在琢磨钻研表演艺术的事。

  王紫苓第二次近距离见到周总理，是到中国大使馆演出时。有一天，慰问团到我国驻朝鲜大使馆慰问演出。这天的活动虽然是在我方大使馆，可是出面接待的都是朝鲜方面的人，出席活动的除了以周总理为首的中国政府代表团外，还有各国驻朝鲜的使节，实际上是个国际性的招待会。那天王紫苓演出的是《红娘》选段，她对那天的扮相非常满意，负责衣箱的师傅拿出从未上身的戏衣，服装是全新的，颜色清新淡雅，非常漂亮，化妆师把她的头发梳得高高的，红娘的舞台形象清丽秀美、楚楚动人。这天她演出特别卖力，博得了中外观众的阵阵掌声。没想到这一次的舞台形象竟被人拍摄下来，后来她在剧团的资料室中发现了这张照片，十分高兴，就想借出来翻拍一下，自己留个纪念，可是负责管理资料室的那位小姑娘就是不肯借给她。想不到经过动乱以后，这张她最喜欢的剧照不知去向，那位当年的资料管理员向她道歉，表示早知道这张照片会丢，还不如当时借给她翻拍下来。然而道歉无济于事，这成为王紫苓至今的一件憾事。

王紫苓（中）与朝鲜人民军功勋演员金洛英（左）交谈

在大使馆的招待会上，出席的有很多朝鲜人民军的军官，他们热情地围着慰问团团员们招待服务。在战争时期，鱼子酱是很稀罕的食品，只有招待贵宾时才能见到，他们把鱼子酱抹到面包片上，亲热地递给慰问团团员们，以为这样才能让朋友得到最尊贵的食品享受。慰问团团员们礼貌地接过面包片，咬上一口，那种特殊的味道令他们接受不了，中国人是吃不惯这种鱼子酱的。有的人吃到嘴里，不敢咀嚼，找个地方吐出来，然后把抹有鱼子酱的面包片偷偷地放到不显眼的桌子上。朝鲜人民军的军官们和朝鲜女招待们还在不断地递上这种有鱼子酱的面包片，以表示招待的热情。美酒佳肴虽好，可是慰问团团员们这一晚谁也没有吃饱，看来不同国家的生活饮食习惯还是差别很大的。虽然大家没有吃饱，可是却享受到国宾级的待遇，慰问团团员们见识了外交场合与礼仪，学会了"你好""谢谢""请吃"等最简单的朝鲜会话，感觉收获不小，还是很高兴的。

战争并没有让朝鲜人民停止建设家乡的脚步。他们参观了朝鲜的金矿场，第一次看到提炼金子之前的金矿石，石头表面闪闪发金光，看到了提炼金子的全过程。慰问团还参观过朝鲜的纺织厂，朝鲜有养蚕的传统，纺织所用的材料都是真丝的，色泽鲜艳，闪闪发光，柔细光滑，非常漂亮。在慰问团回国时，朝鲜方面送给他们每人一块真丝衣料。王紫苓一直不舍得用，把这块衣料视为珍贵的纪念品精心收藏，至今60多年了，她还把这块衣料保存得完好无损。

慰问团团员们在平壤时，每天从宾馆出来都要经过金日成广场。这个广场修得规模很大，十分宏伟壮观。可是，敌人的飞机经常过来轰炸。他们看到宽阔雄伟的金日成广场，尽管战争把广场破坏得满处疮痍，坑洼不平，可是仍然遮不住广场在和平时期时宏伟的规模，经历过战争洗礼的广场愈加显出它的雄壮和惨烈的气势。朝鲜是吃苦耐劳、爱国爱家的民族，他们首先修出一条笔直平整的道路。青壮年当兵上前线，做各种建设的都是老人和妇女，还有十来岁的孩子。妇女们身背着孩子，头顶着石头，奔跑着、运输着，修造各种工事。男女老少肩背头顶，承担着繁重的劳动，他们中很多人已经在战争中失去了儿女，可是还要忍受精神上的痛苦，继续为取得战争的胜利而艰苦地生活和劳作，慰问团的团员们看到这些情景深受感动。国家危难时，有这样好的人民为国家付出，再小再弱的国家也不会被征服。

结束了在平壤的活动以后，慰问团开始到志愿军的部队慰问。

首先到志愿军司令部，志愿军司令员杨勇上将、副司令员王平等志愿军领导亲自接见慰问团全体同志。司令部为慰问团举行了欢迎宴会，他们把祖国调配给志愿军最好的食品拿出来招待慰问团，这些都是志愿军不舍得享用的食品，慰问团的同志同样不舍得，也不忍心食用。宴会结束，举办了舞会，王紫苓虽然是京剧名角儿，但她还是很保守的，社会上流行的交际舞等娱乐活动都不会，只知道学戏、演戏。所以，很多人跳舞，她只在一旁观看，并不参与。过了一会儿，杨勇司令员向她走了过来，邀请她一起跳舞。王紫苓直率地回答："我不会。"杨勇将军说："我教你嘛！"说着，一手把她从舞场的边缘拉进了舞场。她确实不会跳舞，不知道什么时候该迈哪一步，低着头不停地看着脚步，还是不断地踩在将军的脚上。杨勇将军说："不要低头，你既然唱戏会听锣鼓点，就会听音乐的节拍，不一会儿你就会了！"果然，王紫苓在杨勇将军的带动下，居然也学会了简单的舞步，至少能跟上节拍了。在这次活动中，很多领导人，包括杨勇将军都给了王紫苓今后联系的电话，有的还给了国内的住址，约王紫苓回到国内以后，可以联系他们。许多同事对她说:"你不管到哪里办事,凭着你,就会一路绿灯。"王紫苓是一位"老古板",从来不以自己具备的人际关系求人办事。她觉得一切要听从组织的安排,国家和人民需要她做什么,她就应该做什么。因此,她从来不与领导人私自联系,不去求人办事。

这之后,慰问团去志愿军的基层部队慰问,一个洞口,一个厨房,哪怕只有一位战士,也要为他演唱。来到志愿军的部队当中,情形又不一样了,志愿军战士见到从祖国来的慰问团团员们,就像见到了亲人一样的激动和热情。慰问团在到场前,规定见到战士们时不许哭,要向他们问候:"我们代表祖国,慰问你们!""你们辛苦了!""向最可爱的人致敬!"战士们也有规定,军队领导给他们下过命令,要求整齐列队,站姿立正。尽管两方面都有规定,可是到了与亲人们会见的实际场合,谁还能控制住那骨肉真情的流露,谁还能控制住血肉之情?群情激荡,口号震天,慰问团团员们与志愿军战士紧紧握手,热烈拥抱。战士们太多了,他们的手太有力量了,太动情了,慰问团团员们的手被战士摇晃得都肿了起来。慰问团团员们及战士们的泪水"哗哗"地流个不停,直到今天回忆起那种场景,她还是激动不已、泪流满面。

慰问团团员们到过肃川、阳德、新安郡等地方的志愿军部队慰问。慰问团要求演员们要尽最大努力、尽一切可能满足志愿军战士的要求,他们希望看什么戏、要听什么戏,大家就要给他们演什么,尽量满足他们。在阳德遇到了京剧的知音,要求看《女起解》和《霸王别姬》。可是,慰问团在来朝鲜之前,并没有计划演这两个剧目,演这两出戏的服装和道具都没有带来朝鲜。既然有志愿军战士提出要求,还是要千方百计地为战士们演这两出戏。演《女起解》需要苏三这个角色穿红色的"罪衣罪裙",戴"鱼枷"、铁链,这些都没有,怎么办?"罪衣罪裙"没有,服装师傅跟王紫苓商量:"穿别的颜色的绣花怎么样?"王紫苓说:"不行,我就要红的!""可是咱没有呀!"服装师傅回答。这时,王紫苓急中生智,说:"咱不是有演《打焦赞》时杨排风穿的'打衣打裤'嘛,都是红的,把紧口的袖口给拆开,变成敞口的,再把裤子口也给松开,往上缝一点,不就成了。"苏三的服装总算有了,戴的"鱼枷"怎么办?剧团里的同事张文轩出主意说:"用纸箱子板做呀!""对呀!"这个主意提醒了大家,搞舞美的同志找来纸箱子板,做成枷的形状,又在上面画出鱼的样式,做成的"鱼枷"还很漂亮。没有铁链子,怎么办?王紫苓想出主意,用曲别针穿起来,再用锡纸做一个锁。就这样,演员和舞美的同志们群策群力,总算把服装和道具凑齐了,《苏三起解》可以演了。出乎演员们的预料,这场演出大受欢迎,气氛十分热烈。要演《霸王别姬》时还是遇到同样的难题,剧中虞姬的服装和道具也都没有。舞美队的负责人郭庆咏说:"虞姬的服装和道具什么都没带出来,只有'如意冠'(又称平顶冠)裹着了,倒是带来了。虞姬要耍的宝剑也没有,这可怎么办?"王紫苓和几个人一起商量,她说:"我有一对宝剑,可不是电镀的,不是亮的,是水银色的,剑柄是鸭蛋青色绣花的,去掉剑穗,虞姬舞剑可以凑合着用。服装呢,下身穿一件'腰包',把前边缝上,上身穿件袄子,没有上下的'鱼鳞甲',就穿一件宫女穿的飘搭裙子,戴'云肩'。虽然说梨园行有句俗语'宁穿破,不穿错',可是现有的条件只能这样了,像不像,就三分样吧!"王紫苓饰虞姬,宋鸣啸饰霸王项羽。由于这两出戏是志愿军点的剧目,他们对这两出戏比较熟悉,虽然限于条件,演出来却非常受欢迎。

晚上在一个地方演出结束,舞美队就要连夜转移到另一个地方准备第二天的演出装台,这不只是在朝鲜的慰问演出这样,在国内时也是这样。拆卸舞台,装戏箱,运输,仅靠舞美队的同志去做,这么大的工作量,人手是远远不够的。20世纪50年代,在国内,以及在朝鲜的慰问团、剧团领导干部、演员与舞美队的同志齐心协力、一起动手,工作上不分彼此,帮忙连夜送舞美队赶往下一个地方。在剧团里,舞美队的同志担负着非常辛苦的工作,王紫苓一向很体

王紫苓在朝鲜慰问演出《拾玉镯》

谅舞美队同志的辛劳，没有舞美队付出的辛勤劳动，就没有剧团演员们正常的演出。她认为，剧团里的人没有高低贵贱，只有工作的分工不同，她对有的人把舞美队看作"伺候人的"，感到非常反感。她很尊重舞美队的同事，有时一起出去，或乘车或吃饭，她都主动抢着付费。

有一次在安州郡慰问演出，正赶上下起鹅毛大雪，演出在露天进行，气温很低，雪一直在下。化装时，王紫苓拿出的毛巾直挺挺的像一根棍，被冻得硬邦邦的，没法用。孙鸣凯是个热心人，找来小树枝点着，把毛巾烤一烤，毛巾软了，可以擦脸擦手了。化装的颜料被冻得挤不出来，也只好拿到火上烤一烤，才能使用。王紫苓的脸冻得像小刀划过似的，在这种情况下还是要化装，往脸上涂抹颜料。她这天演的是《拾玉镯》，剧团里有人建议她演出时里边穿上毛衣毛裤，她坚决不同意，说："我演出时从来没有穿过毛衣毛裤，不管春夏秋冬，总是下身穿短裤，上身穿背心，外边穿'水衣儿'，连秋衣秋裤都不穿，为了保证演出的质量。这来慰问志愿军，更不能怕冷怕累。"她上台演出，风刮得"嗖嗖"地响，风雪交加。刚开始还好，过一会儿，她的手冻僵了，没了知觉，连一个手镯都拿不住，念白时上下嘴唇也不听使唤了，字音都咬不清楚，发出来的音就像囫囵吞枣一样，她的浑身被冻得真是够呛。第一场戏演完到后台，她就感觉后背突然压上了一个很沉的东西，回头一看，原来是志愿军的一位首长张君衡把一件皮大衣披在了她的身上，并且说："天太冷啦，不演了！"王紫苓一听就急了："谁说不演，干吗不演，我是干什么来了？这一点困难算什么呀？我的手用热水暖一暖就好了。我在台上还在不停地活动，你看那些志愿军战士，他们就在雪地里坐着，浑身都白了，像一个个雪人似的，纹丝不动，他们在那等的就是我们的演出。他们经常趴在雪地里侦察，在战火中战斗，有许多战士献出生命。我挨些冻算什么？跟他们比，我太渺小了。战士们在战场上玩儿命，我就要在舞台上玩儿命，累死冻死我愿意，演出不能停！"周围的同志们听到她这一番慷慨激昂的话，很受感动，对这位坚强的小姑娘由衷地敬佩。后来，张君衡首长给王紫苓敬酒，对别人说："这个小鬼真好！"

在朝鲜的慰问演出中，还闹出过一个笑话。有一次程正泰主演《借东风》,打旗的演员人手不够,要由其他演员来扮演,剧团领导找到王紫苓,要她临时打旗,她说"我没干过这个活儿",另一位临时打旗的老旦演员薛慧萍说:"你跟着我走就行了!"王紫苓说:"到该分开让我过去的时候,你一'投袖',我就知道了。"说得挺好,到了台上并不是想象的那么简单,举的旗子挡住了王紫苓的脸,她跟在薛慧萍的后边走,结果该两人分开的时候没有分开,应该是打旗的左右每边各两人,这回是一边一个一边仨。侯宝林说的相声《空城计》里有"一边一个,一边仨"的情景和台词,原来在现实生活中还真发生过这样的情况,要不怎么说"生活是艺术创作的源泉"呢!薛慧萍发现王紫苓跟了过来,就让王紫苓赶快到对面去,王紫苓骑虎难下,一个人溜达过去更难看,她将错就错,就是不过去,就这样唱到完,真的和侯宝林相声一样了。

朝鲜人民与王紫苓(前右三)话别

在朝鲜慰问演出,危险是随时随处都有的。天津市京剧团这次去还好,时间是在战争后期的停战时期,要迎接志愿军回国的时候。即使这样,也有危险,朝鲜山地很多,群山峻岭到处可见。有一次他们走山路,王紫苓走到一个山路上,地势很陡,她走不下来了,人悬在半山腰,武生名家周铁豪上去把她抱了下来,这才避免了一次危险的发生。2014年的一次聚会,笔者征得王紫苓老师的同意,把80岁的周铁豪先生一起邀去,让他们几十年未见面的老同事会面,他们一见面还回忆起在朝鲜时的情景，说那时他们还都年轻，战友般的感情非常真挚、单纯，毫无私心杂念，十分留恋那个时代人们之间那种简单、诚恳、互助的同志关系。

由于王紫苓在赴朝慰问活动中表现优秀，获得由赴朝中国人民志愿军颁发的和平勋章。

2020年10月中旬，王紫苓接受中共中央、国务院、中央军委颁发的"中国人民志愿军抗美援朝出国作战70周年"纪念章。

荣获纪念章照 　　　　　　纪念章照片

## 艺术盛期

中华人民共和国成立之时，正是王紫苓青春年少时，1950年至1965年的15年间，王紫苓既在精神世界上有转变和飞跃，又在艺术世界上进入兴旺期。

历时三个月的赴朝慰问演出结束了。

参加赴朝慰问团的活动，王紫苓受到了极大的教育，对于正当芳华的她的人生观和世界观的形成影响太大了，以致影响到她今后的一生。从这时起，她决心跟中国共产党走下去，不惜付出自己的一切力量，全心全意为国家、为中国人民服务。她经过这一场战争的洗礼，思想境界得到了净化和提升。她想："我们只是沧海一粟，为人民、为国家做一点工作，有什么理由要名利、要地位……从今以后我要一切听党的话，党指向哪里，我就应该做到哪里，不能计较个人的得失。"回国以后，她就像变了一个人，对人生有了更加明确的目标，不但要求自己在表演艺术上有更大进步，还要在思想觉悟上有更大进步。她浑身充满力量，她在剧团不讲条件、不争不抢，别人不愿意演出，她就替演，一天演一场、两场，甚至有时演三场戏，拼着命地干。她在演出工作中积极突出的表现，于1958—1961年，连续4年被评为天津市市级劳动模范、先进工作者、"三八红旗手"。

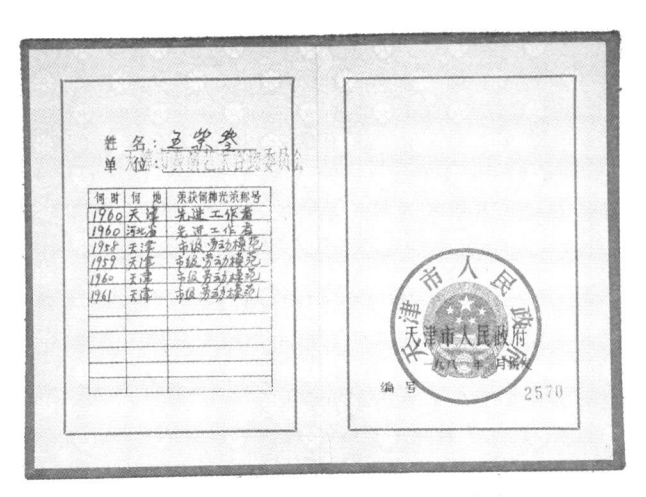

天津市政府颁发劳动模范、先进工作者证

1958年4月6日起，天津市京剧团参加赴朝慰问的演员们在天津市人民礼堂做归来后的短期演出，向全市人民汇报，圆满地完成全市人民对他们的嘱托。王紫苓在6日晚演出《拾玉镯》；7日、8日晚演出《铡判官》；9日晚演出《红娘》；10日晚演出《铁弓缘》；12日晚再演《拾玉镯》；13日白天演《三不愿意》。8天中她演了7天的戏，几乎天天有演出任务。

之后，剧团开始了正常的营业演出。8月30日至9月2日、9月15日至18日，她在新华戏院领衔演出《铡判官》。24日起，在群英戏院演出《铡判官》，演至30日。在20多天里，王紫苓主演的《铡判官》演了12天，几乎场场爆满。10月1日至7日，王紫苓在中国戏院与厉慧良、李荣威、李少楼、宋鸣啸共同演出了现代戏《治海降龙》，这出戏反映天津市人民响应毛主席关于"一定要根治海河"的伟大号召，决心治理好海河的事迹。8日开始，王紫苓又与厉慧良、周啸天、丁至云、林玉梅、包式先、季砚农、苏世明、哈宝山、薛慧萍等一起演出了另一出现代戏《走在前面的人们》，讴歌当时的中国人民建设社会主义国家的高涨热情。

时间进入1958年。

中华人民共和国成立后，中国人民渴望把祖国尽快建设成民富国强国家的情绪异常高，1958年达到狂热期。经济建设掀起前所未有的高潮，这种高涨狂热的情绪是顺应人民期盼的。100多年来灾难深重的中国，上至国家最高领导，下至普通老百姓，太急切地希望中国在经济、技术、文化、国防各方面打个翻身仗，尽快地改变中国落后的旧貌，人们以满腔热情投入这场热潮之中，这种迫切的心情和振奋的精神是完全可以理解的。全国人民在毛主席和中共党中央的领导下，奋发图强，干劲十足，热火朝天。但是经济发展也有科学规律，要有条不紊、循序渐进，"心急吃不了热豆腐"。事实证明只有热情还不够，要想把事情做好，还要遵循科学规律，要实事求是。

当年的王紫苓年轻有为，作为经历过旧社会的新型文艺工作者，对社会主义文化建设事业满腔热情，竭尽全力做好本职工作，她是剧团里演出任务最重、最忙的人之一，不辞劳苦，不讲条件，任劳任怨。她为人正派，思想单纯，虽然是深受观众欢迎的"红角儿"，然而她毫无"角儿"的架子，没有旧戏班的不良习气和作风，谦虚好学，努力提高业务水平，一心一意为人民服务，不争名夺利，待人诚恳热情，在演出中做出重要贡献，是一位优秀的文艺工作者，为大家树立了榜样。

她不但在本职业务工作中表现积极，而且积极参与社会工作，党中央和政府的号召她冲锋在前。海河是天津的母亲河，贯穿全市，哺育了

海河沿岸的几百万中华儿女。可是，海河支流众多，河道失于修浚贯通，到了汛期，上流水量猛增，河道狭窄，淤泥拥堵，入海口狭小，泄洪不畅，经常泛滥成灾。据史料记载，在1386—1948年的560多年中，海河流域发生严重水灾387次，天津市区被水淹泡就有70余次。可见，海河之患已经严重影响到天津市和海河流域广大地区的社会主义经济建设。中华人民共和国成立后，毛主席就发出"一定要根治海河"

王紫苓在海河改造工地慰问演唱

的号召。1958年前后，全市总动员，天津人民响应这一号召，发起治理海河的义务劳动。王紫苓也投入这场根治自然灾害的斗争中，她身为女同志，在繁重的体力劳动场合一点也不示弱，与男同志一样手推肩扛。她推独轮车，双手驾着车把，同事孙宝文在前边拉车，她不知道什么是累。有时她身背装有湿泥的麻袋，弯腰蹲下背麻袋时，自己都站不起来，需要别人帮忙才能站起来，可见麻袋的分量有多重。有时根据工地的需要和安排，她还要在工地或广播站为大家演唱，表演节目，鼓舞士气和干劲。王紫苓作为女同志在义务劳动中的突出表现，被在劳动工地上现编现演的相声演员刘文亨发现，他通过扩音器的大喇叭广播说"在我们劳动的工地上出了个穆桂英"，就是表扬她的事迹。有一次剧团根据上级安排，去张家口采石场劳动，体验生活，砸石头，劳动之余她还为采石场的工人缝补衣服，帮助同事和工人给家里写信，深受工人们尊敬和爱戴。

这一系列表现，领导和同志们都看在眼里，建设者中的积极分子大量涌现，王紫苓就是其中表现突出的一位。据王紫苓讲，当年天津的戏曲界女演员中只有河北梆子剧院的著名演员韩俊卿和天津市京剧团的她被评为市级劳动模范。

可是，人的体力终归是有一定限度的，这样繁忙而超负荷的演出任务，以及繁重的体力劳动，让她身心疲惫，每天演出，特别是文武繁重的佘赛花，连演数场后，再难坚持，终于病倒了。后来听紫苓父亲说："躺着纹丝不动，一直睡了六七天没醒过来。"她实在是太需要休息了。要不是身体出现不良状况，她能再支撑一年，全国劳动模范的称号非她莫属。一直关心她成长的一位剧团领导人不无遗憾地对她说："国家有规定，凡是连续5年被评为市级劳动模范的，都会晋升为全国劳动模范。你仅差一年，太可惜了！"王紫苓无可奈何地说："我也没办法，谁不愿意为国家多做贡献，成为全国劳动模范，那多光荣呀！可是身体实在是不给力，顶不住了，我也感到很可惜、很遗憾呀。"

从1957年她加入天津市京剧团，她的演出就一直在密集的高频率运转中，从以下她的演出日程可以窥见一斑，这就难怪她的身体会顶不住了。

厉慧良、王紫苓演《关汉卿》

1958年，从朝鲜回来，王紫苓和厉慧良在哈尔滨合演新编戏《关汉卿》，厉慧良饰关汉卿，王紫苓饰朱帘秀；在大连合演《白毛女》，厉饰杨白劳、王饰喜儿。回到天津以后，再演《关汉卿》时，朱帘秀改由丁至云饰演。王紫苓说："朱帘秀这个角色是青衣应工的，丁至云是正工青衣，我在剧团主要唱花旦，换丁至云是合适的。"王紫苓把饰演朱帘秀的一切服饰、演法等统统交代给丁至云。王紫苓一切从戏出发的工作态度，受到团里好评。

1959年，武生名家张世麟参加天津市京剧团，与王紫苓合作演出《战宛城》。那时张世麟42岁，比王紫苓大10多岁，可是在艺术上很尊重她，在排练中，张世麟都要与她认真商量，征求意见。他们在一起排戏十分认真，一丝不苟。每次排练时，张世麟都叫来青年演员观摩，对大家说："你们要好好学习王紫苓脚底下的功夫，看看她做戏时脸上的表情有多么的足！她排练时都这样认真，到了台上那还了得！"在正式演出后，张世麟先生还滔滔不绝地向别人夸赞王紫苓表演的精彩之处。

根据王紫苓在工作中的卓越表现和艺术成就，天津市领导特请王紫苓参加1959年10月1日天津市庆祝中华人民共和国成立10周年游行检阅大会的观礼，她与京剧前辈艺术家赵松樵先生等站在检阅观礼台上，感到无上光荣和自豪。

同年，她与川剧名家许倩云相会，进行艺术交流。许倩云工川剧花旦、奴旦，艺名飞琼，与陈书舫、竞华、杨淑英共享"川剧四大名旦"的美誉。许倩云10岁前后开始学艺，终至艺臻完美，有"川剧皇后"之称，曾任重庆市川剧院院长，2010年被确定为非物质文化遗产的川剧代表传承人，享受国务院颁发的政府特殊津贴。1959年，川剧团到天津演出，王紫苓慕名特地去剧场观摩了许倩云演出的《柜中缘》。许倩云饰演的刘玉莲气质上玲珑别透，神情上憨态可掬，活泼娇气，嗲声嗲腔的，表现出人物的善良、对忠奸爱憎分明的本质，另外也表现出任性的性格特点，的确名不虚传，王紫苓非常喜爱和钦佩许倩云。她认为许倩云的表演朴素自然、不做作，生活气息浓厚，宛若自然天成，不是在表演，就像是活生生的生活再现。演出结束后，她到后台拜访，两人相见恨晚，互相交流表演心得，成为艺术上的知音朋友。

同年，荀慧生先生到天津，亲临剧场观看王紫苓演出《大英杰烈》。演出结束后，荀先生到后台给予鼓励，现场指导。之后，在下榻的宾馆亲授王紫苓几出荀派代表剧目重点片段，使她获益匪浅，师徒合影留念。

王紫苓与川剧名家许倩云进行艺术交流

1960年1月2日起，天津市京剧团王紫苓与朱玉良、张世麟等在劝业场后边的小剧场演出。2日白天王紫苓演出了《拾玉镯》，2—4日晚朱玉良、王紫苓等又演出一出新排练的戏《智斩鲁斋郎》。该剧原著是元代关汉卿编写的杂剧《包待制智斩鲁斋郎》，1958年由中国京剧院著名剧作家范钧宏改编，先期上演该剧的是中国京剧院二团的老生名家李和曾，以反串饰演包拯。李和曾曾携此剧到天津演出，某星期天的日场戏，笔者在第一工人文化宫大剧场看过李和曾主演的《智斩鲁斋郎》。天津市京剧团排演该剧，导演是曹世嘉，包拯由花脸名家朱玉良饰演，王紫苓扮演剧中第一女主角。

应观众要求，1月7日晚，王紫苓与宋鸣啸等在民主剧场再度演出《铡判官》。18日晚王紫苓在华北戏院主演《大英杰烈》，24日晚主演《勘玉钏》。2月初，王紫苓在共和戏院演出《铁弓缘》、《拾玉镯》、《穆桂英》（穆柯寨·穆天王·破洪州）；与朱玉良演出《智斩鲁斋郎》《铡判官》；与程正泰、李少楼、彭英杰、李少广、曹世嘉、张韵啸、高凤茹、冯荣焕、王世霞合演《甘露寺·美人计·回荆州·丧巴丘》；与季砚农、李少广、曹世嘉演出《红娘》等。在这一个月中，王紫苓以演整本大戏为主。

题词"遗貌取神 艺老化境"

后来在查找史料时发现1960年4月13日《天津日报》第5版公布的天津市先进工作者、戏曲演员名单中，有"天津市京剧团王紫苓、王裕民、苏世明（演出科长）"。全市京剧女演员中只有王紫苓被评为先进工作者，王裕民是琴师，演员出身的苏世明以管理人员身份当选。

1960年5月，梅兰芳京剧团到天津演出，天津市文艺界在干部俱乐部举办欢迎梅兰芳及其剧团的招待会，王紫苓作为天津市京剧演员代表之一，参加招待会，并向梅兰芳先生敬酒。

1960年，天津市京剧团根据不同的任务分派和工作需要，全团内部调整为三四个分团，其中一个是青年团，王紫苓、冯荣焕任团长，王紫苓、李少楼领衔主演，带领张芝兰、于月芝、刘志广、牟维斌、马少良等年轻主要演员演出。5月1日起，以王紫苓、李少楼等为主演在河西区工人俱乐部演出。王紫苓在这里首次上演了新排剧目《佘赛花》，这是由著名剧作家景孤血及祁野耘根据传统戏《佘塘关》在1952年改编的，曾由中国京剧院著名演员杜近芳、叶盛兰在北京首先上演。此外，她还主演了《挑女婿》等。6月11日王紫苓等转到中国戏院，演出《佘赛花》《柜中缘》《穆桂英》等。王紫苓和李少楼等8月1日起在黄河戏院演出；8月17日起在新华戏院演出；8月24日起在小剧场演出；后转到共和戏院演出；9月27日起在天华景戏院演出。1960年12月31日至1961年1月3日，王紫苓、李少楼等在第二工人文化宫演出。此外，作为青年团团长和艺术总监制，她给张芝兰做艺术指导排演

王紫苓主演《杨门女将》戏单

了《穆桂英挂帅》和《武则天》。当时《穆桂英挂帅》刚出炉不久，梅兰芳先生到天津演出，王紫苓正在市里开劳模会。她开完会就去看梅兰芳演的新戏《穆桂英挂帅》，看完就差不多掌握了全剧的大概，尤其是"捧印"那场重头戏，她基本就拿下来了。张芝兰饰穆桂英，马少良饰杨文广，于月芝饰杨金花，牟维斌饰寇准，刘志广饰皇上。王紫苓又给于月芝做艺术指导排练了新戏《谢瑶环》，于月芝饰谢瑶环，导演厉慧良，副导演冯荣焕。于月芝很会唱戏，她是刘仲石先生的学生，刘先生教的唱法是按梅兰芳早期的路子，嗓音甜润，唱腔优美。在王紫苓的带领下，这支青年演员队伍朝气蓬勃，工作热情很高。王紫苓演戏不要命，演出十分繁忙，加上青年团的行政工作很繁杂，她演完《佘赛花》之后就大病了一场，身心透支太多了！

1961年1月5日至7日，王紫苓等在第一工人文化宫演出。5月1日，她在第一工人文化宫与张世麟、李荣威、关明林等演出《大战宛城》(马踏青苗起，盗戟、刺婶止)，饰演做工繁重的张绣婶母；2日晚与朱玉良再次演出《智斩鲁斋郎》，以青衣行当应工；20日与张世麟演出《武松》，饰潘金莲，同样是做工繁重；23日与王世霞演出《文章会》，又以花旦应工；31日主演《花田错》，是经典的花旦戏。《智斩鲁斋郎》《铡判官》《武松》的演出很成功，观众趋之若鹜，热烈欢迎。于是在7月6日晚，王紫苓在中国戏院与朱玉良又演出了《智斩鲁斋郎》；7日晚她与张世麟再次演出《武松》；9日晚与朱玉良演出《铡判官》；7月14日晚和8月3日晚，王紫苓主演根据川剧改编的京剧《香罗帕》；16日白天与程正泰等演出《生死牌》；8月7日主演《佘赛花》；8月17

日晚和9月6日晚她与季砚农、赵春亮、张世娴、高凤茹等演出《红娘》；20日日场和9月13日晚与李少楼、刘少泉、施明华演出《杨排风·天波府·三岔口》；8月25日晚和9月16日晚王紫苓与王世霞、赵春亮、包式先演出《大英杰烈》；8月27日晚与季尚春等演出《花田错》；9月8日晚王紫苓与张学增、茹绍岩演出《柜中缘》；21日再演《香罗帕》；25日晚又与张世麟演《武松与潘金莲》。天津的7—9月是一年中最热的季节，她的演出和天气一样的火热。

　　从以上记录可以明显看出——物质极其缺乏，基本营养供应不足，很多演员纷纷休息，请假不再登台。可是，王紫苓的演出从未中断，甚至是很密集的，并且接连排演新戏，体力负担是很沉重的。她不怕吃苦、勇挑重担，精神可嘉。

现代戏《赤胆红心》：左起张世麟、厉慧良、
周啸天（前）、王紫苓（后）、张文轩

　　1961年，为了纪念辛亥革命50周年，天津市京剧团接受任务到北京汇报演出新排演的近代历史剧《火烧望海楼》，这个戏是根据天津发生的一起教案史实编演的。1870年，英法殖民主义者以传教的方式开始侵入中国，企图从精神上改造和俘虏中国人民，传教士在天津的三岔河口建起一座教堂，人称望海楼。教堂对周围居民实施精神麻痹，在经

济上和政治上欺压民众。码头工人马洪亮的妹夫范永是私塾教师，神父谢福音教唆当地恶霸教徒王三等霸占范永的家产。范永等被害人向官府告状，县官刘杰慑于腐败无能的清政府，对外国势力也是束手无策。教堂的恶势力更加变本加厉，教匪王三、武二打死工人刘黑的父亲，并且神父谢福音诱拐儿童，多家幼儿失踪。马洪亮、刘黑夜入教堂，正遇教匪偷偷抬出幼儿尸体，要将其掩埋，众居民得知，群情激奋。马洪亮捉住教堂帮凶的教匪，押至县衙，县官刘杰按律判案，遭到上司驳回。愤怒的居民到教堂辩理，法国领事以武力威胁，开枪伤人，激起众怒，民众奋起杀死法国领事和神父谢福音，火烧望海楼。该剧由南开大学教师来新夏等编剧，厉慧良、张文轩导演。该剧反映的既是天津史实，又极富天津地方特色，上演后引起轰动，久演不衰，遂成带有天津浓厚地域特色的京剧代表剧目之一。该剧初期由厉慧良饰马洪亮，周啸天饰县官刘杰，其他主演还有宋鸣啸、包式先、张文轩、季砚农、李文英等，演员阵容强大。

　　这个戏虽然王紫苓没有出演，但是这次奉调到北京演出之后，剧团还要在北京演出几场传统戏，接着到外地巡回演出。剧团安排演出传统戏时，有王紫苓的《红娘》《拾玉镯》《铁弓缘》《柜中缘》。为了使《火烧望海楼》这出戏精益求精，加强演员阵容，又将剧团中的能人临时调进剧组，于是王紫苓也被临时派个群众的角色，随团赴京。剧团领导张利民怕她因被派演群众角色感到委屈，还做她的思想工作，她说："领导让我提前随团去北京，一起进人民大会堂，这是领导对我的照顾和培养，为演员考虑得十分周到。我一点也不觉得委屈，俗话讲'只有小演员，没有小角色'。有机会演一演群众角色，体验剧情和生活，对我会有提高。把小角色演好了，演得出色，才是好演员。我没有什么可委屈的，您就放心吧！"她最让剧团领导放心的，就是只要为了工作，从来都是服从分派，绝不挑三拣四，没有"角儿"的脾气。一直在《火烧望海楼》剧组充当群众的演员高凤茹对她说："没事，我带着你！"她们俩在台上做伴，配合得十分默契，演出效果很好。

为"希望工程"义演《铁弓缘》，左起王紫苓、季砚农、赵春亮

剧团住进北纬饭店，演出将在人民大会堂进行，排练也在大会堂。有一天他们刚排练完，有人就催促大家赶快撤出大会堂，说大会堂有重要外事活动。剧团的演员们赶忙往外走，王紫苓有些靠后，在走到大会堂的大门时，他们看到几辆小轿车已经开了过来，整齐地停在第一层台阶旁。她躲闪不及，看到先是外宾和夫人下车，在周恩来总理的陪同下登上台阶，接着是刘少奇和夫人王光美下车走上台阶。后来看报纸她才知道，那天是尼泊尔马亨德拉国王和夫人来我国访问，京剧团演员们正赶上双方领导人在人民大会堂会见。

大会堂雄伟、庄重，舞台规模宏大，天津中国大戏院的舞台已经够大了，可是北京人民大会堂的舞台比天津中国大戏院的舞台还要大4倍。如果仍按照平时的演出模式，演员在舞台上的调度是不适应这样大的舞台的，用原来的锣鼓经和台步，演员是走不到舞台的"九龙口"位置的，所以有必要改变锣鼓经和演员在台上的位置调度。此外，还要求精简剧情，压缩演出时间。剧团请来著名导演阿甲，这位导演不同于电影或话剧导演，一般话剧导演来指导京剧，只能是帮助演员讲解剧情和人物感情，最多指导一些演员在台上的位置调度。阿甲先生不然，他是京剧的行家，懂得京剧的唱腔、程式、锣鼓经，这让演员们刮目相看，由衷佩服，尤其是王紫苓见识了这样一位内行大导演的渊博知识和导演理念，深感获益匪浅。唱腔上，随着人物感情的转入悲哀，阿甲先生会提出建议，这里不能再唱"西皮"，而要改唱"二黄"板式，什么时候唱正"二黄"，什么时候唱"反二黄"，剧情和人物感情有变化，还要转唱"三眼"，等等。让王紫苓至今记忆犹新的是，在一场戏中县官刘杰面对老百姓受到教堂势力的欺压，而对外国殖民者的势力无可奈何，退堂要下场时，过去刘杰就是很平常地在"哐才才才"锣鼓经中下去的。阿甲改用在"嘟……啦哒 哐才哐才哐才 哐才才……"的锣鼓声中，让刘杰用力甩下来两只手腕上的"马蹄袖"，无可奈何地擎着头很气愤地慢慢走下去，这使得该剧在气氛的渲染和表演上，都提高了不少。王紫苓从心底里佩服阿甲先生的导演艺术，通过此事她强烈感觉到京剧真的需要内行的导演来执导才行。

她还记得剧中有一场戏是马洪亮出场，平常演出时，厉慧良饰演的这个角色有场"走边"，带耍辫子，但他出来时只是平常地走出来。在人民大会堂演出那天，他改了，翻三个跟头出来的。著名架子花脸演员邓金昆发现了，对大家说："哎哟，今天他'卯上'（加倍卖力）啦！打他进天津京剧团，他还没翻过跟头，原来他都有呀！"天津京剧团编演的这出清装戏地方特色鲜明，演员人头齐整，剧情抓人，表演精湛，在北京反响强烈，大受欢迎，连演了好几场。

1963年9月10日，王紫苓在中国戏院演出《拾玉镯》，前边是张韵啸、刘志广的《除三害》，后边是张世麟的《铁笼山》；9月18日晚王紫苓在人民剧场再次演出《拾玉镯》，前边是马少良的《杀驿》，后边是厉慧良的《艳阳楼》；14日晚王紫苓在中国戏院演出《柜中缘》，张世麟这天演双出，在前演《蜈蚣岭》，在后演《潞安州》；10月4日晚王紫苓在华北戏院、29日晚在共和戏院演出《红娘》；12月7日晚在共和戏院她与丁至云、程正泰等演出新排大型历史戏《红灯令》。

1964年4月1日起，王紫苓与程正泰、李荣威等在天津华北戏院演出《紫云山》；4月15日在中国戏院上演《悦来店》；4月22日晚参加新排大型现代戏《六号门》的首次演出；5月4日晚和19日晚在中国戏院演出《柜中缘》；9日晚演出《三不愿意》；13日晚再次与丁至云、程正泰演出《红灯令》。

《红灯令》和《紫云山》在《京剧剧目辞典》中没有记载。《红灯令》是新编的古装戏，据王紫苓记忆，一位夫人后来挂帅，大义灭亲，杀了叛国的丈夫。丁至云演第一女主角，黄荣俊演丈夫，王紫苓在剧中饰演的角色以卖唱工为主。《紫云山》是一出新编的现代戏，王紫苓在该剧中饰演一位知识青年，有一位老太太，她们两人手里各有一只童鞋，恰好是一对鞋，原来她们是亲母女。天津市京剧团编演的几出新戏，因为距今年代久远，不甚其详，令人可惜。

现代戏《为了六十一个阶级弟兄》，右四为王紫苓

京剧《六号门》是天津京剧团编演的具有天津地方特色的现代戏，王紫苓随团到北京参加了全国现代戏会演。《革命自有后来人》《草原英雄小姐妹》《芦荡火种》《黛诺》等，全国各地的新编现代戏汇聚首都，向中央领导汇报。《六号门》是一出优秀的现代戏，自创作演出以后，在全国产生了很大反响，后来成为该团的一个保留剧目。

该剧反映天津在1949年前夕，铁路东货场六号门的搬运工人在中国共产党的领导下，与封建把头恶势力斗争的故事。工人胡二家三人在恶霸马金龙开办的脚行（搬运公司）卖苦力，胡大在干活时被翻车压死，胡二为了给胡大办丧葬事欠下马家的阎王债。当胡二要马家欠他的工资时，不但索要无果，反而被马家无理辞退，并且马家逼迫胡二限期还债。胡二之父身染重病，胡家走投无路，为给父亲买药治病，胡二在除夕夜忍痛卖子，药虽然买来，父亲却又被马家打手踹死。胡二被逼无奈，持刀去马家拼命。共产党员丁占元启发胡二和其他工人要团结起来，进行罢工。在其他行业工人的援助下，斗争取得了胜利。1949年1月15日，六号门工人组织起自己的行业工会和搬运服务站，不再受封建把头的欺凌和剥削。马金龙父子不甘心失败，对工人的行动进行阻挠和破坏，终被政府逮捕，受到惩处。

  该剧根据话剧本改编，由陈嘉章、张文轩、李向军编剧，初期排演由厉慧良饰胡二，张韵啸饰马金龙，王紫苓饰马金龙的二姨太，高凤琴饰马金龙的大太太，苏世明饰马金龙的父亲马八辈儿。剧团特邀天津话剧团的著名导演方沉担任导演。方沉是一位很敬业的优秀导演，执导《六号门》对他来说是个新事物，他在此之前没有执导过京剧。在排练现场，有时为了一场戏如何表现得更好，他自己躲在一旁，绞尽脑汁思考一个多小时，想好了方案再向演员们交代说明，一起排练。排练时的表演方式经常做各种尝试，以求精益求精。他给演员们最大的发挥空间，让京剧演员们对自己饰演的角色，以及角色之间一些配合的戏，都要自己去创造。这些演员都是演了几十年戏的，舞台经验丰富、基本功扎实，都是能够独当一面的。张韵啸设计马金龙是个瘸子，手拄着一根拐杖，拐杖里藏有一把刺刀，开打时抽出刺刀，很符合马金龙封建把头的形象和身份。苏世明觉得自己饰演的马八辈儿既然是马金龙的父亲，也要有流氓混混儿的样子，于是让角色手托大球揉搓着，显出盛气凌人的恶霸样子。高凤琴把大太太设计为头上缠着发髻，脚是"缠足放"（先曾缠过足，后又把裹脚布放开停止缠足），而且一心把住财产的那类人的形象，很符合时代和人物特点。王紫苓想：自己饰演的二姨太一定要现代一些，年轻一些，打扮得时髦一些，于是她便把角色设计为前场时穿睡衣睡裤，披肩长发，经常吸着烟卷的样

现代京剧《走在前面的人们》，
左起王紫苓、林玉梅、丁至云

子。到了后场,她改穿旗袍、高跟鞋,烫发。为了演好这个角色,她去理发馆试改过几次发型,练习抽烟,买高跟鞋,这些她都自费,不向剧团报销。这些都是演员们自行创造出来的,表现出对艺术的认真负责和聪明才智。演传统戏习惯了,再改演现代戏和现代人物,开始都不适应,那个阶段,王紫苓像着了魔似的,穿上旗袍、高跟鞋、叼着烟,在舞台上反复练习好多天,对演出和角色尽心竭力,但她只是这些演员中的一个代表。他们的努力没有白费,在彩排时,他们自己设计的装扮和表演,尤其对反派人物的丑化表演,让导演看得津津有味,有的地方逗得导演笑出声,前仰后合,一再表示:"太好了,就这样了!"后来,剧本进行了重大修改,胡二改由李荣威出演,其他演员也有变动。

现代京剧《治海降龙》,左二王紫苓饰民兵女连长,左三张世娴

从1957年加入天津市京剧团起,到1965年,王紫苓在党组织的教育和培养下,在剧团领导和同事们的帮助下,成长为一名社会主义文艺工作者,成为一心为人民服务的青年艺术家。她不但连续4年被评选为天津市级劳动模范,河北省先进工作者,在妇女联合会系统被评为天津市"三八红旗手",在共青团系统被评为天津市青年建设社会主义积极分子,而且在艺术专业上,她在天津京剧界被人誉为"天津四大名旦"之一,将荀、尚两派艺术融于一身,被公认为天津京剧界的头牌花旦。一个个光环、一个个荣誉接踵而来,纷纷落在她的头上。她是幸运的,

赶上了好时代，好时代和好的社会制度给她提供了施展本领的广阔舞台。她发自肺腑地感谢党，感谢新社会，感谢剧团领导和同事，她决心今后要更加努力工作，钻研和提高艺术水平，为社会为人民做出更大的贡献。

任何人在事业上取得成就都不是偶然的，必定是艰苦磨炼与积累的结果。

王紫苓是一位外柔内刚的人，她为了追求艺术上有所突破和进步，为了在舞台上绽放光彩，不畏艰难，刻苦用功，演出认真负责，拼尽全力为观众服务，也因此，她身上伤痕累累，却从不退缩，勇往直前。

有一年，王紫苓到保定市演出，有一天演《荀灌娘》，这个舞台台板不同的地方软硬不一样，是"阴阳板"。在演出中，王紫苓一脚踩在了软硬程度不一样的板的衔接处，脚一下子崴了，她咬着牙坚持把戏演完。幸好当地医院有戏迷大夫，帮着她把脚绑好，在这样的情况下，她坚持继续演戏，到现在，留下了伤痛，脚腕子还是不大灵活，走起路来有时还是不大舒服。在北京演出时摔过左胯，受过伤，留下了伤痛。由于有这个伤痛，在2010年出席《春华秋实》一书的首发仪式后，她回到家中，在厕所觉得腿"掰"了一下，结果影响到坐骨神经，治疗和修养了一个冬天。

1956年，王紫苓在天津建华京剧团，有一次在天华景戏院演出《大劈棺》，那时她是白天下午和晚上有两场演出，这个戏受欢迎，连演了9天，欲罢不能。有一天她演到第18场，本来有一个从桌子上走"抢背"下来到台毯上，紧接再做"跪步"的动作表演，这天演到这儿，身体落地时被舞台上的道具斧子把腰硌了一下，当时她就窝在台上起不来了。赶紧拉上大幕，她还是起不来，剧团的人马上送她上医院。最近的医院是长春道医院，有一位叫叶希贤的大夫是骨科专家，经过检查认为需要长期休息，不然将来有可能长骨刺，病情更加严重。那时王紫苓还没有进国营剧团，一切治疗费用都需要自己负担，长期住院治疗是一笔很大的开销，当时她没有住院治疗，只是在家休养了一段时间。此后建华京剧团出门演出，王紫苓当然去不了。直到现在，当年这个伤痛留下的一些后遗症，导致她的第四、第五腰椎不是很直，活动也不是很灵活。

幼年练习"踩跷"虽然是很吃功夫并且难度很大的，可是王紫苓反倒没有感觉是如何的辛苦，并且从来没有出过错，也没有受过伤。她说："学戏练功，你只有喜欢，才能学好、练好。喜欢了，你就能有为此牺牲的精神，就有自觉性。相反，打着、骂着去学，去练，就会觉得苦，也不会练出太好的功来。"这话很有道理。她年轻时练"跷功"，绑上跷鞋之后，故意提个盛满水的大铁壶走来走去，加大自己练踩跷的难度。练完了，她不是连连叫苦，而是觉得这一天有了新收获，感到非常高兴。可是，练"下腰"把她练怀了，她唯一感到痛苦的练功就是"下腰"。师父右腿蹬在椅子上、板凳上，将她的腰往上一提，腰部就落在师父的腿上，师父把腰荡来荡去，这时她的腰部钻心地疼，疼得冒汗，有时练得她流鼻血。练"下腰"让她难以忍受，龇牙咧嘴，跟受刑一样，这是她最忍受不了的。可是，随着腰部的弯曲度越来越大，身体柔韧度逐渐好多了，腰的屈伸度越来越深，练完起来，师父不让停，要跑步，这时她的心里就有一种收获感。练到一定程度以后，师父就让她自己练腰功了。

梨园界早就有一句话"要想人前显贵，必得人后受罪"，又说："台上十分钟，台下十年功。"这些话一点不假，说明做个好的戏曲演员是有多么的不容易，没有坚强的毅力，不能持之以恒，是成不了"好角"的。所以我想，我们全社会应该对戏曲演员多一份体谅和尊敬。

王紫苓（左二）等演出《大劈棺》

王紫苓在青年时期，以饱满的热情工作，团里让她干什么活儿，她都接受，认真完成，不管是分内的还是分外的职责。可是，这样并不被一些同志理解，干得多却得不到好的结果，甚至被别人误认为她爱出风头，有演戏的瘾，抢戏，大小活儿都她演，不给别人留饭！遇到这种情况，她往往很尴尬、很委屈、很痛苦。她认为这是工作，作为演员就应该演出，领导派什么活儿，都要克服困难去完成。她的头脑太简单了，其实有些事很复杂，那些对她有意见的人并不知道其中的蹊跷。有一次丁至云演全部的《红鬃烈马》，饰王宝钏，过去每次演出时，剧中的代战公主是由张世娴扮演的，这一次演出科长要王紫苓扮演代战公主，还说让她扮演的代战公主从《银空山》演起，然后一演到底，不换人。如果这样演，代战公主就不是配角，也算是主角之一了。王紫苓还以为是好事，受到领导重视，于是充满信心，一鼓作气，暗下决心要演好。她仔细穿戴行头，化装，扮好戏静等上场。可是等到正式开演了，这位科长过来通知王紫苓：戏幅太大，戏太长了，把《银空山》拿掉，不演啦！这在戏班里是演员所忌讳的，这不是拿她开玩笑吗？要是不演《银空山》，代战公主这样的角色根本就不应该派给她，只要二路的演员就可以了。爱讲直理的花脸名家朱玉良说："这太欺负人了，你不是咱们团里的花旦，倒成一个大二旦儿了！"其实这件事是这位科长故意用来羞辱王紫苓的，因为王紫苓一向正派，不买他的账，经常引来这位有一点小权力的科长的刁难和报复，而且这位科长故意刁难王紫苓不止这一次，一有体力劳动的机会，这人首先要找的就是王紫苓。戏谚有云："戏班儿里混好了，吃的是戏饭，混不好，吃的是气饭！"剧团里的日子不是好混的，像这样受夹板气、穿小鞋、让人生无名火的事，王紫苓遭遇过很多，遇到一位好领导不容易，不过这位科长在那

王紫苓荣获劳动模范称号

个时代也是少有的。

在天津市京剧团时，王紫苓与厉慧良在大连合演过《白毛女》，在哈尔滨合演过《关汉卿》。王紫苓与张世麟合演《武松与潘金莲》《战宛城》。本来厉慧良在晚年找过王紫苓，要合作一回《战宛城》，王紫苓为此重新整理改编了剧中张绣婶母邹氏的戏，两人也对过戏，进行过交流，然后厉慧良去上海演出，两人议定回来后演出。不想团里的闫虹羽给王紫苓送来厉先生回津后不久即病逝的消息，未能实现与厉先生合演《战宛城》，成为王紫苓艺术生活中的憾事之一。她演的全部《杨排风》以及与张世麟合演的《武松与潘金莲》没有录像，也是她艺术生活中的另一件憾事。

纵观王紫苓的艺术生涯，我认为从1940年到1949年，是她踏上京剧艺术之路的起端和磨炼期，是她拜师学艺的时期，也是她为自己的艺术生涯打基础的阶段，艰辛跋涉，向一个又一个新的高峰攀登，迎来她人生和艺术的一个良好开端。从1949年天津解放到1966年前半年，是王紫苓人生和艺术突飞猛进的黄金时期，是她舞台演出最繁忙的时期，也是她艺术的成熟期，更是她艺术成就的鼎盛时期。在这近17年的时间里她已经成长为一名著名的京剧表演艺术家，受到了观众的喜爱和尊敬，得到了同事们的拥戴，被领导重视。她的这些进步和艺术成就，除了老师们的辛勤栽培外，还是她自己辛勤耕耘的结果。到1966年，她也只有34岁，这对于演员来讲，正是艺术的成熟期和丰收期，是演员的黄金年华。

其实，存在于老艺术家们心头的遗憾太多啦！在他们风华正茂时，苦于没有录音录像设备，后来有了这些设备，他们已经风光不再，难以展示自己当年的美姿雄风。现在有了一些可以为他们留下资料的条件，却都给中年以下的演员们占用了，60岁以上的演员都排不上号，更不要说70岁以上的老艺术家，机会根本光顾不到他们，笔者觉得这是政策执行中的一个偏颇。戏曲界的非物质文化遗产是十分丰富的，急需抢救，对老艺术家了解和掌握的东西不重视和不抢救，是戏曲艺术传承的重大遗失，保护非物质文化遗产就是一句空话。现在录像、拍电影，追求的是画面要好看，演员要年轻漂亮，而忽略了艺术或者说表演技术本质的价值。花国家那么多钱，动用那么多人财物力搞录像、拍电影，目的是什么？是为优秀传统文化留下资料，在很大意义上不是只为了好看、娱乐。或者实行双轨制，一部分制作精美漂亮的影像片，一部分制作资料性影像片。

王紫苓与厉慧良

## 下厂下乡

1966年下半年开始，所有剧团奉命被迫停业，王紫苓与其他演员一样被派往工厂劳动，她被下放的工厂是天津国棉二厂细纱车间。她凭着对党的事业和工作的满腔热情，凭着她干一行爱一行的负责态度，凭着她学一行钻一行的可贵精神，她无论被派到哪一个岗位，都能干好，都能干出成绩来。她哪里进过工厂，更不要说接触过什么纺织工作，可是她却能做到一分钟接上14个线头，这种操作速度接近优秀的实际操作工人水平。她与工人师傅们一样早、中、夜三班倒，带领他们劳动的工厂韩师傅写信给天津市京剧团，对王紫苓大加赞扬，在演员中受到工人师傅的如此表扬，王紫苓是唯一的一位。

在工厂劳动大半年，之后就是演员下乡，这种下乡不同于以往的短期演出，而是去安家落户。

1970—1978年，他们被下放到天津市东郊李庄子公社大宋大队第四小队，要求他们"四带"：带户口、带（口粮的）定量指标、带工资、带家属。她因为尚未成家，没有家属，只有母亲和弟弟，组织上让她带着她妈妈、弟弟一起下乡，当时她妈妈患高血压症，于是就带着弟弟去了农村。当时备战工作很紧张，发起疏散城市人口的政治运动，提出"人人都有两只手，不在城里吃闲饭"的口号。剧团不演戏了，演员都成了社会的闲散人员，像曲艺界的马三立等，他们被疏散到天津市的南郊区，京剧团的人被下放到东郊区。同王紫苓一起被下放到东郊区的有著名演员杨荣环、林玉梅、宋鸣啸、包式先、李荣威、苏德贵，鼓师姚占琦、于印堂等，他们被分配到同一个公社，不在同一个大队，那时一个大队就是一个村，被分别安排在不同的生产大队。

那时王紫苓是全家的顶梁柱，她这一走，原来好好的家就散了，再也没有恢复起来，每想到此，她就心胆俱碎。她的父亲是在她去农村前一个月去世的，临走没闭眼。他始终没明白，一颗红心的姑娘，怎么变成这样子？她走后不到两年，她母亲又故去了，母亲才67岁，两年里失去了双亲。从此，她没有了家……

在农村，什么样的农活王紫苓都干过。下稻田插稻秧，种茄子、土豆，撒农药，割麦子，摘西红柿、黄瓜，去水井打水、担水桶……倒是增长了不少的农业生产知识，学会了很多农村的劳动技能和生活方式，也确实接受了贫下中农的再教育，加深了与农民的感情。王紫苓虽然生长在天津城市里，可是她也是贫苦出身，与农民相处十分融洽，她非常体谅当时农民生活的艰难困苦。他们的工资在农村算是大富翁了，所以她经常给一些农民稍带买些东西，从来不要钱。她帮农民补棉袄、做针线活，农民们不信一个唱戏的大名角还会做针线活，等做出来，他们十分惊讶。一位老农病了，王紫苓买了一斤羊肉，包好饺子给送去，感动得老农夫妇不知说什么好，大娘指着老伴儿说："你是哪辈子修的福分，唱角儿的大演员能给你补衣服、包饺子，可美死了，这一辈子值了！"下放的时候，王紫苓在农村指导当地农民学戏、排戏。当地政府调他们到区文化馆，从各村挑选出一些农民向他们学样板戏。他们也不会样板戏，反复听录音，学会再教给农民。新袁庄有一位姓姚的小姑娘，王紫苓教过她《红灯记》"听奶奶讲革命"等唱段和表演,她还参加过演出,这位姑娘后来参军,加入了文工团,很感激王老师,后来特意去看望她。王紫苓真心诚意地对待农民,农民同样心存感激,在"115"文件发表以后,这些演员要回天津市京剧团了,离开农村时,农民们对他们依依不舍,一大帮姑娘、大娘、老大爷哭得厉害。王紫苓给前来送行的农民磕了个头,感谢他们这几年对她的照顾和帮助。

王紫苓一听到三吉仙师父病重的这个消息,毫不犹豫地决定去看一看师父。她心想:很可能这就是她今生与师父见到的最后一面了。她带着200元就去了,这200元对当时的王紫苓来说,拿出来是很困难的,她的工资被扣,只发给她生活费,而且父亲患病,正需要钱。她来到师父家,见到病中的师父,紧走几步到了师父跟前,"扑通"就跪下磕头,泪流满面地把钱交给师父。师父知道她现在的处境,说什么也不要,用手捏着上衣的不同地方给紫苓看,鼓鼓囊囊的,有气无力地说:

"师父早为自己攒下了养老钱,用不着别人的钱,更不能用你的钱,快拿回去补贴家用。我知道你从小不容易,全家老小指望着你养家糊口,靠你生活。拖累得你如今快到40岁了,都没能组成自己的家庭,师父疼你还疼不过来,哪能用你的钱呢?你现在成了角儿了,我比谁都高兴,没白收你这个徒弟。如今你被当作艺术权威、名人,挨整又挨批斗的,师父心疼你,却替不了你,你要想开些,总会过去的。师父的身体不行了,今后你要好好照顾自己。"师徒二人说得热泪横流,这次相见果真成了师徒的永诀。

方纪左手题字:精神

到了1976年，唐山发生了罕有的大地震，震惊全世界，波及京津地区。天津的许多建筑坍塌，也有人员伤亡。那时天津到处搭起防震的简陋的临时建筑，马路旁边、胡同口、工作单位内的空地……到处像野营的宿营地。国内外富裕的家庭有别墅之地，临时建筑就是当时京津唐地区的人们生活起居和炊事之地。好在地震发生在夏季的7月末，人们在野营似的条件下还可以勉强度过，可是这样的防震生活竟然过了好几年。所以，那时人们生活中一项主要的内容便是不断地找建筑材料，不断地在加固自己的"鸟巢"。

王紫苓演全部《穆桂英》

那时，王紫苓家住在天津市和平区的沙市道，她家有一个小院。在地震中，屋顶的天花板掉下来了，房屋顶的前屋檐塌下来了，砸到了自行车，自行车报废了。小院的地上裂开一条大缝，从地缝里溢出许多沙子，拱起一个个小土包，看起来挺吓人的，据说他们居住的这一带是地震带，让人很后怕。屋里的好多家具被震得破损了，尤其是王紫苓最心爱的镜台（梳妆台）也损坏了，让她心疼不已。她平时爱收藏好酒，茅台、五粮液、头曲、大曲存了好多，这一震，酒损失了不少，大部分酒瓶破碎了。受地震伤害的何止她一家，这条胡同大部分人家的房屋都有损坏，十家有九家财产受损。她和弟弟妹妹们在胡同口搭起一个临时的棚子暂时栖身。那时的花园、体育场、学校等所有空旷的地方都开放成避难所，不少人家在这些地方搭建临时建筑安家。后来，王紫苓在附近的一个花园建起一个比棚子好很多的小临建，总算像个屋子，即使在这样的临时建筑里住上几年，也能凑合。

进入1978年后，京剧逐渐从八个"样板戏"走出来，社会呼吁恢复传统戏。演员们像憋着一团火似的，总要找个口子喷发出来，他们摩拳擦掌，跃跃欲试。王紫苓早就按捺不住了，在这临时建筑的家里开始恢复练功、喊嗓，回忆并且练习《红娘》《尤三姐》《柜中缘》《拾玉镯》《打焦赞》《武松与潘金莲》等剧目。她在弟弟的陪同下去公园，找个僻静的地方活动身体，练各种身段，跑圆场，调嗓，练把子功，加倍用功。在她身上憋着一股劲，好不容易等到有了释放出来的时机，决心要把失去的十几年时光找回来，为此她格外努力，好像又回到了十几岁、二十几岁的精神状态。

## 复出登台

1978年，王紫苓回到天津市京剧团，恢复工作。复出后，在中国大戏院演出的第一场戏是《杨排风》。

1980年2月，王紫苓、季砚农、张芝兰、董良彦、李少广、黄荣俊合演《红娘》；5月，王紫苓、李文英、季砚农、赵春亮、黄荣俊、张芝兰上演《红楼二尤》；6月，王紫苓、季砚农、赵春亮合演《拾玉镯》，王紫苓、赵春亮合演《柜中缘》。1979年、1980年、1983年每年均有《红楼二尤》的演出，王紫苓前饰尤三姐，后饰尤二姐。

1981年6月，王紫苓、赵春亮恢复他们合作的拿手剧目《柜中缘》。年已50岁的王紫苓脱离舞台十几年，一旦登台还是那么光彩照人，活像一个十几岁的小丫头，活泼伶俐，青春勃发，举手投足轻盈利落，嗓音甜美，韵味丰盈。赵春亮嗓音高亮甜润，表演滑稽，精彩异常，令人忍俊不禁，捧腹开怀。他们的《柜中缘》堪称绝配佳对。那时，王紫苓以百折不挠的精神工作着、奋斗着。50岁"知天命"之年，也是演员的黄金岁月，舞台经验丰富，身体状况尚好，还能完成各种表演动作，并且经过四五十年的演出时间，对艺术有了丰富的体验，是收获的大好季节，是他们艺术发挥的顶峰之期。王紫苓尽管尾骨骨裂的病痛时常发作，但还是一边治疗，一边坚持演出，还要承担带青年演员的任务，陪他们练功，指导他们排练。她的性格又要求自己对接受的工作必须保质保量地完成，这分明是在拼搏，这是她人到中老年时期的又一搏！

荀派天津专场演出合影：左起王紫苓、荀令莱、陈永玲、
张伟君（荀师娘）、尚明珠、赵慧秋

　　1982年她演出了《拾玉镯》。1983年1月27日至2月5日，天津人民广播电台与天津电视台联合主办"荀派"艺术专场演出，京津沪宁等地荀派名家云集于天津第一工人文化宫，联袂演出。这几场演出空前盛大，各场剧目是：1月27日晚、28日晚，《拾玉镯》（陈永玲、孙玉祥、沈曼华）；全部《红娘》（童芷苓、赵慧秋、王紫苓、荀令莱、尚明珠、姚玉成、孙玉祥）。29日晚、30日晚，《金玉奴》（童芷苓、赵慧秋、王紫苓、荀令莱、尚明珠、姚玉成）。31日晚，《悦来店》（王紫苓、姚玉成）；《铁弓缘》（荀令莱、姚玉成、赵春亮、李少广）；《姑嫂英雄》（陈永玲、董金凤、孙玉祥、孙鸣凯、张学增）。2月1日晚、2日晚，《红楼二尤》（童芷苓、赵慧秋、王紫苓、荀令莱、尚明珠、姚玉成、孙玉祥、赵春亮、孙鸣凯、张学增）。3日晚、4日晚，《勘玉钏》（童芷苓、荀令莱、姚玉成、张荣善、赵春亮、黄荣俊、孙玉祥、孙鸣凯、李少广、金凤珠、韩宝龙）。5日晚，《花田错》（荀令莱、王紫苓、姚玉成、温玉荣、李少广）；《小上坟》（陈永玲、穆祥熙）；《樊江关》（童芷苓、童葆苓、孙玉祥、孙鸣凯、齐忠岚）。报纸刊登的演出广告与实际演出的演员不完全一致，因此这里所记可能与当天实际参加演出的演员（主

要是配角）略有出入。这次大会演，荀门弟子公推童芷苓挑大旗，荀先生夫人张伟君坐镇。除宋长荣之外，知名的荀派演员悉数到场，宋先生说既然参加此次演出的都是师姐师妹们，自己就不宜参加了。

六"红娘"会"张生"：左起冯静、荀令莱、尚明珠、童芷苓、姚玉成、王紫苓、赵慧秋

参加这次大会演的演员总的来说还是很团结的，表现出齐心协力为纪念师父而贡献力量，从大局出发，不争名争利。但是也不是毫无芥蒂可陈，一出大戏由多人联袂演出，尤其是多人轮换饰演同一个角色的不同场次，每场戏有大小之分，有的场次戏幅大一些，表现的机会充分一些，或容易讨俏，剧场效果红火，相反，有的场次戏幅小一些，或者是没有能够施展演员才艺的"节骨眼儿"，就不容易博得彩声。所以，由谁演哪一场戏，是很有学问的。在名利面前，尤其是在名面前，是考验演员艺德的时候。演《红娘》时派活儿，荀师母发话，说这次活动是为纪念荀先生的，荀令莱是荀先生之女，理应打头阵，她头一次到天津演出，来的都是她的大师姐，别人都是每人演一场戏，师姐们就谦让令莱一下，让小师妹演两场戏，头一场戏由她出场，后边的"耍棋盘"一场戏比较火爆，希望大家让给小师妹来演。既然师母发话了，没有人对此

提出异议，都表示赞同。其他场戏，如王紫苓唱【四平调】"看小姐做出来许多破绽"一场，赵慧秋唱【南梆子】唱段的那场，童芷苓殿后。这出《红娘》没有问题。演《红楼二尤》时，起初安排王紫苓唱那段【四平调】"替人家守门户百无聊赖，整日里坐香闺愁上心来……"让尚明珠唱前场。但尚明珠要唱【四平调】这场，师母出面找到王紫苓，商量调换场次，王紫苓说："没事，我唱哪一场都行，听您的。"结果她把这场戏让给尚明珠了。

王紫苓与陈永玲、包华

演《金玉奴》时就出现问题了，前边"豆汁记"时，金玉奴穿的是裤子、袄，演员的手、脚都没有长的服装遮挡，表演有难度，不好藏拙。功夫浅的演员不知手、脚如何处理，而且这次参加演出的演员都是五六十岁以上的，再演穿裤子、袄的金玉奴这样的小姑娘，怕是露拙，因此别人都不愿意接这个活儿。其实这应该是花旦行当演员的基础功底，是"三小"戏里小花旦表演的基础戏，正是王紫苓擅长的，所以，这段折子戏非她莫属，她毅然决然地承担起了这个角色。除了演出整本戏以外，1月31日还有一场专门是演折子戏的，王紫苓在前边演《悦来店》，最后是陈永玲与董金凤合演的《姑嫂英雄》。这两出戏里都应该有整"趟马"的表演，如果王紫苓在前边演全"趟马"，那么后边别人再表演"趟马"就显不出精彩了,这用行话说就是前边的表演把后边的"活儿"给"刨"了。董金凤是这次来演出的演员中年龄最小的小师妹,又是外地来的演员,王紫苓认为自己是本地演员,又是师姐,理应替她着想,在表演上让一步,把光彩留给后边。于是,她决定把最要好的"趟马"表演简化,简单走完就起唱。天津市京剧团的同事厉慧良和罗世明知道她这个想法后,劝她,说这样她就吃亏了,她却回答说:"没事!"这两人听她这样说,为她直叹气:"唉,真是傻子!"京剧界素有"台下是朋友,台上不让人"的说法,就连亲父子在舞台上都互不相让,这样的例子

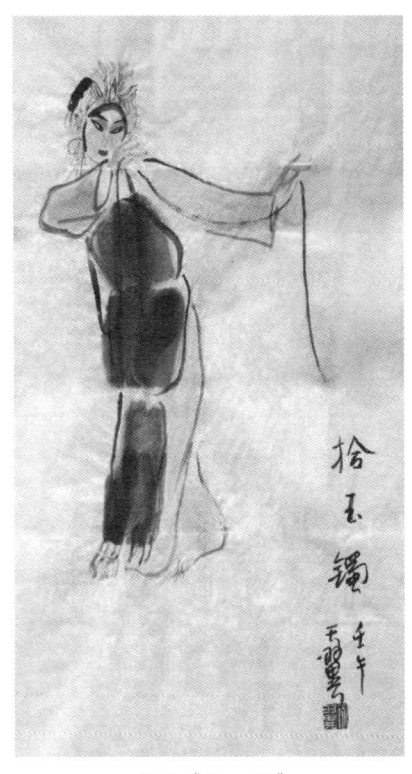

彩画《拾玉镯》

是很多的。到演《花田错》的时候,在派角上又出问题了。《花田错》中的小姐角色是配演,丫鬟春兰是正角儿,是主演。荀师母要荀令莱演春兰,说令莱没演过,问哪位师姐给配个小姐?问这个,这个说"不会",问那个,那个说"我是演春兰的,没演过小姐"。这时王紫苓主动请缨,自告奋勇地说:"我陪师妹来演小姐!"师母一看终于有人站出来了,高兴得不得了。王紫苓心里想:"凡是唱春兰的,就没有不会演小姐的,凡是演小姐的,也会春兰,没有说只会演春兰不会演小姐的,除非那是不愿意演!"这场是小姐与春兰的同场戏,彼此必然熟悉对方的演法。演到小姐刘月英和丫鬟春兰上楼去给卞济做鞋时,进到闺房后,春兰应该有关门的动作,荀令莱把关门这个动作给漏掉了。可是,后边老夫人与她们的对话中有关于关门的台词,所以这地方的关门表演是不能够省略掉的,不然到后边就"穿帮"(出破绽)了。幸亏王紫苓及时小声提醒荀令莱去关门,也多亏荀令莱舞台经验丰富,遇事不慌,

急中生智,立刻多念一句台词:"哟,小姐,您看我这一忙,把门都忘了关啦!"然后转身做关门的动作,观众看不出一点破绽,这个漏洞很自然就给补上了。两个人配合默契,都表现出高超的舞台表演素质。

恢复传统戏以后,赵燕侠复出,率团到天津演出。王紫苓一向对赵燕侠的表演艺术十分喜爱,两个人从心理上非常亲近。过去见面时,王紫苓听赵燕侠说过最爱用北京某化妆品厂出品的麒麟牌胭脂,可惜在动乱时都被抄没了。有一天在天津第一工人文化宫演出,王紫苓去剧院观看演出,与赵燕侠会面,把自己存了多年的唯一一盒麒麟牌胭脂带去,送给了赵燕侠。赵燕侠接到这盒胭脂后,先是一惊,异常激动,这是她最心爱之物,过去使用了几十年,如今见到它,如同久别重逢,几乎眼泪都要流出来了。她对王紫苓说:"哟,你舍得?这可是我们旦角演员的宝贝呀!这对我来说,太珍贵了,一个旦角演员把这看得比什么都金贵,你真舍得吗?"王紫苓回答:"给你,我舍得,一是你最爱这个牌子的,我过去也一直用这个牌子的,现在只剩这一盒了,这是我俩的缘分;二是我爱你的艺术,我把它送给你,你比我大几岁,名气也比我大,今后演出的机会比我要多,你用得着它,让你扮戏更漂亮些,送给你是它最好的去处。"赵燕侠激动地说:"这个比送我什么都好,真是太谢谢你啦!"说完话,她还意犹未尽,手里掂着胭脂盒,好像掂多么重的东西一样,还自言自语地说:"这是真的,这是真的。"这句话似乎是一语双关,可能是在说这盒胭脂是真货,也或许她这时心里在想王紫苓对她的情谊是真实的、实在的。

**方纪左手题字:老学庵**

1984年10月，天津戏曲界响应政府号召，京剧、评剧、河北梆子、豫剧、越剧老主演联合为"爱我中华，修我长城"义演，王紫苓彩唱《红娘》中"一封书"唱段。

由于长期受到精神压抑，王紫苓于1984年年初心脏病发作到干部疗养院疗养。谁也想不到，她在休养期间干出一桩惊天动地的事情——开始跨界涉足文学创作。

1984年12月20日、27日的《天津日报》分两期连载王紫苓的中篇小说《招财进宝》，之后《小说月报》转载。紧接着，1985年8月29日、10月5日的《天津日报》又发表了王紫苓的另一力作——《老虎搭拉》。

继《招财进宝》《老虎搭拉》两篇小说发表后，她的又一新作《花红柳绿》在《小说家》发表了。至此，她的文学作品硕果累累，陆续刊登在《天津日报》《小说家》《小说月报》等报刊上。

1985年10月26日《天津日报》

小说发表后，引起了多方关注。她恢复了与乡贤周汝昌先生的联系。周汝昌先生年轻时在天津经常看王紫苓的演出，留有很深刻的印象，曾在《今晚报》发表文章谈及对那时的回忆。当看到王紫苓的小说后，他对王紫苓说："老乡友，看到了你的小说，从青年时你就很有才华。我是多么想多给你写信，写一些关于你演出的文字，可我现在耳聋眼花，孩子们不让我再多看多写了，帮不了你啦。你太实在，不会炒作，为人处世低调。你一定要把自己的表演艺术传下去。"王紫苓从青年时代就崇拜像周汝昌这样有学问、有教养、文质彬彬的人，王紫苓是观众的偶像，可周先生又是她心中的偶像，她对周老敬仰、崇拜，以后再见到文化人，她在心里总是和周老对比。每当有人给她介绍男朋友时，她都会以周先生作为标准来衡量，自然难得一遇。

2008年2月22日天津《今晚报》

1988年，在咨询委员会成立一周年的纪念演出中，王紫苓彩唱了《红娘》《红楼二尤》片段。1989年9月，天津市戏剧家协会颁发给王紫苓"从事戏剧工作40周年"荣誉证书。1993年，她演出了《翠屏山》《铁弓缘》《穆天王》《梅龙镇》《大劈棺》《战宛城》《武松与潘金莲》等剧。1994年1月，王紫苓收到由国务院颁发的关于"从1993年10月起发给政府特殊津贴"的证书。同年与天津市京剧团演员演出《拾玉镯》。11月26—27日，她与李金

王紫苓与金振东（右）合演《梅龙镇》

声在北京西单剧场演出《大劈棺》，王紫苓饰田氏，李金声饰庄周。这次演出引起了北京剧坛的轰动，京剧界许多老朋友（吴素秋、李砚秀、刘雪涛等名家）闻讯到剧场观赏，演出后上台祝贺。那天北京老市长张百发也观看了演出。

  1998年3月末，天津表演艺术咨询委员会在位于和平路与南市交叉路口处的中华戏院组织这些老艺术家演出三场戏。这年66岁的王紫苓粉墨登场，演出了《铁弓缘》《拾玉镯》《穆桂英》，另与著名女老生金振东合演《游龙戏凤》等拿手好戏，应张幼麟邀请，在中国大戏院合演《武松与潘金莲》。

  在毛主席百年诞辰的纪念活动中，王紫苓与赵春亮在中国大戏院演出《铁弓缘》中的"茶馆"一折，为使剧情完整，她在收尾处做了精心的修改。

  1999年11月，她受聘为天津市振兴京剧艺术基金会理事。

在北京与李金声、魏喜奎演出《大劈棺》后，<br>吴素秋、李砚秀、刘雪涛等上台祝贺

## 晚霞映红

进入 2000 年，王紫苓临近古稀之年。

"楼头钟鼓变新声，晚霞晴。"（宋·王庭珪《江城子·楼头钟鼓变新声》）"正是晚霞红，前事销凝久。六十余年光景匆匆，回首春不再，晚霞别样红。"（改写宋·孙道绚《醉思仙·晚霞红》）王紫苓的老年生活过出了另一片风采。

2000 年尚小云、荀慧生百年诞辰，两位大师的塑像在北京落成，作为他们的亲传弟子，王紫苓应邀参加演出，并在理论研讨会上进行发言。

2001 年 1 月 16 日，她被聘为天津市青年京剧爱好者俱乐部的艺术顾问。

王紫苓指导的王雨获全国小梅花奖

她还应天津市华夏未来少儿文艺培训班的邀请，辅导少儿学习京剧知识和表演。有一位叫王雨的小朋友跟随王老师学习，参加 2004 年度的第 8 届"中国少儿戏曲艺术小梅花"的比赛，王雨小朋友获得金花奖。8 月，大赛组委会向王紫苓老师颁发教授学生获得金花奖的证书和奖章。

王紫苓爱好广泛，不断提高自己的文化素质。她感受到要演好京剧，自己必须修炼好内功，这个内功就是不断地学习文化知识，提高文化层次，对舞台表演、理解剧本是非常有益的。她在青年时代就喜爱绘画艺术，过去她演出繁忙，没有时间和精力静下心来系统地学习绘画。退休后，一生好学和知上进的她报名进入老年大学国画班，专心跟随国画专业老师认真学习，使她的绘画技能得到了很大的提高。王紫苓的绘画以画花卉为主，尤为擅长画牡丹、梅花、竹。她在研究京剧表演之余，经常挥毫丹青，调剂心绪，丰富文化生活内容。她的画作成为至交、朋友们的珍藏。2006年1月，她的画作《傲骨》被天津市文化局选入首届天津市"文化杯当代名家新人美术作品展"的参展作品，并在天津博物馆展出原件。

2000—2008年，她担任多种评委工作。

2008年12月25日，天津市文化局颁发"命名王紫苓为天津市非物质文化遗产项目的京剧代表传承人"证书。汶川地震，5月31日天津戏曲界在中国大戏院举办赈灾义演，她演出了《红娘》和《打焦赞》片段。

2009年，她在中国大戏院主办的公益讲座活动中，主讲《京剧花旦表演艺术》，深受业界内外人士的欢迎。她应邀挖掘整理荀派名剧《棋盘山》，将重点场次加以浓缩、精练，修改剧本，使这出戏成为唱、念、做、打俱全的剧目，舞蹈性得以充分发挥和传承，传授给上海京剧院著名演员熊明霞。7月17日，中国文学艺术界联合会颁发给王紫苓"从事中华人民共和国文艺工作60周年"荣誉证书。

荀派四名家：左起宋长荣、孙毓敏、王紫苓、李薇华

2010年，荀慧生110周年诞辰纪念演出于京津沪等地，在纪念活动中她发表纪念文章《师德师艺育后人》。同年，王紫苓在上海与华裔美籍知名人士靳羽西会面。王老师的一个外甥是澳大利亚的华人，在上海开办了广告公司，国际朋友较多，有业务往来的客户遍及世界各地，

人脉很广。靳羽西女士是她10多年的忘年交。3月28日,王老师的外甥在上海为自己的小儿子庆百天,王紫苓和靳羽西均受邀参加庆祝活动。活动在一家豪华的国际大酒店举行,出席的人员较多,王紫苓大多不认识,坐在一个不显眼的角落与自家人聊天。其外甥引领一位穿着入时、化妆得体、气质典雅的中年女士来见王紫苓,经介绍,此位就是世界名媛靳羽西。她给王紫苓的印象是非常礼貌,神情和谈吐温文尔雅,善于交际辞令,待人态度亲切和蔼,王紫苓觉得靳女士的每一句话都让人听着舒服得体。靳羽西非常尊重王老师,说:"你是文化界名人,国家的宝贝,我必须特殊地尊重你,你应该得到国际文化界的尊重。"说得王紫苓心里感到一股温暖,她没想到,自己就是个演员,却得到大名鼎鼎的靳羽西女士这样的礼遇和尊重,很受感动。

王紫苓(右)与靳羽西等

2011年,80岁的王紫苓受聘到天津艺术职业学院任教,传授刀马旦戏《穆桂英》,从学的学生在中国大戏院做了汇报演出。另外,6月10日在中国大戏院举行"薪火相传"师生同台演出中,上演了《棋盘山》《红娘》《打焦赞》的片段。12月,获得了中国戏曲表演学会颁发的"著名京剧表演艺术家王紫苓终身成就奖"证书。

2012年12月20—23日，王紫苓去北京，见到了吴素秋、张正芳、刘嵩崑等，赠送自己的剧照年历，吴素秋回赠了一幅自己的画作。张正芳要求王紫苓把《红娘》中一段失传的荀慧生先生的老唱词给她记录并演唱录音下来，当作教学资料。

2013年2月5日，天津市戏剧博物馆收藏了王紫苓剧照挂历，向她颁发收藏证书。4月，她赴西安参加尚小云艺术研究会成立大会，被选为研究会副会长兼艺术委员会副主任；先后受邀为"中国京剧艺术基金会"录制《谈戏说艺》、"非物质文化遗产"访谈《艺术人生》、《中国戏剧》的《名家访谈录》等资料性录音录像。5月16日中午，王紫苓在寓所附近的饭店与天津市京剧团原与其合作演出的老演员以及来自美国的老同事聚会。6月21日，王紫苓在天津市艺术职业学院，中国京剧艺术基金会组织老艺术家《谈艺说戏》录制音像。8月，中国京剧艺术基金会向王紫苓颁发完成"京剧艺术传承与保护工程——老艺术家'谈戏说艺'访谈录像"的证书。

2014年春节前后，她受邀到澳大利亚进行京剧艺术交流活动并探亲。

2015年，她受聘担任国家艺术基金资助项目"京剧尚（小云）派艺术表演人才培训班"教学委员会的督导。同年，获颁"荀派艺术传承人""中国京剧尚派艺术传承人"的荣誉金杯、荣誉牌和荣誉状。10月21日，中央电视台在北京长安大戏院举办的"霜叶红于二月花"重阳节京剧老寿星演唱会上，84岁的王紫苓表演了《打焦赞》片段，轰动全国。

2015年11月20—22日，京津冀地区的尚（小云）派艺术传人、京剧名家楹联和书法名家会聚在石家庄市，隆重举办"尚德南宫——纪念京剧大师尚小云115周年诞辰"系列活动。该活动由南宫市委、市政府、河北省尚小云艺术研究院联合河北省文联、河北省剧协、河北省书协、河北省图书馆、河北省文化艺术发展基金会、陕西省尚小云艺术研究会共同举办。20日晚，电视剧《京剧大师尚小云》在河北省话剧院儿童剧场如期开机。该剧由河北省尚小云艺术研究院、河北省文化艺术发展基金会、南宫市委、市政府联合组织拍摄，分为人生经历、艺

2015年重阳节王紫苓在北京长安大戏院参加老艺术家演唱会

术风采、人格魅力、传承艺术等部分内容。开机后，举行的演唱会高潮迭起，掌声不断，持续三个多小时，余兴未尽。尚小云先生亲传弟子朱广洁、栾广平出席活动，在尚小云先生的琴师、陕西省尚小云艺术研究会副会长、年过八旬的王君笙的伴奏下，70岁的栾广平演唱了《盗令》《双阳公主》《打青龙》的唱段；尚派艺术再传弟子杨荣环先生的河北省籍弟子、已经古稀之年的肖月珠演唱了《大登殿》的唱段；尚小云的孙女、尚长春的女儿尚慧敏率弟子演唱了《汾河湾》《汉明妃》《御碑亭》。受过孙荣蕙、杨荣环、崔荣英亲传的尚派再传学生李莉演唱了《龙凤呈祥》。21日在河北省图书馆召开为此次活动举办的楹联大赛颁奖仪式和作品展的开幕式，下午由河北省尚小云艺术研究院副院长兼秘书长、尚小云纪念馆馆长周哲辉做尚派艺术研究报告。王紫苓全程参加了各项活动。

2016年8月初，庆祝天津京剧院建团60周年，84岁的王紫苓表演了《十三妹》的片段，全场掌声雷动，气氛热烈，再次轰动剧坛。

2017年3月11—26日，天津市表演艺术咨询委员会、天津戏剧博物馆在天津鼓楼博物馆联合举办王紫苓艺术成就展，参观者络绎不绝，纷纷留言，表达了对老艺术家的赞赏与尊敬。7月5日，王紫苓接受《天津日报》记者刘莉莉和《今晚报》记者王瑞丰的采访，介绍了表演艺术咨询委员会成立30周年取得的工作成绩。7月5—7日，天津艺

王紫苓获终身成就奖牌

研究所联合天津市表演艺术咨询委员会,请王紫苓做访谈,录制音像资料,9月继续做访谈。10月,王紫苓在天津中国大戏院演出了《悦来店》的片段,赢得的掌声不断,演出的视频第二天便迅速传到了国外,在海内外引起了轰动。

她热心扶持京剧业余活动,推动京剧的继承与弘扬。她多次担任电视台专业及业余票友、票房比赛的评委,任"天津市京剧艺术基金会""天津市票友协会"的理事和顾问,常年受邀担任多个票房的艺术指导和顾问。

2017年7—9月正值盛暑季节,她受邀为天津市青年京剧团整理、修改《武松与潘金莲》剧本,并与北京京剧院李卜春共同指导青年团排练。王紫苓为该剧的几位主要演员说戏,如潘金莲扮演者张悦、武松扮演者李秀成、西门庆扮演者安海洋及武大郎的扮演者等,向他们详细分析人物、讲剧情、谈心理活动、传表演法等。9月,她应邀在天津电视台戏曲节目做嘉宾评委;10月,她应邀参加尚慧敏收天津市京剧院许佩文为徒的拜师仪式;20日,她应邀参加天津市京剧院老艺术家演唱会,与赵慧秋、刘志广等同台演出。

在几十年的舞台生活中,王紫苓与其他演员保持了很好的合作关系。一是她为人正派,闲七杂八的事从来不参与,一谈就是戏这一门功课。二是她重情义,凡是长期与她合作的配角演员,她都非常尊重,如何演戏互相商量,不强人所难,平易近人,平等相处。恢复传统戏以后,她有了演出的机会,仍然不忘过去合作的老搭档,这些人都已经退休了,她还是把他们请出来一起登台。三是她性格开朗,快人快语,与人为善。所以,她能与合作演出的同事之间保持长期良好的朋友关系。天津市京剧团丑角名家赵春亮经常和王紫苓同台演出，舞台上他们配合默契，交映成辉，相得益彰，演出效果极为火爆，深受观众的欢迎；舞台下他们是关系融洽的同事、朋友，还记得20世纪五六十年代的《天津日报》曾刊登王紫苓与赵春亮演出《拾玉镯》时在后台穿着戏装的合影照片。2017年3月11日至26日，天津市表演艺术咨询委员会、天津市戏剧博物馆联合在鼓楼举办王紫苓舞台艺术成就展，赵春亮先生的公子赵键观看了展览后发一篇微信说：

王紫苓与尚小云嫡孙女尚慧敏

"王紫苓先生已年届耄耋……她与父亲既是同事，又是好友"，"紫苓姑姑与父亲在艺术表演中合作最多，凡紫苓姑姑的荀派剧目，丑角必有父亲。在给父亲做艺术展时，我也特别注意到尽量选择他们合作的剧照和生活中的便装合影。在我的印象中，1958年赴朝慰问演出，就有二老合作的荀派名剧"，"听父亲讲，来天津市京剧团后，和紫苓姑姑的合作最多，我从保存的剧照中能够知道的剧目有《铁弓缘》《柜中缘》《拾玉镯》等。更有意义的是，20世纪80年代，在天津第一工人文化宫举办了首届荀派专场，全国荀派传人云集津门，由童芷苓、荀令莱、陈永玲、王紫苓等荀派名家上演了荀派代表作《勘玉钏》《金玉奴》《红楼二尤》《红娘》《铁弓缘》《小上坟》等传统剧目，父亲和紫苓姑姑有许多绝配，给天津观众留下了深刻印象"。"父亲和紫苓姑姑最后一次合作是1998年底的《武松与潘金莲》"，"记得紫苓姑姑的表演惊人，更让人揪心的是，那么大年纪了表演起来一丝不苟，每一个动作认真到位，被杀时还走那么多，如'乌龙绞柱'。父亲站在下场门处，和我说可以简化一些,太认真了。那时,紫苓姑姑也已年近七十"。

王紫苓说:"要教戏,要育人。还要活到老,学到老,干到老。"她是这样说的,也正是这样做的。看她在耄耋之年仍然日程满满、工作不断,艺术活动接踵而至。她一直保持的饱满精神和不服老的生活态度,实在令人钦佩!

王紫苓与刘秀荣、张春孝夫妇

# 二、谈戏论艺

## （一）综述

全国知名"红学"研究家周汝昌先生评价王紫苓的戏，以"表演自如，风雅大方"概括之。20世纪50年代著名作家杨润身曾发表文章赞赏王紫苓的演出，20世纪七八十年代剧评家王永运、《天津日报》著名记者孙淑英等均发表文章盛赞王紫苓的精湛表演艺术。曾长期担任天津文化界领导工作的著名作家公羊子（方纪）也曾撰文，评析王紫苓表演的拿手戏《红娘》。著名戏剧史家和评论家甄光俊、赵绪昕及《今晚报》文艺副刊版面记者何树青等，均有文字评析和称赞王紫苓先生的表演艺术。周汝昌从青年时代就在天津常看王紫苓的演出，晚年又勾起他对青年时代观看王紫苓演出情景的回忆，并且在天津《今晚报》发表题为《杨柳青·大观楼·王紫苓》的文章，还专为王紫苓写过一首诗，通过鸿雁传书忆旧抒怀。喜爱王紫苓表演艺术的观众评论她的表演自然、纯情、天真、灵动，说："这个演员太会演戏了！"

王紫苓在谈到自己表演的体会时，说在剧情需要时表现出的嬉笑怒骂，任何动作和表情，都是从心里迸发出来的。笔者理解，她的这种"从心里迸发出来的"绝不是无中生有出来的，也不是随随便便就能出来的，而是随着她对剧情和人物精心地、不断地体验、理解，以至人物的举动和情感才能从她的心里"流"出来。她的师父三吉仙就曾说她"自己往外拱戏"，也是这个意思。她曾经给文化局、歌舞团、戏校讲课，她感到每讲一次课，对剧情和人物就有更深一步的理解，会产生更深层次的认识和提高，也会对某个剧目和人物的表现有新的改进想法。艺术创造是无止境的，即使形成流派的大艺术家也在不断地改进，并不是固定在一个模式上裹足不前。现在继承流派，恰恰是将流派加以固化，过度强调要"原汁原味"，其实也不一定就是流派创始人最满意的状态和他们所期望的，因为如果他们本人还在世，也会不停地进行修改。王紫苓通过七八十年的学戏、演戏实践，有很多的经验体会。她认为演员要想在艺术上有所进步，取得成功，就要多听、多看、多学、多想、多练，将别人好的地方拿来，转化为自己的再加以运用。这是一切成功艺术家走过的路。

王紫苓认为京剧演员的基本功非常重要，尤其腰功、腿功是每一位演员必须具备的基本功，无论哪一行当的演员，腰功都是必须的，都是基础功夫。她是一位文武兼备的旦角演员，尤须如此。她的基础功夫过硬来自坚持刻苦的磨炼，她年轻时在生活中随时随地练功，闲不下来。特别值得从事表演艺术的人敬佩和学习的，是她不把练功看作吃苦，反而觉得练完功之后有了新的收获和进步，心情格外舒畅，也很有成就感。这种感受的产生来源于她有强烈的职业责任感，事业心极强，一心扑在她钟爱的京剧表演事业上。将一生奉献给京剧事业，对自己所从事的艺术事业如此执着的演员是不多的，值得敬佩。

王紫苓说，她每次演出结束后回到家中，心却留在舞台上，脑子停不下来，演出的经过在她的头脑中像过电影片一样，她认真仔细地回忆演出的每一个细节，什么地方观众喜欢，什么地方没有反响，为什么没有取得预想的艺术效果，怎样改进，下次再演时注意什么，这种自我

《十三妹》剧照，（左）崔熹云饰张金凤，（右）朱锦章饰安公子，（中）王紫苓饰何玉凤

检讨总结伴随她度过了一个个不眠之夜。她用心揣摩名家的表演特点，学习吸收他们的长处，研究如何转化到自己的表演中。就以演武戏为例，特别是演反串武生戏的时候，仅仅是出场的动作，她就认真琢磨杨（小楼）派和尚（和玉）派的表演规范，找出他们的不同，确定自己演出时怎样运用，如何展现。

她认为，作为一名演员，演好戏是应该的本分，演不好是万万不应该的。演员千万不要把过多的注意力集中在观众对自己的赞美上，不要太在意谁对你的艺术做出怎样的赞赏，观众给你多少掌声，否则就容易骄傲自满。演员要更多地听取观众的批评意见，吸取别人对自己不足之处的指责，再不断找出自己表演中的不足，这样才能有所进步。她信奉毛主席说的"谦虚使人进步，骄傲使人落后"，这对于一名演员同样是至理名言。

荀慧生先生教导王紫苓："演戏要用心去演，要演人物，不要演行当。演戏要自然，切忌做作。"她遵从师父的教导，根据不同人物的不同性格，塑造出不同的舞台形象。荀先生的幼功扎实，生活阅历丰富，王紫苓感觉自己虽然有七八十年的舞台演出经历，却越来越体会到荀派艺术的博大精深，越来越感到艺无止境，高深莫测。她通过对师父塑造的不同人物舞台艺术形象的研究，总结出荀派的表演特点是"美、媚、柔、俏、清、新、刚、憨、甜、娇"，不同人物在不同的情境中有各种不同的表现，而同一个人物有时又具有这其中的多种特点。她的这种总结，表明她对荀派艺术的深刻理解，不仅知其然，而且要知其所以然，其实是把表演艺术从舞台实践提升到了理论阶段。

演戏要掌握好分寸，恰到好处，不能过火，这既是荀慧生先生对王紫苓的教导，也是王紫苓一生舞台实践的切身体会和经验总结。荀慧生先生的表演能够出神入化，就是他掌握的分寸恰到好处，演出了鲜活的人物，让观众回味无穷。王紫苓学习荀老师不是追求一招一式的形式模仿，而是学荀老师的神似，这是她学习的聪明方法。她清楚地知道，荀先生是男性，她是女性；荀先生年纪大了，她还年轻。两人的性别、年龄有根本的差别，就连化妆时描眉、抹口红的浓淡、形状都不能一样。荀先生对王紫苓说过："要让观众看了你的戏，回去后会琢磨，要让他们记得你演的人物，而不是记得你。记住人物了，自然也就记住你了。只有这样，才能让观众百看不厌，才会下次还来看你的戏。"

这不仅是荀老师的教诲，也是她自己的心得体会。王紫苓深刻地认识到演戏一定要演出人物性格和人物的情感。演员要用心去演戏，而不是只演行当、程式和技术。她深有体会地说："一出戏演下来，不是胳膊腿累，而是心累，就像心被掏空了似的，把自己对人物和剧情的理解完全释放了出来，彻彻底底做了一回剧中的人物。只有用心去演，才能让观众觉得是真实的，才能打动观众。观众被感动了，我们的演出才是成功的。"

## （二）概论

唐代诗人卢照邻在其《长安古意》中有"曾经学舞度芳华"的诗句，正和王紫苓先生艺术生涯的起步阶段。如果从王紫苓10岁开始跟随启蒙老师魏效荀先生学戏算起，至2019年，她的艺术生涯近80年了。我们要总结她一生的京剧表演艺术活动和经验，可以从以下几个方面进行，或许能从中看出她表演艺术上的一些特点。

### 1. 技能全面　戏路宽广

王紫苓的戏路十分宽广，从她演过的行当就可见一斑。

由于她酷爱京剧，钟爱自己的演员本职工作，专心进取，聪明好学，刻苦努力，总不满足，永不停步，因此她不但经常演花旦戏，而且还常演青衣戏、刀马

2018年9月86岁的王紫苓在北京长安大戏院演唱

旦戏、武旦戏，甚至反串出演武生戏。这从她演过的剧目可以得到证实。她在盛年时期经常上演的剧目是非常丰富的，从剧目和应工的行当看，青衣戏演过《玉堂春》《王宝钏》《朱砂痣》《朱痕记》《审头刺汤》《汾河湾》《桑园会》《御碑亭》《四郎探母》《大保国·二进宫》等；刀马旦戏演过《杨门女将》《穆桂英》《银空山》；花旦戏更是不胜枚举。除旦角儿外，她还反串演武生角色，如《三岔口》中的任堂惠、《八蜡庙》中的黄天霸、《白水滩》中的十一郎，反串小生戏《白门楼》中的吕布。她还能演《戏迷传》《盗魂铃》，这种戏需要多方面的艺术修养和技能，没有多才多艺的本领是演不了的，更可贵的是她能演多种行当于一身的荀派名剧《大英杰烈》。

　　王紫苓的表演艺术生涯数十年，以演花旦戏为主，然而花旦的分行归类也很复杂，各门类的花旦戏她全能拿得起来，经常上演。花旦行里大致可以分为四大类：闺门旦、玩笑旦、泼辣旦、刺杀旦。属于闺门旦的戏，如《拾玉镯》中的孙玉姣、《柜中缘》中的刘玉莲等，凡是未婚少女的角色，无论是小家碧玉还是大家闺秀，均属此列，尤其是《拾玉镯》《柜中缘》中这类活泼伶俐、生气盎然的少女形象，她演来更是得心应手、分外娇柔，成为她的得意之作；玩笑旦以做、念工为主，演出诙谐风趣的喜剧性、闹剧性的剧目，多与丑角相配合，习称"三小"（小旦、小生、小丑）的戏，如《打面缸》《三不愿意》《打灶王》《小放牛》《双背凳》等，王紫苓演起来也是妙趣横生，令人捧腹；泼辣旦的戏如《武松杀嫂》中的潘金莲、《坐楼杀惜》中的阎惜姣、《巴骆和》中的巴九奶奶、《翠屏山》中的潘巧云等，都是些性格泼辣、放荡不羁、钢牙利齿的妇女人物；还有专门的一种刺杀旦，多是复仇刺人的人物，如《审头刺汤》《雪杯圆》中的雪艳、《贞娥刺虎》中的费贞娥、《渔家乐》中的邬飞霞、《青霜剑》中的申雪贞等，王紫苓在中青年时期像这类旦角都有演。但是，在京剧里也可以把被刺杀的人物归属于刺杀旦范畴，如《战宛城》中的邹氏，以及潘巧云、潘金莲、阎惜姣等。

　　应该说明的是，被刺杀的与刺杀人在行为的性质上是有区别的。被刺杀的一般是罪有应得，受到惩罚，大快人心，以花旦行当应工；刺杀人的都是报仇雪恨的烈女，是正派的化身，一般以青衣应工。所以，花旦行里的泼辣旦与刺杀旦的行当界定就含混不清了。笔者以为,可以按照如下情况分界:凡是不被刺或不刺人的旦角角色,可归为泼辣旦;凡是刺人或被刺的旦角角色,都归为刺杀旦。这样区分是可供讨论的一种意见。

以上是从行当来考察王紫苓的多才多艺,应工广泛。从她演过的各流派代表剧目看,她的戏路也是非常宽泛的。她演过梅(兰芳)派的代表剧目《凤还巢》《宇宙锋》《霸王别姬》;尚(小云)

京剧荀派艺术传承人证牌

派的《土宝钏》《杨排风》《昭君出塞》《穆桂英》《水漫金山寺》;程(砚秋)派的《锁麟囊》《贺后骂殿》《六月雪》《孔雀东南飞》等。荀(慧生)派的代表剧目她演得最多,如《红娘》《棋盘山》《红楼二尤》《花田错》《荀灌娘》《绣褥记》《金玉奴》《大英杰烈》《钗头凤》《十三妹》《霍小玉》《杜十娘》《勘玉钏》《玉堂春》《香罗带》等;她也借鉴宋(德珠)派的表演精华来丰富自己演的《佘赛花》,向宋先生学宋派的传世之作《扈家庄》;她学筱派(于连泉)艺术并将其融于自己的表演之中,如她演的《战宛城》《翠屏山》《潘金莲》《大劈棺》等戏就吸收了筱派的艺术手法。

如上所述,一方面她演过不同行当、不同流派风格、不同角色的戏;另一方面,从剧目内容、时代特点看,她演过大量的传统戏。既演过新编古装剧,如《猎虎记》《关汉卿》《团圆梦》《赵盼儿》《智斩鲁斋郎》《洺州烽火》《梁山伯与祝英台》《铡判官》《铡赵王》《包公晚年除奸》等;还演过现代戏《白毛女》《赤胆红心》《走在前面的人》《治海降龙》《白虎团》《六十一个阶级兄弟》《紫云山》《六号门》等。

作为一名旦角演员，能表演这么多不同行当、不同角色、不同时代和不同风格的剧目，实属难得，足可见她是一位多才多艺、戏路极宽、勤奋好学、可塑性很强的优秀表演艺术家。魔术师能把别的东西变出来，王紫苓则是能把自己变出千姿百态。

**2. 博采众长　刻苦敬业**

戏路宽和博采众长有着逻辑关系，或者说有因果的关系。戏路宽广不是凭空而来的，而是来自她的"多听、多看、多学、多想、多练"，要做到这些，是耗费时间、经历和汗水的，没有刻苦好学的精神，没有博采众长，何来的戏路宽广？"多听、多看、多学、多想、多练"，也是博采众长的过程。

王紫苓在艺术上广泛吸收各家之长融合于一身，对待各门类艺术没有门户之见，是她在艺术上能取得傲人成就的原因之一。她早期跟随魏效荀先生学戏，是以青衣花旦荀派戏为主戏，在成为三吉仙先生的学生后，学的戏就杂了，开启了她戏路广泛的道路，而后又拜在尚小云大师门下，更是让她如虎添翼。拜在荀慧生大师门下以后，她主攻京剧花旦艺术，并且以荀派花旦著称于世。"人生在勤，不索何获？"（汉·张衡《应闲》）只有勤奋，不辞劳苦，不断求索，事业才有成功的可能。为了丰富和提高自己的艺术修养和技艺水平，她先后拜荀慧生、尚小云两位大师作为她的艺术导师，起点颇高，受教于风格迥异的两位大家，这就使她的戏路被拓宽，艺术格调高尚脱俗。我们想，一般学习的思路是要向两个相似的流派学习，学习起来或许会容易成功一些。尚派与荀派是两个风格截然不同的艺术流派，有的地方甚至表现为两个极端，她却能分别向这两大流派取经，这让一些人不可理解。其实她是各取其精华，异中求同，追求的是最后达到殊途同归。其艺术胸怀之宽广，海纳百川之气魄，鸿鹄之志向，艺术取向之不拘一格，视角和定位之另辟蹊径，就可见一斑了。

她的艺术养分来自多方面，并且勇于表演实践，艺术思想秉持开放的态度，取长补短，注意发挥自己的优点，学习他人的东西不死搬硬套，以我为主，学以化用，创出新意。"正而能变，变而能化，化而能不失本调,不失本调而兼得众调。"(明·胡应麟《诗薮·内编·卷四》)这正是王紫苓表演艺术所循道路的特点。

任何人事业的成功都离不开"刻苦"二字。王紫苓学戏、演戏从来不畏艰难。在朝鲜慰问战士演出,正值冬季,而且是在露天演出,气温在零下37摄氏度,凛冽的风刮到脸上像刀子划一样,演《拾玉镯》的孙玉姣衣服单薄,天冷得伸不出手,部队首长说不演了,可是她坚持演完。20世纪50年代,她演《铡判官》,当判官审柳金蝉时,她饰演的柳金蝉有个跳起双腿跪地的动作,连演几十场,膝盖青紫,又肿又痛,她为了坚持继续演出,买来运动员使用的护膝,戴上坚持演出。类似的例子不胜枚举,至今她的膝盖留下了后遗症!

京剧尚派艺术传承人证牌

### 3. 唱念做打　文武兼备

王紫苓的唱念韵味纯正,形象清新俏丽,做功精到,身段优美,跷功扎实,武功出众,可谓文武兼备。

王紫苓演戏虽然没有恩师尚小云的"铁嗓",时有起伏,但也足够用。她文能唱正工青衣戏,如《武家坡》《大登殿》的王宝钏、《春秋配》的姜秋莲、《孔雀东南飞》的刘兰芝、《玉堂春》的苏三等;武能演刀马旦的戏,如《穆桂英》《佘赛花》《姑嫂英雄》等;武旦戏如《盘丝洞》中的蜘蛛精、《十字坡》中的孙二娘等;甚至反串武生应工的黄天霸、任堂惠、穆玉玑。她的武功基础瓷实,尤其是腰、腿功过硬,虽然不能与正工武生媲美,却也能运用自如、得心应手。穆桂英、佘赛花等都是扎靠的装扮，孙二娘、蜘蛛精都是正工武旦的活儿，至于黄天霸、任堂惠、穆玉玑更是箭衣或短打武生的重工武戏，能圆满而"不撒汤、不漏水"地顶下来一整出戏，对于一名女演员来说，没有深厚的武功底子是万万承受不了的。

至于武功基础对于戏曲演员来说该有多么的重要，马连良先生的学生王金璐老师在《中国京剧》杂志举办的纪念马连良从艺100周年的座谈会上发言，他问过马先生："您的潇洒是哪儿来的？"马先生说："那个时候多少好角啊，有的人就冲咱'潇洒'来的。这和我小时候打下武功基础有关，否则就潇洒不起来。"（《中国京剧》2009年第9期）武功基础打得牢靠，决定演员在舞台上的身段能漂亮受看。武功基础扎实，演员的身体各部位就灵活，举手投足就到位，动作起来就协调、好看、帅气。另外，以演文戏为主的人如果武功基础好，能够适合演出的剧目自然会多，戏路必然宽广。

王紫苓的旦角表演艺术既不是凭抱着肚子只会唱、卖嗓的青衣，也不是那种凭打情卖俏、哗众取宠、扭捏做态的媚俗花旦，而是唱、念、做、打、舞、手、眼、身、法、步无不运用、十功具备皆能的演员。她既有以唱功为主的戏，也有以做功为主的戏，还有文武兼具的戏。王国维先生在其经典名著《宋元戏曲史》中明确指出："后代之戏剧，必合语言、动作、歌唱，以演一故事，而后戏剧之意始全。"这一观点实际给中国戏曲下了定义，明确指出戏曲应该是集语言、动作、歌唱为一体去演故事的表演艺术，其中的关键词"语言""动作""歌唱""故事"，四位一体，缺一不可。王国维先生的这个论点被戏曲界普遍认同。王紫苓的表演艺术能全面、充分体现中国戏曲是综合性表演艺术的特点，这样的技能完全可以从后文列出的她演过的剧目总览得到印证，而她的具体表演特点会在谈戏部分加以具体述评。

### 4. 演人唱情　人各一面

王紫苓表演艺术最核心的价值是塑造剧中人物生动感人，贴近剧中人物性格，把握人物定位准确，塑造人物的舞台艺术形象具体入微，以情动人，能通过各种艺术手段准确而精彩地表现出剧中人物的思想活动和情感世界。演出人物、唱出情感,是她表演的最高目标。她要达到这个最高目标的途径,是挖掘和体验人物的心理活动,具体表现方法之一就是注重运用眼神来表情达意。

王紫苓与旦角名家吴素秋是十分要好的朋友,她们互相倾慕对方的表演艺术。吴先生在《演谁就得像谁 我演红娘和苏小妹等角色》一文中说:"我一直信奉京剧行里老先生们说的一句话:'演谁就得像谁。'""想要演活一个人物,首先必须明白你演的这个人物是'谁'。"(段昕整理,《中国戏剧》2009年第9期)吴、王在这个理念上是完全一致的。

以王紫苓常演的《拾玉镯》为例,分析和理解剧中人孙玉姣的身世、年龄、家庭背景、生活环境和性格特征是第一必要的。孙玉姣是个小家碧玉型的人物,一个生于农家的十几岁小姑娘,本性天真单纯,十几年间始终在农村环境里长大,没有机会去了解和接触外边的世界,是个未涉世事、不谙世故的清纯少女。王紫苓就本着以上的认识去塑造孙玉姣这个人物,她本人心灵干净、纯朴率真,与剧中人物有相近之处,很容易接近剧中人物。轰鸡、喂鸡、做针线活的表演,就把孙玉姣是农家少女、勤于劳作、严守家规的一面表现了出来。丢镯、拾镯的表演,是最吃做功的表演,爱情突然降临到这样一位小姑娘面前,王紫苓把这时孙玉姣的惊慌、激动、兴奋、好奇、羞怯、爱镯的各个阶段的心理活动和变化,完全用她的表演刻画出来了,一个特定的人物形象出来了,跃然舞台,被她表现得淋漓尽致。

《拾玉镯》中的孙玉姣和《柜中缘》中的刘玉莲、《打焦赞》中的

王紫苓与季尚春合演《拾玉镯》

杨排风、《红娘》中的红娘等，都是少女的年龄，但是她们的身世、身份、境遇不同，所以王紫苓表现出的这几个人就很不同。《柜中缘》中的刘玉莲家里有个半傻的哥哥，乳名淘气儿，刘玉莲聪明伶俐，在家就成母亲的掌上明珠，有时还要撒个娇、耍个赖，欺负一下傻哥哥。笔者认为王紫苓在塑造刘玉莲的艺术形象时，主要突出了两个字："善"和"娇"。由刘玉莲的心地善良要搭救受难之人，而把岳雷藏起来，从而引起一系列的误会剧情；由刘玉莲的"娇气"而生发出与哥哥淘气儿之间一系列的喜剧色彩。"善"与"娇"这两个字就成为王紫苓版本的《柜中缘》这个戏的根，应该是王紫苓设计表演的依据和出发点。她演红娘又不同了，红娘聪明机灵，是相府小姐忠实的贴身丫鬟，她要时时处处维护小姐的利益，同时她又是个乐于助人的善良姑娘。所以，红娘的思维、处理事情的方法、举动，与孙玉姣、刘玉莲又不一样，她要在小姐、老夫人、张生面前穷于应付、担当风险，在老夫人面前既有唯唯诺诺，也有为小姐和张生的爱情勇于斗争的一面，还有为此承担委屈的一面。《打焦赞》中的杨排风与以上三位少女都不同，杨排风是武艺高强、愿为国家出征抗敌的巾帼英雄，所以王紫苓把杨排风表现得英姿飒爽，打焦赞是杨排风要在打斗游戏中教训焦赞瞧不起她的傲慢。同是少女身，表演各不同。

### 5. 形象塑造　清新靓丽

王紫苓饰演的舞台艺术形象大多是古代妙龄少女，人物性格多属于活泼开朗的类型，动作敏捷利落，说白有的豪爽干脆，有的缠绵细语，因人而异。人物身份不同，应工的花旦行当表演方法和演出效果就有不同。有观众反映，看王紫苓所饰演的少女角色，她一登台就给人一种形象清新靓丽、清纯、朴实无华的观感，好像这个人物的心是透明的一样，健康干净，单纯本真，一下子就让你看透似的，演出的角色又是人各一面。这种角色经常带出的是少男少女的爱情故事，古代少女在男女授受不亲的封建社会里，面对男女爱情时的那种矜持、羞涩、内敛、含蓄的情态，被王紫苓表现得准确到位，活灵活现。这种沉稳持重的少女，一方面，是善良的本性，另一方面，她们对爱情不是排斥，不是不需要，而是内藏着满心的欢喜。对这样复杂的内心活动和情感状态，能够准确把握并且传达给观众，确实是颇费表演功力的，而这种功力的基础在于她对剧情和剧中人物的认识和体验。

例如，《拾玉镯》中她饰演的孙玉姣以小碎步出场，不是张张扬扬、兴高采烈的样子出来，而是比较沉稳、略带含羞的样子，一个天真、纯朴的农家少女就迎面而来，让观众的眼前一亮。她表演的轰鸡、喂鸡、数鸡和做针线活，充分展示出孙玉姣爱劳动、会劳动的女孩形象。她一边做针线活，一边唱小曲，又体现出这位姑娘活泼和热爱生活的一个侧面。通过王紫苓的表演，把一个健康的、愉快的、充满朝气的孙玉姣呈现出来了。在旧时代，花旦戏常被一些演员演成"粉戏"，表现出来的情绪和动作不是很健康，遭到人们的诟病。王紫苓花旦戏的可贵处，恰恰在于它的无污染，尽管有的戏表现的也是男女之欢，但是她表现出来的是清新的少女形象，合乎正常人的情绪，是健康、纯洁的美。再如，她演的《豆汁记》中的金玉奴，虽然也是闺门旦应工的少女，与其他剧中的少女又有不同。她把金玉奴演绎为完全的善门玉女形象，金玉奴虽然生长在丐帮头的一个家庭，但是她天真、单纯、善良，出于对饥寒而倒卧在自己家门前的穷书生莫稽的可怜、同情，为救人一命，收留了他。后来莫稽在金玉奴父女的救助下而发迹，金玉奴又是百般迁就。但最后发现莫稽不可救药时，她不再委曲求全，毅然决然地与莫稽决裂，替父伸冤，惩治了忘恩负义的莫稽。全剧中的金玉奴依然是让人难以忘怀的清纯女子，但是这位女子在开门碰见莫稽、将他搭救至家中、给他端上热乎乎的救命豆汁等这一系列表演过程中，让我们看到了金玉奴的善良、无私、天真、清纯。

王紫苓演《拾玉镯》

6. 内外统一　做戏入微

在演戏中，王紫苓细腻入微的表演给人留下了深刻的印象。她的细腻入微，不是仅体现在表演中，而是体现在每一个细节处。例如，她对日常生活观察的细腻入微，她对剧本研读时的细腻入微，她对剧情和剧中人物剖析的细腻入微，以及她体验人物心理活动时的细腻入微，这都是值得其他演员学习的。

笔者在与王紫苓先生谈戏论艺时，发现她表演的每一个动作、唱段、念白都有"潜台词"。例如，她在讲角色看哪里了，她会解释这时角色在想什么；角色往前走了，这时角色是怎么想的；角色举刀过去了，这时角色是如何想的，为什么要这样做……总之，她设计的每一言、每一行都有角色心理活动的依据为指导。角色要做什么，要说什么，他为什么要这样说，为什么要这样做，他是怎样想的，王紫苓都摆弄得一清二楚，都有心理分析，非常清晰。这说明她演戏之前做足了功课，把人、戏的前前后后研究得很透彻，达到内与外、心与形（心理活动与外在的行动）相一致、相协调。她就是这样一丝不苟、点点滴滴在琢磨，在细研精磨。

戏剧家谭霈生的《论戏剧性》中有句精辟箴言："'戏'在内心。"王紫苓在分析人物内心活动上下功夫，不厌其烦地深挖人物的内心活动，正是演员演好戏、演好人物的诀窍。外在的表现是由内心而发的，内心有什么想法，外在就会有什么举动或表情。王紫苓紧紧抓住这个纲，提纲挈领，万事皆通。做这方面的功课，就要细心钻研，细致入微地发掘、分析、体验，研究使用的程式，并且反复练习表演。京剧表演层次的高低分化，能否在细节表演上下功夫是个重要的标志。成功的表演艺术家总是重视表演的细微处。她演《拾玉镯》中的轰鸡、喂鸡、数鸡、找鸡、做针线活等一系列的做功戏，演得细致入微，惟妙惟肖。她演的《红楼二尤》中尤三姐对柳湘莲的爱慕、对未来婚姻的向往、对如何才能表达自己对意中人的忠贞之情，都能细致入微地体现出来。剧中的细节处往往就是对"内心"的表现，通过表情、动作、眼神就能传达出人物的内心世界，这是最难的，也是做好了便最能成功的途径。王紫苓就是这方面的行家里手。当尤三姐接过柳湘莲赠送的宝剑后，一般演法是尤三姐怀抱宝剑下场。王紫苓在这里先是接过宝剑抱在怀里，临下场时，把宝剑往肩上一甩，面向众人笑着，扛着宝剑下场，加上这个小动作，就把尤三姐内心的无限喜悦展露了出来。当尤三姐在屋外听到屋里的柳湘莲前来退婚的消息时，她在屋外先是倒吸了一口凉气，进不进屋，她犹豫了一下，然后决定进屋。这一倒吸气，把尤三姐听到退婚的消息后感到惊讶的神态表现了出来；站在屋外的犹豫停顿，把尤三姐内心的矛盾心境表现了出来。表情动作虽小，似在细微处，却是画龙点睛之笔。又如，《柜中缘》中刘玉莲的出场，她的演法是在刘母叫刘玉莲时，她在台帘内高声回答"哎——！"随声出场，就把一个天真活泼、贪玩的少女由远而近的动态形象表露无遗。这样的例子在王紫苓的表演中屡见不鲜，我们会在后边谈到具体剧目时有更详细的介绍。

### 7. 体验生活　艺术真实

《庄子·渔父》上有这样一段论述："客曰：真者，精诚之至也。不精不诚，不能动人。故强哭者，虽悲不哀；强怒者，虽严不威；强亲者，虽笑不和。真悲，无声而哀；真怒，未发而威；真亲，未笑而和。真在内者，神动于外，是所以贵真也。"这是很适用于演戏的一段精辟论述。

王紫苓的旦角表演艺术以生活的真实为依据，具有浓厚的生活气息，表演出来真实感人，就是因为她的"真在内"，才能实现在舞台上达到"神动于外"的艺术效果。她在青年时，为了把《柜中缘》中刘玉莲做针线活（纳鞋底儿）表演得更真实可信，她在家里真的学了做纳鞋底儿。所以，她表演的搓线绳、纳鞋底儿、针锥子往头上划等动作就非常逼真，如家常事，有模有样，准确可信。

表演动作的真实，是演员对生活真实的模仿，用程式化的表演艺术再现生活，这是一个方面。另一方面，就是对剧中人物的塑造，也要真实。笔者认为，塑造人物的真实性又分为两个方面：一是对人物性格塑造的真实；二是对人物情感表达的真实。著名戏曲导演阿甲先生也说："我们的舞台艺术，程式技术总的来说，都是从生活中提炼而来。它是既依据生活逻辑，又依据艺术逻辑处理的结果。所以，运用程式时，并不能从程式出发，而要从生活出发，并不是用程式来束缚生活，而是以生活来充实和修正程式。""所以，运用程式，必须从生活出发，从人物的具体思想性格和具体的规定情景出发。"（阿甲：《论生活的真实和戏曲表演的真实》）如何做到对于人物塑造的真实呢？那就是要对剧中人物的准确定位，即分析人物，找准人物的性格特征，明确人物在剧中是个什么角色，围绕他发生了什么事件，他对事件是什么态度和怎样对待、处理，等等。演员在表演之前要把这些全装在心里，并且把这些消化，融到自己的身上，变成自己的，做到"哀乐之真，发乎情性"（金代文学家王若虚：《滹南诗话》），到那时才能够演出这个人物的真实性。王紫苓的表演已经达到了这一境界。

她以真诚的心对待艺术，全身心地扑到剧中人物上，反过来，她又从角色身上找出人物的"真"来，进而再现于舞台。例如，她演的杜十娘、尤三姐和尤二姐等悲剧人物，不但她自己演出真情实感，同时把台下的观众也感动得凄凄然而泪下。而当演出如《柜中缘》《三不愿意》等喜剧时，她又是那么地会做戏，以其幽默的表演让观众笑得前仰后合。为什么能演出这样的剧场效果？就是真实，当喜则喜，当悲则悲，达到"真悲，无声而哀；真怒，未发而威；真亲，未笑而和"的效果。

笔者想，表演艺术形成了流派，不应该是流派艺术的终结，考察了王紫苓的舞台实践，就可以得出这个道理。她学流派艺术不是原封不动地照搬，不是死学硬模，而是不断思考、琢磨，加以变动和丰富，演出自己的风格特色，让演出异彩纷呈。

宋代孙道绚有《醉思仙·晚霞

王紫苓演《尤三姐》

红》词云："晚霞红，前事销凝久，十年光景匆匆，一梦回首春空。"王紫苓先生京剧舞台艺术的一生光彩照人，菊坛泛红，年至87岁高龄仍登台表演，恰如她的微信号"春不老"一样，她的艺术青春永驻，确像一株常青的不老松。因此，可借孙道绚的《醉思仙·晚霞红》词，将其略作修改，献给紫苓老人："晚霞红，前事销凝久，八十年光景匆匆，回首一片春意浓。"

下面开始以她常演的极少一部分剧目为例，具体赏析她的表演艺术。

## （三）《拾玉镯》

《拾玉镯》剧名又称《双玉镯》《孙家庄》《买雄鸡》，写的是明代正德年间故事，然史无其实事。《拾玉镯》是全部《法门寺》中的一折，常以其中的"拾镯定情"作为折子戏单独演出，定名《拾玉镯》。

### 1. 剧情梗概

全部《法门寺》包括《拾玉镯》《朱砂井》《法门寺》《大审》数折，全剧剧情曲折。郿坞县"世袭指挥"傅朋得母所赠家传玉镯一对，嘱其可自选佳妻。某日，傅朋路过孙家庄，偶遇在自家门前做针线活的少女孙玉姣，互生倾慕之情。傅故意留一只玉镯于地，孙拾起，二人以玉镯作为定情物。事被邻家刘媒婆所见，盘问孙，孙终告以实情，且以亲制绣鞋为信物，嘱刘为媒。刘之子名彪，乃恶徒，夜过孙家，误杀孙之舅父，将人头抛至刘公道后院。刘公道为避免涉嫌，将头颅掷枯井，复将报信人宋兴推入井下。次晨孙母报官，县官赵廉错审，拘玉姣，傅朋屈打成招。寻宋兴，刘公道谎报宋兴盗物潜逃。赵廉判宋家赔偿刘公道，宋家无力赔偿，宋女巧姣被拘。在狱中傅朋、玉姣、巧姣相见，言明其事原委，宋女答应如能出狱，定为傅、孙鸣冤，傅将另一只玉镯赠宋女。宋女出狱拜见傅母，傅母见玉镯，收宋女为儿媳，计定趁刘瑾至法门寺上香时前去鸣冤告状。宫廷太监刘瑾陪皇太后至法门寺上香，路遇民女宋巧姣拦轿鸣冤。刘瑾将宋巧姣带至法门寺，令侍从太监贾桂念诉状，知案件实情，遂令郿坞县令赵廉三日内查明孙家庄凶杀案。赵廉缉捕凶手刘彪，搜得刘彪杀人钢刀及绣鞋等物证，审明案情经过。再捕刘公道，搜得人头与宋兴尸体，案情大白，傅朋雪冤，孙玉姣、宋巧姣与傅家婚配。

《拾玉镯》经常作为折子戏单独演出，是从孙玉姣之母出门省亲，玉姣一人在家喂鸡至院门外做针线活演起。傅朋从此经过，巧遇孙玉姣，傅以要买孙家养的鸡为由，接近玉姣并搭讪，二人彼此爱慕。傅将家传玉镯一只故意遗留门前，玉姣几经周折拾起，爱不释手。一切过程被邻家刘媒婆偷窥满眼，进孙家逗玉姣，逼问隐情。玉姣无奈招认，刘媒婆答应成全二人婚事，玉姣以亲手所做绣鞋为信物相托。这一折戏演至此打住。接下去再演，应该是孙家庄凶杀、朱砂井抛尸，然后是与《法门寺》剧情相衔接。《法门寺》剧名又称《郿坞县》《佛殿告状》。若将《拾玉镯》与《法门寺》连起来演出，剧名又有《双姣奇缘》，或称《朱砂井》《井边相验》。

全部《法门寺》是多位京剧名家经常拿来合作演出的剧目，因为它应工的行当多，包括老生、小生、青衣、花旦、玩笑旦、彩旦、老旦、架子花脸、二花脸、大丑、二丑各行当，可以在这出戏里群贤聚会，各展风采。所以，该剧从四大徽班进京至今盛演不衰。可是，全剧演到《法门寺》一折时，不再是旦角演员的重头戏，而是以老生应工的赵廉、架子花脸应工的刘瑾和小花脸应工的贾桂为吃重。因此，旦角的重头戏就是前边的《拾玉镯》，以花旦、小生、小丑三个角色为主演，旧称"三小"的戏。如果演全部的戏，一方面，从欣赏角度来讲，看点不仅在于该剧案情复杂，集生、旦、净、丑行当于一戏，且都吃重，能充分显示各行当演员唱、念、做的表演功力，还在于旦角演员经常是一人前后演双出，甚至是三出；另一方面，从内容上讲，审案经过重证据、求事实，使一桩冤案大白于天下，受冤之人得以昭雪，也是有正面意义的。所以，这是一出十分精彩的优秀剧目，凡是演员阵容整齐的剧团，或是演员名家大合作、义务戏，都少不了这出戏，经常被搬上京剧舞台。

王紫苓经常既演单出的《拾玉镯》，也演全部的《拾玉镯·法门寺》，《拾玉镯》归花旦行的戏，她演《拾玉镯》的机会更多些，这出戏成为她的看家戏之一，久演不衰。在赴朝慰问演出中，只这一出戏，她就演了二三百场之多，大受欢迎。她还根据演出的时间、场合、观众的不同情况，把《拾玉镯》改编为演出时长分别为35分钟、45分钟和将近1小时的不同演出版本，表演精彩一点不减，还要圆满完成不同场合需要的演出任务。

### 2. 人物与传承

《拾玉镯》是一出典型的"三小"的喜剧：小旦、小生、小丑三个行当应工，单演这一折戏时，演员只有三个：饰孙玉姣的花旦演员、饰傅朋的小生演员、饰刘媒婆的丑角演员。按照表演戏份的轻重，应该是花旦、丑婆、小生的顺序。这是一出花旦演员的开蒙戏，演出时间只有几十分钟，短小精悍，却能全面展现演员的表演技术，是考验花旦演员"四功""五法"基础功力的一出戏，需要非常吃功夫，表演难度很大，绝大部分剧情都要靠花旦演员的表情动作来表现。所以说，要把《拾玉镯》演出精彩来，确非轻而易举，没有扎实的基本功和精湛纯熟的表演技艺，是很难表演到位的，也不能准确而充分地演出人物和情节。这出戏要表达的心理、情感的成分较多，也很丰富，给演员发挥艺术创造的空间较大，因此对于花旦演员来说，这是一出很有琢磨头的戏，要演好它，必须要不断地精研细磨，逐渐深入体验剧中的人物心理活动与特有的情感，逐步提高表演水平，才能最终达到炉火纯青。

擅演《拾玉镯》的演员，比较出名的有于连泉（艺名筱翠花），之后有陈永玲、童芷苓、吴素秋、赵燕侠、王紫苓等。1962年，北京出版社出版的《京剧花旦表演艺术》发表了于连泉先生示范表演《拾玉镯》的身段图片116幅，将孙玉姣细节表演的瞬间记录了下来。如小心翼翼开门缝、脚跨门槛左右张望、赶鸡、观察鸡、做刺绣时的摸针、用线穿针眼、捻针、左右搓线、中间搓线、抿线、弹线、看傅朋由脚逐渐往上移动眼光至对上眼、分别时的"一请、二请"，以及两次拾玉镯时的左顾右盼、小心试探、惊慌、喜悦、推让，还有以表演代替言语的一段。在还没有录像设备的那个年代，这些照片已经非常地弥足珍贵了，为演员们的表演提供了学习借鉴的实用资料。

王紫苓对这出戏非常喜欢、偏爱。一方面，孙玉姣是个十几岁的农家小姑娘，天真、单纯，未涉世事，不谙世故，生来就在自家及周边的小圈圈里生活，外面的世界对于她来讲是陌生的。王紫苓本人心灵干净、纯朴率真，与孙玉姣有相近之处，容易接近剧中人物。孙家对外事物有母亲打点，不需要孙玉姣顾及。另一方面，她又是一位听母亲话、守妇道之规、爱劳动的村姑，平日帮助母亲操持家务，喂养雄鸡，维持家用。这样的一位姑娘，一旦母亲不在身旁，发生什么事，她会彷徨，不知所措。当男女爱情突然降临在她面前时，她会感到既新奇又具极大诱惑力，那种无限激动、向往的激情，是不言而喻的，这就给演员提供了艺术创造的宽阔空间。演员要成功饰演孙玉姣，最关键的是准确把握孙的身份、年龄、性格、心理和情感特征，在剧本规定的时空内，恰当运用程式去塑造人物和表现剧情。

王紫苓饰孙玉姣

王紫苓对《拾玉镯》这出戏是下了大功夫的，也经过许多老师的指教。她在十来岁时最初向启蒙老师魏效荀先生学的这出戏，魏先生是荀慧生的弟子，虽然魏先生也教给她一些王（瑶卿）派、黄（桂秋）派的戏，可是总有荀派的影子。拜荀慧生大师后，经过荀师精心打磨，又经三吉仙先生细心指点（三吉仙饰刘媒婆傍过许多好角），三吉仙先生把这些名角演出的特点仔细讲给王紫苓听。王紫苓又把几位名人的演出特色融会贯通，丰富了她的表演。所以，这出戏她至少得过三位名师的亲传。早期演这出戏，她是"照葫芦画瓢"，老师怎么教的，她就怎么演，完全是模仿。后来，她观摩其他演员的表演，自己对剧情和人物深加思考，不断深入，越想、越演心得越多，经过她多年的苦心钻研，这出戏在演出中有了新意，形成了她的个人特色。

### 3. 行当与出场

前已述及，花旦行当细分又有很多种类的区别，如闺门旦、泼辣旦、玩笑旦、刺杀旦、贴旦、小旦。小旦指扮演少年女孩的角色，贴旦指在剧中扮演配角的旦角，小旦和贴旦都属于二三路的旦角。刺杀旦专指为了复仇而行使刺杀仇人或被仇人刺杀的旦角，杀人者如《贞娥刺虎》中的费贞娥、《审头刺汤》中的雪艳；被杀者如《坐楼杀惜》之阎婆惜、《战宛城》之邹氏、《翠屏山》之潘巧云等，这类角色的扮演者一般由主角演员担当。泼辣旦是指以做功和念白为主要表演形式的旦角，如《小上坟》《打灶王》《 匹布》等剧中的旦角，均属泼辣旦应工，人物性格泼辣、举止麻利、言谈犀利或放荡不羁。玩笑旦指扮演喜剧、闹剧中的旦角人物，如《三不愿意》《双背凳》《春草闯堂》等剧中的旦角，以做功和说白为主要表演形式，好打好闹，好说好笑，插科打诨，风趣诙谐。闺门旦专指扮演未婚青年少女的旦角，这种人物可以是大家闺秀，也可以是小家碧玉，身份、社会地位可以不同。根据人物身份地位的不同，有的是青衣应工，如《春秋配》中的姜秋莲、《红娘》中的崔莺莺、《花田错》中的小姐刘月英等；有的是花旦应工，如《铁弓缘》中的陈秀英、《得意缘》中的狄云鸾、《十三妹》中的何玉凤等。但是，现在旦行里的这些行当分工不是十分明确，如泼辣旦与刺杀旦的分界就比较模糊，这也为演员拓宽了视野和戏路。

显然，《拾玉镯》中的孙玉姣应该是由闺门旦应工的。但是，王紫苓表演《拾玉镯》中的孙玉姣虽然走的是闺门旦的路子，可在具体表演中，她还在某些情节和场合中采用了花旦而不是青衣的表演程式和规范，因而她是采取闺门旦和花旦"两门抱"的形式完成这出戏的。

按照闺门旦的表演规矩，角色的言行举止应该收敛一些，因为这类人物受着封建思想的教育和灌输，对她们的行为管束甚严，大门不出二门不迈的，自我约束也比较拘谨，对任何事不敢张扬、表态，没有自主，做事拿主意不干脆，瞻前顾后，小心谨慎，害羞含蓄，对待任何事物的态度或意图都不明朗，自己的一言一行都怕引起别人笑话。然而《拾玉镯》中的孙玉姣是一位农家少女，是小家碧玉式的人物，与外界交往不多，涉世不深，对什么事都不懂，对外界充满好奇。这样，就与青衣应工的闺门旦角色有本质上的不同，这样的女孩不是大家闺秀，言行举止还是应该表现得随意一些、自然一些，这样塑造出来的孙玉姣才更符合其家庭特点，符合她的身份和性格，才令人觉得这个人物真实与可爱。

王紫苓与季砚农合演《拾玉镯》

她饰孙玉姣采取闺门旦与花旦相结合的表现手法，我们认为是合理的、正确的。虽然说《拾玉镯》是归花旦行的戏，但不能把孙玉姣演成毛手毛脚、欢蹦乱跳、说话叽叽喳喳的丫头。孙玉姣是一个受母亲管教甚严、懂闺阁之规、举止安稳、勤劳而内向的"宅女"，平时她活动的范围就是住屋、院子和院子周围不远的地方。我们看到，王紫苓扮演的孙玉姣一出场就是稳稳当当的，虽然穿戴的是花旦的裤子、袄，可是在小锣打上时，却如青衣的从容不迫，不求花哨和哗众取宠，而是迈着小碎步，每一步只有半个脚的尺寸，从台步就表现出人物的内敛和矜持的特征了。过去孙玉姣是要踩跷来表演的，20世纪50年代取消踩跷技术之后，走踩跷台步习惯了的演员就面临一个如何走台步的问题，踩跷的舞台步虽然对于演员是很残酷的，但是它能表现出封建社会里妇女走路婀娜的模样，是走小碎步的。不再绑跷之后，王紫苓希望还要尽量保留踩跷时那样婀娜优美的台步状态，不想改成大步量的样子，于是，她用步幅很小、跨度很密的小碎步来走台步，观众看后会觉得很优美，具有踩跷的余韵，富于美学价值。出场后她左看、右看，一"整"两"整"后继续往前走。在后来的演出中她发现我国民族舞蹈《采茶女》中的步法很好看，尝试吸收过来运用在孙玉姣的台步表演中，观众反映这样表演效果也很好，别有特色，觉得很适合孙玉姣这个人物。走到台口，先是【引子】："愁锁双眉习针黹，闷闷悠悠。"这一句她按接近青衣的表演规范来完成，显得含蓄、安详、规矩。这句台词的后半句"闷闷悠悠"是她改的，原词是"消遣白昼"，"闷闷悠悠"可以与前边"愁锁双眉"所表达的意思一致。剧中人上台来与观众一见面，头一句台词就向观众表达出孙玉姣的少女情怀和心思。所以，一旦外界出现适宜的气候，就会引发这位少女花心的怒放，这也为后来的剧情发展做了铺垫。

这个尺寸不好把握，有人觉得《拾玉镯》这么一出小戏有什么的，既然是花旦的喜剧，就要表现出孙玉姣的天真烂漫，喜兴点儿不就成了吗？与此相反，发现有的演员上台后显出一脸的愁容，哭丧着脸，甚至有的做"捂肚子"的程式表演，这又走到另一个极端。这样表演的演员认为不是台词有"愁锁双眉"嘛，就要这样。其实，要想把《拾玉镯》唱好并不容易，不同层次的演员演出来，效果大不一样。像王紫苓那样只有把孙玉姣那种特定少女的性情和状态变成自己，用心去体验和表现人物，才能让观众感到舞台上的她就是孙玉姣，觉得真实，爱看。因此，王紫苓饰演的孙玉姣出场显得大气，不是个野丫头、疯丫头。

归座后，念【定场诗】："泪湿衣衫袖，新愁加旧愁。摽梅俱已过，薄命女含羞。"最后一句也有念"见人面带羞"的，但是我以为"薄命"二字与"泪湿""新愁与旧愁""摽梅俱已过"的意思是紧扣的，孙玉姣认为自己的命薄，心里未免有些埋怨，能怨谁呢，只怨自己的命薄。刚出场说出这四句话，就概括交代出人物的精神面貌和心理状态，进一步披露出这位少女的心愁。这告诉观众，她生活得并不愉快，内心装满愁烦，却是无法言明的秘密，这就是到一定年龄段的青春期少女的特有心

"一花与三丑"：左起李少广、王紫苓、赵春亮、包式先

绪，自己感觉内心苦闷，却又说不清为了什么。王紫苓在念这几句台词时，是很含蓄的，声调不高，语气平稳，略带愁烦的情绪。但是这种情调的表达又不能太过分，表现过分就成"思春"了，人物的思想境界就跑歪了，显得孙玉姣的品行就不端正了。她上场来的这几句台词绝不能念成很明朗、快活的语态和样子，应该是稍有忧烦，有心事，不痛快的样子，却很自然，潜台词是："没意思，我也不知道是怎么回事。"每天生活内容都一样，千篇一律，外边的世界什么样也不知道，母亲吧，成天到外边去念佛，对她关心较少，女儿十几岁啦，都成大姑娘了，也不知将来花落谁家。寂寞感，孤独感，生活内容的单调感，加上对将来自己命运的不确定，是孙玉姣不高兴、时而有些愁烦的原因。但是，少女的这种愁是偶发的、断续的、羞涩的、含蓄的，绝不能像小寡妇那样，情愁是无时无刻不在的。演员把孙玉姣表现到这个尺度是适当的，是符合逻辑的。

### 4.《拾玉镯》表演的几个阶段

《拾玉镯》这出戏的唱、念并不很多，大部分内容是要靠表演来完成的，可以说是一出半哑剧，是舞蹈性极强的剧目，很多情节和内心活动是要靠表演来表达的。孙玉姣出场后，接下来的多半场戏全是通过虚拟的表演体现出来。笔者想,《拾玉镯》全剧表演的重点可以由以下几个表演单元构成。

第一个表演单元是由放鸡、轰鸡、喂鸡、眯眼、数鸡这一系列的情景表演组成的。

舞台上既没有鸡笼、鸡窝之类的实物,也没有一只鸡,这些东西的存在,特别是多只雄鸡的活动,以及孙玉姣与雄鸡之间的互动,完全要靠演员的虚拟表演表现出来。怎样表现出这些情景来呢?那就是演员的形体动作、面部表情和眼神。她先用手把鸡笼子门儿的挂钩拨开,10来只雄鸡就欢蹦乱跳地飞奔出来了,到处跑,演员的眼神就要追随着每一只鸡移动,随着眼神,人的头不停地转动,身躯和脚步不断地挪动。王紫苓这时的眼神移动不是发散的,而是看一个是一个,就像真的看到一只只鸡的状态。雄鸡的动态随着演员那艺术化了的优美动作组合,就活灵活现出现在观众的面前了。她的头、身姿、台步与眼神是和谐地配合在一起动作的,配合得越和谐,舞台上展现的情景就越真实,越生活化。

然后是喂鸡、数鸡。她进屋走到桌子后边,好像在一口米缸里掏出米,放在孙玉姣穿在胸前的一个肚兜里,用手拢起肚兜走出屋门,给鸡群撒米。米不能照一个地方撒,心里想要让所有的鸡都能吃到食。米快要撒尽时,抖一抖肚兜,想把所有的米抖落干净,不小心,米糠皮的碎屑飞到了眼里——眯眼了!她条件反射地闭上了眼睛,反复揉了三次眼睛,眼泪流出来了,用手绢轻轻地擦眼睛。好像泪水把米糠皮给带了出来,姑娘露出了庆幸的笑容。接着,孙玉姣又望了望鸡群,觉得鸡少了,她有点儿恍惚,要数一数。对于数鸡的表演,有的演员会伸出指头很夸张地指点。王紫苓的表演不同,她用手指指点的动作很微小,主要是在心里数数。那怎么数呀,怎么能让观众看出来她是在数鸡,而且能看出来数的是多少?王紫苓的秘诀还是用眼神来引领观众,让观众领会到孙玉姣是在数鸡,数出了多少。这样表现不夸张,很贴近生活实际。实际生活中人们一般都是不会把手指头伸出老远一个个点数的,这样显得太笨拙,也太做作,人们通常只是用眼看,在心里数数。王紫苓也是这样,她数到9只,发现不对,少了一只,有些心焦。她数鸡时是对着出场口的方向，弯腰看了看鸡笼里，没有，她转而奔向下场口的方向去，还是没有，走回台口，心想：是不是鸡跑进屋里去了？于是，她进屋，左右找，没有发现什么，又想一想：是不是鸡钻到家具下边去了？于是，她便蹑手蹑脚地走近桌子，小心撩起桌围子。这时她有一个小"卧鱼儿"的身段，用眼往桌子底下扫视，果然，一只鸡躲在桌子底下！她把这只鸡慢慢地轰了出来，鸡不是照直跑出屋子，而是在屋里四处乱蹿。她稍弯腰走小"圆场"或是走"8"字儿，做轰鸡状，把鸡逼到门口，鸡站在门口还在迟疑，她略抬脚，托鸡身一下，帮助鸡跳过门槛，跑到院子里，她这才舒心地嫣然一笑。她每次演出都会让观众知道：哦，她在前边数的是9只，这次数出了10只。您看，她演得多么的细致而有层次。以上用文字描述的一切情节，都由王紫苓的表演达到让观众理解得精准无误的效果，靠的就是她的表演功力。

接下来进入第二个重点表演单元：做针线活。

孙玉姣喂完鸡，把放在桌子上的一个小笸箩拿到椅子上，搬着把椅子走出院门，她要在院门口做针线活。在全场表演中，演员都要始终注意舞台现场是没有实物门的，可是还要表现出舞台上有门存在，完全要由演员表演出开门、关门、出门、进门的动作来，以表现门的存在。表演中门在舞台上的位置一定要有准谱，每一次开门、关门、出门、进门时，门的位置都要找准，不能一会儿门在这儿，下一次门跑到别处去了，要避免闹出舞台笑话。这一组的表演同样完全是虚拟的、写意的，只有椅子、笸箩和一本线装的书有实物，其他什么也没有，却要演员表演出来什么都有的样子，那真是信手拈来，这就是中国戏曲表演艺术的神奇之处。会无中生有出来什么呢？有书里夹着的花样子、有不同颜色的线、有钢针。孙玉姣翻看书，挑选花样子，然后再挑选线的颜色，与花样子上对应地方的图案颜色相比较，抻出线，比试线的长短，观望针眼，往针眼儿里纫线，把针别在衣服上……这一系列动作的表演都是与脸部的神态表情、眼神时刻随物而移相配合的。然后就是一边唱一边表演做针线活，这里她不是埋头只顾给鞋帮儿绣花，而是一边做活，一边时不时地扭头关照着那一群鸡，看着不能让它们跑得太远，以免丢失。

王紫苓与赵春亮演《拾玉镯》

接下来，小生傅朋上场，开始第三个重点表演单元：相会。

王紫苓饰演的孙玉姣发现傅朋，不是抬头直接去看，那样不符合时代感。当她低头聚精会神做针线活时，先是发现地上出现一个人影子，她的眼神最先落在影子上，然后眼神循着影子往上找人，忽然发现站在面前的是一位陌生的英俊少年。那人正盯着她怔怔地看着，两人的眼神碰个正着，心"怦怦"地跳，眼睛都不错开地互相端详，好一会儿都才回过神，不好意思起来，孙玉姣一害羞，脑子走神了，钢针扎到了手，做出很痛的样子。傅朋主动打破僵局，找词儿搭讪，问这里是不是孙妈妈家，要买雄鸡，台词有来言去语。王紫苓对这里的处理，虽然是害羞，但是两人其实并不是从心里要马上离开的意思，而是内心都愿意尽量多拖延一会儿，多说几句话。时间不早，最后，傅朋找个机会念白："告辞了。"孙玉姣念白："不送。"孙玉姣急忙收拾东西回家，关上了院门。过去在这里，饰孙玉姣的演员踩跷时，傅朋打开扇子，扇一下孙的脚部，用意是要看一看孙的脚大小。旧时代人认为女人的脚自幼裹起来成三寸金莲，脚越小越美，这是一种审美的畸形。取消踩跷以后，王紫苓把这个扇脚的表演给删掉了。明白戏理的人知道这个扇脚的动作是什么用意，多少带一点"粉色"，不知戏理的人根本不明白这个动作是什么意思。孙玉姣要回家，老的演法是傅朋故意挡住院门，孙拍一下傅的肩头，再推一下傅的身子，自己趁机进门。这样的演法又与前边孙玉姣出场时的表现不一致了，孙这样动作显出轻佻，在男女授受不亲的年代，一对青年男女初次见面，怎么还会有如此大胆的肢体接触呢？王紫苓改得好：20世纪五六十年代，她在天津市文化局给天津歌舞团上课讲京剧的表演时，就讲到《拾玉镯》在这里的老演法不合理，超出了那个时代和人物所允许的行为规范。所以，后来她改成伸手指向远处一指，念白："你看，那旁有人来了！"傅朋私会女孩，本来就提心吊胆的，真以为有人，往前挪动几步，孙玉姣趁机溜进院门。可是，情窦初开的孙玉姣第一次接触到异性少年的那种亢奋情绪仍不能平息，还是很有诱惑的，男女都一样。于是，王紫苓在这里增加了一个细节表演，就是两人"扒门缝"，都想继续看一看对方是不是真的离开了。没想到，对方和自己一样，都在扒门缝窥探对方，两人再次碰了个满眼，这又一次燃烧起两人的爱恋之情，把剧情再一次推向了高潮。这个设计是她与小生演员季尚春在朝鲜演出中琢磨出来的，非常巧妙，很有戏剧性也是很有喜剧性的表演，与剧情和人物是很吻合的，很好地衬托了两位青年男女在这种特定情境中特有的心态，而且无伤大雅。

接下来第四个表演单元是反复而复杂的丢镯、拾镯的表演。

戏演到这里，王紫苓扮演的孙玉姣仍然是羞涩、矜持、含蓄、内敛的性格展现，可是在拾到玉镯回到屋里以后，她对孙玉姣这个人物内心和性格的展现就有了变化。对孙玉姣表演尺寸出现不同把持的转变，不是突如其来的，而是剧情自然的一个过渡，也是人物在戏里发展到这个阶段所必须的，这就是人物在特定环境中本性的流露。孙玉姣是个发育健康的女孩，虽然没有过男欢女爱的经历，可是一旦爱情降临，那种兴奋、好奇、向往的情绪波动都会有的，只是在别人面前不好流露。当自己独处时，那些心理活动会正常地展现出来，真实的心境释放得到了适宜的空间。于是，她把玩那心爱的玉镯，用手绢擦了又擦，看了又看，爱不释手的样子无以复加。她把玉镯戴在手腕上，故意将手腕露出玉镯，挥动手臂，甩来甩去，自我欣赏，心里甜美，得到了从未有过的心理满足，露出了女孩的本性。这些表现又不是十分过分，都在情理之中，把孙玉姣的内心世界展露无遗。

迄今，我们看到的所有演员都是在对玉镯实物进行认真的赏玩。这里，我们可以进一步细想，孙玉姣赏玩的难道真的只是一只玉镯而已吗？笔者理解不是的，她分明是在品味初次异性交往给她带来心灵上梦幻般的向往……如果演员对人物和剧情能够认识到这样的深度，并且运用适当的表演把这种更深层的情感表现出来，这一段表演的美学价值是否会又提高一步？答案应该是肯定的。

王紫苓表演"拾镯"

第五个重点表演的组合单元，是刘妈妈与孙玉姣的对手戏，即"定情"。

这一场戏表现的是刘妈妈与孙玉姣两人的心理战，是"智斗"，描画得非常细腻深刻。孙玉姣的心理活动可以说是翻江倒海卷巨澜，先是想否认，掩盖赠镯、拾镯之事，这种属于闺密的事，是不愿意暴露给别人的。因此，听到刘妈妈到来，她慌慌张张地到处掩藏玉镯。孙玉姣慌张和手足无措的神态，王紫苓表演得都很充分，也很到位。刘妈妈审孙玉姣时，孙的那种语无伦次的搪塞，频露破绽的对答，以及战战兢兢的神情，简直把孙玉姣演活了。最后实在瞒不过，在无计可施的情况下，孙玉姣只好缴械投降，照实说出实情，道出了委屈，表达出羞愧，求情饶恕。真是喜中含悲，悲中带喜，令人不由生出对这位纯朴姑娘的同情与爱怜。在亦喜亦悲之间，王紫苓辗转自然、游刃有余，成就了她的一件精品之作。

### 5.孙玉姣做什么"针线活"更合适

王紫苓的表演是很注重与实际生活相符合的,在孙玉姣究竟做的是什么活儿的问题上,她走了一番脑子。优秀的演员就是把"戏"往"细"里抠,一般普遍的演法是孙玉姣给鞋绣花。在还允许踩跷时,表演的都是绣跷鞋。她改为表演绣睡鞋,她觉得睡鞋薄而柔软,到舞台上显得秀气美观,也表示出人物爱护自己的脚。舞台上取消旦角踩跷之后,有的改为用一双大彩鞋上台,她觉得也不好看。有的演员在表演时改为绣手绢,有的演员改为用绣花绷子(用竹子条制成两个直径相近的圆圈,把布在两竹圈之间绷紧,固定住布的平面,在上面绣花)做绣花的表演。她考虑把做活设计为缝制鞋口,表演出来的动作不好看,她又改动设计为缝鞋帮儿。至今她仍觉得不满意这个表演,孙玉姣在这场表演中究竟设计成做什么活儿才更为恰当合理,还有研究商讨的余地。

## (四)《红娘》

《红娘》的故事本于《西厢记》,自金代已有董解元的《弦索西厢》,元代出现王实甫的《西厢记》。《西厢记》原以崔莺莺和张生为主角,京剧《红娘》由陈水钟《西厢记》改编,把红娘作为主要人物加以铺陈,由荀慧生主演。其他剧种亦有类此剧目,如川剧、蒲州梆子、越剧、淮剧、赣剧等仍沿用《西厢记》剧名,河北梆子剧名为《打红娘》、豫剧名为《拷红》、评剧名为《崔莺莺》等。故事以唐代贞元时期为背景,相国公崔玉病故,妻郑氏与女儿崔莺莺归乡安葬,途经河间普救寺。书生张生赴京赶考,路经河间府,寄宿普救寺,心慕崔莺莺。贼首孙飞虎率五千众围困寺庙,意掠崔小姐。崔老夫人在情急中声言有能解困者,以女许之。张生之友为蒲关镇守,遣慧明僧人送信求救。兵至,解围。老夫人悔婚,命小姐与张生以兄妹相称。小姐丫鬟红娘仗义相助,从中传书联络,小姐与张生共寝,私订终身。事为老夫人洞悉,拷问红娘。木已成舟,老夫人无奈,许履承诺,待张得第,将女嫁予张,逼张即刻登程，赴京应考。

京剧《红娘》是荀派的经典剧目，几成荀派所专有，独步菊坛。凡遵荀派艺术者无不常演此剧，抑或凡演京剧《红娘》者几乎均以荀派为楷模。《红娘》之所以被荀派唱红，是因为荀慧生先生对这个戏的加工下了大功夫，是集唱、念、做、舞于一体，唱腔多变，有【西皮快板】（如"你枉读诗书习经典"唱段）、【西皮流水】（如"我红娘将说一声请"唱段）、【西皮摇板】（如"那一日小姐停针绣"唱段）、【南梆子】（如"一封书倒作了婚姻媒证"唱段）、【反汉调"听琴吟"】（如"我小姐红晕上粉面"唱段）、【四平调】（如"看小姐做出了许多破绽"唱段）、【反四平调"佳期颂"】（"小姐呀，小姐你多风采"唱段），板腔灵活，优美动听，赏心悦目，沐浴心灵。

《红娘》剧也是王紫苓的拿手戏之一，自具风范，红遍所演各地。曾与她同台合作该剧的小生名家有姚玉刚、姚玉成、季砚农、季尚春、童遐苓、童寿苓、朱锦章等。据她回忆只在北京一地，就曾与13位小生演员合演过此剧。

王紫苓数十年悉心揣摩红娘这个人物的特点，表演形成了自己的特色。她把红娘设计成不同于普通的丫鬟，而是有身份、有思想、有作为、有胆略、有正义感的人。同时，红娘是个小姑娘，不能演成老姑娘、媒婆子，也不能演成疯疯癫癫的三八样子，而是具有单纯、正义、活泼、天真、敢说敢为的性格。她敢于冲破封建礼教，与旧的思想势力做斗争，而且讲究斗争方式方法，一心维护小姐的权益。有些人扮演红娘，把红娘演成很俗气、很妖艳，疯疯扯扯，王紫苓

王紫苓饰红娘

演的红娘不是这样子。她演的红娘对小姐、对老夫人、对张生说话，总是试探着说，这才符合红娘的身份，也才表现出红娘的聪明。红娘对小姐有同情、有鼓动、有参谋、有开导，有时也和小姐开玩笑，逗小姐。但那是逗小姐开心，因为她与小姐朝夕相处，并且两人年龄相仿，都是妙龄少女，情窦初开，互相挑逗也是情理之中的。但是，不能把红娘演成对小姐随意开涮，任意摆布。她都是试着来的，不能放肆，要不失分寸。把握准确红娘的身份和分寸，是演好红娘最关键也是最难的地方。

【反四平调】"西厢叫门"一段是荀慧生先生在20世纪30年代新设计的唱腔，陈墨香编词："……柳腰摆、露滴是牡丹开。一个半推半就惊又爱，好一似那裹王神女会阳台。不管我红娘在门儿外，这冷露湿透了我的凤头鞋。"唱完这段，在老天华景戏院前几排就坐的观众中有曹十三，是民国总统曹锟的第十三位公子，京剧迷，很尊重王紫苓的人品、戏德。他带头站起来鼓掌，叫好，认为王紫苓演的红娘不瘟、不火、不粉、不黄，演唱得太入情了。

荀派的念白很讲究，人物不同，念白的方法也有所不同。例如，唱《红娘》时，念台词时要京白带韵，红娘不是普通人家的丫鬟，是相府千金小姐的一名贴身侍女，她既有相府丫鬟的身份，又有少女的特质，要表现出她的甜美、活泼。这一点，王紫苓做到了。荀慧生先生演戏时，他的眼神运用很重要。红娘的人物塑造和表演比较复杂，有难度。荀老师告诫王紫苓："演《红娘》，一定要练好眼睛。"她听从老师的教导，从眼睛上找出"戏"来。的确，她扮演的红娘，所有应该有戏的地方，观众都有响应，很多效果是从眼睛里表现出来的。

笔者认为演员就应该这样，该让观众哭的地方，就能让观众随着演员哭，该让观众笑的地方，也一定能引导观众笑起来，做到这样，才叫演好戏了，这就是艺术的感染力。好的演员一定要通过表演产生强烈的艺术感染力，而要实现这样的艺术效果，必须演员自己先被剧情和人物打动、感染。俗谚云："演员像疯子，看戏的像傻子。"演员不入戏，不能够把剧中人物附体到自己身上，就不要奢望让看戏的观众成为演员的"俘虏"，成为"傻子"。

20世纪70年代末，著名作家莽夫给王紫苓写信，高度评价了她演的《红娘》，说王紫苓扮演的红娘无论从年龄、身份还是性格方面，都表现得不俗，不讨厌，是自然的流露，不像有些演员过于做作、夸张，游离开了红娘这个人物，表演粗俗而令人生厌。

1983年1月某日《天津日报》

有几个《红娘》的唱段，王紫苓先生唱的是蛮有感情和韵味的。根据北京出版社出版的《京剧大观》刊载的《红娘》唱词，例如，【西皮快板】："你枉读诗书习经典，岂不知非礼勿能言。崔家世代为官宦，老夫人治家最谨严。素无瓜葛非亲眷，你娶妻之事有何干。今日幸在红娘面，不然你性命就难保全。"这是红娘以教训的口吻痛斥张生的，说他不要对小姐痴心妄想，王紫苓能唱出红娘对小姐的感情，表现出红娘对小姐的忠诚与庇护，带有一种职责感。她唱这段时态度是严厉的、认真的，口气也是强硬的。

到了唱【南梆子】这段："一封书倒作了婚姻媒证，老夫人有严命去请张生。日初出春薄寒绿窗人静，待红娘在门外咳嗽一声。"以及【西皮流水】："我红娘将说一声请，他就想今日作新人。夫人命亚赛将军令，又好似君命诏不俟驾而行。我从来是心硬，今日里一见也留情。"同样是针对张生的，态度、语气都有了反转，先前那严厉、强硬没有了，变得"今日里一见也留情"，这是随着剧情的发展，红娘的认识和感情有了改变。

王紫苓在下面唱的【反汉调"听琴吟"】，表现出红娘对小姐情感之事逐步深入地了解，产生了同情和怜悯，下决心要成全小姐与张生的"好姻缘"。正如这段唱词写的那样："我小姐红晕上粉面，红娘心中这才了然。只道她守礼无邪念，款款的深情她流露在眉间。脉脉含羞在一旁立站，这样的娇态我见犹怜。罢罢罢，哪顾得受牵连，成全他们的好姻缘。"接下来她唱的两段著名唱段【四平调】和【反四平调"佳期颂"】，则是对小姐与张生结合得艰难的描述，对这一对恋人给予同情和爱护，如唱词所言："看小姐做出来许多破绽，对红娘偏用着巧语花言。本来是千金体大家风范，最可怜背人处红泪偷弹。盼佳期数不尽黄昏清旦，还有个痴情种废寝忘餐。非是我愿意儿传书递简，有情人成眷属不羡神仙。"这里，王紫苓唱得情意绵绵，感情细腻，令人心动。下边一段，"小姐呀，小姐你多风采，君瑞呀，君瑞你大雅才。风流不用千金买，月移花影玉人来。今宵勾却了相思债，一对情侣称心怀。老夫人把婚姻赖，好姻缘无情被拆开。你看小姐终日愁眉黛，那张生只病得骨瘦如柴。不管老夫人家法厉害，我红娘成就他们鱼水和谐"。先是对男女佳人的赞美，在红娘看来这是很好的一对情侣，看到他们"终成和谐"红娘深为他们高兴。另一方面又想到老夫人的从中作梗，进而对这对青年男女产生同情，并且红娘对自己帮助有情人成全美好姻缘而感到赞赏和安慰。这一段王紫苓唱起来感情是有起伏变化的，随着唱词针对不同的人，情绪、态度有所改变，有所区别，也是唱段当中的难点。

　　红娘在这出戏里最后《拷红》的重要唱段，就是【哭头】转【西皮摇板】："老夫人哪！那一日小姐停针绣，猛想起那张家哥哥病不廖。背夫人同侍妾到书斋问候，她言道老夫人你恩反成仇（哇）！当初何必无中（啊）有，一旦成空（啊）就喜变忧。叫红娘且先行小姐落后，把红娘关门外（呀）他们就好不害羞。燕侣琴俦今已就，你何须一一苦追究。他们不识忧来不识愁，一双心意就两厢投。老夫人你得放手来且放手，得罢休来你就且罢休。"王紫苓的这段唱道出了红娘的委屈，向老夫人摆明了现实，劝说老夫人要放明白，认清木已成舟的结果，表现出了红娘识大体和聪明，说话是软中带硬，最后明白地说出"老夫人你得放手来且放手，得罢休来你就且罢休"，毫不客气。这段唱难在一边唱还要一边做戏，要顾及老夫人和红娘的不平等身份，外表是悲哀和委屈，内心却是像打了一场胜仗一样，为胜利而欢心。同时还要理直气壮地说事，并不服气老夫人的管教，对老夫人未能得逞还有幸灾乐祸的情绪在里面，这一段唱的表情是复杂的，也是不容易把握准确的，而王紫苓却能剥茧抽丝，通过表情、声腔、眼神的巧妙有机结合，极其细腻地表现出来。

## （五）《打焦赞》

《打焦赞》是杨家将中关于杨排风的故事，杨排风是天波杨府中的一名侍女，在杨府内主要职责是烧火。杨排风聪明伶俐，武艺高强，性情泼辣，深受佘太君的喜爱。京剧有全部《杨排风》，是说杨宗保在清明节去郊外祭祀，被西辽名将韩昌掳去，杨延昭委派孟良回天波府搬兵。杨排风早有施展武艺报效国家的志愿，自告奋勇地要去迎战韩昌，搭救杨宗保。孟良见杨排风是烧火的小姑娘，对她不信任，百般阻止。杨排风请与孟良比武，孟良败而服输，二人同赴三关。三关上将焦赞见是小丫鬟前来迎敌，更为不服。再与杨排风比试，多个回合，焦赞同样败北，始服杨排风。杨延昭发兵大战辽军，杨排风力战韩昌，辽兵大败，杨宗保被救。

演全部的杨排风，有"五打"，即打青龙、打孟良、打焦赞、打韩昌、打耶律，杨排风不但打败了韩昌，救回了杨宗保，并且一鼓作气，继续参战，又战败辽军悍将耶律，宋军大胜。关于杨排风的剧目，早在清代《庆升平班戏目》中已有，清末至民国期间即有名伶马六儿、刘财宝、余玉琴、九阵风、朱桂芳、方连元、邱富棠、张淇林、宋德珠、阎世善、李金鸿等均工此戏。1976年，由上海电影制片厂拍摄成戏曲彩色影片《打孟良·打焦赞·打韩昌》，上海京剧院的齐淑芳饰演杨排风。有时剧名又为《演火棍》《焰火棍》等，京剧有全部《杨排风》，亦有新编本《雏凤凌空》，河北梆子剧名为《焰火棍》，川剧与湘剧剧名为《拨火棍》，豫剧为《三打》，秦腔为《红火棍》，皆本于此。京剧《打焦赞》经常与《打孟良》《打韩昌》连演，连演时多以《打焦赞》为戏核，所以，也常有单演《打焦赞》的。尚小云先生在旦行演员中的武功是首屈一指的，演"五打"对工，自然得心应手，自成一派，久享盛誉。

### 1. 王紫苓《打焦赞》的师承

王紫苓演的《打焦赞》，是在1950年由王元禧先生给她说的，后经尚小云先生亲自点拨，结合她个人的领会与舞台实践，形成了她自己的演出风格。王紫苓在1950年与王元禧同台，元禧先生看她的戏演得挺好，基础扎实，文武都有，愿意帮她丰富剧目，于是给她说了这出戏。根据王紫苓的技术特长，元禧先生按照花旦而不是武旦的路子给她说的这出戏，很对王紫苓的工。《打焦赞》里的杨排风本来归武旦应工，但也可由有些武功基础的花旦演员来演，不像正工武旦那样有比较高难的武打技巧，没有"过包""前桥"之类的表演，而是以做戏为主，剧情很有生活气息，气氛轻松活泼，属于轻喜剧，演来热闹，富有情趣。应该说两个戏路是各有千秋、不分伯仲的。《打焦赞》是王紫苓常演的剧目，也是她擅演的剧目之一，她很喜欢这出戏，只要遇到能摔、能打、能咋呼（会做戏）的花脸演员，她都会拿出这个戏来演。

王紫苓见到尚小云师父，让师父给她说说这个戏。尚先生说，"你走走（让她表演一下出来），我给看看。"尚先生看完之后很高兴，说"戏路很正"，问紫苓这出戏是谁给说的？紫苓回答是王元禧，尚先生很满意，说挺规矩的，没问题。接着给王紫苓主要讲了四点。

（1）把握准杨排风的人物身份与行当特点。杨排风武艺很高强，佘太君很喜欢她，在武艺上还得到过佘太君的亲自传授。在表演中，杨排风穿的是战袄、战

王紫苓青年时代演《杨排风》

裙，不穿大靠，就像武生穿箭衣一样，都属于短打。但是，短打很难，难在手、眼、身、法、步、上下身都在明处，毫无遮挡，所以对演员要求得更严格。上下身必须要"和"，不能出胯、塌腰，一定要身子挺拔，要表现出杨排风的刚烈性格和高超身手，要表现得有力度。

（2）表演时，杨排风走起来要飘、要帅、要快、要像一阵风似的，演员的功夫要练到这种程度才行，因为短打的戏，看的就是干净利落，就是个飘，就是个帅劲儿。不管你走出什么东西，都要看起来不拖泥带水，要迅疾敏捷，要精神、好看。虽然说是短打，可是最起码身上还有条大"腰巾"子（由素色或绣花的单幅绸料制成长八尺的巾子，偏侧束于旦角的腰间，作为服饰的辅助性附件）、有"线帘子"（又称线尾子、辫帘子、黑丝线，缀于脑后及足踝部），当做翻身等动作时，如果功夫不到家，也会把身体缠住、裹上，弄乱的，这些都要注意到。

（3）关于台步，脚底下的功夫十分重要，要灵活多变，要跑出花样来。舞台步也要根据人物的性格、所处的情境和剧情而发生变化，走出的台步要变化多端，灵活运用，台步对于表现人物和剧情也是很重要的表现手段。功夫练到家了，脚下的千变万化自然就出来了。

（4）要搞清楚杨排风为什么要打焦赞，这种打是什么性质的打。孟良、焦赞都是三关上将，是统领千军万马的大将军，在武艺上怎么能信服一个烧火的小丫头会有多么高的本事呢？杨排风要上战场，要为国立功，为杨家出力，就要先过这两位将军的把关，让他们了解自己，让他们领教到自己的本事才行。所以，杨排风打孟良、打焦赞，一是为了显示一下自己的本领，让将军们了解自己，二是要教训一下这两位以貌取人、目中无人、自高自大的将军，让他们知道山外有山、人外有人的道理。这种打不同于和敌人作战，看是杨排风与焦赞在噼里啪啦地打"十八棍"，可是要打出双方的心情来，打出"戏"来。杨排风在打时，把梢子棍要高高举起，却要轻轻落下，点到而已，不能伤着将军。

### 2. "五打"性质各不同

笔者认为尚小云先生讲到的第四点很关键，也很必要，因为把握准这一点，就找准了如何演好这出戏的定准星和钥匙。杨排风有"五打"，这五次打的对象不同，性质不同，所以打出来的情绪、状态不能一样，可以说是截然不同的。《打青龙》是杨排风受骗去打青龙妖，那应该是尽力拼杀，毫不含糊，你死我活的，后来青龙变成青龙棍成为她得心应手的武器。杨排风打孟良与打焦赞的性质是相同的，是自己人之间带有游戏性质的打，一方面只是想显示一下自己的本领，好让将军们了解自己，达到批准自己上前线参战的目的。另一方面是要教训一下目中无人、轻视自己的将军，这样的打是善意的打。因此，要打出情致来、打出乐趣来、打出道理来、打出让对方信服和认可自己武艺水平的效果来，仅此而已。后边的打韩昌、打耶律与前边的打孟良、打焦赞性质完全不同，是敌我之间的战斗、斗争，是要达到消灭对方的目的。因此，打韩昌、打耶律时是态度严肃的，是决一死战的，下手要狠，战斗要顽强，要以雷霆万钧之势压倒敌人。所以，不同场合的打，杨排风要有变化，要前后判若两人，才合乎剧情戏理，也才能演对了人物。

尚小云先生的点睛之笔，给了王紫苓很大的启发，提出了更高的要求，起到了引领方向的作用。得到尚老师的指教之后，她反复琢磨领会，对自己的演出重新进行反思，不断加以修改完善，表演有了进一步的提高。如何更好地演出对焦赞善意的"假打"，她意识到可以运用眼神来表现人物的心理活动。眼神的运用是王紫苓演戏的绝活儿，能把不同人物在各种情境中的心理状态、活动、变化表现出来。打焦赞的头三番，即打膀子、打脑袋、打脚，王紫苓把这些有层次地表现出来了。焦赞要打杨排风的头，她表现杨排风对此早有预料，故意露个破绽给焦赞，让焦赞以为真的打到了杨排风的头，因而自鸣得意、趾高气扬，杨排风这时假装被打中，捂着头，装出很疼痛的样子，埋怨说："你打着我脑袋了！"然后偷着瞟了瞟焦赞那得意的样子，却对台下说："他呀，没打着我！"这时她的一双眼神是小姑娘顽皮而机灵的神态，显露的潜台词是："我呀，是骗他的！"在每一处的表演中，她都有多种眼神的运用，用眼睛来说话，来表达心理活动，来宣泄情绪给观众。这头三番都是杨排风假装被打着，故意露破绽，采取的是欲擒故纵的策略，让你焦赞先得意一时，放纵焦赞的高傲狂妄情绪。杨排风让过焦赞三招之后，就改防为攻了，她找准焦赞的一个破绽，一棍扫过去，只听焦赞

求知好学的王紫苓

"啊"的一声吼叫,随声音摔出去一个"抢背",这一棍子打个正着。焦赞这才领教到第一棍,但还是不服,继续较量。打着打着杨排风又是一棍过去,焦赞发出"哎呀"的一声咆哮,又把焦赞打闷了。这还不算完,既打就要把焦赞打得服服帖帖,才能让他识得庐山真面目,也才能起到教训的作用。

通过不断演出中对这出戏的磨炼和研究,王紫苓逐渐加深了对《打焦赞》的认识。这是一出文武兼备、很有教育意义的精彩好戏,表演上,它是有念白、有做戏、有舞蹈、有搞笑,情趣盎然的戏,演员是很有做戏的发挥空间的。她也深深体会到,前辈大师的指点非常重要,话虽然不多,却可以开启学生的心智和思路。有悟性的演员,可以从老师的引导中领会到要点,进而举反三,自我开发出创作的潜力,发挥自己的特长。演出几次之后,由于她的这出戏深受观众的欢迎和同事们的称赞,她再把剧目的容量扩大,加上了打韩昌、打耶律,戏幅大了,发挥表演的空间广阔了,使戏更好看了。

### 3. 向宋德珠学戏

"五打"连起来演,使这出戏更为完整、热闹,在不断的丰富中,其艺术性、可观赏性大为提高。约在1953年,王紫苓在北京华北戏院与著名文武老生李金声组成燕声剧团演出,有"四小名旦"之一头衔的刀马旦、武旦名家宋德珠对王紫苓有所耳闻,经常来看王紫苓的戏。梨园界中人大多有一种好的传统,对于好的演员是惺惺相惜的,这不仅是为了见到好的演员要互相学习、取长补短,而且是由衷的佩服和敬重,因为他们知道演员能取得好声誉,练出真本事,该有多么的不容易。看过王紫苓的演出,宋先生对人说:"唱花旦的能像她脚底下这么利落,表演又如此真实感人的，为数不多，多少人里才能出来一个。"宋先生也是个爱惜人才的人，很想给王紫苓说说戏，帮她再有所提高。可是当时王紫苓的演出非常繁忙，她一天演早晚两场戏，既没有时间也没有精力去学戏。另外，那时她正年轻走红，到了北京后红极一时，心气儿正盛，有人特别是年龄相差不太多的人要给她指点、说戏，她还真有些心里不服气。

宋先生有空还是来看戏，有兴致的时候，还亲自给王紫苓打鼓。可是他打鼓的尺寸总是比别人快，王紫苓很不高兴，心里想："你这不是来给我捣乱嘛，故意赶路我！"事后王紫苓明白了，宋先生是用锣鼓点故意催她，因为宋先生认为既然她有脚底下的功夫，就应该把要走的东西使得快一些，好让台底下的观众随着她的表演振奋起来、活跃起来，这样剧场的效果才能更加火爆起来。这就是演员的经验问题，提高到戏曲理论来讲，是个节奏的把握问题。有一次，王紫苓在台上与饰演焦赞的演员对戏，这时候宋先生也在剧场里，他走来走去的好像有什么心事。其实他看到了问题，是在犹豫说出来好还是不说为好，有能耐不说给人家也是憋得难受。忽然，宋先生用双手一按台边，"嗖"地上了台，身子那个利落轻捷劲儿出乎王紫苓的意料。宋先生说："你呀，不要以为自己脚底下利落就跑来跑去的，这样太费步子了。你还要将更多的气力用在以后，后边还有好多的戏要演，在前边气力全使光了，到后边的戏怎么演？唱戏是要有技巧的，力要匀开来使，可以不用那么大气力的地方就不用，演出如果处处用力，到该用力的地方就没有气力了。有的地方要使力，有的地方就不必太使力。我给你走一个，你看看，一步、两步、三步，就回来了，很简单。"王紫苓在一旁看着，仍然是心服口不服，年轻人太爱面子了。其实她心里已经很佩服宋德珠的示范动作，心想：难怪人家是"四小名旦"，能创出宋派来，就是不一样！可是嘴里还是辩驳说："你们是男的，步子那么大，我们走不出来。"宋先生说："是呀，我知道，你走的碎步是好看，但是这地方可以不走小碎步。后边到打韩昌、打耶律，有你施展的时候。打焦赞，要打出人物来，打出剧情来，打出帅劲儿，就行啦！再有，杨排风的身姿要挺拔是可以的，但是光挺拔就不行，还要分清也有用腰的地方。她毕竟是女孩子，只是刚烈还不够，有时还要表现出一些柔劲儿，要有些媚劲儿，要有些妖娆婀娜的身姿，要注意腰、腿、胯的部位怎么使好看。"他说完，又给走了几下，王紫苓心里惊叹："好漂亮呀！"这时她才心悦诚服，大师就是大师，名不虚传，不服不行。从此，她领会到了宋派艺术的精妙，萌生了要向宋先生学习的想法。她回到住处，一边回忆宋先生的表演，一边模仿动作，她下决心要把宋派的东西化用到自己今后的表演中去。

起初，宋先生主动要给王紫苓说戏，王紫苓当时不以为然，不跟宋先生学，虽然在北京时她是"近水楼台"，却失去"先得月"的机会。后来，王紫苓进了天津市京剧团才意识到自己前进的路还很长，要向所有好的艺术家学习，提高自己的艺术水平，于是回过头来又主动找宋德珠学戏。俗话讲"一赶三不买；一赶三不卖"，该宋先生故意拿她一把了。这时正是国家经济困难的"渡荒"年代，喝的酒定量供应，很难搞到。宋先生向她提出要喝酒，王紫苓只好找团里的同事帮忙，到酒厂买些酒来送给宋先生。其实，宋先生是在故意逗她。那时宋先生在天津住国民饭店，与王紫苓所在的天津市京剧团驻地中国大戏院隔着马路斜对着，是紧邻，她把宋先生请到戏院，宋先生详详细细地把宋派拿手戏《扈家庄》教给了她。所以，她的《扈家庄》是从宋德珠先生那里一招一式得到的。此外，宋先生还向她介绍了宋派的一些表演特点。

宋德珠先生给王紫苓说宋派戏

后来她在排演《佘赛花》时，终于有机会将不少宋派的东西糅进该剧中，取得了很好的艺术效果。经过向宋德珠学戏的事，她体会到两点：一是演员要虚心好学才能丰富自己的技艺，提高表演水平，老师、同行、戏友，无论谁提出意见，都要认真对待；二是对别人好的东西不能死学、照搬，一定要通过自己的头脑领会、研究、变化，运用到合适的地方。照搬人家的东西到自己的戏里，其结果只能是成了自己戏中的一块补丁，作品必然是风格不统一、不完美的。一定要在消化了别人的东西之后，挖掘自己的潜能，创作出一些新的东西，在神韵上、劲头儿上都有所变化，成为自己的东西，这才是创造，才能使京剧不断地向前发展。她至今念念不忘宋德珠先生对她在艺术上的指导和帮助。这是王紫苓很宝贵的实践总结，是她的经验之谈，对于后学者会是重要的启迪。她就是不断地这样做，才在表演艺术上取得了令人瞩目和羡慕的成就。

### 4.《杨排风》接演《三岔口》

王紫苓演出的全部《杨排风》还有一个特点，是她的独家风格，那就是在《杨排风》最后加演反串的《三岔口》，她饰武生应工的任堂惠，而让武生演员饰武丑应工的刘利华。她这样的演法是受到了恩师荀慧生先生的启发。荀先生曾对她说："我年轻的时候，就反串演过《白水滩》《三岔口》，你的武功基础好，有条件，今后不妨也可以试着这样演。"这既然是荀老师的一个演戏传统，作为荀派传人，王紫苓觉得也应该继承这个传统。这让笔者联想到荀令言在其一篇《赞大师姐王紫苓》的文章中，引用过他的母亲对王紫苓的回忆："每当学唱时，总不忘把腿'压'上，她文学戏、武练功，文武开工，从不懈怠，平时点滴时间都在抓紧积累，才有她今天的火候。家母感叹道，能把荀派戏唱得又好又全，当数大师姐。"还说："同样都是荀派弟子，别人能演的戏，王紫苓也能演，王紫苓能演的戏，别人就不一定能演了。"的确，荀门弟子可以演《红娘》《红楼二尤》《杜十娘》《玉堂春》《花田错》《霍小玉》《勘玉钏》之类的戏，可是像《十三妹》《大英杰烈》《辛安驿》《棋盘山》《荀灌娘》《杨排风》之类有文有武的戏，凡是荀门弟子就不一定都能拿得起来，这恰恰是王紫苓的擅长之处。可能只有赵燕侠、王紫苓等为数极少的荀门弟子能继承荀派连文带武的剧目。

20世纪50年代，李小春在北京看了她演的《三岔口》之后，到后台找到王紫苓，说她的条件完全可以按他父亲李万春先生的武生路子去演，不然她的技术条件就可惜了。王紫苓说不会，李小春自告奋勇要教给她"李派"《三岔口》的演法。说了【导板】【流水】的唱，"走边"的表演，介绍了开打的套路，讲了武生身段、亮相的特点，以及武生的气度、劲头儿、精神劲儿。俗语讲"隔行如隔山"，说了几次，练了几回，一时半会儿要全按武生的一招一式去演，还是有难度的，于是掐了些东西，保留了李派大概的路子，后来王紫苓再演《三岔口》，就真的基本是按李万春的路子演。有了这次"取经"成果，以后王紫苓只要演全部的《杨排风》，后边就准带反串《三岔口》，演得很火。直到1957年她加入天津市京剧团之后，因为剧团里正式顶武生的演员很多，而且武生人才是个顶个的好，任堂惠还是由武生来演更合适，后来经常由李少楼饰演，王紫苓就只演杨排风了。

## （六）《柜中缘》

### 1. 剧目概述

剧名同为《柜中缘》的戏在京剧界有两个，或者说京剧里有两出戏都叫《柜中缘》，但它们是两个截然不同的剧目。一个是讲宋代的故事：岳飞被秦桧迫害致死后，岳飞次子岳雷保护母亲出逃，遭官兵追杀，母子被冲散。岳雷单人途经农家女刘玉莲家门时，官兵追捕甚紧，无处藏身，情急中只得闯入刘家，说明身世和遭难之情，请求暂避一时。刘玉莲母亲和兄长刘春同去舅舅家串亲，家中只有玉莲一人，初不允，后听门外追杀声紧迫，为搭救忠臣之后，将岳雷藏入柜中。追捕的官差闯进刘家，玉莲千方百计阻止官兵的搜查，岳雷脱险。岳雷正要谢恩告别，此时刘母和刘春归家，突然撞见男子被藏家中，误解玉莲不持操守，玉莲遭到母亲和兄长的误解和怒斥。经岳雷和刘玉莲的再三申诉，误会解开，刘母做主，收留岳雷，并将女儿刘玉莲许配给岳雷。

另一出也是名为《柜中缘》的戏，其实是《梅玉配》的别称。讲的是明代书生徐廷梅与大家闺秀苏玉莲经过曲折的变故，最终结为夫妻的故事，取剧中男女主人公名字中各一字"梅"和"玉"相配成为剧名《梅玉配》。现在普遍将《柜中缘》剧名专指前者的宋代岳雷与刘玉莲之事，不再代称《梅玉配》了。两剧中的岳雷和徐廷梅都以小生应工，而《柜中缘》中的刘玉莲是以花旦行当应工，《梅玉配》中的苏玉莲则是以青衣行当应工。

王紫苓与黄荣俊合演《柜中缘》

我们这里所谈的是前一种《柜中缘》，即讲宋代刘玉莲和岳雷偶遇成婚的故事，这也是王紫苓最常演出的代表作之一。

《柜中缘》是一出篇幅不大的小戏，也是一出典型的"三小"的戏，剧中的刘玉莲之母和刘玉莲之兄刘春（昵称淘气儿）都由丑行应工。据《京剧剧目词典》记载，该剧是吴素秋在1956年根据河北梆子的同名剧改编的，同年演于北京，后被选为北京市戏曲学校教材。1959年或是1960年，天津市京剧团有人从北京带回来这戏的剧本，交给王紫苓和詹世辅二人负责选演员、编唱腔、设计表演、排练演出。有资料披露，京剧《柜中缘》是从川剧同名剧移植改编过来的。20世纪50年代，四川川剧院到天津演出，带来了《柜中缘》，王紫苓还亲临剧场观摩，并与主演这个戏的川剧名家许倩云交流。因此，说京剧《柜中缘》是1956年吴素秋移植自河北梆子的说法是否确切，或可商榷。

王紫苓没有见过京剧这出戏的演出，詹世辅曾经看过吴素秋的演出，知道大致的轮廓，便开始准备，唱、念、做则完全需要她去编排设计。

### 2. 行当同而人各异

刘玉莲是《柜中缘》戏中的第一主角，这出戏可以作为花旦演员的开蒙戏，戏虽然不大，可是唱、念、做很需吃功夫，表演繁复，要演出精彩来并非轻而易举。王紫苓所演的《柜中缘》与她演的《拾玉镯》一样，都是最受观众欢迎和喜爱的闺门旦的剧目。王紫苓之所以能把这两出戏演得如此红火，与她个人的性格、气质有直接的因果关系。王紫苓的表演风格最适合扮演像《柜中缘》中的刘玉莲、《拾玉镯》中的孙玉姣、《金玉奴》中的玉奴、《勘玉钏》(《诓妻嫁妹》)中的玉姐等这样未嫁少女的人物。这种妙龄少女十几岁，平日大门不出二门不迈，是没见过大世面的小家碧玉，但是她们人性单纯、生就天真，有正义感，心地善良。王紫苓最善于塑造这一类人物的舞台艺术形象。她的天赋和条件与这些人物很贴合，有很多共通之处，并且她又很喜欢这样的人物，而荀派艺术也恰恰擅长表现这一类人物，很多荀派代表剧目都是表现这类人物的。所以，把这一类人物表现好，是学习荀派的演员必修的功课，也是衡量荀派演员艺术功底如何的一个重要方面。

虽然《拾玉镯》中的孙玉姣和《柜中缘》中的刘玉莲同属闺门旦应工，行当相同，角色在年龄、身份、性格等方面有些近似，却不是同样的人，在大部分性格方面是有差异的，绝不能把这两个人物演成雷同，如果雷同，表演就失败了。

我们来分析一下刘玉莲的人物特征，把她与孙玉姣做一下对比。

（1）刘玉莲在家里是宠儿，这一点与孙玉姣有本质的不同，这是两者性格形成极大反差的主要客观原因。

（2）刘玉莲家境小康，衣食无忧，家里还有一个兄长，名唤刘春，昵称淘气儿，有些智力障碍，兄妹相比，刘玉莲占优势，深得母亲宠爱，被视为掌上明珠。因为有个兄长，所以家里的重体力活不需要她来干，全由哥哥去承担。而孙玉姣孤单一人，母亲经常出去念佛经，家里养鸡等杂务都落在孙玉姣的身上，孙参加劳动多，玉莲劳动少，娇生惯养，这方面两人也大有不同。

（3）刘春和玉莲兄妹之间既互相爱护，又时常闹出矛盾，每当这时刘玉莲显出很委屈，淘气儿就成了"撒气筒"，被母亲狠狠训斥甚至是责打，淘气儿受了委屈，玉莲暗自得意。其实，玉莲有时是故意捉弄哥哥的，满足个人占了便宜、得了势的心理。这在一方面也显示出玉莲是具有娇气和任性的，她这些性格特性的形成，从家庭环境找因素，是可以解释通的。

（4）一家三口人，相安无事，日子过得也还顺心如意，为良善之家。

王紫苓在《柜中缘》中表演做针线活

（5）刘玉莲没有孙玉姣那样的"春愁情怨"，心情比孙玉姣显得欢畅，活泼机灵，无忧无虑，而且敢做敢为，性格爽朗，说话干脆，办事果断，在她身上散发着喜悦、欢快、阳光的气息。孙玉姣是胆小怕事、性格绵柔、含蓄内向，又有些孤单的女孩子，这与刘玉莲有很大的不同。

### 3. 表演

（1）学习借鉴：王紫苓在塑造这一类清纯少女方面，是受到电影明星周璇很大影响的。她说："周璇演的电影《天涯歌女》中的女主角太纯了，影片中不是周璇，她就是片中的少女！"她是周璇的影迷，多次观看《天涯歌女》和周璇演的其他片子，十分欣赏周璇塑造的少女形象，这也许与王紫苓从事的演剧职业有直接的关联。她学习周璇在影片中展现的少女神韵、气质和魂魄。你看影片中周璇所饰演的少女那拧手指的动作，王紫苓就领会到人物此时矛盾的心理活动，往往是人物处于思想剧烈斗争、心里愤愤不平却又无奈的处境中；有时影片中周璇所饰演的少女做出编辫子的动作，王紫苓就领会到人物虽然表面上含而不露，表情纯真质朴，为了生活，面对阔佬不得不唱歌换钱，内心却极度地不满。其实，王紫苓何止向周璇学习，她还向川剧艺术家许倩云虚心学习了这出戏的表演,去后台拜访,看人家如何化装,到台下去观赏表演,那种甜美、娇气、憨态、与母亲面前撒娇、在哥哥面前耍赖皮,以及天真活泼、善良的性格,被她尽收眼底。王紫苓在艺术上是一位十足的"拿来主义"者。

(2)刘玉莲的上场:刘玉莲一上台,王紫苓就亮出了人物那天真、活泼、伶俐、朴实的本真风貌。刘玉莲的上场是被刘母召唤出场的,剧本规定的是刘玉莲在后台"搭架子":"来啦!"然后登场。她觉得上场时通常使用的"小五锣"不足以显示出人物的性格,为了充分展示出刘玉莲的性格,她在后台模拟人在很远的地方,大声回答:"哎,来喽!""哎"字开始就声音很大,"来喽"二字用同样的音量,拉长音回答,这就与现场产生了距离感。接着,她加上"甩辫子"的表演动作,脚底下踩着"嗒嗒嗒 噔噔"的锣鼓点,走S形轨迹的台步,用辫子一打腿、一拧身,脖子一梗,然后甩辫子、转身,喊一声"妈!"三望三喊,最后一声高喊:"妈!您在哪儿哪?"刘母答:"我在这儿啦!"刘玉莲:"哎,妈在这儿哪!"一边说,一边走小碎步,带小跳步去接近刘母。您看,一个聪明伶俐、活泼好动、天真烂漫的小姑娘跃然眼前,大放异彩,让人赏心悦目。

(3)纳鞋底儿的表演:通过两个人物性格特征的比较,我们就很容易理解王紫苓在塑造刘玉莲和孙玉姣的舞台形象时,采取截然不同的艺术处理的依据在哪里了。她的表演形象、生动、细致入微,富有生活气息,很真实,尤其善于表现少女的心理活动,那种羞怯之态,惟妙惟肖。有惊、有喜,有怒、有娇,有怨、有委屈,有善良、有情义,这些都随着剧情的发展,有层次地表现出来……

刘玉莲也有做针线活的剧情,但是,刘玉莲与孙玉姣做针线活有所不同。

孙玉姣做的是在鞋帮上绣花,是细致活儿,而刘玉莲做的是纳鞋底子,是粗糙的活儿,需要用力气的活儿。《拾玉镯》里玉姣做活和这场戏同样是无实物的虚拟表演,针、线、鞋帮子这些东西都没有,全凭演员把它们表现出来。王紫苓根据玉莲所做的纳鞋底子这种活儿的特点,她是一边做活儿,一边唱《小放牛》的曲子:"三月里来桃花开呀,杏花开呀，月季花儿开……"往鞋底子里扎针锥子，再往锥子扎出的孔眼里纫针，最后用力拉线绳，这是纳鞋底子的一套工序，她的每个动作都与曲调的节奏有对应的合拍，调子高的地方正好是做活儿需要用力的地方。这场戏的表演如果没有在生活中缝制过鞋底子的实际体验，是演不出来这种效果的。单股的线是不能缝鞋底子的，要多根线合为一股，因而有搓绳合股的表演。鞋底子由多层布夹子摞在一起，每一层布夹子又是由好几层布用糨糊粘在一起形成一厚层的，一般鞋底子要有十来层布厚，普通的钢针是扎不进鞋底子里去的，要用一把比普通钢针又长又粗的锥子针扎鞋底子，先扎出一个孔眼，然后再往里穿针，针带着线绳拉过去。这样正反两面来回反复顺排穿插，把多层布缝合在一起。王紫苓在这段表演中，动作适当夸大了一些，产生幽默风趣的艺术效果，既真实，又生活化，还有戏剧性。往鞋底子里扎锥子时，因为鞋底子太厚，又有几层糨糊，鞋底很硬，针锥只扎一下，是扎不进去的，必须用手握紧针锥一边来回旋拧针锥一边使劲往里推，才能将针锥穿透鞋底子，扎出针孔。往外拔针锥也不是很容易的，同样要费劲地连旋带转往外拔。这些生活中的实际操作，我们在王紫苓的表演中都能够一一观察到，与现实生活所不同的，她是艺术化的舞台表演。这一系列的表演对于今天和今后的年轻演员，由于没有做过缝制鞋底子的生活经验，可能会成为表演的难题。

（4）刘妈出来，要去舅舅家商量给玉莲找婆家的事，让玉莲去招呼哥哥淘气儿准备骑的驴。王紫苓扮演的玉莲走出门，先四处张望几下，然后向出场门的方向仔细远望，看见哥哥了，右手举到嘴边，稍往前探身，似乎在使劲拉长音高呼："哥哥！"王紫苓的这声呼喊比她之前的话白声音要大许多，这样就让观众感觉到她哥哥距离她很远，她凭借控制声音的高低制造出距离感，非常巧妙。台帘内刘春"搭架子"："哎！"玉莲："妈找你备驴啦！"声音还保持那样的大。在刘春登台出来时，玉莲回到母亲跟前，做母女亲昵的样子，玉莲发现母亲的头上有根白头发，给妈妈揪这根白头发，母亲欣赏地观望女儿。这些表演的设计该有多细致，这不就是生活嘛，似表演非表演，让人赞叹不已。

《柜中缘》：左起赵春亮、王紫苓、张学增、黄荣俊

（5）刘母上驴还有一段可看的戏，刘母嘱咐玉莲好好看家，玉莲不好意思地支支吾吾，是叮嘱妈妈让舅舅给她找个好人家，母女逗了一下，刘母下场。刘春要妹妹进屋关好门，兄妹又逗起来了，玉莲不服哥哥的管教，就是不进屋，刘春向妹妹逼近一步，玉莲故意反抗大声说"不进！"一边横错一步，刘春再进一步，玉莲再说一次"不进！"同时再错一步，反复几次，最后刘春对玉莲没有办法，爱回不回，在刘母多次的催促下，只好去追赶母亲。王紫苓与饰演刘春的丑角名家赵春亮的这一段双人表演配合得天衣无缝，超常发挥，谐趣盎然，生活气息极为浓厚，给人留下了几十年后仍然不可磨灭的印象。

（6）在下一场戏，也是本剧的戏剧冲突达到高潮之前，还有一小场戏，刘春受母亲之命，突然回家拿东西，而要的东西就在藏人的柜子里。淘气儿要开柜子取东西，玉莲说什么也不让开柜子，坐在柜子上阻拦，弄得刘春莫名其妙，对妹妹无可奈何。这一场戏的表演难度也大，要有些泼辣旦的东西，要蛮横不讲理、胡搅蛮缠地"闹"，越"闹"越有"戏"，演员如果不够成熟，就"闹"不起来，或是"闹"得不真实。这段表演很有戏剧性和可观赏性。

（7）戏剧冲突的高潮终于来了：刘母在半路上久等儿子不回来，只好回家看一看，不放心是不是刘春在家欺负妹妹了，偏心。刘春最终打开了柜子，原来有个大活人藏在柜子里！玉莲藏起岳雷的事实暴露了，揭穿了，这时的玉莲可是有理难辩，跳进黄河也洗不清。刘春被吓得倒在了地上，刘母被气得晕了过去。喜剧瞬时变成了悲剧。玉莲哭诉前情后果，岳雷在旁诚恳告白，再三替玉莲申冤。刘母知道实情后，原谅和安抚了女儿，并将女儿许配给岳雷。瞬时悲剧又峰回路转成喜剧，这就是戏剧。更富戏剧性和喜剧性的是，戏演到此并不打住，玉莲得理不饶人，在母亲面前撒娇，没完没了地表现得百般的委屈，弄得母亲还要再三再四地求她。最后，玉莲又找哥哥倒霉蛋做垫背的，说哥哥欺负她，刘母打儿子，刘春再次受一顿冤枉打，让人啼笑皆非，台上台下一片欢笑。剧编得好，戏演得更好，演员在剧本之外肯定做了大量的创作活动。

### （七）《红楼二尤》

《红楼二尤》是陈墨香先生根据经典名著《红楼梦》第60—69回改编的剧，荀慧生先生首演，后在长期的演出中不断修改加工。全部《红楼二尤》是关于尤三姐和尤二姐的故事，前半部主要表现尤三姐殉情而死，后半部专写尤二姐遭害而亡。另有《尤三姐》剧，又名《鸳鸯剑》，经常作为折子戏单演。

全剧剧情表现尤氏庶母带领两个女儿投奔宁国府中，贾琏背着妻子王熙凤纳尤二姐为妾，置于府外另宅。尤三姐早已有了意中人柳湘莲，柳以家传鸳鸯剑作为定情物相赠。纨绔子弟贾珍、贾琏觊觎尤三姐，某日二人到尤三姐闺房欲行调戏，被尤三姐痛斥、奚落，赶出屋门。柳听信风闻谣传，误认为尤三姐不贞，决悔婚约。尤三姐申辩，好言相劝，无果，为表忠贞清白，以鸳鸯剑自刎。柳悔恨不已，出家为僧。王熙凤将尤二姐诓至自己府中，百般折磨。尤二姐生下一子，王熙凤先害死婴儿，再毒死尤二姐，尤氏姐妹被贾府"吞吃"，双双命丧黄泉。

荀派演全这个戏时一人双出，前饰尤三姐、后饰尤二姐为本剧表演特色。尤二姐和尤三姐是性格完全不同的两个人，关键是要演出剧中这两个人物舞台艺术形象的反差来。同一位演员在前半部戏中以花旦行当饰演尤三姐，而在后半部戏中以青衣或说花衫行当饰演尤二姐。两个角色由一人担，而且人物性格截然不同，这是荀派《红楼二尤》表演艺术的观赏点和卖点。1978年，王紫苓从下放的农村回到天津京剧团恢复工作以后，王紫苓充满信心和期望，憋着一股劲要找回失去的宝贵年华。她开始练功，每天到公园活动身体，走身段，喊嗓儿，练刀枪把子。她计划先从恢复演出小戏开始，如《打焦赞》《柜中缘》《拾玉镯》等，陆续排演《红娘》《红楼二尤》《弓砚缘》等大型剧目。剧团领导认为排《弓砚缘》当时有些困难，于是发动相关的老演员先一起回忆《红楼二尤》。

王紫苓下功夫研究和创作的重点放在了如何演好尤三姐上，这是她花旦行的本工戏，下边着重介绍她对尤三姐角色的把握和表演。

《红楼二尤》中王紫苓（左）饰尤三姐，董良彦饰尤母

尤三姐的性格与尤二姐刚好相反，尤三姐烈性，有主见，敢于同恶势力抗争，也敢于追求自己的爱情，甚至为此殉身，是个敢爱敢恨、有血性烈性的女子。王紫苓对尤三姐的人物塑造，我们可以从以下几方面加以赏析品评。

### 1. 如何把握尤三姐对生活环境、自身处境的心理和表现

王紫苓根据《红楼梦》原著,认为尤三姐跟随母亲和姐姐到贾府,是迫于无奈去投亲,过的是寄人篱下的生活。一方面,尤三姐出生在经济并不优裕的家境,而且为人正直、刚毅、率真、单纯,看不惯荣、宁二府纸醉金迷的生活,与这一帮人相处很不适应,从心里不愿意留在贾府生活,恨不能早一天离开这样的生活环境。从尤三姐一出场的一段【四平调】的唱就表现出来了:"替人家守门户百无聊赖,整日里坐香闺愁上心来。"另一方面,这时的尤三姐正是芳龄待嫁的少女,因而难免有情窦初开的萌动之念。所以,前边王紫苓表现出不高兴、懒散的不悦情绪和表情,后边则唱出了少女藏在心底的私密:"那一日看戏文把人恋爱,你看他雄赳赳一表人才。回家来惹得我春云暧𬱖,女儿家心腹事不能够解开。也只好按心情机缘等待,不如你聪明人遇事和谐。"她唱这段时前边的愁烦心绪转而表现出有了些好心情,一种向往、甜蜜、羞涩的少女独有的情感波动被表现了出来,这里无论是在唱腔的处理还是表情的把握上都不好拿捏,需要唱情和表演的深厚功力。

荀慧生先生在给王紫苓说戏时讲过:尤三姐上场不能演出来是笑眯眯的样子,特别忌讳搔首弄姿的。演员在台上不能自我表现,让观众看"我的扮相美不美,我的身段怎么样"。荀先生要她一定多看剧本,深刻领会剧中人物的身份、性格、所处环境、戏情戏理,从而找出塑造这个人物的"点"。通过反复读剧本,她悟出了对尤三姐的认识,找出了表演的"点"。尤三姐清高脱俗,厌烦吃喝玩乐、穿金戴银的生活。她从宴会躲出来到花园,所以她上场时脚步走得快,在锣鼓"嗒嗒嗒嗒依哒哒"声的伴奏下,从上场门直奔下场门,"我厌烦繁华暂躲避……"锣鼓"嘚另嘚另嘚依另嘚",趋前迈两步,回头看上场门的方向,看一看有没有人发现她出来,有没有人跟随,发现没人,再唱"且往这花园内寻觅清闲"。面部表情既有少女的容颜之美,也带有些许的烦躁情绪,略带锁眉。这就把一个出污泥而不染的尤三姐表现出来了。如果是高兴地出来,人物本性就刚好相反。这样,使后来发生的尤三姐的一切事件有了合乎逻辑的铺垫和注解。

尤三姐唱的【四平调】，内容虽然是表现尤三姐看完柳湘莲演戏之后心仪柳郎，作为少女不免有些情牵梦绕，有人便因此理解为这一场是尤三姐"思春"，于是上场出来时身子扭来扭去，使出伸懒腰的身段。这就把尤三姐的人性本质给扭曲了。尤三姐的亲戚中多属贵族，然而她家境贫寒，洁身自爱，对爱情的感触是含蓄的，含而不露，是严守妇道的姑娘。所以，绝不能把尤三姐演成放荡的样子，要把尤三姐表现得含蓄、清雅一些，触及谈婚论嫁时要表现出腼腆、害羞的样子。王紫苓演到这儿是横着身子上场，随着胡琴的伴奏，带着怀念之情上场，后退一步，再往前挪动脚步，身子要端正，表现出少女的健康、飒爽的身姿，而不是少妇的形态，似乎是人在回忆中慢慢踱步的样子。

### 2. 尤三姐的"梦境"一场戏

王紫苓有个设想：(白)"安歇了吧！"尤三姐做睡状。紧接着是进入梦境，灯灭，她上小高台。柳湘莲上，灯光聚光，照到尤三姐和柳湘莲二人相会，情话，两人将要拥抱状，灯光再灭，柳湘莲下场，尤三姐回到原位，做睡状。灯亮，尤三姐醒，起唱小【导板】："适才间心慌乱迷离梦境"，左一看，右一看，什么也没有，方知是一场梦，接唱："醒来时情未断春梦无凭。"这两句唱词是她改的，演出时用上了，当时任剧团艺术总监的谢国祥对改的这两句也很满意，深表赞同。其实，王紫苓在这里是要借用影视的表现方法，有种蒙太奇的艺术处理。可惜她设想的表演方式被导演否决了，理由是认为尤三姐从座位移步到小高台，以及再回原座位，灯光熄灭的时间不能太长，时间短了又完不成舞台位置转换的动作，演出时不好实现。还有另一个原因，就是导演出于对演员的爱护，顾虑在舞台变黑暗无光时，演员来回移动，又要上高台、下高台，怕演员被绊倒受伤，造成演出事故。这也是可以理解的。结果演出时只好简化了这套程序的表演。

### 3. 尤三姐与贾珍、贾琏"喝酒"的一场戏

首先是她对舞台调度有所改变。老的演法是在舞台的后部中间位置即正场摆放一桌和一个"大座"（桌后边放置一把椅子），给三姐的母

亲坐；在下场门的乐队前边位置斜着摆一张条桌即竖着摆放，又称"骑马桌"，桌的两边各是一把椅子，这是提供给贾珍、贾琏坐的，这张桌子长方向一端的后边放把椅子，是给尤三姐坐的。老的喝酒场面是老太太占一独桌自斟自饮，尤三姐、贾珍、贾琏三人在同一桌，四个人同时都在场。这场戏是贾珍、贾琏企图要调戏尤三姐，尤三姐与他二人周旋、斗争，自己的母亲在场，眼看着有人欺负女儿，却自顾自地在那喝酒，不合情理。于是，王紫苓改为只在正场的位置摆放一张桌，在桌后边和两边各摆一把椅子，条桌不要了，这样显得舞台上更整齐些。她在剧情上相应有所调整，尤三姐对贾氏兄弟（白）："你们两人要跟我喝酒吗？"贾氏兄弟（白）："要喝！"尤三姐（白）："我正想喝酒来着，来来来，贾琏，你去端酒去！"老旦（白）："啊，儿呀，你们要喝酒么？"三姐（白）："啊，我们要喝酒。"老旦（白）："我也要喝酒呀！"三姐（白）："哎呦，我说这老太太，您也要喝呀，给您酒，自己到后屋喝去吧，我们在这儿喝。"老旦（白）："好好好，有酒就好！"（下场）老太太不在场，贾氏兄弟不轨，要调戏尤三姐，尤三姐"闹酒"就比较合情理了。著名演员童芷苓演尤三姐，在这里也有改革，拍成了电影。王紫苓借鉴了一些童芷苓的东西，但又不想完全照搬，想更加丰富和深化一些念功和表演，于是形成两个不同的表演版本。"喝酒怒斥"一场是尤三姐表演的重点戏，集中表现出尤三姐的为人正派和性格刚烈，以及勇敢捍卫自己的清白和尊严的大无畏精神，是很打动人的。她的这一场表演撒得开，充满激情，连念带做非常精彩。请看：

尤三姐、贾珍、贾琏三人落座之后，尤三姐开始迂回地和这二人斗智斗勇，采取欲擒故纵的斗争策略。她以京白的腔调故作娇滴地问："大姐夫，你瞧我美

王紫苓饰尤三姐获柳湘莲赠宝剑

不美呀？"对方神魂颠倒地回答："美，美！"尤三姐又问："二姐夫，你瞧我长得俊不俊呀？"另一人回答："长得俊！"尤三姐诱敌深入："怎么着，你说我长得美？"答："美！"转而对另一人："你说我长得俊？"答："俊！"尤三姐忽然板起脸，气愤地坐上桌子，说："我把你们贾家两个瞎了眼的东西！"（起锣鼓：哐才哐才哐，接念）："你们两个人仗着贾府有几个臭钱，就把我们当粉头看待，你们是王孙公子、皇亲国戚，就可以让我们给你们陪酒取乐吗？你们给我出去！"尤三姐跳下桌子，把贾氏兄弟推搡出屋门，并立即关上门。等两人出屋后，只剩尤三姐一人时，她委屈地掩面而泣。这里她突出表现了尤三姐的刚强烈性，在恶人面前邪不压正，显出异常的强势，以凛然正气和满腔怒火，如泰山压顶般地令对方溃不成军。

### 4. "提亲""定情""悔婚""自刎"几个关键剧情的表演

笔者觉得《尤三姐》这出戏的主要情节，也是我们观赏的重要点，就是"闹酒"和这里提到的几个关目。老的演法，在柳湘莲赠剑给尤三姐时，尤三姐（白）："你给我！"得到宝剑后怀抱宝剑便高兴地下场了。在王紫苓看来，这里的表演还有可以发挥的空间，她创作出了进一步充分表现尤三姐兴奋情绪的更加精彩的表演。她说声"你给我"，伸手似乎主动抢过宝剑，转身把宝剑往自己的肩头上一搭，没有急于下场，而是回头看了看在场的那些人，在锣鼓的配合伴奏下，既是羞答答，又掩饰不住打心底里发出的高兴劲儿，以心花怒放的神态快步下场。宝剑是柳湘莲赠给尤三姐的定情信物，王紫苓在这里表现出的是一位少女对爱情的渴望，实际是对爱情的拥抱，充分表达出尤三姐敢爱的勇气、羞涩的情态、兴奋的情绪，复杂的心理活动都在不言中，此时无声胜有声。王紫苓解释这里尤三姐的潜台词应该是：我可得到中意的郎君了，这下可要离开这令人讨厌的贾府啦！接下来，这里有一段【二六】的唱段，表达了尤三姐称心如意的心情："果然是一对鸳鸯宝剑……"转【快板】："宝剑也随人得意换笑颜……尤三姐遂了我平生愿，儿的娘呀，不由人喜泪湿罗衫。"三姐得到宝剑，就好像得到了未来新生活的希望，尤三姐握在手中的宝剑就像是一把打开幸福美好之门的钥匙。这把宝剑对于她太重要了，她太珍惜了，恨不能晚上睡觉都要宝剑伴着她，白天还要不离手地抱着，她时时刻刻要用生命保护它。一段【西皮散板】转【南梆子】唱出了尤三姐的心境："数年幻梦竟成真，喜在心头睡不成。宝剑儿已伴我一宵身影……我直待趋前执手问寒暖，连叫湘莲一百声……"她对心上人柳湘莲是多么急切地盼望速速归来，多么地依恋，多么地痴情。尤三姐是一位正派的初恋少女，健康的情感，想到此，她还是觉得"这般的乱想好羞人"。

**5. 晴天霹雳婚情变**

好事多磨，节外生枝，让尤三姐万万想不到的是她的美梦竟然在一旦间就那么容易破灭了。

在这场戏里王紫苓的表演是这样的：尤三姐抱着宝剑，高兴地从后台往台上溜达（暗上），听到屋内有人说话，她心想"我过去听听"。凑近一听，像听到轰雷一样，令她大吃一惊，不由得倒吸一口凉气，原来是柳湘莲上门来退婚。这突如其来的变化大出尤三姐所料，她犹豫不决，是进屋还是躲避，走半个"圆场"后决定进屋申辩。一见柳湘莲，称呼什么好呢，"柳，柳"，短暂地思考之后，叫出"柳郎！"潜台词是：既然你把你柳家家传的物件宝剑给了我做定情物，我就认定你是我的郎君，我心不改！接着，三姐并不避讳，单刀直入，这也表现出她直率、坦诚的性格，（白）："方才你们说的言语，我在门外都听明白了。我虽然身在荣、宁二府……"这一大段念白，是尤三姐迫不得已挺身出来的申辩，洁身自好，最重名声，到头来还是躲不开污垢沾身，作为贞洁的少女，她本来羞于启齿辩白自己，可是她委屈、她冤枉，必须说明真相，洗白自己。只是说白不足以表现尤三姐的无奈与愤恨，配以精彩的唱段加强了艺术感染的效果。她对柳湘莲极度失望，唱出"他他他一句儿把人咬定，我浑身是口也难分！只说是虽在污泥身洁净，又谁知，取信他人已不能。我不怨柳郎你的心肠狠，只怪我不该陷入这是非的门！流言蜚语无凭证，姐姐呀，我保得了清白的身，也保不了清白的名……白璧无瑕苦待君，待得君来君不信"。到此时尤三姐已经绝望了，当三姐决心要自刎前，哀叹一声："唉！"一跺脚，表示惋惜和下了决心，起锣鼓"锵锵锵锵，锵锵另锵"。王紫苓的唱词有一句是"妾身不是杨花心，我把……"与普通的唱词不同。王紫苓唱"白璧无瑕"四个字是声音放低轻轻地唱出的，她理解那个时代的少女要向别人申明"我的身子是清白的"，是很难张口说出来的，可是不说，对方就不明白，所以她是"收着"唱的。唱"苦待君"时，她用眼角瞟着柳湘莲，这个动作和表情是王紫苓特有的设计，这一眼是点睛之笔，表现出尤三姐对柳湘莲的无奈与留恋。当尤三姐意识到说什么柳湘莲就是相信谣言，不信她一个弱女子在宁、荣二府竟能洁身自保，柳的退婚之意已决，无可挽回时，她那一颗纯洁、火热的心被一盆冰水彻底浇灭了。任凭尤三姐苦口婆心般相劝，也是无济于事，尤三姐明白婚事无可挽回，只有以死明志，才能让心上人真正明白自己的纯真心。于是，尤三姐最后唱出一句："还君宝剑悲声哽，一死明心，我就了宿因哪！"尤三姐在锣鼓"锵锵另锵，锵锵另锵，锵另锵"的伴奏下，终于举剑自尽。

  常言道："眼是心之苗"，"眼睛是心灵之窗"，当尤三姐举剑自刎的此时此刻，她的心情是十分复杂的，也是非常无奈的，她的委屈、表白、痴心、留恋、期待、惋惜、无助，全在这最后对心上人的一瞥上。王紫苓解释她这一个眼神的运用，要表现的是似乎尤三姐在向柳湘莲留下最后一句表白的话："这回你能明白我的心了吧？"老一辈京剧艺术家赵松樵先生留下一句名言："演戏要细"，这也是前辈老艺人教导的话。荀慧生先生多次告诫王紫苓说："要注意你的两只眼睛，心里有什么，眼里就出来什么。眼神不到，说明演员心里没有想到，只有心里想到了剧中人物的心理活动，眼神才能表达出来。"王紫苓在几十年的舞台实践中也深深体会到，作为花旦演员，眼睛表情达意的功夫实在太重要了，有很多的心理活动，全从眼神里表现出来。所以，有人评论"王紫苓有一双会说话的眼睛"。

  王紫苓能够把尤三姐的精神风貌淋漓尽致地表演出来，是很难得的。这场戏必须把对尤三姐的表演尺度把握好。有人在这场戏中把尤三姐表现得很放荡，这不好，可是表演不到位，又失去艺术效果，不能把尤三姐那种抗争精神表现充分。《尤三姐》这场戏要表演好确实不容易，需要唱、念、做尤其是做的功力是蛮大的，内心活动很复杂，通过演员的表情、做戏，要把剧中尤三姐的性格和内心活动准确充分地外化出来，呈现在舞台上，去感染观众。

### 6. 对尤二姐的人物塑造

传统演法是以青衣行当应工尤二姐这个角色的，但是王紫苓没用正工青衣，也就是没有用抱着肚子唱的青衣去演尤二姐。为了演出这个人物的特点，她在表现尤二姐时糅入了花衫行当的表演方法。尤二姐的性情柔弱，没有主见，温顺善良，对于别人有害于自己的言行不敢反抗，也无力反抗，表现唯唯诺诺，导致最终被害身亡的悲剧结果。

生孩子的那场戏，一般演法是把表示床的帐子设置在正场的位置，王紫苓改为把帐子摆设在下场门的位置，离后台近，便于直接进后台。换装后进帐子，从帐子出来，表演仍旧归到正场位置。这样显得舞台上干净，表演方便，也并不伤害荀慧生先生在总体设计上的大局。

尤二姐的悲剧发生的一个因素，是她没有如妹妹尤三姐那样参透事物的本质，看不透王熙凤的本性，意识不到危机的存在，对自己的生活抱有不切实际的幻想。"奴窃喜嫁檀郎夫妻欢庆，怀六甲但愿我早降麒麟"就道出了她这种盲目乐观，不切实际的幻想。尤二姐临产，王熙凤假意探望，死到临头时，尤二姐才醒悟，悔不当初，她唱道："雨打残

*《红楼二尤》：左起李文英、王紫苓（饰尤二姐）、赵春亮*

花遭横暴，叫人此刻难打熬。"当唱到"贤姐姐怎知我心头悔恨"时，王紫苓把"恨"字加重语气地唱出来，而不是平平淡淡地唱出来，可是在表情上还要表现出对王熙凤的尊敬之态。当唱到"悔当初大不该嫁予侯门，到如今才晓得夫人的心狠。可怜我只落得有话难云"时，其中的"云"字，她是用低音呜咽般地唱出。接下来是忏悔至极，"后悔当初一念差，不该失足作墙花。今朝一死归泉下，死无面目见张华"。最后唱到"王熙凤殷勤俱是假"的后三个字"俱是假"，这是说给贾琏听的，用手向外指。"倒不如将我火焚化"（原词是"不如将我活焚化"），王紫苓唱时把"火焚化"三个字断开来唱，"痛断肝肠血染黄沙"（原词是"肝胆痛肠染黄沙"）则是降低音调唱出。她的这几段唱情绪低沉、悲伤至极，催人泪下。

### 7. 表演不要追求掌声和叫好，要演出剧中人的真情实感

《红楼二尤》的演出是同一名演员在前后分别饰演尤三姐和尤二姐两个角色，这两个人物最后都死了，演员特别需要注意的是，应该严格分清她们死的性质是截然不同的。王紫苓的表演处理告诉我们，尤三姐的死是刚烈的死，是为纯真的爱情殉情而死，最能集中表演出尤三姐的纯真人品。尤二姐的死是被人谋害的死，是令人发指的谋杀。

尤三姐本来从内心并不想死，她对心上人柳湘莲是那么的爱，抱有那么大的期待，从感情上说她是绝对不情愿离开柳湘莲的，不会心甘情愿地丢弃未来的美好生活。可是事与愿违，美好生活破灭了，名声遭到玷污，任凭她怎样苦口婆心地申辩，柳湘莲对她就是不信任。在这种万般无奈的情况下，为了表达自己对柳湘莲爱情的忠贞，证明自己的清白，她宁愿一死，也绝不背黑锅，不留污名，保护自己的洁白无瑕。王紫苓在表现尤三姐的死这场戏里，通过她的表演让观众对尤三姐的遭遇感到同情、惋惜，她说应该有一种内心觉得堵得慌的感觉，绝不是为了获得鼓掌叫好。如果演员演到位，把尤三姐的遭遇和感情准确演出来了，观众看到尤三姐的悲惨情景，是叫不出来好、鼓不起来掌的。演员的表演一旦让观众叫好、鼓掌了，说明演员的表演不是对了，而是失败了。笔者感觉她的这种体验和论点是正确的。什么叫演人物，如何演出

感情，怎样演出剧情来，王紫苓表演的《红楼二尤》给出了答案。

### 8. 戏可以改，但要改得合理；戏在人演，不在戏份大小

《红楼二尤》在天津恢复演出几次之后，荀派艺术名家刘长瑜、荀令莱等专程从北京赶来观摩，给予师姐极大鼓舞，她们表示回北京后也要重排这出戏。对于舞台调度的改动和布置，后来演员们借鉴和采用了王紫苓的修改方案。王紫苓表示，其实老先生是不保守的，她的修改也是遵循老师的意思行事。荀慧生先生对她说过："我不怕你动，这戏是大家的，虽然是我的本子，你们学了去，谁觉得什么地方不合适，你们可以改动，但要动得合理。什么戏都要精雕细刻，你们要研究，要提高，我才高兴，只要合理。"1983年，荀派艺术专场演出在天津举行，王紫苓、童芷苓、赵慧秋、尚明珠、荀令莱五人合演《红楼二尤》，每人演一场。头一场尤三姐出场，在全剧中戏份是最少的，而且是演开场戏，演员都不太愿意演这场戏。王紫苓觉得别人来天津都是客人，并且自己所在的天津京剧团是班底，于是自告奋勇演第一场戏。为此，荀师母觉得很过意不去，特意对王紫苓说："大师姐（以荀令莱的角度称呼），你（的戏）太少点了，真对不住你，你真的捧了你的小师妹（指荀令莱）啦！"王紫苓回答："没事，师娘，我只要上了（演出）就好，与师姐妹同台，是难得的学习机会，让我演哪一点，我都会去完成的，为的是给师父争气。您就放心吧！"师姐童芷苓看完她演的第一场戏之后，在后台对大家说："我看紫苓演的这场戏，倒没显出戏份少来，挺好的！"

于是，笔者得出感慨：戏可以改，但要改得合理；戏在人演，不在戏份大小。

### （八）《女起解·玉堂春》

凡是京剧旦角演员有些好嗓音的，都演《女起解·玉堂春》，好像是旦角演员的必修课，必备的剧目。"四大名旦"演员也都演《女起解·玉堂春》，但是，梅（兰芳）、尚（小云）、程（砚秋）三人都不演

"嫖院",只有荀慧生先生的荀派演"嫖院"一场戏,这是荀派这出戏的特色。

所以,《女起解》经常作为学唱旦角演员的开蒙戏,可见这出戏对于演旦角的该有多么的重要。王紫苓也不例外地以这出戏接受开蒙。王紫苓演《女起解》首先得到启蒙老师魏效荀先生教授,魏先生坐在桌子后边,手中握一把戒尺,一字一句地教她,遇有出错的地方,她也免不了受到戒尺拍打掌心的惩罚,好在魏先生不那么狠心用真力气罢了。魏先生教戏不是只教人怎么唱、如何念台词,而是一边教她唱、念、台步、表情、身段,同时讲书文戏理,告诉你这是一个什么人物,她遇到了什么事,有怎样的心理活动,是什么样的心情,应该如何表现出来。魏先生的这种教学方法让她获益终身,教会了她什么叫演戏,为什么和怎样才能演出人物、剧情、情感。

### 1. 苏三出场

一般演员普遍的演法,是当差的念:"苏三走动啊!"之后,苏三在后台帘内高声并且拉长音道:"苦——哇!"由低音至高音,有多大嗓门使多大嗓门,有多大气力,使多大气力,为的是要"好",来一个"碰头彩"。我们想一想,苏三出场这一段情节发生在监牢里,不是在大街上,不是要故意向众人喧闹,引起注意和乞怜。苏三这时的叫苦,是一种自叹自怜,是一种自言自语似的心声。既然是自叹,是心声,就不是大喊大叫,在监牢里如果那样的大声喧闹,狱卒允许吗?只会招来严酷的惩罚,难道苏三不懂得这些规矩吗?所以,王紫苓在小时候学戏时,魏先生就告诉她:念这个"苦哇"时不必用过大的劲。可不是吗,苏三受屈,被冤枉遭捕入狱,受尽折磨,她一个弱女子还有那么大的力气和精神去高声喊叫吗?那是不合于剧情戏理和人物实际情况的,无非是向观众要"好"而已。所以,王紫苓对苏三的出场表演方式的理解和表现与众不同。对于苏三的出场表演,她把持的分寸是低调处理,表现出苏三心情郁闷、怏怏不乐、悲悲切切的样子,就像京韵大鼓里的那句唱词一样,是"捏呆呆那个闷悠悠"。随着她语不惊人的一声"苦——哇!"人就登场出来了,是唉声叹气的样子,带着忧伤的情绪上场,只有掌声，那是观众对名演员的"碰头好"，而没有"叫好"。看她的台步，比青衣的步子稍快，稍显利索一些，又比花旦的小碎步大些。到台口，哭："喂呀——！"是凄凄惨惨、悲悲切切的样子。这时的哭不是尽情地哭，也要有所收敛，终究是在监牢里，是有规矩的地方。另外，从艺术角度要求，哭相也要优美，不能咧开大嘴地哭。在京剧表演里，哭要有哭的样子，笑要有笑的样子，有的演员真的是哭笑不分，是不可以的。

然后起唱【二黄摇板】："忽听得唤苏三魂飞魄散，吓得我战战兢兢不敢向前。无奈何我只得把礼来见，崇老伯呼唤我所为哪般？"苏三一听传唤她都吓得"魂飞魄散""战战兢兢"了，难道还敢扯着嗓门高呼"苦——哇"吗？实实的不合情理。这四句恰正表现出苏三在监牢被摧残、被凌辱、被迫害的程度，"魂飞魄散""战战兢兢""无奈何我只得"这些关键词，画龙点睛地描画出苏三的处境和精神状态。这时，虽然公差崇公道说："我说苏三哪，你的好日子到啦！"而苏三对于将要被押解去太原府审案，心里的想法是矛盾的。一方面想到案情将要有个结果，好像也许会有个出头之日，可另一方面想，对案情终审的结果难料，吉凶未卜，仍然是让她忐忑不安。所以，此时的苏三没有一丁点高兴的样子，她高兴不起来，所以王紫苓表现出的苏三表情仍然是忧伤的、郁闷的，绝没有丝毫高兴的样子，笔者认为是合情合理、符合特定情境的。要被押解出牢门之前，苏三有一段八句【反二黄慢板】的唱，是她回忆起与王金龙相处时"似夫妻"的甜蜜生活，对王金龙仍抱有无限的期待。因此，她祈求狱神爷保佑她与心上人再次相会。走出牢门时，她压低身躯，把腰塌下去，低头，转身，让人看出牢门非常低矮，她的身段动作在让观众欣赏到身姿优美的同时，也让人领会到监牢生活条件的恶劣，从而唤发观众对苏三的同情。

2. 起解路上

这一场戏是《女起解》的重心，是戏核儿，这里包含了唱、念、做、表情的全部内容，也是揭示剧中人物人性和性格的主要场景。

荀先生给王紫苓说："从苏三起解起，苏三在舞台上就不能有笑容了，要表现出苏三被迫害之后精神上的压抑来。"在荀、魏两位先生的启发下，王紫苓经过对人物和情节的深思熟虑，通过无数次的舞台演出实践，有了她个人的体会。

她觉得苏三在起解路上第一段【西皮流水】："苏三离了洪洞县，将身来在大街前。未曾开言我心好惨，过往的君子听我言。哪一位去把南京转，与我那三郎把信传：就说苏三把命断，来生变犬马我当报还。"这八句唱比过去我们看戏时的这段唱是越唱变得越快，这是值得商榷的。【流水板】的节奏终究不是【快板】，可是现在演员唱的这段比唱【快板】还要快得多。无论从板式来讲，还是从唱词的内容来讲，唱那么快，都是不应该的，无非又是只为要"好"。这一段唱词是有深重感情色彩的，一方面是苏三对路上行人哭诉自己的不幸遭遇，祈求路人看谁能帮她与王金龙联络上；另一方面表露出她对王金龙的一往情深，她对王金龙还是很痴情的，这为最后二人的团圆结局埋下伏笔。唱得太快，干脆倒是干脆了，可是就显得语气很生硬，好像是对谁生气的样子，像如今唱得那样快，还像是苏三对路人有所请求，还像是表达对王金龙有丝毫的柔情吗？不能只知道"洒狗血"要"好"而不讲戏理，不然就不是好演员。看王紫苓的表演始终是愁容满面，因为她理解苏三从7岁被卖给烟花柳巷，整天战战兢兢地生活，不为满眼的灯红酒绿所动，身处污泥，心有不甘。她盼着长大，能跳出虎口，却又害怕长大，长大了又会被逼去接客，沦为妓女。好不容易第一位客人遇到了王金龙，对她百般的宠爱，她也把王金龙看作唯一的亲人和依靠。谁想如今她落得如此光景，不知王金龙今在何方，自己遭遇冤案，身陷囹圄。这些对人物和剧情的深刻认识，都成为王紫苓表演的重要依据。

在起解路上，苏三与崇公道的互动、搭讪是很有戏剧性和生活化的

王紫苓演《玉堂春》

情节，饰演苏三演员的唱、念、做，以及饰演崇公道演员的念、做之功，全穿插在他们的互动之中。特别是编剧以崇公道的木棍拐杖为道具，引出许多的情节来，很有人情味儿。崇老伯把自己做拐杖的木棍给苏三使用，是崇老伯可怜和同情她，使本来尝尽人间冷酷的苏三对人又重新燃起信心的火焰，有了好感，这才出现她认崇老伯为义父，并且向崇老伯述说心里话，讲一讲自己的经历，倒一倒自己的苦水。即使说到在院中的生活，也让她高兴不起来，唱词中也流露出这样的心情："想起了当年事好不伤情。想当初在院中，缠头似锦到如今只落得罪衣罪裙。""我心中只把爹娘恨，大不该将亲女图财卖入娼门""主仆二人把计定，竟将我无罪人就送到衙门""可恨那贪赃王县令""众衙役三班等均分散赃银"，件件事让苏三心如刀绞，举目所见全是恶人。当苏三（唱【西皮摇板】）不留神说出"越思越想心头恨，洪洞县里就无好人哪！"两人一路上的和谐相处一下子变得关系骤然紧张起来，因为崇老伯也是洪洞县的人。苏三知道自己不慎失言，马上哄劝崇老伯。王紫苓的艺术处理很有道理，她对崇老伯的笑容不是发自内心真高兴的笑，而是一种苦笑，无奈的笑，勉为其难地做出的笑容，她是没有办法，谁也得罪不起，不得不与这个老头搞好关系，苦苦求情。王紫苓通过合乎情理的唱、念、做、表把苏三做人的难处、委曲求全的可怜样子表现得淋漓尽致，打动观众的视听感官，令人感同身受。

好不容易安抚了崇公道，继续赶路，唱到"远远望见太原省"，这时我们看到王紫苓有"望"的动作表情，表现出忧郁、畏惧，前途未卜的样子。当唱到"有死无有生"时，她把声音降下来，用颤音唱出来。这里她的声音不高，忌用高腔。"会审"上场唱"举目观，两旁的……心中胆战……"也要唱出害怕的心情，她同样是用颤音来唱的，因为生死未卜。

以上所述都表明，王紫苓唱的是人物、是情，而不是要腔、卖嗓、要好。

### 3. 三堂会审

"会审"时，问"开怀之人是哪一个"，苏三在回答时的唱和表情要表现出踌躇、羞怯、顾虑的情态来。在演出中，王紫苓对苏三这个人物的艺术处理有所改动。在苏三要回答"三公子"时，都有伸出三个手指表示"三"的意思，她把三个手指不是往胸前伸出，而是伸向下边，表示苏三在大堂之上，在三位审官面前不好意思、很难为情的心理。这个细节表演非常有讲究。她的指导思想是遵循荀老师的教导，学流派不能死学，同样的道理，学荀派也不能死学。那么，这是不是意味着王紫苓的荀派在表演上就没有准了呢？不是的，相反，恰恰表明很有准，准在哪里？就在要演的人物上。荀先生是讲究演人物的，只要把荀派这个精髓、这个基本原则把握住了，怎么变化都是可以的，都能体现出荀派的基本风格来，不必追求每一个具体的动作，不必拘泥于每一个动作与老师的一样，这才是艺术家。

公堂审案之后，苏三见工金龙，王紫苓在这里的表演是第一次要表现出苏三害羞，不敢去，第二次则表现出苏三盼望着去，高兴地要见王公子。这个表演的情绪是有变化的，她有层次地加以表现。

## （九）《王宝钏》

无论是喜好还是不喜好戏曲的人，很少有不知道王宝钏与薛平贵的浪漫故事的，剧情就不再赘述了。了解京剧的人都知道《王宝钏》的剧目是青衣、老生的唱功戏。凡是贴剧名《王宝钏》，就意味着演出强调的是以青衣演员为主，一般常用全部《红鬃烈马》的剧名。京剧界曾有"王八出""薛八出"之称，就是讲王宝钏和薛平贵故事的剧目，实际上不止八出戏。1937年2月，由张古愚主编的《戏剧旬刊》改版为《十日戏剧》的第18期有一篇《全部红鬃烈马》的文章，对该剧有一个概括的介绍："早年水路班演此，常由平贵落难起，中历花园焚香，彩楼抛球，父女击掌，寒窑成婚，翁婿当道，神庙传艺，降马封官，平贵别窑，误卯三打，退藩被害，魏虎劝嫁，（梆子班尚有一出《王允搬窑》），母女相会，鸿雁捎书，代战赶关，平贵回窑，相府算粮，大反长安，平贵和番，至大登殿为止，共二十余折。上海初称《素贫贱素富贵》，亦称《二月二龙抬头》。近年多统名《红鬃烈马》，亦有题名《薛平贵与王宝钏》者。四大名旦演此皆书《全部王宝钏》，盖以本人为主角。尚小云唱此剧较早。"另有著名作家老舍于1964年编剧的《王宝钏》，1981年北京京剧院排演，梅葆玥饰薛平贵，张学敏、蒋熙春饰王宝钏。《彩楼配》《三击掌》《平贵别窑》《赶三关》《武家坡》《大登殿》等折子戏经常拿来单演。

王紫苓的这出戏最早也是启蒙老师魏效荀先生教给她的，是按照王瑶卿先生的路子

20世纪80年代王紫苓在家中

说给她的，后来经尚小云大师的指导，还是很有师承渊源的。王紫苓对尚先生演出的《王宝钏》极为赞赏，称赞"尚先生演的王宝钏绝对是别具特色的，非常好"。经尚小云先生指点后，她演这出戏就按照尚师的路子去完成。尚先生所讲主要是青衣的规范和分析王宝钏的人物个性。我们可以从以下几个方面来领会尚先生对该剧的深刻思考，以及王紫苓演出该剧的心得体会。

### 1. 王宝钏是大青衣的"法儿"（或称"范儿"）

传统戏曲对青衣行当的表演是有一整套严格规矩要求的。眼睛不能睁得太大，不能向前直视，不能直勾勾地看人，眼神要收敛，眼光不能很散，看这望那的不行，目光不要过于灵活。头不能高抬，当看薛平贵时，始终要用眼角轻轻地一扫而过，不能与薛平贵对视。与薛平贵站在一起时，不能面对面地站着，而是侧身，位置稍后半步。王宝钏在舞台上的一戳一站都要身不动、膀不摇，很有规矩的样子。之所以对

青衣有这么多的严格规范限制,是因为时代的关系。母系氏族时代过后,大男子主义盛行,用封建礼教管束妇女。妇女在封建社会地位比男人低,处于从属地位,处处不能凌驾于男子之上,因此她们的行为规范就受到了严格的限制,这种社会现象是有时代特征的。作为反映古代社会生活的戏曲,自当必须符合时代特点,把那个时代的社会生活特点表现出来。在一定意义上,可以说戏曲是呈现中国古代一部分社会生活的化石。

**2. 王宝钏是出身相国府的大家闺秀**

对于王宝钏而言,以青衣行当应工的王宝钏还有其独特的身份,那就是她不单是大家闺秀,而且是相国府的大家闺秀。这一点对演员把握准王宝钏的行为特点十分重要,这样的女子所受到的封建礼教的教育更为严苛、全面,所受管束和训练会更加严厉,所以她的言行规矩更大。饰演王宝钏就一定要理解这位千金小姐身份的分量,因此,王紫苓在演王宝钏时,尊崇恩师的教导,在舞台上,身子要挺拔,有亭亭玉立的感觉,腰部不能塌下去,不能弯弯曲曲的样子。用行话讲,不能软腰、拉胯,更忌讳有一丝半点的风流之态,要规规矩矩,一本正经,不失大家风范。这些对于现代人是很难拿捏的,必须经过长期的体验和艰苦的训练才能有所领会。

**3. 王宝钏是一位刚强有主见的优秀女性**

王宝钏不是见识短浅的女人,她认准一贫如洗的薛平贵日后必有大成,她偏偏把择婿的彩球抛给薛平贵,并且此后苦等丈夫18年,忠贞不贰;她的性格异常坚强,坚持自己的信念和意志,不为反对的意见所动,宁肯与父亲"三击掌"绝交,也不动摇;她的性格非常倔强,从相府到寒窑,生活状况从天上到地狱,一落千丈,却贫贱不能屈,剜苦菜充饥,度日如年,也不登相府一步,眼前虽有富贵可求而不能移其志;她洁身自好,有很强的自我保护意识,对外保持高度的警惕性,在武家坡见到要找自己的陌生人,时刻提防,不为金银、地位、性别、谎言所诱惑,保有清醒的头脑。这些性格和品质,都与她的身世和个性有密切的关系。从王紫苓的表演中可以看出,她深刻领会到王宝钏的这些性格特征,在塑造人物时均有准确而充分的体现。

### 4. 尚派对"别窑"情感戏的独特艺术处理

正是领会到王宝钏以上所述的身份和性格的特殊性,所以王紫苓在"别窑"一折戏中所表现出来的王宝钏与众不同,她不是着重表现王宝钏不加节制的哭哭啼啼、恋恋不舍,而是另一种情怀和表现。她演的王宝钏识大体、顾大局,有大气量。两人分别时不是没完没了地哭泣,也不是互拥不放。当初他们互相爱慕就是暗恋着的,深藏不露,离别时也是着重在互相安慰、劝勉、鼓励。他们的儿女情长固然有,但不要过分渲染,主要表现的还是他们的共同性格特点——坚毅、刚强、不屈服、不低头、有志气,这是王宝钏和薛平贵结合的基础。"别窑"时薛平贵的思想是劝王宝钏:放宽心,分别是暂时的,不要过于伤心,给你留下吃、用的东西不多,你一定要坚强地活下去,坚持到我回来。他对爱妻有坚定的信任。而王宝钏此时此刻是勉强欢颜,眼泪在眼眶里含着,强忍着不流出来,不给丈夫增加心理负担,心情应该是鼓励丈夫:放心,你走吧,好好干,我会坚强地生活下去,一直等你回来。这样表现薛平贵和王宝钏就独出心裁、别具一格,是以他们二人的性格为依据作为艺术创作基础的。这就是尚派这出戏独具一格的地方,也是王紫苓遵循尚师的分析解说所表现出的独到之处。

王紫苓与赵景勃探讨艺术

### 5. "武家坡"应突出王宝钏的身份与性格

"武家坡"一折戏被普遍认为是全部《王宝钏》中最重要的唱功折子戏,绝大多数演员演此剧都以展示唱功为主,往往忽视了做功,因而对王宝钏性格的塑造便显得比较弱些。其实,在这一折戏中,包括"跑坡""回寒窑",是很能够突出展现王宝钏某些性格的场景。在这一折戏里,我们可以看到王紫苓饰演的王宝钏外柔内刚的特质,以及人穷志不短、马瘦架子不倒的秉性。王宝钏出场,提篮剜菜,素青衣装,台步缓缓,稳稳当当,眼睛微眯,眼皮下垂,面无悦色,一个肃穆端庄、冷俊秀美的妇女形象出现在观众的眼前,给人以朴素大方、不容小觑的观感。她之所以眼睛微眯、面无悦色,一副无精打采的样子,是王宝钏孤单苦度 18 年寒窑生活备受熬煎的结果;她的款款缓步、稳稳当当、落落大方,又是她曾受过的教养所致;那虽朴素而不猥琐,肃穆端庄而冷俊秀美的气质,则代表生活虽苦却不能泯灭她高贵的身世和坚韧的性格。

随着"寒窑内来了我王氏宝钏,站立在坡前用目看"的一句唱,王紫苓饰演的王宝钏倍加小心地偷偷看来者是谁? 18 年独居,计她与外界已经隔绝得太久了,她连自己的娘家王相府都不登门,更何况其他呢?所以,当听到有人找她的消息后,她抱有很大的怀疑和提防的心理,是可以理解的,也是合情合理的,所以此时的王宝钏要矜持一些,犹豫一些。王紫苓的表演给我们的感觉是,这时王宝钏的心里在疑虑,心想:这是谁来找我,找我会有什么事?一看,哦,是一个军人,他找我干什么?我要小心一点。不管他,我来剜我的菜,既然是他来找我,我就等着看他说什么,他问我,说明是他来找我的,我就答话,他不来问我,我就不理他。她要向观众传达出的是这样的一些信息,她表演的王宝钏特稳重,透露出遇事不慌而谨慎的作风,蹲下去剜菜,又表明她在艰苦的生活中拼力挣扎,强撑忍耐。当薛平贵走上前搭话:"大嫂,前来见礼!"她听明白了,可还是蹲在那,身子不动,眼睛却稍微动了动,然后不紧不慢地站起身,整理一下衣服,还了个礼:"请问军爷,施礼为何?"薛答要找王宝钏,她有些惊讶,同时略作思考地重复一句"王宝钏",心想:真是来找我的,眼睛顿时一亮,这里如果没有任何兴奋的反应也不对，有失人之常情，马上又收起眼神，恢复常态的平静。然后她要进一步解除疑虑："你问她作甚？"听到来人与丈夫有关，便接着有了下边的对话"远瞧""近取""我就是王宝钏"等。王紫苓演这一段，体现出剧中两人都是在怀疑、打量、试探对方。在这个过程中，她演的王宝钏始终是眼睛不直视对方，而是用眼睛的余光一阵一阵地扫视对方，从来不与薛的眼神对上，身体正面也是对着台下，稍微斜侧一点给对方，头部略低，眼皮同样不睁大。这样，既表现出王宝钏的高门大宅出身的身份，有封建礼教的规矩，同时又表现出她非同一般的智慧、理性、自控力强和小心谨慎的素养底蕴。

　　现在有的演员在这场戏里，两个人物面对而立，眼睛对眼睛，脸对脸，这样演出来的不是那个时代的人，而是现代人。另外，也不合情理，试想，如果二人对面相视，王宝钏不早就认出薛平贵了吗？还用费那么大的力气再往下把戏演下去吗？恐怕没必要了吧！再有，现在有的演员在演到薛平贵调戏王宝钏时，薛平贵是把手拍到了王宝钏的肩上、胳膊上。而王紫苓所演的王宝钏则不然，当薛动手要接触王宝钏的身体时，因为她时刻在提防着对方，不时地用眼角的余光在扫视对方，所以当薛平贵要凑前来动手时，薛进一步，王立刻后退两三步，她是早有准备，就提前往后撤，躲开了，几次都不让薛得逞。这样演才是与前边一系列的表演相一致，是合乎逻辑、情理的。前边已经强调，王紫苓演的王宝钏是在时刻警觉着的，她有很强的自我保护的意识。丈夫在外，18年未归，现在来一个陌生的男人，对于深受"三从四德"封建礼教教育的她，能不有所警惕和防备吗？演古装戏千万要注

王紫苓演《大登殿》

意，那个时代的人与现代人有极大的不同，那时是"男女授受不亲"。如果妇女被男人触碰过身体，将成女人的污点，不要说别人对这个女人怎样，就是这女人自己也有因此而自尽的危险。演戏要真实，不能脱离时代感，王紫苓是一贯重视这一点的。

### 6. "抛土""回窑"的精彩表演

薛平贵在"武家坡"与王宝钏相见，欲以调戏试妻，被王宝钏严拒，薛假戏真做，故作翻脸，要强掳王宝钏，王宝钏机智应对、脱身。这一片段由王紫苓演来，也有可圈可点之处。对于军爷的翻脸相逼，王宝钏一个弱女子是真害怕，唱出"一见军爷变了脸，吓得宝钏心胆寒。低下头来心暗转——"王宝钏暗自沉思片刻：他对我非礼不成，要硬抢我随他而去，这可怎么办呢？在胡琴的乐声伴奏下，她一边急速地想主意，一边向菜篮子挪动脚步，还要观察着军人动静，不敢惊动，悄悄移动脚步。到了篮子跟前，打定主意提起菜篮子赶快逃之夭夭吧。她急中生智，一边弯下腰去提篮子，一边喊道："军爷，那旁有人来了！"王紫苓蹲身去提篮子的动作很快，但是要快中带稳，不能让观众觉得是慌乱不堪的样子，还要表现出有条不紊。被蒙蔽的军爷（薛平贵）一边向下场门方向张望（给王宝钏一个做戏表演的机会）一边问："在哪里？"这时，一般的演法是王宝钏把篮子藏于身后，王紫苓的演法是将篮子举到胸前，从右手转递到左手，右手翻水袖，挡住篮子，向下场门走横步，一边监视着军人的举动，一边绕到军人背后向下场门方向移动脚步，"在那里，在那里！"一边应付着军爷的问话，一边挪步。这一段表演，两人是配合互动的，她往下场门方向横移脚步，军爷看下场门方向没有人，又转身向上场门方向去看。王宝钏到了军人的侧边，正是台口的位置，她迅速地俯身抓起一把土，抛向军人的面颊，使其眯眼。表演"抓土"的动作是观赏的一个看点，她右手腕急速转动，来个"小车轮"转，只见洁白的水袖随之荡起，如浪花翻滚，似狂风搅雪，动作利落，干净漂亮，每演至此都是掌声一片。这段表演是她继承尚派的绝活儿，尚小云先生的功底深厚，手腕非常灵活，能使水袖铺展开呈水平，像一张白白的圆瓷盘形状在飞速旋转一样，煞是好看，令人叫绝。王紫苓谦虚地说自己做得还不够好，达不到恩师的表演水平。这套表演动作已经普及，差不多演到这里都使这一手。这一片段的表演在乐队的伴奏下，气氛紧张而惊险，两位演员密切配合，十分精彩。眯住军爷的眼睛之后，趁军爷揉眼之机，她唱一句"急忙回到寒窑前"，唱完，一甩袖，两甩袖，锣鼓"嗒嗒嗒嗒个一个嗒"，翻水袖，脸朝里，亮相、下场。她提醒演员下场时千万不要垫步、抬腿，那样有失王宝钏大青衣的身份，显得小气。亮相完了，往前一扔袖，两扔袖，翻袖，脸朝里，踏步、落脚、亮相。然后起"小碎锣"经"另噂另噂一个另噂，另噂另噂一个另噂……"她以小碎步（不是磋步）左、右摇摆地走，越走越快，越走越快，奔下场门而去。这场"跑坡"以做功为主。

紧接下来是"回寒窑"，尚派的这场戏有以下两个特点。

一是王宝钏急速上场，一个小圆场，表示跑回寒窑，走到窑门前，全蹲身、扔篮子、急转身、转裙子、上身"云手"、关门、起身，这一套动作连贯、迅疾、利索，一字以蔽之：帅！这又是尚先生的一绝，王紫苓照此而行，也能获得很好的剧场效果。

二是进到寒窑以后，王宝钏搬起一把椅子顶住窑门，然后坐在椅子上。一般的演法是薛平贵赶来后有一段唱，在薛平贵唱的过程中，王宝钏背朝台下坐在椅子上就没什么事了。王紫苓先生说，尚师告诉她：不能这样，角色在舞台上一直是在演戏，不能闲着，要时刻在戏里。薛平贵在寒窑外述说两人离别后的经历和苦痛，必然引起王宝钏全神贯注的关切。所以，王宝钏这时要认真地听，越听越受感动，越听越产生共鸣，在感情上越来越贴近，越来越融合，既体谅和同情丈夫18年遭受的困苦曲折的经历，更被激发起对自己艰苦难熬18年的回忆，终于盼到丈夫回来接自己，夫妻有了团圆之日，她满腹的委屈要释放，会抽泣、会流泪，这是完全符合人之常情规律的。因此，尚师说，这时的王宝钏在台上不能无动于衷，而应该有背后的戏要表现出来，肩头一颤一颤的，表明在哭泣，手不住地擦眼泪，但又不能动作过大，还是考虑到表演的尺度要适合人物的身份，要紧贴人物倔强、刚毅、坚韧、外柔内刚的性格与品质。

王紫苓老师告诉我，尚小云先生还曾对她说："演戏不要被行当束缚住喽，演的都是青衣戏，但人物各有不同，不能千篇一律。重要的是要演出人物的性格，深挖人物内在的东西。只有演出来不同的人物，才能使观众感受到每一出戏的不同，观众才喜欢看戏、想看戏，而且心里惦记着戏和戏中的人物，也才能做到让观众不断地回头来看戏。作为演员，要达到这样的地步才行。"

王紫苓对尚小云师父的教导铭记一辈子，指引着她一辈子演戏的路径。

## （十）《佘赛花》

1960年5月1日，王紫苓率天津市京剧团部分演员在刚建起来不久的天津河西区工人俱乐部剧场首次上演新排出的剧目《佘赛花》。京剧早有《紫金带》《佘塘关》《七星庙》，与《佘赛花》的戏一样，都是叙述杨继业（有称杨业、杨令公）与佘赛花（即青年时代的佘太君）的故事，是连本戏《飞龙传》中的折子戏，均本于《宋史·杨业列传》《残唐五代史演义》等史书和民间传统通俗小说编演。佘赛花即《杨家将》中佘太君年轻时名，《紫金带》剧中将佘赛花作佘蔡花。河北梆子、汉剧、川剧、豫剧、秦腔等地方戏也有类似剧目。有的改剧名为《佘太君招亲》，并不合理，都已是耄耋老人的"太君"了，还招的什么亲，若为《佘赛花招亲》尤可。京剧《佘赛花》在20世纪30年代就有演出，而以《佘塘关》《七星庙》或《紫金带》剧名演出折子戏的时期比这还要早。中国京剧院版本的《佘赛花》是由著名剧作家景孤血、祁野耘根据老本改编，1959年，由叶盛兰、杜近芳首演，演员分A、B组，叶盛兰、杜近芳为A组主演。

**1.《佘赛花》剧情及创作团队**

佘塘关守将佘洪有女佘赛花，年轻貌美，精通武艺。同朝大臣杨衮为子杨继业、崔子健为子崔龙都向佘洪求儿女婚配，结为亲家。佘洪为难，对杨、崔两方穷于应付。佘赛花射猎，偶遇杨继业，相互爱慕，私订终身。呼延平献计给崔子健，绘杨继业与崔龙人面图像，送佘洪挑选，趁机将崔龙图像美化，杨继业丑化。佘赛花亲见过杨，见图怒而撕之，其父佘洪未见过二子，自然选崔，致佘氏父女反目。赛花之弟佘英献计，让杨继业与崔龙比武，胜者为婿。比武间，赛花参与其中，暗帮杨继业击败崔龙。崔坚持要继业与赛花比试，赛花佯败。杨、崔再战，佘英助崔，被杨擒获。呼延平从中造谣挑唆，赛花怒而复仇，杨败走于七星庙，智缚赛花，说明实情，重缔姻缘。呼延平认错，杨、佘两家结好。

王世霞、王紫苓演《佘赛花》

1960年，天津市京剧团根据任务侧重的不同，将大团划分为几个分团，天津市京剧团青年分团应运而生，任命王紫苓为青年团长并领衔主演。中国京剧院新本《佘赛花》排出之后，社会反响热烈，天津市京剧团把复排新本《佘赛花》的任务交给了王紫苓的创作团体。王紫苓、厉慧良、张文轩、张韵啸、王世霞等去北京观摩中国京剧院演出的这出戏。可巧那场戏由B组演员演出，王紫苓记忆中好像是李慧芳等主演，并且戏也没看全。那时各行各业都贯彻"全国一盘棋"的精神，各地兄弟剧团之间团结互助，谁家创作出了优秀剧目，都会无偿奉献，有求必应，没有壁垒，成果共享，新技术、新剧目很容易在全国推广，流行应用很快。天津市京剧团拿到剧本，回天津后开始着手排演此剧。天津市京剧团排演此剧，是根据王紫苓具备的艺术条件而设计制作的，也可以说是针对她的"私人定制"。王紫苓也认为这出戏无论从思想性还是艺术性都很好,很喜欢这个戏,而且很适合她具备的有利条件。主演有王紫苓、王世霞、张韵啸、冯荣焕、张学增、于月芝、茹绍岩、马少良等。排《佘赛花》的导演是徐盛昌,副导演冯荣焕,武打设计小组组长彭英杰,乐队鼓师姚占琦,京胡琴师李宝华,京二胡琴师于学森。对《佘赛花》的排演,集中了当时天津市京剧团各方面的优秀骨干力量组成创作团队。这出戏虽然用的是北京的剧本,大架子按中国京剧院的,可是具体演法却是天津市京剧团自行编创的。所以,虽然是同一个剧目,北京和天津版本却各有自己的表演风格与特色。

### 2. 主配演员至关重要

《佘赛花》的主要角色有两个,即佘赛花与杨继业,佘赛花的扮演者始终是由王紫苓担当,杨继业的扮演者换了几个。最先由著名小生演员王世霞饰杨继业,王世霞出身梨园世家,是王瑶卿的后辈人,门里出身,扮相漂亮,嗓音也好,艺术条件都没的说。可是,《佘赛花》这出戏表现的是佘赛花与杨继业的恋情戏,王世霞与王紫苓一起演戏,思想有负担,表演放不开,当年王紫苓是二十几岁的大姑娘,既漂亮又当红,王世霞感觉有压力,尤其在演出中两人一对眼神,他就"怯场",有些发怵,不好意思盯着王紫苓看,因而角色之间该有的情感交流演不

《佘赛花》:左起于月芝、王世霞、王紫苓、茹绍岩

出来，他找团里领导，为了演出的艺术效果，要求把自己换下来。问王紫苓谁更合适，她点名要黄荣俊。黄荣俊坐科于尚小云先生创办的荣春社科班，王紫苓是尚先生的"手把"弟子，黄是王的师兄，并且年龄较大。黄会的戏多，戏路宽，早在1953—1954年，王紫苓在北京唱戏的时候，与给她配戏的小生演员耿荣先合作了一期之后要出门，耿就极力向她推荐黄荣俊。王紫苓虽然是尚先生的入室弟子，但是嗓音够不上师父的嗓音条件，并且尚派很多戏需要私房的新式服装，那时王紫苓的经济条件还达不到添置更多戏装的经济力量，所以尚派戏她演得不多。然而，尚派艺术的很多风格、劲头、尺寸等，王紫苓在一生的舞台表演中都吸收了不少。黄荣俊发现了王紫苓的潜质，很看好她今后的发展，认为师父给荣春社科班排演的一些尚派戏还是可以让王紫苓学习和演出的，表示愿意给她说一些戏，帮助师妹发展。但是有一个要求，那时黄的家里穷，没钱自己置行头，希望已经唱红的师妹能给他添置几件服装，起码要有三件箭衣、三件道袍，至于包银或戏份给多少倒不在乎，够吃饭就成。王紫苓很愿意让师兄过来帮忙，可是当时自己的经济力量也不足，一时不能满足师兄的这个要求，两人的合作机会便失之交臂。1957年之后，两人不期都加入天津市京剧团，见了面，王紫苓说："师哥，我失礼，应该早去拜望您。"并且解释当初未能合作的苦衷。黄荣俊为人老实忠厚，连忙像唱戏那样的举起一只手挡住脸说"惭愧，惭愧！"王紫苓说："往后我唱戏，就要您的小生啦，还得向师兄好好学习呢！"这次有机会能安排师兄合作，也算是续上前情，如愿以偿了。黄有能耐，会演戏，在团里却没机会，人又老实，不会争不会抢的，团里安排他演什么，他就去演什么，不安排他活儿，他也绝不会主动要求，总是"听呵"的。《佘赛花》这出戏如果不是作为主演的王紫苓指名点将，黄根本排不上演像杨继业这样重要角色的位子。王紫苓举贤不避"亲"，还真有人反对黄来演杨继业，理由是他是大嗓，来个老生还可以，让他演小生角色的杨继业不合适。黄荣俊对师妹说："我是大嗓，在团里我挨不上！"可是王紫苓坚持要用黄荣俊，有人要安插别人，她不同意。在用人上的意见不统一，排演进度被延缓推迟。有人把这件事捅到团领导那里，团领导谢国祥找王紫苓谈话，王紫苓解释说：

"黄荣俊会演戏,我们在一起配戏能演出效果,双方能合作得严丝合缝,演出人物和剧情来。何况在表演方面他还能帮我,给我说些戏。"团领导理解到王紫苓以戏为主的意图,起用了黄先生,演出效果真的有了很大的提高。后来,剧务科负责人又让换一位山东请来的小生演员姚世华,与王紫苓配合不甚适合,也演不出黄先生的效果。后来她演《柜中缘》,鉴于演《佘赛花》的前车之鉴,还是向团里要黄荣俊来配演岳雷一角。再演《武松与潘金莲》,王紫苓仍然要求团里把黄荣俊调给他们剧组,让黄扮演西门庆。她认为单演《狮子楼》中的西门庆,让武生演员来演是应该的,可是如果演全本戏,由武生演西门庆并不合适,剧中的有些地方需要有文戏底子的演员才能演出西门庆的人物特点,身段、眼神、表情、心理活动是需要表演细腻的,西门庆不只是一个武夫。团领导再次找到王紫苓谈话,了解情况,问为什么非要黄荣俊扮演西门庆不可?她一五一十地做了解释,主要出于对演出质量的考虑,演员追求的是艺术的完美,作为主演对戏的质量应该负责。同时,她还向团领导介绍了自己新编的情节和唱、念的戏词,说明自己对这出戏是下了很大功夫的,非常重视,希望能把这出戏丰富和提高,演出一些特色来。领导听后觉得很有道理,深为感动,于是拍板决定调黄荣俊来剧组担纲扮演西门庆。

由以上可见,一方面王紫苓对艺术高质量的追求及锲而不舍的精神,对戏一丝不苟的创作态度,对戏有帮助的好主张她决不退让,是出于对戏的重视和爱护;另一方面也可以看出她的为人,是很注重情谊的。她在演别的一些戏时,也请黄荣俊合作,如让黄先生在《大英杰烈》中饰王大人;在《红娘》中饰白马将军;在《红楼二尤》中饰贾琏等。事实证明她对配角演员的精挑细选是出于公心,是正确的,演出均产生了极佳的艺术效果,皆获好评。王紫苓评价说:"黄荣俊的表演看似没戏,其实那才是有戏,才是好角,他不抢戏,不搅戏,本分地演好自己的角色,这就是好演员!"

### 3. 分场次赏析

(1)第一场行围射猎,王紫苓对佘赛花的出场就加进许多表演的东西。原剧比较简单，佘赛花佩带的剑是不带穗子的，她与武打设计彭英杰商量，给佘赛花的佩剑添上剑穗（术语称剑袍子），她自掏腰包买来可心的剑穗，加了耍"剑袍子"的表演、吹牌子。为使舞剑精彩而规范，她到公园去观摩和请教练武术舞剑的同志，虚心学习，再结合京剧的表演程式，练就一套舞剑的表演套路，演出很受欢迎。她扮演的佘赛花第一次出场时头戴蝴蝶盔、翎子，身穿改良靠，挎宝剑，穿彩裤，脚上穿薄底靴，靴子与改良靠的颜色一致，手持马鞭，不戴狐尾。现在演戏，很多老规矩不遵从了，比如现在演佘赛花，有的就戴狐尾。戏曲讲究"宁穿破，不穿错"，扮人物不是演员想怎么扮就怎么扮，也不是怎么好看就怎么扮。过去戏行的扮戏规矩是外族或反派一方的人物才戴狐尾，正派一方的人物是不能戴狐尾的，这个规矩不能破。王紫苓这样设计主角的扮相和出场，从头一场就很醒目，产生一个小高潮，增加了看点，把观众的注意力很快聚拢到舞台上，同时也帮助观众认识到佘赛花是一个好武、能武之人，以及其果敢豪爽的性格。

（2）王紫苓把宋（德珠）派刀马旦的一些东西吸收过来，化用到《佘赛花》剧中。在排演《佘赛花》之前，她刚好向京剧刀马旦宋派艺术创始人宋德珠先生学习过宋派最具代表性的剧目《扈家庄》等，在宋先生指导下，她一天练三遍功，18天拿下了这出戏。通过这次学习，王紫苓更加深刻领会到宋派艺术的精妙、神韵和特点，跟着就排演《佘赛花》，佘赛花这个人物在表演上有文有武，正好在表现武的时候用上一些宋派的风格和表演方法。很多式子、劲头、台步、马鞭、翎子、大刀的使用，王紫苓都想方设法把宋派的东西化用到新排的戏里去。她演出一次，往戏里加一点，逐步改进、丰富和提高。除在第一场行围射猎的表演中，她还在第二场"打虎"中对宋派有些借鉴，在开打中，她运用宋派的穿大靠、涮腰、闪腰、耍大刀花等演法，虽然很累，演出效果却非常好。最后，这出戏磨砺成王紫苓的看家戏之一。

王紫苓是知恩图报的人，她没有忘记剧团里与她精诚合作的所有演员、导演、乐队、舞美、灯光人员，没有忘记宋德珠、施明华等对她的帮助。她始终坚持一个观点：一出戏的成功，主要演员不应该据为己有，居功自傲，它一定是集体创作智慧和力量的结晶，离开集体，一名演员就一事无成。古往今来都是这样，戏曲表演的综合性极强，不是一个人能够完成的艺术。笔者觉得这一思想是十分可贵的，今天的戏曲演员尤其应该深刻领会和树立这种思想。

（3）在第一场的表演和舞台调度上，王紫苓也有自己的设计安排。佘赛花唱【导板】出场后，有丫鬟、女兵，她与导演商量增加"扯四门"，还有队形走左右两边"扎犄角"的队列造型，几个人排列成行，由低渐次而高，组成美观的队列，在舞台的左右各做一番儿。这样，显得舞台上有变化，灵活，演员们集体表演，而不是扮演女兵的演员在台上死站着不动，光看主演一个人的。她还注意发挥同台演员的作用，舞台上"一棵菜"，配合表演很精彩。

王紫苓（左）饰佘赛花

（4）王紫苓与黄荣俊研究，在佘赛花与杨继业见面时，两人有一组表演，是他们自己商量加上去的。杨继业穿箭衣，头戴紫金冠、翎子，佘赛花穿改良靠、翎子，两人见面时，他们研究出同时掏"双翎子"的表演和亮相，一左一右，对称而行。佘赛花有个"卧鱼儿"式，形成两人一高一低的造型，舞台上呈现的画面非常美观。这都是原来所没有的。经过这样一改，就使杨继业与佘赛花的见面在感情方面表现出更加亲近、融合、莫逆，两位正当青年的人情感表现更加热烈一些，剧场效果也更加火炽一些，从而提升了表演的艺术效果。在这段双人戏的表演中，王紫苓还是运用了拿手的眼神功夫，通过眼神上的沟通、交流，达到对二人心灵沟通的体现。

（5）王紫苓主演的《佘赛花》中安排了很多佘赛花与杨继业的对唱，给佘赛花添了耍大刀、耍枪下场和大开打。以下举例的各段唱腔都是他们自己设计的。例如，在佘赛花射猎与杨继业第一次见面时，就有二人不少的对唱：

佘、杨同唱【流水板】："只觉眼前光彩照，这一将军（女子）好风标。动人不在容颜俏，气宇无双美（女）英豪。"杨唱【摇板】："一语双关莺簧巧，俊眼垂青用旁敲。灵犀一点早知晓，我岂能瞽目无情负娇娆！"佘唱【二六板】："公子眼力果然好，能识凤凰在丹霄。两情默契心相照，"转唱【流水板】："暗定鸳鸯在今朝。凤凰不求无价宝，唯愿双栖碧梧巢。归家请向椿萱报，"转【摇板】："到佘塘，看彩凤，"接唱【回笼腔】："你莫负相邀！"杨唱【摇板】："赛花一去旌旗袅，"接唱【流水板】："心绪犹如海涌潮。将门之子非轻佻，只晓得跨马与抡刀。为何今日神思扰——"接唱【摇板】："奉请良媒订鸾交。"

在《七星庙》一场中他们也有对唱，如杨唱【西皮导板】："赛花盛怒不容缓，要想分说无法言。马踏云飞将我赶，不觉来到古庙前。"佘唱【散板】："满腔怒火将他赶，庙内哪来战马喧？"杨唱【摇板】："上有青天高无限"，佘接唱："下有黄河九曲澜。"杨接唱："日月三光齐照鉴"，佘、杨同唱："海枯石烂两心坚！"在这场时，佘赛花改扮大靠。

又如，佘赛花在前边的行围射猎一场的出场，就有一段唱：佘唱【西皮导板】："红衣成队銮铃震，"接唱【原板】："轻沙圆印马蹄痕。在闺中，在闺中我不愿调脂弄粉，到郊原，到郊原行围猎舒畅胸襟。宝雕弓，宝雕弓开满月穿云射影，绣绒刀，绣绒刀闪秋水滚玉翻银。绣甲霓旌旗结阵，"接【摇板】："网罗张哪怕它虎狼成群！"

佘赛花行围射猎回来以后，不断想那一日与杨继业的不期而遇，也编有一段唱：

佘唱【南梆子】："自那日射猎回神思扰乱，常有那人影儿闪烁面

《佘赛花》：左起王紫苓、茹绍岩、张韵啸、张学增、王世霞

前。我与他惺惺惺两情相连，似这等美姻缘佳偶天然。昨夜晚对银釭灯花灿烂，问灯花无喜讯你报与谁观！"

当佘赛花看到延平画的杨继业与崔龙的画图时，有一段唱【西皮摇板】："移步趋前把画图看，丹青染就两儿男。这一个朱唇慧眼春风面，锦袍着身顶金冠。"转【流水板】："那一个貌寝侏儒短，人间的丑相一人兼。这样的奇形怪状世上真少见，难坏了画圣吴道玄——他妙笔难传。况将俊者来陪伴，越显得那少年美翩翩。这分明是故意来装点，定有隐情在里边！"【西皮散板】："爹爹做事无主见，一女双许自惹纠缠。奸人画图将婚骗，俊画为丑媸（音吃，貌丑）画妍。伪画乔形我先扯烂——"扫头，唱【流水板】："自从母亲遭大限，爹爹抚养也甚艰难。他为女儿调护冷与暖，他为女儿不肯再续鸾弦。我本当承欢遂父愿，怎奈这婚姻大事不可屈迁。一成怨偶终身怨，还为爹爹惹愁烦。看爹爹白须泪沾染，赛花焉能不辛酸。强换愁容陪笑脸，"【散板】："他那里言不入耳我如触锋尖！"

（6）创腔趣事：为了琢磨这段唱腔，还闹出了笑话。她每天骑自行车从位于体育馆一带的家里去中国大戏院的剧团，她骑的是一辆坤车，没有大横梁，她只会骑车，不会捏住车闸下车，也不会在滑行中上车，每次上车、下车，都要找到高台阶蹬上去再上下车。有一天，她一边骑车一边哼哼唱腔，全神贯注于编唱腔。由于精神太集中在编腔上，根本就不注意前边的路了。自行车走到一个交叉路口，有一位警察在十字路口站岗，指挥交通。她连人带车直冲民警就过去了。遇到这样临时突发的情况，她更是不知所措，不停地喊："你躲开，你躲开！"自行车左摇右晃不停地往前滑行，那位警察左躲右闪。最后，还是自行车的前轱辘撞到了警察，警察伸出双手将车把握住，这才阻挡住她的人和自行车继续前行。她很不好意思地"咯咯"笑了起来，警察也无可奈何地望着她，被弄得啼笑皆非。警察说："眼看着你画龙似的就过来了，你天天骑车从这儿路过，怎么还不知道躲人呢，还要人来躲你？我躲来躲去，还是没躲开。你是什么情况？"王紫苓明知自己理亏，不住地道歉，回答："我是天津市京剧团的，骑着车只顾琢磨编唱腔，脑子走神了，真对不起。"警察说："我知道你是中国戏院的，你不是每天走这里吗，我认识你，常看你的戏。你既然骑车不很熟练，就别一边骑车一边走神创唱腔了，多危险呀！这是撞着我了，要是撞着汽车怎么办哪？"王紫苓说："哎呀，你不知道，我不经常念叨着唱腔，就怕到了剧团把唱腔忘喽，前边编的想法和努力就白费啦！"警察嘱咐她："千万别再走神啦！"她把车推到人行便道旁，蹬上人行道高出马路的便道牙子，坐上自行车又骑行开去。

  这个真实的故事很典型地表明，王紫苓就是这样一位时时刻刻一心扑在京剧事业上的人。她对艺术的学习和创造兢兢业业，她的生活里没有别的，整天满脑子里装的都是戏，时刻在琢磨戏里的人物和戏情戏理，如此才造就出一位这样的艺术家。"不成魔，不成家！"这句话在她身上得到了体现。

  到了团里，她把新腔唱给大家听，得到了著名琴师李宝华的肯定和赞赏，并且跟随她的唱试拉了两次，说："挺好，这段你唱着很合适，别人听着也舒服，不容易。别具一格，就这样了！"过了一个星期，她创编的这段唱腔定型下来，经京胡、京二胡、月琴等乐队老师与她的和旋，配合起来确实好听得很。特点是原剧本这段唱【流水板】，把高腔降低，旋律优美动听，很有感情，别具特色。这段唱很受欢迎，她收到几位观众的来信，盛赞这段唱腔的优美动听和富有特色，要求把这段唱腔的曲谱寄给他们。那时没有复印手段，当时没有给这些爱好者寄出曲谱，至今她感到愧疚，心里一直装着这件事，她特叮嘱笔者借本书出版之际，务必向他们致歉。

（7）在"打虎"一场，王紫苓饰演的佘赛花有精彩表现。这是全剧的头一场戏，她丰富了许多的表演，给全剧一个预热的效果，引领观众掀起一个观赏的小高潮。在佘赛花行围射猎时，出现猛虎，这是表现佘赛花刚强性格和高超武艺的机会，应该给人一个深刻的印象。佘赛花拔宝剑与猛虎搏斗，虎跑，佘赛花追下。再上场，就是佘、杨见面。演过几场之后，王紫苓感觉"打虎"这一场戏完全有理由再给添上些东西，丰富些表演。于是，她动了脑筋，给宝剑加了剑穗子，使宝剑分量更重，尺寸延长，舞动起来提高了技巧性和观赏性，更重要的意义在于可以显示出佘赛花这个人物的英勇、俊俏和帅气。为此，王紫苓除了向公园里专门练剑的人请教和学习外，还向擅于武打设计的武戏组组长施明华和彭英杰先生求教，帮她共同设计舞剑套路。在舞剑中，有几个扎椅角的刺剑，老虎扑过来、扑过去，刺虎完了，"剑袍"（剑穗）甩花后搭在肩膀上，然后亮相，潇洒爽利，英俊漂亮，赢得阖堂好。

## （十一）《武松与潘金莲》

关于武松的戏，版本很多，有以折子戏单折演出的，如《武松打虎》（又名《景阳岗》）、《戏叔》（又名《叔嫂反目》）、《挑帘裁衣》、《狮子楼》（带《杀嫂》）、《武大郎之死》、《十字坡》(《武松打店》)、《安平寨》、《快活林》(《醉打蒋门神》)、《鸳鸯楼》(《血溅鸳鸯楼》或带《飞云浦》)、《蜈蚣岭》(《拿王飞天》)等。还有全部《武松》(《武十回》)、《潘金莲》、《武松与潘金莲》(《武松》)、连本戏《武松》(头、二、三本)等。名目繁多，不同演员扮演武松或潘金莲的演出侧重点可能有所不同。

### 1. 师承

王紫苓演出的《武松与潘金莲》是她在1950年向旦角筱派名家崔

熹云先生学过的。崔熹云是著名男旦艺术家，师承于连泉先生创立的筱派艺术，崔先生是一位多才多能的好角儿。筱派在京剧旦角艺术中很有特色，是成就和影响很大的一个流派，以念、做的表演为主，善于表现旧时代风流女性或失意的怨妇，筱派的潘金莲表演就很有特色。筱派在身段、表情、眼神、台步的运用和表演都非常讲究，极富生活化。比如走台步，自从舞台上取消了踩跷技术之后，筱派走出的台步，从远处看给人的感觉还像是演员仍然绑着跷一样，这是很吃功夫的。王紫苓主要是学演荀派戏的，她说仅就念白而言，筱派就与荀派有很大区别。她向崔熹云先生学习了不少筱派的东西，获益匪浅。于连泉（艺名筱翠花）先生只有两位正式的徒弟，一位是崔熹云，另一位是陈永玲，这两位继于先生之后都成了京剧表演的大家。1982年与1983年之交的季节，陈永玲与王紫苓在天津举办的荀派专场演出中相遇。陈永玲对王紫苓的表演艺术大加赞赏，对王紫苓说："看过你的戏，我觉得你的潘金莲演法既是荀派，也有筱派。"

2. 合作

王紫苓与人合作演出这个戏有过一些过程。当年李万春先生曾约王紫苓参加自己的剧团，答应可以陪她三天。比如王紫苓要演《大英杰烈》，他可以给配演王富刚，或者演别的戏时，他在前边给垫一出戏也可以。提出潘金莲的戏就不要与他合作了，让给李砚秀，二李合作这出戏的时间比较长，磨合得已经很默契了。如果要演《武松与潘金莲》，李万春希望王紫苓与李小春合作，让王紫苓带一带小春，将来给他们成立剧团。王紫苓觉得如果能有机会与李万春合演此剧，可以使自己的艺术提高一大块，但是又不能夺李砚秀老师的戏。她考虑再三，决定不进李万春的剧团。1956年，武生名家王金璐在北京见到王紫苓，说有机会一块儿唱一回《武松与潘金莲》，后来王紫苓离开北京，回到天津，双方合作意愿终未实现。在天津她见到大师哥尚长春，师哥说："什么时候咱们唱一回《武松与潘金莲》，听说你演的潘金莲不错！"王紫苓说："那敢情好了，咱要是一块儿唱，你扮出来的'松子'肯定太威严了，太好了！"可是，说归说，两人一个在天津，一个在东北，都有各自剧团管辖,想凑到一起演出也不容易。王紫苓过去是挑班的演员,演出《武松与潘金莲》这出戏以她为主,在东北地区与王长山;在天津早期与童祥苓、后来与建华京剧团的曹艺铸、李少楼、王宝春、刘麟童;在北京与李金声等都曾合作过。

王紫苓对潘金莲这个人物有自己的认识,她认为潘金莲对武松是真心爱慕的,可是按传统的演法,这种情感就表现不出来。在与张世麟的合作演出中,她将对人物、对人物之间的关系、对剧情的感悟发挥了出来,演出效果比较理想。

1980年张世麟、王紫苓演《武松与潘金莲》

王紫苓过去不知道张世麟的武松戏演得如何,1959年张世麟调进天津市京剧团以后,她只看过张演的武戏,觉得还可以,可是武松戏有很多表演是文戏,再有,张的嗓音沙哑得比较厉害,武松戏的念白很多,他行吗?剧团派王紫苓与张世麟合作《武松与潘金莲》的时候,张世麟年龄比王紫苓大十几岁,互相很尊重,商量起戏来都很客气。他们最初排练这个戏时是按老本子排的,双方对戏太熟练了,念白的语气与人物和剧情极吻合,身段、动作、台步与锣经也是配合默契,排练比较顺利。张头一次看到王的这个戏,立即下楼,对懒散待着的青年演员们说:"你们在这干什么,怎么不去看人家排戏呢?非等到上台演戏时才知道努力呀，看别人排戏才长本事啦。你们看人家王紫苓，说戏时的眼神、脚底下，哪一样都那么准，都那样认真。排戏时她都这样有戏，等她到了台上，那还了得？还不赶紧去看吧！"他这一说，那些小年轻的演员一个个都上楼去看王紫苓排戏去了。其实，光看别人排戏是不能完全学到真东西的，一来年轻人阅历浅，舞台实践少；二来没有演过这个戏的人体会不出别人好在哪里；三是学戏一定要有人给你说，点破关键，你才能理解为什么要那样演，才能实受，要言传身教，口传心授。演出之后，张曾对别人说过："王紫苓了不得，太会演戏了，在她的带动和影响下，连我这不会演戏的都能出戏，了不得，这戏非她不可！"

她与张世麟最后一次合演这出戏大约是1983年在北京。演出预告有一天应该是杨乃彭演全部《杨家将》，杨临时嗓子哑了，得"回戏"（取消演出），团长谢国祥说把张世麟从天津调来，让他与王紫苓合演《武松与潘金莲》，由两位老演员同台合作演出，足可弥补观众的损失，观众一定会喜出望外，结果预料得果然不错。

张世麟演武松这样的角色对工，能表现出武松的横劲儿、狠劲儿和蛮劲儿来，在台上也能演出来武松这个人物的分量。王紫苓觉得与张世麟在一起合作演这个戏比较松弛，感觉在舞台上他不"欺"（压制）人，其实张世麟对竞争者就不然了。笔者听天津市京剧团的人讲过一段真实的笑话，20世纪50年代末，天津市京剧团新编一出戏《岳飞与杨再兴》，那时张世麟刚进天津市京剧团不久，由厉慧良与张世麟联袂演出，厉慧良饰岳飞，张世麟饰杨再兴。到末尾有一场戏是岳飞与杨再兴大战，杨再兴毙命。在排戏时，邓金昆扮演的兀术放箭，念白："看箭！"这时杨再兴要走东西（技巧表演）。可是张世麟在排戏时不走出来，说："行了，台上见！"厉慧良说："你打算走什么，做出来倒是让我们看一看，也让我们心里有底呀！"张世麟坚持要"台上见"，仍然没说出来到时候要怎么个演法。当天演到这个地方时，张世麟突然走出一个540度的转体摔"僵身"，演员和观众都没有思想准备，稍静了一会儿，演员和观众才都缓过神来，全场爆响起掌声。接下来应该有岳飞几句唱，得个喝彩之后就可以圆满收场了。可是在这样的喧闹气氛中，演岳飞的厉慧良再怎么唱，台下也听不见了，他预计想有的剧场效果也不会有，厉白唱了。更为甚者,有的观众看完张世麟的这一摔就"起堂"(退场)了。下次再演时,张世麟还是走这个摔"僵身",他刚一摔完,厉慧良马上从他的身后跨到前边来,在舞台前沿唱起来,压住了叫"好"声,结果让张世麟应该得的这个"好"没有叫起来,张白摔了。这是厉、张在台上"斗法"的一例。厉慧良晚年针对天津市京剧团当初的演员配备问题,曾对笔者说过:"一个团安排两个头牌武生,是怎么想的,真没见过。"这是题外话。

### 3. 众赞

那次王紫苓与张世麟在北京演出《武松与潘金莲》,引来不少京剧界的同行人来观看,荀师母张伟君、荀令莱、李洪春、吴素秋、陈永玲、刘秀荣和张春孝夫妇等都到剧场观看。那天,张世麟演出很卖力气,王紫苓演得也很认真,获得了同事和观众的一致好评。北京电视台也来人观摩,只是预先没有计划录像,所以没有带录像机去。电视台的人看过戏之后,非常后悔没有把这次的演出录下来,问能不能加演一场,好让他们有机会摄录下来。可是剧团的演出期限已经到期了,错过了摄录这出戏的机会,没有留下音像资料,这让两位艺术家也感

王紫苓(后左三)与李洪春(前左三)、张世麟(前左二)等合影

到终身遗憾。

李洪春老先生曾经给那时正在北京演出的王紫苓说过一出《花木兰》，这次在演出结束后亲临后台慰问演员们，指出：张、王二位这个戏演得很好，王紫苓表演很细致，自始至终演员都在人物和戏里头，显得她的戏很足。相比之下，武松在台上就有些呆板了。他建议回去以后修改一下剧本，再排演这出戏时，加重一下武松的表演。王紫苓听了这番话以后，产生顾虑，对李洪春先生说：

"您看我是不是有些抢戏了？"

李先生说："不，你演得很好，就这样演，问题不在你身上。我的意思是再加强一些武松的戏，两个角色在表演上配合得再密切些，就更好了。"

演出以后，陈永玲先生把王紫苓等演员邀请到家里做客，对王紫苓说：

"我猜你这出戏是跟崔熹云学的，筱派的这出戏只有崔熹云师哥和我能说，我看你的表演是学筱派，很不错。但是，你演的又不完全是筱派，有你自己的东西，对吧？"他对王紫苓表演的潘金莲十分满意，赞赏之情溢于言表，甚至认为王紫苓演的潘金莲已经超过大名鼎鼎的某位演员，陈永玲也感觉王紫苓演的潘金莲是当时全国坤旦演员中最令他看好的。王紫苓马上接过来说："您太鼓励我了，我怎么能和我师姐比呢，她那么大的名气。"

约在1980年，王紫苓和张世麟在中国大戏院演出《武松与潘金莲》，王家熙看完演出后，到后台，说："张先生演的武松太威严了，全国难找。"然后又对王紫苓说："你这个潘金莲，演得不瘟不火，恰到好处，用了筱派的表演方法，表现出了潘金莲的委屈与无奈，让人不是恨，而是深表同情。这个戏目前只有吴素秋和姜铁麟演过。可以大胆地说，你们在他们演出的基础上，又有所超越，非常好。希望你们能来上海演出，一准能红！"

#### 4. 对潘金莲的另一种认识

正如陈永玲先生看到和感想到的，王紫苓的确在如何表演好潘金莲这个人物和这出戏上下了很大功夫。舞台上扮演潘金莲的传统演法，是将这个人物塑造成一个风流、泼辣的女人，把她演成一个天然风骚、花心淫荡、放浪不羁的人。这样表现潘金莲，王紫苓虽然多年在舞台上也是努力去演，但是她心里很不舒服，或者说这样演潘金莲，不是她发自内心愿意这样做的。作为舞台下一个普通的人，王紫苓的人性与这样的潘金莲距离太远，尽管演员在台上只是逢场作戏，她也不心甘情愿这样表现潘金莲。对潘金莲的评价和认识，王紫苓的理解和舞台艺术实践，是与过去传统演法不同的。

（1）首先是在分析潘金莲这个人物的身份、生活经历、人物性格等方面，她有自己的想法。她认为潘金莲并不是过去人们认为的是中国典型的一个淫荡泼妇，而是在那样的封建社会里一个深受欺凌和迫害的悲惨人物。潘金莲的命运很苦，她从几岁起就被卖到张大户家，在此长大。潘金莲作为张大户家里的一个佣人，处在当时社会的最底层，她在张家辛勤劳动，学会各种活计，细心地、低三下四地伺候人，看主人的脸色苟且偷生，委曲求全。这种没有自由、没有自我的生活状态，是潘金莲不甘心的，她没有一刻放弃争取获得新生的机会。这是王紫苓对潘金莲人性的基本定位。

《武松与潘金莲》：左起王紫苓、马国祥、张幼麟

（2）另一方面，潘金莲是一个外表姣好的美丽女人，并且正当年少，春光焕发，张大户一直把她当作猎物，总想霸占她。终于有一天张大户开口了，要娶她做妾。她态度坚决，至死不从。张大户为了报复她，要赶她出门，最终给她找到又穷、又丑陋、个子又矮的武大郎嫁出去了。潘金莲宁可委屈嫁给武大郎，也不愿意留在张家做小妾。这对于潘金莲是不公的，是非常委屈的，她的命运掌握在别人的手里，任人发落，作为女人，潘金莲的遭遇是很悲惨的。这实际上是她受到张大户的迫害，被侮辱，应该值得人们对她报以同情。从这里也可以看出潘金莲的性格很刚强、倔强，她在挣扎着争取自主权，与命运抗争。这是潘金莲积极的一面，应当令人同情。

（3）同时，在潘金莲的身上还有消极的一面，是最终造成她悲剧结局的重要因素。她虽然是地位卑贱的佣人，但是她身处大户人家多年，大户人家腐朽糜烂的生活风气、做派都被她看在眼里，也会潜移默化地影响到她人生观的形成，成为她精神层面的一部分。所以，她不是那种小家碧玉式的人物，是见过奢华腐朽场面的大家奴。在这一方面来说，她又不是非常纯朴的纯粹农民劳动者。这为她后来不能抵御王婆子的勾搭与西门庆的物质利诱，被逼与西门庆成奸，是构成这种恶果的符合逻辑的深层次诱因。因此，潘金莲具有人格特征的两重性。

（4）为了摆脱张大户的纠缠，改变奴隶式的身份和生活，嫁给武大郎是潘金莲自己认可的，是她在武大郎和张大户两人之间做出的选择。嫁给武大郎之后，武大郎娶到这样天仙般的美貌妻子，有了自己的一个家庭，自然非常满足，喜不自禁，每天兴高采烈地出门去做炊饼的买卖，家里的一切听凭潘金莲的主张。武大郎孑然一身，上无父母的管束，下无牵挂的累赘，无论什么事，武大郎都对潘金莲言听计从，潘金莲有一种获得自由解放的感觉，虽然日子过得辛苦些，但是心情舒畅，温饱无虞，独立自主，并且有武大郎的无限疼爱，她也可以放情地撒撒娇，可以任性、使性，感到快乐顺心。因此，她对目前的生活状况还算知足，安分守己地跟武大郎过日子，大门不出二门不迈的，并不招惹是非。然而，她毕竟是天生丽质，在一个以男人为主宰的社会里，女人的美貌好像是一种罪恶，自然会引起招蜂惹蝶的事情，但那不是她自愿的主动行为。再对潘金莲的情感世界做进一步深入的分析，潘金莲有对理想生活的追求，有她对美好夫妻生活的向往，有她的爱情观和心底钟意异性对象的向往。其实，潘金莲作为美丽的少女，是长期处在爱情受压抑状态的，这种情感上的渴求不是没有，而是客观条件不允许，一旦客观条件具备，少女的情爱冲动是要迸发和释放的。客观地分析，作为社会上的一个自然人，都是有欲望的，往往欲望就是人生的深渊。她与西门庆邂逅纯属偶然，被西门庆这个浪荡公子紧追不放，又遭王婆子的从中算计，再三怂恿勾搭，加上她在张大户家接受的满眼腐朽生活情调的熏染，对她精神世界都有不可估量的影响，一旦外界环境形成适宜的气候，这种不良的影响就显现出来。其实，潘金莲的真爱不在西门庆身上，而其真正属意的是武松。她与西门庆成奸，是在遭到武松拒绝之后，也有赌气的成分："让你看一看，没有你武松，是不是就没有男人追求我了！"

### 5. 表演

基于以上对潘金莲的人物分析和认识，王紫苓将这些认识运用到对潘金莲舞台艺术形象的塑造实践中去。潘金莲这个人物在《武松与潘金莲》剧中有四场戏最重要，戏叔、挑帘裁衣、毒死武大、杀嫂，王紫苓分别是这样表演的。

（1）戏叔：王紫苓在这场戏里把潘金莲复杂的心境表演得非常细腻逼真。这是一场情感戏，潘金莲在这场戏里的心境是十分复杂的：有胆怯，有大胆；有试探，有直白；有暗示，有表露；有自尊，有委身；有希望，有破灭。把这样错综复杂的人物心理状态有层次地表现出来，不是轻而易举的。

潘金莲与武大郎的结合是无可奈何的事情，是在张大户和武大郎二者必选其一的情况下的无奈选择，是为立刻逃脱张大户魔窟和纠缠必须要做出的决定，是为自己赎出自由身被逼无奈的抉择。她一个聪明又美丽的少女，难道真的从心底里心甘情愿地接受武大郎吗？不，她只是为自由解放不得已的一种选择，是"鱼与熊掌不能兼得"的。其实，她还有对美好生活的向往，有对异性的男人类型的渴望，这应该是人之常情的，无可指责，只是被无情的现实埋没。当她见到武大郎的弟弟武松时，那种少女久受压抑的对异性爱慕的冲动一下子被点燃了起来，使她不能自已，以致失去理智。潘金莲终于按捺不住对武松爱慕情感的冲动，决心要对心仪的人表露心境。于是，她鼓足勇气在有一天趁武大郎不在家时，备下酒菜，款待武松，她既想以酒乱性，勾起武松对女人的欲望，又想以酒壮自己的胆量，表白心迹，翻云覆雨，成全好事。这时，王紫苓把潘金莲表现得十分柔情、迁就，恨不能把自己的心掏出来给武松，以身相许。出乎她意料的是武松凛然正气，咸甜不吃，水泼不进，金刚之身一般，久攻不下。潘金莲在处理与武松的关系上，犯了一个封建社会绝不允许的大忌，就是乱伦。朋友之妻尚且不可欺，武大郎是武松的哥哥，潘金莲是武松的嫂嫂，武松怎么能冒天下之大不韪去玷污嫂嫂呢？如果那样，他就不是顶天立地的大英雄武松了。

开始他们是客客气气的，叔嫂相敬如宾，逐渐潘金莲开始流露爱慕之意，继而以言语和柔情挑逗，引起武松的警觉和不快。发展到后来，武松扭转了对嫂子的看法和尊重，竟然严词拒绝，临走还说出警告和威吓的话。潘金莲的欲火一下子被武松的一桶冷水迎头泼下，柔情似水换来的是从头到脚的透心凉。这让潘金莲不只是失望，自尊心也深受伤害，追求幸福的一点希望破灭了，这使她痛心疾首、万念俱灰。俗语有"最毒不过妇人心"，潘金莲得不到武松，为了保护自己，她竟然倒打一耙，反咬一口，恶人先告状，在武大郎面前装出一副受伤害的样子，污蔑武松调戏她。这暴露出潘金莲心理丑恶的阴暗一面。

（2）挑帘裁衣：王紫苓在这一场戏里，开始表现的潘金莲还是很活泼开朗的。但是随剧情的发展，人物有变化。她晒晾衣物，在楼上走廊搭竹竿，不小心竹竿掉落到楼下，当她向下张望时，正巧西门庆从她门前路过，竹竿打在西门庆头上。一向寻花问柳的西门庆抬头看到如花似玉的潘金莲，立刻心花怒放。这一场景被多事的王婆子看到，贪图西门庆贿赂的财物，便设计以请潘金莲到王婆子家裁剪衣服为名，西门庆和王婆子二人共同设下陷阱，在威逼利诱下，潘金莲这个可怜的女人一失足落成千古恨，最终酿成杀身之祸。

王紫苓在表演与西门庆的第一次邂逅时，表现出潘金莲只是不经意地看了西门庆一眼，与见到武松时的心理和表现是完全不同的，不应该像有的演员表现的那样，好像与西门庆是一见钟情。潘金莲不好意思地与西门庆打个照面而已，没有其他更复杂、更深层的想法。王紫苓把后来潘金莲与西门庆关系的发展，仍然设定为被害者，只是中了西门庆和王婆子设下的圈套。这样，她对潘金莲人物的定位就一以贯之了，如此潘成了值得人们同情的人物，贯穿于全剧。因此，当在王婆家会面时，西门庆使出惯用的流氓手段，对她进行赞美和挑逗，她表现出的不是高兴，而是不好意思、羞涩，心知是苟且之事。最后她被西门庆拥入里屋，是被动的，是在会武艺的西门庆强力之下迫不得已走进了后台，而不是像有些演员表现的那样或是半推半就、或是鱼水之欢般地相拥下场。这样两处的演法就与传统演法有很大的本质区别了。

（3）毒死武大：根据王紫苓对潘金莲的一系列认识，演到毒死武大郎的一场戏，王紫苓所扮演的潘金莲的表演方法自然而然又会与众不同。她不按传统的演法，把潘金莲设计成是与西门庆、王婆的合谋者，或者被教唆、挟持共同完成谋害武大郎，而是设计成潘金莲对西门庆、王婆毒害武大郎的图谋和行动浑然不知。具体表演是这样的：在里屋西门庆把毒药交给王婆，王婆给武大郎的药里下了毒。这样在空间设计上就把潘金莲与王婆、西门庆给隔开，分里外屋，让潘与他们之间隔着一道门帘，下毒时潘与他们不在一块儿，并没有看见，也不知道西门庆和王婆要毒害武大郎。潘还好意希望武大郎喝药治病，给武大郎灌药时潘也不在跟前。武大郎喝药中了毒之后，王婆掀帘子，武大郎大喊一声"哎呀！"然后从帐子里挣扎滚了出来。这时给饰演武大郎的丑角演员发挥表演的机会，再回帐内，王婆坐在武大郎身上，加速其死亡。潘不明白为什么武大郎喝了药会有这样要死要活的剧烈反应，在一旁表现出疑惑不解与害怕的表情，哆嗦，配合有台词。这时潘多少明白了一些，是西门庆与王婆在加害武大郎。过去的表演是让潘金莲与王婆一起灌药、掀帘子一起坐武大郎身子，完全把潘金莲表现为同谋杀人者。这一场戏带有根本性的改动，把潘金莲从毒害武大郎的事件中彻底摘出来了。

王紫苓饰潘金莲

（4）杀嫂：这是全剧矛盾达到高潮之处，也是解决矛盾的一个次高潮，从全剧来看，最终解决矛盾的高潮，应该在《狮子楼》武松杀西门庆。"杀嫂"是潘金莲在这整出戏里的重头戏之一，潘金莲所有复杂的情感纠葛都倾斜在这一场戏里，这场戏是潘金莲的收场戏，这场戏演得好，有一个好的收尾，才能使全剧的潘金莲在表演艺术上有个圆满的结束。王紫苓对这一场戏是下足了功夫的，也有独到之处。从表演上，这场戏以念、做为主，是考验演员表演功力也就是"做戏"能力的一场戏。潘金莲在人生道路上走到这一步，她是预知会得到武松惩罚的。潘至今对武大郎之死怀有愧疚之心，对武松痴心不改，对自己悔恨不已，对西门庆和王婆怨恨在心，这些极度复杂的心理集中纠缠在她一个人的身上，背负着沉重的情感压力，这就加大了演员表演的难度。潘金莲在武松面前要由喜变伤，本来穿的是挂红的衣服，见是武松来，马上回房更换全素，还要装出无辜和悲伤的样子；当被武松戳穿事实真相以后，潘开始害怕和忏悔；当武松起杀心时，潘要哭述自己的不幸和苦衷，心理和情感的起伏变化很大，也很复杂。武大郎的被害导致自己去死，以命抵命，她认识到是咎由自取；最终能死在武松的手里，她又觉得心甘情愿。所以，王紫苓所饰演的潘金莲被武松一刀结果性命时，是用手拽着武松的衣襟，身子瘫软地依偎在武松的腿旁，内心独白是："我最后能死在你的怀里，我认了，值了！"这是王（紫苓）派独有的设计。

综上所述，不难看出王紫苓给我们演绎出了另外一个与过去、与众截然不同的潘金莲，不是令人憎恶的潘金莲，而是一个令人同情无以自拔的弱女子。

**6. 另些改动创新**

（1）天津市京剧团改编所形成的她独特的版本，不但给武松增加了"戏份"，也给潘金莲加了不少的念、唱的内容。例如，潘金莲一出场时的四句念白："生就芙蓉桃花面，红颜薄命有谁怜。大郎丑陋难如愿，春愁秋思惹人烦。"这四句话是对潘金莲心理状态总的概括，是她对自己身世的自白，也是对自己人生不幸的感叹，那种心理的不平衡、怨天尤人的不满情绪，一股脑儿地暴露无遗。这四句增加的台词是描绘潘金莲肖像的点睛之笔，使观众立刻就理解到潘金莲的大致情况，也能让演员很迅速地入戏，走进人物的情境中去，同时也很快地把观众引领到她所设定的人物和情境中去。

（2）另外，她给潘金莲这个角色增加了或者说调整了两个唱段，过去"戏叔"之后唱【四平调】，后边"病房"唱【南梆子】。王紫苓认为在"戏叔"之前的唱应该是【南梆子】才适合，可以表现出潘金莲一见到武松时那种欢快愉悦的心情，适合表达潘金莲对美好愿望的憧憬。"病房"一场戏中，潘金莲的心情是压抑的、郁闷的，所以唱【二黄】更为合适。她在演出时就按照自己的想法，在前边安了一段【南梆子】唱段："大雪飞草屋寒心绪烦乱，坐不安立不稳昼夜思牵。自那日与兄弟初次相见，你看他身魁梧相貌威严。我与他若能够朝夕相伴，纵然是布衣粗食也心甘。"

王紫苓对她与张世麟的合作最为满意，觉得最默契、合手。张世麟病故后，她再也找不到合演这个戏更合适的演员。约在 1998 年，王紫苓 67 岁时，张世麟哲嗣张幼麟力邀王紫苓先生合演这个戏。张幼麟大致继承了其父张世麟的一些东西，基本表现出了脆、狠、准的特点，总体上还是不错的。可是，作为与张世麟合作过此戏的王紫苓，总还是觉得缺了些什么。仔细想来，她觉得张幼麟与他父亲比较，还是在分量上感觉不足，严格要求的话，幼麟还是欠些火候，尽管表演非常卖力，可是总觉得对手的戏不足。在这以后，王紫苓就不再演这个戏了。

可以说，王紫苓对《武松与潘金莲》这出戏的艺术创造与革新，是独树一帜的，是有系统创建的，是一出树立起了王（紫苓）派风格的代表作。

## （十二）《战宛城》

### 1. 剧目源流

京剧《战宛城》写三国时期曹操攻占宛城，城破，守将张绣降，曹纳张绣之婶母，绣恨之，反，致曹军败的故事。例如，据《立言画刊》第73期所载《夏月恒与〈战宛城〉》一文记：《战宛城》先由昆曲移植成梆子戏，京剧名家夏月恒再把梆子戏《战宛城》改为京剧，搬到嵩祝班的舞台演出，夏月恒自饰张绣，金秀山饰曹操，田桂凤饰邹氏，典韦由金茂或牛春化饰，草上飞饰胡车。又如，出版于清光绪六年（1880）的《梨园集成》一书已刊有皮黄本《战宛城》。后该剧或名《大战宛城》《张绣刺婶》《马踏青苗》《割发代首》《典韦》《盗双戟》，均出于此。清嘉庆年间的《鼎峙春秋》剧本中即有"起兵征绣""贾诩

65岁王紫苓演《战宛城》饰邹氏

降""宛城慕艳""典韦死难"四折。其他地方戏如汉、川、秦、豫、徽、粤等剧种，亦有此剧。

故事来源于《三国演义》第16回和第18回，由曹操马踏青苗事后衍生而来的情节。裴松之对史书《三国志·魏书·武帝纪》的注所引的《曹瞒传》亦有记载曹操马踏青苗事，云：曹操"尝出军，行经麦中，令士卒无败麦，犯者死。骑士皆下马"。岂料"太祖马腾入麦中，敕主簿议罪。主簿对以春秋之义，罚不加于尊。太祖曰：'制法而自犯之，何以帅下？然孤为军帅，不可自杀，请自刑。'因援剑割发以置地"。《武帝纪》与《张绣传》《典韦传》对张绣事因有前后的连续记载，《武帝纪》："公（曹操）到宛，张绣降，既而悔之，复反。公与战，军败，为流矢所中。长子昂，弟子安民遇害。"《张绣传》："太祖纳济妻，绣恨之。太祖闻其不悦，密有杀绣之计，计露，绣掩袭太祖。太祖军败，二子殁。"《典韦传》："韦好持大双戟与长刀等，军中为之语曰：'帐下壮士有典君，提一双戟八十斤。'太祖征荆州，至宛，张绣迎降，太祖甚悦，延绣及其将帅置酒高会。太祖行酒，韦持大斧立后，刃径尺。太祖所至之前，韦辄举斧目之。竟酒，绣及其将帅莫敢仰视。后十余日，绣反，袭太祖营，太祖出战不利，轻骑引去。韦战于门中，贼不得入，兵遂散，从他门并入。时韦校尚有十余人，皆殊死战，无不一当十。贼前后至稍多，韦以长戟左右击之，一叉入辄十余矛摧。左右死伤者略尽。韦被数十创，短兵接战，贼前搏之，韦双挟两贼击杀之，余贼不敢前。韦复前突贼，杀数人，创重发，瞋目大骂而死。贼乃敢前，取其头传观之，覆军就视其躯。"

把以上各传记所载相关内容连接起来，就是京剧《战宛城》的全部剧情：

张绣在宛城大练兵马，志夺许昌。曹操率军讨伐，行军中令勿伤麦苗，违者斩。不意曹操坐骑之马惊，践踏麦田。曹令如山，自割头发代替割首，以令行。张绣不听贾诩劝谏，出城迎敌，宛城破，绣降曹。曹令张绣操练火牌、刀削两部兵将，甚为赞赏。曹将典韦、许褚不服，与之比试，击散两部，曹将张绣两部分归典、许统领，绣心怀不满。一日，张绣婶母邹氏于花园小楼观景，曹操偶遇，甚慕邹氏美貌，邹氏亦觉曹貌酷似亡夫，心有异动。曹之侄安民带人抢走邹氏至曹府，两厢承欢。张绣怒，起反意，为防生变，曹操与邹氏移居典韦军营之中。绣从贾诩计，邀典韦过营饮酒，大醉回营，绣遣胡车盗取典韦双戟，夜袭曹营，猛将典韦毙命，邹氏、安民被杀，曹操弃城溃逃。

《战宛城》是一出表演精彩的剧目，集文、武的生、旦、净、丑于一炉，历来为各路优秀演员和剧团重视。武生宗师杨小楼经常上演，既扮演张绣，在与其他名家合作时也演过典韦，享誉于世。老生宗师余叔岩等演此剧亦能胜场。架子花脸侯派创始人侯喜瑞的《马踏青苗》一场之"趟马"的表演独具特色，与他的《连环套》中"盗御马"一场的表演，同为架子花脸树立了典范。

**2. 对邹氏的重新认识**

王紫苓参加演出《战宛城》，饰邹氏，她把京剧旦行中的两大重要流派艺术荀派和筱派合二为一，融为一体，大体表演是走筱派的路子，唱腔、念白遵荀派，如此形成了她个人的风格特点。她对这出戏的重要贡献，在于她对邹氏这个人物的独特理解、诠释和表现，是有自己的创新的，难能可贵。

在王紫苓这一代演员之前，旦角普遍是由男演员来扮演的，他们的老师一辈人多是男演员，男旦的影响是主要的，像她的老师荀慧生以及筱派创始人于连泉，都是男演员。因此，他们在舞台上展现出来的必然带有男旦的特点，表演方法也是适合男演员的，加上时代风气的不同，有些对妇女角色的理解、诠释和表现，就不太适合女演员在舞台上表现，也不适应新时代的新观念和审美要求。王紫苓过去不是很喜欢《战宛城》这出戏，因为她认为按照传统的老演法，邹氏的表演有点儿"黄"，男旦表演起来更细致，更偏重于对守寡邹氏"思春"心理的充分挖掘和表现，很不适合女演员来演，她对此反感，所以，过去她基本不和老生或武生演员合演这个戏。过去这出戏把邹氏塑造成"荡妇"的形象，与曹操的媾和表现出很自愿、很主动的样子，而且为了能与曹操长期厮混下去，还献计给曹操，要杀害她的侄子张绣，更觉离谱。

《战宛城》：左起李小蕙饰丫鬟，王紫苓饰邹氏，张韵啸饰曹操

　　王紫苓认为这样设计和表现邹氏是不合理的，也是不符合邹氏的身份地位。她认为，无论如何邹氏是高官的夫人，丈夫亡故之后，邹氏身为太夫人之位，而且邹氏是知书达理之人，张绣在幼时读书，研读兵书战策，是受到婶母邹氏指点辅导的。而传统方法表现出来的邹氏却是个非常市俗、情欲很强的妇人，似乎不太合理。不能否定二三十岁守寡的邹氏完全没有情欲的需求，但是不可表现得过于夸张和露骨，还是要含蓄一些为好，不能过于粉饰这部分内容，演员既要有艺术表演的展示，又要恰如其分，适可而止。因此，她对旧剧做了适当而必要的改动，最重要的改动是《思春·捕鼠》一场的表演。当然，这一场有许多吃功夫的技巧表演，尤其过去演员要踩跷，走台步、动肩、哆嗦，特别是表达邹氏内心活动的做戏表演，捕鼠时的多种表情：惊吓、好奇、兴奋等十分复杂的情绪表达，都是考验演员的基础功力。过去表演还有邹氏与曹操同在帐子内，出来时，曹操的头发编成小辫子，朝天立起；邹氏穿一身红，在帐子里边跷腿坐着。这些场景总是让人感觉不雅，说严重了有伤风化，在舞台上渲染这些生活细节是不适宜的。除此之外，这样表现曹操和邹氏，把人物的身份给贬低了，庸俗化了。

　　1959年，王紫苓接受剧团委派的任务，要她与张世麟合作演出《战宛城》。于是，她有了改造这出戏的契机，她要把邹氏的地位和身份提高些，演出自己的新风貌，着力在这一场戏上下功夫加以改革。总体来说，她掐掉很多戏，保留一些邹氏生活情趣的情节和表演，让曹操这一角色的表演更加规矩一些。

### 3.邹氏的形象塑造与表演改革

她把这一场戏的发生时间和地点设定在清晨邹氏的私房。她明确了邹氏的人物定位，高官夫人、张绣婶母、现任府内的太夫人，有气派，仪表庄重，穿戴素雅，不是花枝招展的样子，举止有度，不是轻浮的样子。但是，还要表现得年轻漂亮，不失应有的富贵风度。另一方面，又要塑造出邹氏是一位守寡的年轻妇人，有她自己的苦恼和隐私，特定的心理要表现出特有的言行，尽管有时也会思念儿女情长之事，但她终归不是风尘女子，不是身份低贱之人。所以，王紫苓觉得塑造出的邹氏一定不要暴露无遗，而要留有余地，给观众以想象的空间，如果把邹氏的外表与内心情怀完全白描出来，就显得表演得肤浅，也没有了味道。如何恰当地把握表演的分寸，是成败的关键。

这一日邹氏辗转反侧，清早起床很早，起来后感觉腰肢发"皱"（不舒展），也许是睡眠不足或是睡眠不安稳吧，心情懒散，伸一伸懒腰，打个呵欠。如果是传统演法，邹氏就开始卖弄身姿了，一身软懒怠惰的样子，然后有人躲在桌子后边操弄老鼠道具，乐队发出老鼠叫的拟音。这勾起邹氏的注意，从椅子上起身到桌前查看，从而引起邹氏的想入非非，生发出多种变化的表情和身段。王紫苓大胆地把这一段表演拿掉，她把表演的重点放在之后的"捕蝶"上。她百无聊赖，开门出屋，舒展心情，忽然见到蝴蝶发生兴趣，她手持小扇要捕捉蝴蝶。看到又飞来两只蝴蝶，互相追逐，似是一雌一雄，落在花枝上，一只趴在另一只的身上。邹氏心情跌宕，害臊起来，可又想看，蹑手蹑脚地要走近前仔细观看，可是又怕下人们已经起床，前来奉茶，发现自己的行为，这时她一边走近蝴蝶，一边向四周张望，唯恐丫鬟等人起床来到院子发现她。结果蝴蝶被惊跑，她正在做着的美梦被冲散了、破灭了，邹氏心情不快地慢慢移步回房。

筱派在这一场戏的表演，先是捕鼠，然后在屋里捕蝶，王紫苓改为取消捕鼠的情节和表演，保留捕蝶，但移到院子里扑蝶，表演的活动范围更大了。

《战宛城》：王紫苓（前）饰邹氏，苏德贵（后右）饰张绣

### 4. 与厉慧良的合作失之交臂

20世纪90年代，王紫苓与厉慧良分别进入花甲与古稀之年，他们说好要找机会合演一回《战宛城》。王紫苓为此积极准备，把经她改编的演法表演给厉慧良看，得到了厉先生的认可，觉得还可以进一步丰富表演。厉慧良答应从上海演出回来以后，二人即演出。不料厉慧良从上海回来后不久，心脏病就猝然发作，仓促离世，给王紫苓留下了无法挽回的遗憾。厉慧良去世后，厉派艺术传人武生名家苏德贵的夫人王怡梅找到王紫苓先生，说："王老师，您和厉老师既然不能合作这出《战宛城》了，您又已经准备好了这出戏，不演多可惜呀。不如您捧一捧苏德贵，烦您陪苏德贵演一回《战宛城》，您看好吗？"王紫苓从艺几十年，与谁合作演出都从来不挑剔，何况要合作的是苏德贵。她认为苏德贵是一位优秀的武生，虽然不是厉先生正式磕头的弟子，可是多年跟随厉先生学习，深得厉艺的神髓，况且苏德贵又是多年同台老友王则昭的女婿，无论从哪方面讲，合作演出都是义不容辞的。虽然王紫苓未能与厉

慧良合作演《战宛城》，却与厉慧良的学生苏德贵合作了该剧，并且是按照王紫苓的修改本上演的，也算聊慰宿愿了。

## （十三）《铡判官》

1958年，天津市京剧团交给王紫苓一个剧本，委派她出任剧中第一女主角，这一剧本就是《铡判官》，是王紫苓加入天津市京剧团以后接手的又一部大型新编剧目。《铡判官》本来是一出老戏，而且是连本戏，该剧取材自武侠小说《三侠五义》第34—39回，共8本，《旧剧丛谈》一书记载清末时期春台班排演于北京，清光绪四年（1878）刊印的《庆升平班戏目》已有之。天津市京剧团的这个剧本是根据传统连本戏整理压缩改编而成的。

### 1. 新戏角色以自创为主

王紫苓当年只有26岁，此前没有接触过这样大型的新编戏，导演张文轩要求演员根据剧情和人物，对自己饰演的人物要自行设计。传统戏对王紫苓来说不成问题，不会的总能找到老一辈人或同事去学习、借鉴。这一次不然，她从来没见过新剧本的《铡判官》是个什么样子。怎么办，从何下手呢？开始时她真犯难了。要知道承担一出大戏中主要角色的扮演任务，需要演员完成的事情很多，如角色穿什么戏装、如何化装、唱腔如何设计、与其他角色怎样配合表演、自己运用什么技巧表演、与伴奏乐队怎样配合，以及每一场戏里自己在舞台的什么位置、在台上如何移动等。在此以前，她也曾与厉慧良一起承担过两出大型新编戏的排演。赴朝慰问回到国内以后，先在大连演出，排演了现代戏《白毛女》，先期李少春与杜近芳、袁世海、雪艳琴已经在北京上演过，王紫苓是观摩过的。这时大连市的著名演员闻占萍正在当地演出《白毛女》，也有学习借鉴的机会。这之后又去哈尔滨市，在那里她与厉慧良又排演了另一出新编戏《关汉卿》，这出戏是孙宝义和张啸宇根据田汉先生编剧的话剧本改编成的戏曲剧本。厉慧良主演兼导演，王紫苓饰演剧中女主角朱帘秀，有厉慧良在前边顶着，她肩上的负担就小了许多，在哈尔滨演了很多场。这次《铡判官》不一样，饰演主角柳金蝉的方方面面都要自己出，她还是感到有些思想压力的。

**2. 现学练唱【拨子】**

她仔细反复地阅读完剧本之后，首先找到导演张文轩先生，对戏的表演创作构想交流一下意见。张文轩是老生演员，走过很多地方，搭过一些戏班，有文化，偏爱对京剧剧目的创作工作，所以他在天津市京剧团导演的剧目最多，颇有成就。她征求导演对唱腔的意见，张先生认为，柳金蝉最核心的表演场次是成为鬼魂后的出场和在森罗殿见判官，根据剧情需要，适合唱【拨子】腔。这时候的王紫苓还没有唱过【拨子】，张先生让她去和乐队老师研究一下。王紫苓找到在乐队拉京二胡的霍鹤鹏，霍先生为人和善热情，乐于助人。王紫苓把唱词递过去，霍先生看着唱词哼唱了起来，她听了之后与霍先生商量，有些地方的唱是否可以改一改，霍先生说完全可以，咱们这是一起商量，怎么好怎么来。王紫苓根据柳金蝉的冤屈、悲惨的遭遇，认为可以在唱时加进一些哀怨、哭泣的悲情气氛。于是，她给加了几个半音儿、长音儿、哭音儿等，更衬托了剧情的凄惨悲凉的情绪和气氛。霍先生听了非常满意，当场赞扬王紫苓虽然年轻却很有创造潜力。在演出中，她与琴师合作研究的唱腔非常受观众的欢迎，只这出场的一段唱就三次获得了满堂好。

**3. "魂子"的出场表演**

唱腔定下来，唱的问题解决了，导演出于让戏更为精彩，让演员更能充分发挥自己的表演技能和特长，决定给王紫苓饰演的柳金蝉安排一个独立的单场。于是，下一个问题来了：柳金蝉的"魂子"应该怎样表演，身段使什么样的好呢？在此之前，王紫苓演过《乌龙院》，从"闹院"到"坐楼、杀惜"止，却没有演过后边"活捉"阎惜姣魂子的戏。另外，《乌龙院》中的阎惜姣和《铡判官》中的柳金蝉在身份、性格、生活环境等各方面都是不同的，艺术处理上肯定不能一样。所以，"魂子"戏的表演对王紫苓又是一个新的研究和实践课题。她经过苦思冥想，把柳金蝉魂子出场时的外部形象设计成在锣鼓经"丝鞭"（俗作撕边）的伴奏下，在"追光"灯的照耀下，她脸朝里、背着身子、迈着倒走的小碎步，轻轻地、慢悠悠地缓缓出场，身穿青衣儿，披头散发，脸扑粉白色。走到台口，锣鼓起"锵隆隆锵，锵隆隆锵"，演员一个转身，在剧场的一片漆黑中，在强烈的白灿灿的追光灯下，忽然出现这样一个形象，确实令人感到有些恐怖，实现了戏曲表演应该渲染出的艺术效果。这种强烈的艺术冲击对一部分观众来讲，还真有些吃不消，接受不了，后来不得不改变一些艺术处理方法，降低恐怖的渲染。

出场到了台口亮相之后，下边王紫苓的表演设计出繁重的跑"圆场"。王紫苓饰演的"魂子"形象在身段上也想了一些特殊的办法。她的整个身体，从头到腿都始终保持僵直，不打弯，不扭曲，而且走起来身体前后、左右小幅度地轻轻晃动，两只胳膊自然下垂不动，摇晃时是全身在摇摆，不能只是上身摆动，"魂子"就像一个纸人被风吹动时随风摇摆、不能自己的状态。这样，人们想象中的鬼魂形象就出来了。戏曲是综合性很强的表演艺术形式，音乐伴奏在表演中起到了很好的烘托作用。当时剧团里的当家鼓师是著名的乐师姚占琦（姚品二）先生，经验丰富，与诸多名家均有过合作，笔者与姚先生有过接触，他曾给马连良打过鼓。他对王紫苓说："你爱怎么走，走什么，都行，你甭管我，你走你的，我给你配乐，都能给你打出来就是了。"在"魂子"出场时，针对王紫苓的表演和身段，姚先生给加了击打大鼓的音响伴奏，"锵——隆咚衣咚七咚锵——隆咚衣咚七咚锵……"本来在演出之前的设计，王紫苓是没有考虑摇晃身子表演的，在演出中有了这套音响的伴奏，王紫苓自然而然地加上了摇晃身子的表演，可以说是临场灵机一动发挥出来的。

这是一场载歌载舞的精彩绝伦的表演，柳金蝉喊完一声"鬼哥"之后，柳金蝉受惊吓，直奔下场门，这一段台步的走，让人看了就像柳金蝉飘起来一样。然后接着唱，唱完，一个大的跑圆场，显出王紫苓的扎实基本功，给人恰似飘飘欲仙的感觉，轻曼飘逸，洒脱敏捷，越跑越快，台下的掌声随之一阵阵此起彼伏，两只水袖因为人的行进速度太快而飘浮起来。随着跑圆场表演的不同变化，"鬼步"的变换，"锵——

《铡判官》：刘少泉（左）饰油流鬼，王紫苓饰柳金蝉

布隆咚衣咚衣咚锵——布隆咚衣咚衣咚锵……"的声响也随表演节奏有所变化，节奏或疾或缓，音量或强或弱，呈现出视听的最佳综合艺术效果。最后一个大转身，在锣鼓"噔噔布锵锵另锵"的伴奏下，她飘忽到上场门的位置，亮住身躯之后，脸朝里，蹲身，在聚光下，在"嗒嗒锵，嗒嗒锵……"不停的锣鼓声中，她一点点起身，身子越来越高，继续长身，提腰，踮脚，趴身，由很矮逐渐变得很高，忽然转身，又走三个"捻捻转"，最后直奔下场门方向，下场。王紫苓是一位对于艺术兢兢业业、态度认真、永不停步、精益求精的艺术家，她一边演出，一边用心听取各方面的反应，有时她特意向一些人征求意见，虚心聆听。演过几场之后，她问自己：难道柳金蝉就只可以走鬼步、跑圆场吗？是否可以再加东西，丰富表演呢？她不满足于当前的成功和辉煌，于是后来她又给自己加码，增加表演的难度，丰富表演的多种形式，除了保留身体飘飘摇摇、转转悠悠、飘忽不定的身段表演之外，又加演了左右横磋步、云步、前后的扬脚磋步（花梆子步）等。

可以毫不夸张地说这场戏演绝了，是全剧最引人入胜的场次之一。她体会到遇到一支好的乐队、一位好的鼓师、好的琴师，对于演员的表演有多么的重要。她一再讲，一出戏的好，绝不是主要演员、名角一个人所能够实现的，主演可能起到主要的作用，但不可能是全部作用，离开了集体，将一事无成。她深有感触地说：绝不能忽视配戏的演员以及乐队、舞美、灯光等剧团里方方面面工作人员的作用，只有大家的密切配合、团结合作，才能够托起一名演员在舞台上的成功，才让主要演员在舞台上能够最大限度地散发出耀眼的光彩！

### 4. 森罗殿见判官的表演

除了"出场"这一场戏，下边在森罗殿见判官，是柳金蝉的又一场重头戏。扮演判官的是名净邓金昆，无人不佩服他的技艺精湛。在排演时，邓金昆先生找到王紫苓，很客气地以商量的口气问她："紫苓，你看森罗殿见判官这场，你打算怎么演？"王紫苓说："我也不知道，还没有主意，正好，您指导指导我吧。"邓先生说："咱们一起商量，你看你能走什么（指毯子功）？"王紫苓回答："我能走跪步、抢背、蹲屁股座子、蹦起来硬跪……"说到这儿还要继续往下说，邓先生拦住她，说："好了，这些就足够了！这出戏我准备用《通天犀》中圈椅子的演法来演判官。"看来每一位演员接到任务以后，都对自己要扮演的角色走了脑子，做足了功课，这不，邓先生已经胸有成竹了。经过两人的共同研究，柳金蝉和判官的对手戏如何演就确定下来了。

这场戏先由柳金蝉在帘内开始高声呐喊："冤枉——！"一边喊一边往前跑，到了台口，有两个鬼卒拦住柳金蝉，锣鼓响"锵隆隆隆隆隆……"柳停下来站住，但是这时她不是一点也不动，而是仍然保持身子风摆飘摇的状态。当鬼卒说完"叫你进去"以后，起锣鼓"巴嗒锵锵噶七才锵……"她先往后缩身，再缩身，表现出惧怕、胆怯、犹豫的神情，缩到快至二道幕时，一低头、转身、再一跺脚，表示下决心还是要进森罗殿，走半圆场，进殿，念："与判爷叩头！"然后，她一扔袖子，双腿一蹦，全身腾空而起，走一个硬跪落地，立时全场掌声四起。这一跳起腾空而降的硬跪，演多少场就摔多少次，演到将近一个月时，王紫苓的膝盖处一片青紫色，出现淤血。她只好买来一副护膝戴上，咬牙坚持继续演出，直到这个戏在新华戏院连演44场，紧接着挪到中国大戏院继续演出这个戏，每天早晚演两场，又是40多场。《铡判官》的演出欲罢不能，那一时期连演88场，场场爆满，异常红火。可是她膝盖的关节落下了病根，到老年时这地方动作就很不方便，经常疼痛。她年轻时一心扑在艺术上，对戏无限忠诚，对观众竭力奉献，以致不顾个人身体的安危，表现出了一位艺术家高尚的职业道德与奉献精神。

接下来是判官审柳金蝉，二人有唱，【导板】【回笼】【拨子】。当柳唱道"害我之人"时，判官这时连续发出"咋、咋、咋、咋——"的吼声，然后逼问："是哪个？"判官一边问，一边捋着"扎"（简称，全称扎髯，一种露出嘴的髯口），从下场门走磋步向上场门方向的柳金蝉逼近，而柳金蝉则从上场门走横的跪磋步向下场门移动，一进一退，二人配合同时表演。然后柳一翻袖，唱出"是李保！"王紫苓以高腔调唱出这三个字，并且拖长腔。判官横着往上场门磋步，两人换了一个"边儿"。柳说出李保，判官立刻惊叹"哎呀！"表现出惊恐之状，因为李保是判官在阳间的亲外甥，于是判官又"咋、咋、咋……"地惊叫起来。柳并不知道李保与判官的亲属关系，判官从上场门要过去抓柳的头发，柳从底下一钻，蹲起来走一个大屁股座子，身子落在上场门的台口。这时判官奔向圈椅，全身一跃，两腿劈开，伸进圈椅后靠背的空当，两脚钩住圈椅后靠背的上圈梁，往后仰身展平撕"扎"，看柳金蝉。这一套动作表演，两人配合默契，相得益彰，精彩纷呈，剧场里立刻爆发出炸窝的"好"。当年，著名作家杨润身看了这出戏之后，还为王紫苓、邓金昆、刘少泉等的表演专门写了一篇文章发表，赞扬这出戏的精彩绝伦。

后半部戏里自包拯出场以后，主要是包公的戏了，但是也还有柳金蝉见包公、见阎王的戏。乐队提出前边柳金蝉的戏表现得很充分也很精彩，如果后边柳金禅的戏"放水"了，就使全剧和这个主要人物有虎头蛇尾之感，必须要柳金蝉有个精彩的收尾戏。于是，又为柳金蝉见阎王设计出一大段很有特色的【流水】板的唱段，赶板跺字，还吸收了老生的一些腔调，非常好听，又是一个阖堂的"好"。

**5. 主配俱佳铸精品**

若想创作出一部精品的大戏，就要处处好，主演、配演人人好才行。当年的《铡判官》称得上是名家荟萃、强强联合。饰演柳金蝉的是天津市京剧团当家花旦王紫苓，上已述及，自不待言；饰演包拯的是宋鸣啸，在剧团专工铜锤花脸的名净演员，嗓音高亢，音色纯正，艺术条件得天独厚；后来剧团当家花脸名家朱玉良先生也曾饰演过包拯，他是铜锤、架子花脸"两门抱"；饰演判官的是邓金昆，邓先生是剧团里的老人儿，艺术上没的说，经常配合杨宝森的《杨家将》扮演杨七郎、厉慧良的《挑华车》扮演金兀术等，他"楦"上"判儿"（京剧、昆曲等扮演判官、煞神、钟馗、巨灵神、周仓等角色，扮相特殊，要用草垫子，棉制的胖袄将肩头、胸部、臀部垫厚，术语叫楦扮）的形象非常漂亮，身姿优美，功底深厚；扮演油流鬼的刘少泉是剧团当家的武丑艺术家，在本剧中有绝活儿的表演，当判官给李保篡改生死簿时，为表现油流鬼在屋梁上偷看，刘少泉运用上武戏传统的"轴棍"表演，在舞台上空吊一根轴棍，人在上边做各种武技表演，精彩绝伦，今已绝迹于舞台；饰演阎王的是架子花脸名家李荣威，也是当行出色；饰演柳金蝉父亲角色的则是全国闻名的硬里子老生哈宝山先生；包式先名丑饰演李保。这样的演员阵容，何愁演不出好戏来呢！

通过《铡判官》这出戏的创作和成功演出，使我们认识到，编演新戏一定要根据剧本，根据人物和剧情的需要，要层层安排好唱、念、做、舞的表演，要文、武、舞俱备，综合运用，并且这些东西要与人物和剧情相合，以表现人物的情感和剧情故事，这样就一定会有精彩的剧目呈现在舞台上与观众见面。而这一切，需要有技术过硬的创作团队，编剧、主演、配演、导演、乐队、舞美、灯光，缺一不可，只有他们精诚团结，一心为戏，目标一致，协作丝丝入扣，不计较个人的名利得失，无私奉献全部才智，才能够创作出像《铡判官》这样的精品。

王紫苓对这出大型新编戏很有感情，非常留恋。她如今回忆起当年这出戏的创作和演出，仍然历历在目，回想那些与她合作的同事相处时的友情和融洽气氛，心里还是充满幸福感。

## （十四）曾演剧目总览

王紫苓老师数十年共演过的剧目，根据她自己的回忆，据不完全统计，有100余出，现汇总如下。

**传统戏**

《雁门关》《樊江关》《朱砂痣》《朱痕记》《审头刺汤》《战宛城》

《大劈棺》《十字坡》《巴骆和》《扈家庄》《盘丝洞》《盗魂铃》《水漫金山寺》《霸王别姬》《凤还巢》《宇宙锋》《贺后骂殿》《别窑》《汾河湾》《桑园会》《游龙戏凤》《花田错》《香罗帕》《挑女婿》《陈妙常》《嫦娥奔月》《后羿嫦娥》《刘海戏金蟾》《三女抢板》《薛刚反唐》《锁麟囊》《四郎探母》《梅玉配》《王宝钏》《貂蝉》《弓砚缘》《绣襦记》《棋盘山》《御碑亭》《大保国》《二进宫》《走雪山（南天门）》《柜中缘》《荷珠配》《下河南》《祭塔》《小放牛》《戏迷传》《大名府》《大破铜网阵》《三不愿意》《奇双会》《春香闹学》《打渔杀家》《天河配》《昭君出塞》《打面缸》《长坂坡》《战太平》《荀灌娘》《翠屏山》《辛安驿》《佘赛花》《棒打薄情郎》《玉玲珑》《查头关》《穆桂英》《杜十娘》《钗头凤》《红楼二尤》《双沙河》《打樱桃》《浣纱溪》《探亲家》《胭脂虎》《杨排风》《头二本虹霓关》《拾玉镯》《法门寺》《铁弓缘（大英杰烈）》《十三妹》《勘玉钏》《红娘》《得意缘》《春秋配》《孔雀东南飞》《全部玉堂春》《武家坡》《大登殿》《五花洞》《李慧娘》《坐楼杀惜（乌龙院）》《霍小玉》《四进士》《六国封相》《武松与潘金莲》《香罗带》《三娘教子》《回荆州》《双摇会》《马上缘》《入侯府》《珊瑚》《大溪皇庄》。

**新编古装戏**

《猎虎记》《陈州粜米》《关汉卿》《团圆梦》《赵盼儿》《打花鼓》《红灯令》《智斩鲁斋郎》《杨门女将》《评雪辨踪》《洺州烽火》《梁山伯与祝英台》《救风尘》《铡判官》《铡赵王》。

**现代戏**

《白毛女》《赤胆红心》《走在前面的人们》《鸿顺里》《治海降龙》《白虎团》《为了六十一个阶级弟兄》《紫云山》《六号门》《山虎儿》《送肥记》《草原英雄小姐妹》。

**反串戏**

《白水滩》（饰十一郎）、《三岔口》（饰任堂惠）、《八蜡庙》（饰黄天霸）、《白门楼》（饰吕布）、《大溪皇庄》。

## 三、传艺授业

王紫苓的艺术生涯至今有 78 年了。她除在舞台演出之外，在向年青一代传授京剧艺术方面做了很多工作，付出了许多心血。她愿意将自己一生所学、所会的技艺和心得无偿地传授给下一代、下两代、下三代的演员和戏曲爱好者。她教授的学生很多，可是正式拜师的弟子却没有，收徒方面她很慎重，也是一个遗憾。不过可以从其他方面去理解这个事情，就是她不同于一些演员那样，有强烈的为自己立门树派的意识和愿望，只是以平常心低调处世罢了。她曾在天津戏校执教多年。

王紫苓在天津艺术职业学院执教

早在 20 世纪的五六十年代，她的演出十分繁忙，也是因为她还年轻，自认为还没有收徒的资格。那时她在北京演得很红火，拥有一批粉丝，就曾有人提出让自己在中国戏校学习的女儿拜她为师，她婉言拒绝，说自己的表演艺术还差得远，还在学习，哪敢收徒呀。1960年，天津市京剧团成立青年分团，王紫苓接受剧团委托，带领青年分团训练和演出，那时她也只有28岁，在艺术上却已经是炉火纯青。在她的指导和带领下，青年分团搞得红红火火、人才辈出，带出了一批优秀的旦角演员，他们成了青年分团的业务骨干，其中于月芝向她学习了《柜中缘》《樊江关》等戏，演出受到好评。王紫苓还带领、提携青年演员们担负主要配演的任务，参加演出大型新编戏《佘赛花》《三女抢板》，传统戏《辛安驿》《穆桂英》等，使当时的青年演员在与她同台演出中得到了学习和锻炼，取得了很大进步。

王紫苓教授岳芃晖

天津戏校早期毕业生分配到天津市京剧团工作以后，她也辅导、指点过不少青年演员，如李小蕙、李占莹等。京剧团李莉也向王紫苓请教过《御碑亭》《银空山》等。1978年恢复传统戏以后，她教授过的学生年龄段更广、人数更多了。天津市京剧院的阎虹羽、王晓睿、张婵玉、郭晓艺、孙妍、吴奇峪；天津市青年京剧团的张悦、王丽、李振娜；上海京剧院的熊明霞；王雅雯（全国十大名票）、胡颖欣、赵建华；等等，都得到了王紫苓老师的言传身教，有的是整出戏地传授。她还在培养少儿京剧方面做出了突出贡献，受聘担任天津市少儿京剧教育顾问；为华夏未来少儿艺术中心的学生王雨指导《红娘》中的"花园扑蝶"表演，王雨获得了全国第8届小梅花金花奖，王紫苓获得了"优秀教师"奖牌和奖状；岳芃晖从8岁起随王紫苓学习，从基础学起，王紫苓手把手教岳芃晖演《十三妹》《打焦赞》等戏的一招一式。这位当年王紫苓老师十分喜爱的小学生，现在已经成长为北京戏曲艺术学院的教师，继王紫苓老师之后担负起又一代薪传京剧的职责。

王紫苓向国际友人传授京剧

日本在南开大学的女留学生钿山峰子与后来成为天津市艺术研究所所长的万镜明是同学，他们多次到王紫苓家中，向王老师学习《红娘》的表演，她说要把向王老师学习表演京剧的经历写进自己的书。王紫苓还在干部疗养院时，一位李教授把外语学校的一位外籍女老师介绍给王紫苓老师，这位外籍老师非常迷京剧，多次向王老师学习京剧的表演。

进入老年的王紫苓更是把主要精力投入培养青少年学生的工作中。

1983年，有关部门在天津举办几场荀派艺术的演出专场，作为研究荀派艺术的专家和积极参与这次演出的组织者，王家熙从上海专程赶来观看全部的演出。他在天津第一工人文化宫大剧场一直看王紫苓的演出，事后他对王紫苓说："你演的《金玉奴》简直是太棒了，演出了一个不折不扣的小家碧玉，你演的《豆汁记》这一折戏，非你莫属。童芷苓演的金玉奴也很好，她就是太大气了。"为此，王家熙曾邀请王紫苓去上海演出全部的《金玉奴》，因为一些原因未能成行。通过这次看戏，留给王家熙的印象极为深刻，他认为王紫苓演这出戏比童芷苓更加合适。此后，王家熙与王紫苓经常通电话，有时两人通电话长达两小时。他们谈荀先生的艺术特点，王家熙和王紫苓讨论如何改编荀派名剧《霍小玉》，在谈论荀派艺术的问题上，两人谈得很投机。并由此结下了后边的机缘。

2009年，孙毓敏和王家熙出面邀请王紫苓给上海京剧院荀派优秀演员熊明霞传授《棋盘山》。王家熙见到她说："我是你的铁杆儿粉丝，并且不只是我，我们班上的同学都是你的戏迷。而且包括南开大学的一帮爱看戏的学生，看了你的戏之后，回到宿舍不睡觉，在被窝儿里偷偷地给你写信。我们当时看你的戏都魔怔了！你的演出太漂亮了，表演好，身段美，完全是荀老师的艺术精髓，唱腔更是韵味浓厚，味道十足！"又有人说："当年王紫苓在天津，就像是著名的影星夏梦。王紫苓的名字在天津各大学里叫响了！直到现在，当年的老学生凑到一起，还是经常回忆起王紫苓在舞台上的风采。她留给人们的印象太深了，表演抓人，看不够，忘不掉，回味无穷！"

*王紫苓向熊明霞传授《棋盘山》*

王家熙基于从少年时代起多年对王紫苓老师表演艺术的认知，所以在2009年积极组织庆祝荀慧生先生110周年诞辰演出活动时，他请求王紫苓老师为上海京剧院的熊明霞教授排练荀派老戏《棋盘山》，提出要王紫苓老师将原本需要六刻钟演完的戏缩减到三刻钟。北京艺术职业学校校长孙毓敏将这个任务委托王紫苓教授其学生熊明霞来完成。王紫苓经过认真的研究，用一周的时间改编剧本，缩编成功，教授给了熊明霞，2010年在纪念荀慧生110周年诞辰时，分别在北京、上海、天津等地演出，获得了好评，深受欢迎。上海京剧院演员熊明霞和金喜全这一对青年夫妇没有辜负王紫苓老师的期望，紫苓老师按照老荀派的路子给熊明霞和金喜全说的戏，他们各人也有所发挥，紫苓老师对他们的演出很满意，认为效果很好。更令王紫苓老师欣慰的是，她为荀慧生老师濒临失传的剧目做出了自己的努力和工作，感到由衷的高兴。同时，王紫苓老师对熊明霞也寄予厚望，对熊明霞说："我是按照荀大师的路子把这出戏传给你，这出戏是荀老师的得意杰作，对演员的表演能力要求很高，有文有武，戴翎子，使双刀，你学习也很不容易，下了很大的功夫。希望你学成并演出后，能把这出戏继承下去，使这出戏得以保留下来，让我们一起为传承荀老师的艺术做出努力和贡献。"

王紫苓认为荀派的《棋盘山》能够得以传承下来，不能忘记孙毓敏和王家熙在其中的作用。王家熙熟知荀派艺术，对荀派剧目了解颇深，能选中《棋盘山》来恢复和继承，正是他知人善任，能够选中王紫苓老

王紫苓指导天津市青年京剧团排演《武松与潘金莲》

师来传授这个戏,而且选中熊明霞来学习和继承这个戏,说明他对王紫苓老师和熊明霞的艺术条件有明确的了解。亲自得过荀慧生先生传授这个戏的弟子不多,担当这个戏演出的演员要能文能武,如果没有王家熙想到让王紫苓老师来传授,这个戏的荀派演法很有可能就此失传了。所以,王紫苓、王家熙、孙毓敏、熊明霞两三代人共同努力与合作,把这出荀派的《棋盘山》保留和传承了下来,可以说挽救了一出荀派戏的失传命运。

2017年7月至8月,应天津市青年京剧团之请,改编《武松与潘金莲》的剧本,并与北京京剧院李卜春共同指导排练。李卜春老师从北京来,当天就要回,主要辅导武松的扮演者李秀成。王紫苓老师主要指导潘金莲的扮演者张悦,并且在李老师回北京以后,她又分别单独给武大郎、西门庆的扮演者说戏,分析人物,讲解对各个人物表现的把握。饰演西门庆的是一位武生演员,没有演过这个戏,当王紫苓老师为他说戏时,这名演员为能得到这样的老艺术家指导非常高兴。王老师给他讲西门庆这个人物的流氓本质,见到漂亮的女人是怎样的垂涎三尺、一味讨好,如何用金钱收买王婆子,为他服务和利用,西门庆又是怎样的霸气,恃强好胜,演员听了感觉很受启发。演武大郎的武丑演员大高个,身材很瘦,长胳膊长腿的,武功很好,走"矮子"很溜。但是,王紫苓感觉如今的青年演员有一个普遍的问题,可能他们的功夫、掌握的程式还是不错的,就是在表现人物上欠缺较大,演戏就要演出人物来,一出戏能按程式走出来,好像是会演了,这还不够,关键是要演出剧

王紫苓指导天津市青年京剧团演员王丽演《棋盘山》

情、演出人物来。王老师给这位演员分析武大郎对武松的兄弟情义，但是武大郎从心里是惧怕潘金莲的，一切事都要看潘金莲的脸色，所以，武大郎在潘金莲面前，事事要给潘金莲面子，要捧着潘金莲说话做事。另外，王老师还教给这位演员如何把胳膊、腿收短些，长胳膊、长腿配上矮身子，不协调，不好看。她教给张悦说："潘金莲虽然对与武大郎的结合不满意，但是在遇到武松及西门庆以前，还是安分守己地与武大郎过日子的，对武大郎也

王紫苓指导全国十大名票王雅雯

算体贴。可是，当遇到这两个人后，潘金莲的心理失衡了，感到世道不公，老天对她不公，于是开始对武大郎的态度有明显的转变，产生厌恶的情绪。这个前因后果，以及这种转变，要表现出来。"通过王紫苓先生的辅导，这个戏抠得更细致了，人物突出很多，剧情有了看头，艺术质量提高了一大步。

又如她教授的学生天津市青年京剧团的优秀青年演员王丽，就向她学《棋盘山》的表演。20世纪的五六十年代，天津市话剧团排演《钗头凤》，邀请王紫苓到话剧团给演员们讲授并指导古装戏的台步、身段、表情和举手投足的表演方法和特点。凡是喜爱京剧并且愿意学习京剧的人，她都愿意倾囊以授，不分门户，不论是专业演员还是业余爱好者。她曾经下乡到天津东丽区农村，东丽区文化馆邀请她给当地农民文艺爱好者辅导京剧和表演，她都尽心竭力地帮助辅导，与当地农民结下了深厚的友谊，多少年之后还有人与她来往，有的走上了部队或地方专业文艺工作岗位，成为正式演员。她还接受居住地街道居民委员会的邀请，以一名普通居民的身份参加和辅导居民区的文艺活动，她平易近人、毫无架子，无论做什么工作都深获好评。

# 四、艺术散论

## 1. 由《霍小玉》谈到喜、悲剧

荀派名剧《霍小玉》是一出悲剧。王紫苓演戏时对剧目的挑选,喜剧与悲剧比较,她更倾向于选择悲剧。王紫苓认为喜剧比较好演,结局以"大团圆"收尾,演员和观众皆大欢喜,容易获得火爆的剧场效果,有时胡闹一通,表演夸张一些,也无所谓。像演《红娘》这样的戏,演员一蹦跶,使些身段,唱些花腔,台下就喜欢,就给掌声,演员就落好。演喜剧,有些演员表演过火,对人物和剧情把握不准确,有时反而获得掌声,这个比较好演。其实,演喜剧也应该有深度,比较而言,悲剧表演更难一些。她演戏偏好演有深度、能让人回味的悲剧。她对痴情的女子没有得到圆满的结局会给予极大的同情,她特别为这样的女子抱不平。她很喜欢表演像《霍小玉》《钗头凤》这一类的爱情悲剧,演起来很过瘾,可以供她挖掘的剧中人物的心理活动很丰富,虽然费事但有深度,她觉得这样的戏给她艺术发挥的创作空间比较大。她演这种戏时非常投入,自然而然就全身心进入剧情和人物情境中,往往不能自已。有一次她演《霍小玉》,一边演一边哭,演完之后,她的情绪还没有与人物和剧情分离开来,一到后台的化妆间,就把门关上,自己大哭起来。她母亲跟随她到处演出,最了解她,每当这时有人要进化妆间劝解时,就对大家说:"别管她,她入戏了,让她发泄出来就好了。"王紫苓就是这样一个感情丰富而多愁善感的人,这也正是她能把戏演深的先天条件。

京剧《霍小玉》是编剧名家陈墨香先生的作品,荀慧生在长期的演出中不断地加以改进和丰富,有时也用另一个剧名《黄衫客》。唐朝霍天官的庶女霍小玉尤喜才子李益的诗作，李益入都赴试，委托媒婆鲍十一娘寻访淑女。鲍十一娘以霍小玉画像为荐，媾和李、霍成亲。李益之母为儿另订与卢氏女的婚约，李贪卢氏家财，对小玉称母病，回家探母，实则归家完婚。小玉从李之表兄处得知实情，悲恸欲绝，小玉婢女假意卖钗至李家，卢氏劝李纳小玉为妾，李不肯。大侠黄衫客得知此事，强迫李益探访病危的小玉。李益仍不接纳小玉，欲休之，小玉气昏厥。黄衫客怒极，欲杀李，小玉求情，痛伤而亡。

王紫苓饰霍小玉的唱比较多，主要唱段如下。

【南梆子导板】："夜失眠只觉得精神散漫，"【南梆子】："又听得画堂内笑语声喧。问浣纱你为何把我来唤，浣纱呀，见老娘深施礼忙问慈安。老娘亲唤孩儿有何事件？听说是十郎到喜在眉间。却怎奈男和女不便相见，乍见人免不得面带羞惭。将起床还未曾梳妆打扮，女儿家不梳妆难到堂前。"【流水】："叫声侍婢开妆奁，对着菱花整云鬟。挽起了乌云匀粉面，描眉画眼戴花钿（音店）。时新宝髻盘龙现，对对花簪插鬓边。离了妆台轻轻唤，浣纱与我换罗衫。梳妆非是多迟慢，女子人人是这般。再把菱花来细看，心忙忘了戴我的紫玉簪。"

【西皮二六】："莲杯满注黄藤酒，对酒当歌反生愁。你我结缡（音离）还未久，浓情蜜意甚绸缪。顿然间你往家乡走，好似银河隔女牛。但愿你中途无迟逗，回家免却老娘忧。一封书信寄到奴的手，哎呀，郎君哪！奴在这长安城内才展眉头。"

【二黄慢板】："叹红颜薄命前生就，美满姻缘付东流。薄幸冤家音信无有，啼花泣月在暗里添愁。枕边泪共那阶前雨，隔着窗儿点滴不休。"

以下根据王紫苓先生的回忆，老唱词如下：

【四平调】："山上复有山，何日里大道还。欲化望夫石一片，要寄回文只字难。纵有这角枕锦衾明似绮，只怕那孤眠不敌半床寒。"【二黄小导板】："含辛茹苦病恹恹，"【四平调】："好似梨花带雨眠。夫婿因何不来见？画廊的鹦鹉低唤：'堪怜！'"

【二黄原板】："曾记得定情私语话衷肠，一些儿瞒不得雪衣娘。又谁知那海誓山盟都是谎，你弃旧恋新抛得奴孤苦凄凉。旧日恩情全不想，忘却了灯残画阁，月暗星谯，弘松纽扣，羞整珠翘，曲效于飞，怎样的偎依。往事思量，怎不悲伤！私拭千行泪，暗断九回肠，为郎憔悴却羞郎。"

横幅题词"艺冠菊坛"

### 2.《花木兰》

最早花木兰事迹见于古乐府《古木兰词》，后见于《隋唐演义》第56回，戏曲有《代父征》，齐如山、梅兰芳据此排演《花木兰》。隋唐时代，北方突厥人进犯中原地区，朝廷命贺廷玉率兵出征御敌。陕西老人花弧无子，有一女花木兰，女扮男装，替父从军抗敌。木兰多次立功，解救过贺元帅，12年后卸甲辞官，回归故里。贺元帅奉旨到花家，方知木兰是女儿身。

京剧《花木兰》有多种版本。除齐、梅的版本之外，还有1922年2月8日上海《新闻报》刊载的小杨月楼在亦舞台演出的《二本 木兰从军》；欧阳予倩《我自排自演的京剧》一文中记述的《木兰从军》；林岩根据《木兰辞》改编的《花木兰》，1947年由培新剧社演出；1951年武汉通俗出版社出版的由郭小枫编剧的《新花木兰》；1953年北京宝文堂出版的由言慧珠编演的《新花木兰》；1959年北京宝文堂出版的由马少波改编的《木兰从军》，杜近芳、李慧芳等演出。可见，以木兰替父从军为题材的京剧，在不同时期总会有新版本创作出来，就是因为这个题材无论何时都具有爱国、励志、正义的积极意义，是永远的主题，并且有艺术创作和表现的广泛空间。

王紫苓的这出戏于20世纪50年代在北京演出时得到了京剧前辈李洪春先生的传授。

京剧《花木兰》熔唱、念、做、打、舞于一炉，是王紫苓青年时代常演的优秀剧目之一。

### 3.《凤还巢》中的丑角

王紫苓青少年时代各流派的戏都演，包括梅派名剧《凤还巢》。她在天津市京剧团演该剧时，让谁扮演程家二小姐程雪娥，有不同意见。王紫苓认为这种活儿由赵春亮充当最合适，演出有很好的效果。可是，同样为丑行演员的李少广不高兴，有意见。王紫苓认为李少广演二丑的角色是很对工的，可是演程雪娥，就不如赵春亮演得火爆。詹世辅也演过程雪娥，而且确实演得不错。

左起王紫苓、鲜灵霞、齐啸云

### 4.《穆桂英》

全部《穆桂英》是王紫苓的常演剧目，可以说是她刀马旦戏的代表剧目。她演出时有时贴出的剧名为《穆柯寨·穆天王·大破天门阵》，该剧又名《降龙木·穆天王》，是尚小云常演剧目之一。这是说穆桂英在进天波杨府做杨家孙媳妇之前的故事，实际上是杨家将收穆桂英的过程。杨六郎命孟良搬请五郎助阵破天门阵，五郎需要穆柯寨的降龙木做兵器斧头的把柄，孟良、焦赞二将去索取降龙木，被穆柯寨寨主之女穆桂英打败。杨延昭之子杨宗保受孟、焦二将唆使去助战，被穆桂英擒获，劝降逼婚。孟良气急放火烧山，穆桂英用分火扇将火扇回，孟、焦大败而回。杨延昭出战，亦被穆桂英击败，打下马来。穆柯寨寨主穆天王被杨延昭俘获，穆桂英欲救父王，杨延昭以斩穆天王相要挟，穆桂英愿献降龙木，归顺宋王朝，助破天门阵。

王紫苓认为穆桂英出场要用中音，表示得胜回山，是在山谷中。夺枪时，有人演到这里时，用枪扎小生。她觉得这样演不合理，穆桂英在马上，她的演法是用枪绕小生的脖子，来回三翻夺，然后下场。

王紫苓与张正芳

她认为不要把穆桂英演成山大王或村野泼妇。穆桂英是大将的后代，是一位武艺高强的帅才。但她又不是生活在官府之中，难免有些率真和野性，放任不羁。对杨宗保"劝婚"一场是有挚爱真情的，其实她不是只爱杨宗保这个英俊少年武艺高强，更是出于对爱国为民的忠臣之家杨家的敬慕。杨宗保是这样家庭的后代，同样有爱国心和正义感的穆桂英自然心生亲近和爱慕之情，所以在劝降逼婚时，王紫苓的念白是有刚有柔、有紧有慢，讲出了很有逻辑推理规律的一番话："你杨宗保同意与我的婚姻，你就有了降龙木，有了降龙木就可以大破敌阵，能破敌阵,就可以保住大宋朝,能保住大宋朝,你就是有功之臣。"这一番有理有据的劝说,是苦口婆心的、善意的、谆谆诱导般的,让人无法回怼,难以回绝。因此,王紫苓演出了穆桂英的善良、可爱、真挚、纯朴,不乏浪漫之情,绝不能强横。

这出戏里,穆桂英一个人的唱段不多,多是跟杨宗保的对唱,以念为主,她是韵白加京白。穆桂英一出场,唱【点绛唇】:"占据山头,闺中英秀,韬略有,智广多谋,神勇世无俦。"然后念定场诗:"巾帼英雄女丈夫,胜似男儿盖世无;足下斜跨葵花镫,战马冲开百阵图。"这出戏的唱为【西皮】板式,有原板,更多的是【西皮散板】和【西皮摇板】,可见这不是以唱为主的戏。

### 5.《昭君出塞》与《乾坤福寿镜》

有一次笔者与王紫苓先生谈起《昭君出塞》和《乾坤福寿镜》这两出戏。她在青年时代经常演出《昭君出塞》。她说王昭君与《乾坤福寿镜》中胡氏的人物类型不同。王昭君有些武的本事,又是去的塞外,与胡氏所处的环境不同,所以她认为王昭君表演起来显得武、刚,舞蹈性强,是可以的,也合理。《乾坤福寿镜》这出戏王紫苓虽然没有得过尚小云先生的亲授,但得到了尚师的点拨,又多次观看过尚先生演这个戏。她觉得现在一些演员演这个戏已经距离尚先生当初的演法甚远,尚先生演的胡氏是个"文疯子",现在演员把胡氏演成个"武疯子"。

### 6.《棋盘山》

某日,笔者与王紫苓先生谈起《棋盘山》一剧的挖掘整理与传授工作。王紫苓的这出戏是1953年荀慧生先生亲授的,1999年荀派名家孙毓敏找到王紫苓师姐,说大家都知道这出戏由师父亲授给了她,想把师父的这个戏挖掘整理出来,请她把这出戏传授给上海京剧院的熊明霞。这件事也是上海艺术研究所王家熙先生推荐和促成的,熊明霞基础好,学戏快。王紫苓老师到了上海,只用4天的工夫就给说完了,很顺利。熊明霞和配演的小生演员金喜全夫妇接受很快,配合十分默契,王紫苓感到很欣慰,在演出之后的总结座谈会上对他们给予了充分的肯定和表扬。

但是，作为艺术指导的王紫苓认为，如果按照荀先生当年的范式严格要求，荀派的东西表现得还是有距离，从演出的实际效果来看，荀派的一些特点还是没有表现出来。究竟能有几分荀派的表现，是要靠青年演员自己去长期磨炼，并非一朝一夕可以达到的。

### 7.《治海降龙》

《治海降龙》是一出现代戏，是在毛主席发出"一定要根治海河"的指示后，天津市京剧团编演的关于治理海河的剧目。剧中要表现天津人民降龙伏妖，王紫苓有耍电棍的表演，如同演《白水滩》时十一郎耍的镀铬金属棍。她耍电镀棍，与她配合表演的两位演员耍绸子。要使水清浊分家，导演别出心裁，两绸代表水以棍来劈成清浊，舞蹈性强，很美。

### 8.《白毛女》

《白毛女》是著名现代剧目，王紫苓与厉慧良合演，这是从朝鲜回国后在大连演出的第一出戏。

### 9.《关汉卿》

天津市京剧团排演的新编古装戏《关汉卿》，最初是王紫苓与厉慧良在哈尔滨合演，王紫苓饰演青衣角色朱帘秀，厉慧良饰演关汉卿。厉慧良启发王紫苓说："朱帘秀是位有身份的高级交际花，又是位名演员，走台步要稍带走'八字步'的姿态。"

### 10.《长坂坡·掩井》

这是王紫苓曾与厉慧良合演过的剧目，王紫苓饰糜夫人。这出戏他们在朝鲜合演的机会更多。

### 11.《春香闹学》

王紫苓的这出《春香闹学》是经过名家陈志华指点的，陈先生本来是学旦角出身的，成年后身材很高，不适合演旦角，改工丑行。这出戏是以旦、丑角为主的戏，陈志华两行当的戏皆通。有一天，王紫苓去演出，碰到陈志华先生，他对王紫苓说："今天又是《春香闹学》，我给你说说这个戏。"他演丑婆子这一类角色很出彩，笔者看过他们二人以及他与其他演员合演的《铁弓缘》，他演陈母，诙谐且有武功的展现。

王紫苓与刘长瑜

### 12.《红灯令》

《红灯令》是一出新编古装戏，年代久远且演的时间不长，剧情王紫苓记不清了，只记得她在剧中扮演的角色以唱为主。丁至云在剧中饰演女主角，后来挂帅出征，杀了叛国的丈夫，饰演丈夫的是黄荣俊。丁至云在剧中有耍令旗的表演。

### 13.《紫云山》

《紫云山》是一出由王紫苓主演的现代戏，她饰演一位下放的知识青年。剧中有一位老太太的角色，这两人手中各有一只儿童鞋，两人相遇，把鞋拼在一起，正好是一对儿，原来她们是亲母女。这出戏她能记下的只有这些。

### 14. 谈吴素秋

在听到京剧著名表演艺术家吴素秋逝世的消息后，王紫苓情绪波动很大，马上给笔者发来微信，介绍她与吴素秋的友谊。2016 年 3 月 21

日21点59分,她在给笔者的微信中说:"我很悲痛!心痛!我们感情特别好,她说最爱我这个小妹妹。她说我在台上特别洒脱,台下为人诚恳。她病后,我常去看她,她送给我她画的牡丹图,我送给她我画的梅花图,还有我的剧照做的挂历。今年我还没来得及去看她,她就走啦!我好难过,好痛心!我这把年纪,又不好亲自去北京送她,愿她走好吧!"

### 15.《悦来店》与《红楼二尤》

2017年10月20日晚,在天津中国大戏院举办过老寿星重阳节演唱会,王紫苓应邀参加演出,表演了《悦来店》中的片段,并且清唱了《红楼二尤》中的唱段。由于王紫苓先生已经85周岁,脱离舞台多年了,她又是一个对艺术和观众非常负责任的艺术家,也很珍惜自己的艺术声誉,所以一旦需要她上台表演,她的心理压力就很大,顾虑很多,表现很紧张。在演出结束后,2017年10月24日她给笔者发来微信说:"与年轻时不一样了,那时就希望有人给演出提出批评意见,我好改进。现在可能因为年纪大了,爱听一些赞美的话,心情高兴。其实在舞台上才演了几分钟,大家给予如此的夸奖和鼓励,让我深受感动,兴奋不已。这两天睡不着觉,老是在回忆当年的情景。想当年这一点点表演又算得了什么呢?可是现在不同了,就为这一点点表演,从得到邀请到演出,整整折腾了我一个月呀。我是不敢吃,不敢喝;出门怕冻着,在家怕闷着;多穿怕热着,少穿怕冷着;唱两句怕嗓子累着,不唱又怕嗓子锈喽;吃药怕痰咳不出来,不吃药怕胸闷得慌……把我弟弟折腾得不行!临上台的时候,又没有无线话

刘雪涛《竹石》

筒，急得我心急火燎的。然而一上台，就忘了自我，全身心地投入戏里，什么这个那个的，统统抛到九霄云外去了，舞台太奇妙啦，它让我随心所欲，哈哈，那种感觉实在是太美啦！我是多么地想念舞台呀，它让我今晚成功啦！总算没给自己的舞台生活留下'小辫儿'，没有留下什么遗憾。舞台就是我的家，艺术就是我的命！别人见到我就问'累吗'？其实第二天就去天津青年京剧团给他们说《武松与潘金莲》这个戏，至于累不累，我就顾不上了。哎呀，只要一沾上戏，就什么都忘了！总算完成啦！我努力了，快乐啦！知道您很关心我，特奉上视频，希望与您分享快乐！"

这是一位对艺术多么执着、忘我的老艺术家呀！令人起敬。

**16. 谈演出出错**

当听到有的演出出现事故的消息，王紫苓发微信给笔者说："演出出错，犯了大忌，可是演出中谁都难免出错。以前出现特殊情况，可以临时改，现在演出有字幕，不能有差错，所以演出千万不能大意！京剧现场演出跟拍电影不一样，拍电影错啦，可以再来一次，重新拍。演戏就看当时！小时候老师一再嘱咐，台上不能有一点错，有多少观众，就有多少张嘴，每个人的两只眼睛都在盯着你，好了也往外传，错了传出去就麻烦啦！我这一辈子铭记着老师的教导，台上一定要严肃认真、集中精力，丝毫不能分神！台上认真，也就是敬业。有人说这个人一进后台，凡人不理，摆臭架子。其实不然，那是在静心，在进入角色，在准备集中精力去完成演出任务。我希望，特别是青年演员，上台不能大意，不管大小角色，要认认真真，做到台上'一棵菜'，避免出错。"

从她这一番话，可以看出她对职业操守的认真负责、一丝不苟的态度。

**17. 谈丁至云**

有人对丁至云抱有成见，认为天津市京剧团这样一个在全国有影响的京剧大剧团，偏偏让出身票友的丁至云坐剧团旦行的头把交椅，难以令人心服，好像与天津京剧团的地位不相称。为此，笔者想听一听自小进入梨园学戏的王紫苓的看法。她对丁至云的评价出乎我意料,她没有对票友出身的丁至云瞧不起,反而很尊重,评价颇高。她说:"丁至云是一位大名票,很早就下海(笔者注:1953年曾组建一阵丁至云剧团),成为梅兰芳的弟子。她很有观众缘,嗓音非常甜美,现在这些孩子的嗓子,哪一个也赶不上丁至云的嗓音宽厚,不用话筒,多高的调门也能唱上去,听着不吵人。""同行是冤家"之论在王紫苓这里可以休矣。

18.《紫霞宫》

某日,王紫苓说起筱派的《紫霞宫》好,偷坟掘墓,双臂紧抱,盘腿跳满台,是绝活儿。为此笔者查出了《紫霞宫》的剧情:吴绮霞之夫外出久而未归,求一僧占卜,赠以金钗为酬谢。夫弟吕子环与夫妹侮嫂私授情物,夺回金钗。吴以实情告吕母,母斥责弟、妹。弟、妹勒死吴,称其自缢身亡,母厚葬儿媳吴氏。被母逐出家门的弟、妹掘墓盗坟,取吴氏衣饰,妹致死,弟受惊逃亡。吴氏还魂,归家据实哭告其父。河北梆子、秦腔均有此类剧目,京剧演员于连泉(筱派创始人筱翠花)、粉菊花、贾璧云等擅演该剧。

王紫苓与王鹤文

19. 谈"眼神"

2018年7月初，在王紫苓先生家聊戏，谈起了"眼神"的作用和运用。她演戏是非常注重眼神的作用和运用的，在1958年赴朝慰问志愿军的演出中，朝鲜人民军的将士们要求翻译官不要再为演出翻译，影响他们看戏的注意力，他们说："不用翻译就能看懂，这个演员的眼睛会说话！"的确，她的眼神晶莹剔透，内涵丰富，变化多端，舞台上人物的一切心理活动，她都能通过眼神的运用，完全表达出来，这就是艺术。常言道："眼是心之苗""眼睛是心灵的窗户"，这在王紫苓的身上得到了充分的体现。在舞台演戏时，很多与她同台演出的演员反映说不敢看她的眼睛，说："一看王紫苓的眼睛，我就化了。"还有的说："王紫苓的眼睛太厉害，能勾人！"她说出了自己的表演心得："演员塑造人物，要向观众传递人物的思想活动、内心世界，需要演员用心带动自己的眼神，通过眼神带出戏来。"然而，谈何容易，能达到这样的舞台效果，是需要演员极大功力的。要做到用心去演戏，表里如一，心里对人物和剧情的体验通过心灵之窗穿透出来，既需要些艺术天赋，更需要数十年的用功磨炼。

她总结数十年舞台实践的体会，说："眼神是演员表达感情的最佳方式，它能最直接、最简便，也最迅速及时地与观众交流，应该是演员最需要也是最应该具备的表演技术。当演员要表现凶狠的时候，眼神应该像一把锋利无比的剑，它能刺痛对方，让对方感到恐惧，觉得你的眼神能杀人；当演员要表现温良恭俭让的情态时，柔美的眼神要能暖人心，让对方感到温暖如春，有亲近或信任感；当演员要表现妩媚动情的时候，眼神要用媚眼，要能迷人，让对方感到柔情似水，不可抗拒。演员的眼神要能表达出爱、恨、毒辣、友情、爱情、热情、喜、怒、哀、乐、悲、恐、惊等，各种心态和情感都要能用眼神表现出来，准确地告诉观众。"

是的，只有对人物和剧情领会得越深刻、越透彻，眼神才越会"说话"。

### 20.《大劈棺》

王紫苓64岁时,在北京最后一次演《大劈棺》这出戏,与曲剧名家魏喜奎以京(剧)、曲(剧)"两下锅"的形式合演,形式新颖,别开生面,前所未有,引起了不小的轰动。过去,京剧旦角名家崔熹云先生曾经给王紫苓说过筱(翠花)派的演法,在"劈棺"一场,有蹿桌子的表演,在桌上扔斧子,然后从桌子上蹿下来,紧接一个"蹿抢背",很受观众的欢迎。这个戏王紫苓曾经连演过18场,久演不衰。王紫苓曾与许高扬合作演出《大劈棺》,许饰庄周,没有合适的演员饰剧中的二百五,由崔熹云反串,很受欢迎,由此可见,崔先生的多才多艺,演谁像谁,是一位有本事的好演员。过去的老艺术家不但能演好本工,而且一专多能,令人钦佩。

这次演出是王紫苓先找的北京李金声先生,要合作一回《翠屏山》。李先生说:"正好,魏喜奎犯戏瘾,要演《大劈棺》,她有赞助的单位支持,你来给她说说,把把关吧!"原打算魏喜奎与王紫苓双演女主角田氏,魏演前边,王演后边。可是排了一回,周桓与魏喜奎夫妇认为担不起来,于是周先生出主意,让魏喜奎改演观世音菩萨,唱曲剧,由周先生为其编写魏先生的唱词。他们在北京西单剧场演了两场,在天津演了

王紫苓演《大劈棺》剧照

一场，周桓改编剧本，李金声饰庄周，王紫苓饰田氏，魏喜奎饰观世音菩萨，白凤鸣饰二百五。

### 21. 谈"一棵菜"

王紫苓先生根据自己的演出实践经验，认为京剧演出是综合性极强的表演艺术，只凭主角一个人的力量，有天大的本事也不能胜任一出戏的演出任务。演出时，要有装台的师傅们，很辛苦；要有乐队来伴奏，与演员默契地配合才能让演出完美无缺，他们的工作不但是艺术创作，也是力气活儿；要有灯光和音响老师们的辛勤劳动，与全场演出密切配合；要有舞台上的服务人员，上上下下摆设桌椅板凳，桌围椅帔，接递道具；要有后台大衣箱、二衣箱、盔头箱、旗把箱、勒头梳头等师傅……缺一不可，哪是只有主角就能完成的呢？主角在舞台上的一切荣光都离不开所有的工作人员。所以，她始终尊重一切为演出服务的人员，从来不认为演出成功只是主要演员的事，少了哪一方面，主角都不能独立成功。即使创立流派的大艺术家，他们也不认为这就是他或她一个人能够创作出来的，台词没有编剧行吗？唱腔没有琴师配合帮忙行吗？都不行，是无数人帮着一个人创出奇迹。所以，在生活中、在剧团，人们反映王紫苓没有大演员的架子。

王紫苓与程永江

她的这些观点笔者深表赞同，反映出了她牢固的集体观念。有不少主要演员孤芳自赏，自我感觉良好，认为成绩只是自我奋斗出来的，居功自傲，忽视了别人的帮衬和贡献，于是信奉和大言不惭地宣扬"京剧是角儿的艺术"这一口号。这样的演员与王紫苓先生对比，思想境界的差距豁然立显，相差甚远，难道这种人不应该感到汗颜吗？

**22. 演员演戏要互相激发"出戏"**

王紫苓在京剧舞台演出几十年，得出了一条经验，就是她认为同台合作的演员之间要互相刺激，激发对方演戏的灵感和激情，演员之间碰撞出火花，自己的创作欲望会迸发出来，表演会更加精彩，从而可以达到最美好的艺术效果。与周信芳合演过戏的一些演员都有同样的感觉和体会，由于周信芳的临场演出激情四射，带动合作者进入剧情和人物，双方立刻达成默契，以最大的创作激情演出了需要的艺术效果。这一点在王紫苓的舞台实践中也得到了生动的印证。她与张世麟合演《武松与潘金莲》，在"杀嫂"一场，武松回到武大郎的家，进门突然看到兄长的灵牌，唤出潘金莲，又发现嫂嫂穿红戴绿，潘金莲见是武松，立刻回屋换衣。再出来，两人的眼睛死盯着对方，小步旋转脚步，配合很慢的锣经【五锤】，在这极慢节奏的互相对视和转身中，演员都给对方释放出很强的艺术冲击，武松真的生发出对潘金莲的怀疑、仇视和杀心，而饰演潘金莲的王紫苓表现出的心虚、胆怯、绝望，配合身形低矮下去，助长了饰演武松演员的气势和胆量。这场戏把观众立刻带到剧情里，非常感人，剧场一片寂静，气氛陡然紧张起来，让人们把戏以假当真。类似的实例在王紫苓的演出中还有许多。

**23. 戏要不断地挖掘、修改和完善**

1958年，她随团赴朝慰问演出，她主演的《拾玉镯》极受欢迎，只这一出戏演出就有二三百场。她与演小生的演员季尚春一边演一边不断琢磨人物和剧情，不断加以改进。他们想：是否可以在孙玉姣在门外做针线活时，发现有生人到跟前，然后回屋，关上门之后，由于这一对男女都在青少年遇到倾慕的对方，都好奇对方，这里可以加两人都要扒门缝窥探对方的表演，这是过去没有的演法。加进去以后，效果很好，进一步充分表现出了男欢女爱的心理活动，也很符合生活。还是这出戏，过去在"喂鸡"时，王紫苓按学戏时学到的表演方法，给鸡喂的是小米。如果喂小米，那么鸡就是小雏鸡了，这样就与小生傅朋买雄鸡不符合了。王紫苓经过研究，认为戏里所谓的"雄鸡"并非指的是雏鸡，而是那个时代非常时兴的"斗鸡"，只有喂养和出卖这样的雄鸡，才能维持一家人的生活开销，否则喂养十来只雏鸡或普通的鸡，能卖上几个钱，如何养家糊口？所以，雄鸡应该是大的彪悍好斗的鸡，喂的食不能是小米，而是筛箩得不十分干净还带有些许米糠的大米，所以才有后边眯眼的表演。她这样设计剧情，在表演取米、喂鸡等动作时就与过去不一样了。她对此剧仍不停步，继续研磨，精益求精。过去演法，当孙玉姣拾起玉镯回到屋里后，看了又看，爱不释手，一般演法是孙玉姣将双手的两根食指插进玉镯中，转两指玩弄玉镯，以表现孙玉姣是多么地喜爱这只镯子。细想一下，她是打心眼里那么地喜爱玉镯，肯定是怕掉地上摔碎玉镯，因此这样的动作就不很合理。王紫苓把这改为用手绢细细地擦，然后轻轻地戴在手腕上，走一步看一眼玉镯，也很能表现出少女是多么地喜爱玉镯的心理。

**王紫苓与刘嵩崑**

### 24. 不要怕"捋叶子"

很多演员喜欢说哪点儿是自己创造的，或者喜欢别人夸赞哪点儿是他创造的，觉得很光彩、很自豪，最不愿意承认这一点儿是向谁谁学的，好像觉得很没面子，王紫苓觉得大可不必这样。她深有体会地说："其实，很多东西都是演员之间互相学习、观摩，得到启发，有所感悟，运用到自己的表演中去的。所谓新的东西，或者是同时代人的东西被吸收过去，或者是前辈们创造的东西，总之，真正别人没有过，完全是无中生有的自创东西，其实是不多的。"王紫苓是个老实人，不自我粉饰，很少听她说这是我创的，那是我发明的，也不避讳有人说她是"捋叶子"（学来别人的东西）。她认为，演员之间就应该互相取长补短，别人有好的演法，自己学来，用到自己的表演中，有什么不好，有什么不对吗？没有。一个人的智慧和能力总是有限的，一个人不可能十全十美。艺无止境，对别人好的东西采取拿来主义，是聪明人的高明做法，不丢人。实事求是地承认自己向别人学习了东西，反而得到了别人的尊重和信任。笔者觉得她这是实事求是的老实态度，不承认自己的某些表演是借鉴别人的，别人未必看不出来，不要忘记会有"行家看门道"的。

### 25. 谈唱戏

经常有人说："唱戏，唱戏，以唱为主"，"京剧讲究唱、念、做、打，唱是第一位的"。这些说法流传了无数年，好像成为京剧界的定规。不错，京剧要以唱为主，因为唱是有腔调的，是有可以记录并且能够流传下去的曲谱的，它是区别剧种和地方特色的主要依据，不可忽视。但是，笔者个人认为，这种说法产生在舞台没有灯光照明的百多年以前，是适宜的，人们只能摸黑听戏，而不是看戏，自然以听为主，演员以唱为主，是受到时代条件限制的。

然而，我们是否可以身居现时代，从另外一个方向思考，听一听演戏演了七八十年的老艺术家王紫苓的亲身体会，以开阔我们的眼界和思考呢？王紫苓觉得演戏时的表演要比唱戏费心，如果得不出这样的体会，除非是演员还没有全身心地投入人物和感情之中，因而不会有与她同样的体验。她体会到演戏要比唱戏累心，费脑子。她说："唱戏是琢磨唱腔如何优美，体现感情，抑扬顿挫，调门高低，旋律如何变化，咬字吐音，一旦形成了，就基本固定了。可是表演不然，根据对人物和剧情不断地深入理解，表演是可以随时有所变化的，也是允许的。成为流派的艺术，之所以形成流派，重要标志是它的唱腔基本固定了，但是老先生们在同一出戏的表演却不一定亘古不变，他们是不断变化、不断进步的，是与时俱进的。所以说，表演有可以发挥艺术创造的空间，而不能止步不前。我说表演更累心的道理就在于此。"

### 26. "错位观察生活"

王紫苓主要应工花旦行当，如何使自己塑造出的少女形象显出纯真无邪的天性，表现出人物的单纯、纯洁、天真、可爱、活泼、幼稚、腼腆、害羞等只有少女才特有的精神风貌呢？据她讲，她经常注重观察五六岁、七八岁孩子的举止和表情，而不是着重观察她要演的十七八岁的少女，她是往更小年龄的孩子身上去找创作灵感，去捕捉模板。笔者想她这样做是有道理的，并且从她的舞台表演实践观察到，这样向生活学习也是成功有效的。戏曲表演的依据是生活，来源于生活，但是要概括生活，要提炼生活素材，要高于生活的原型，要比生活中的原始形态更加艺术化，丰富表现力，这就需要比生活原型夸张一些才能达到预期的艺术效果。实际上，王紫苓在舞台上表演出来的少女，都比剧中人物实际的年龄要小一些，显得更幼稚一些，这样才能演出人物的可爱，才有戏剧性。她根据自己承担的行当特点，选择的观察对象是正确的，选取观察的着眼点和方法是十分巧妙的，笔者把这称为"错位观察生活"法。

### 27. 谈塑造形象

王紫苓说，为了更好地塑造出少女的舞台形象，她还特别认真学习和借鉴了电影明星周璇的表演艺术，受益匪浅。周璇是20世纪三四十年代红极一时的大明星，她塑造的各种少女角色出神入化，天真烂漫，纯真质朴，自然天成，稚气可爱，那种或腼腆、或矜持、或活泼、或孤

王紫苓与孙毓敏做艺术交流

独、或悲怜、或喜悦……令人神往，深受观众喜爱，把少女特有的形象特征充分展现了出来。王紫苓和周璇的工作都是要塑造少女角色，只不过周璇塑造的多是现代的女性，王紫苓塑造的多是古代少女，古代和现代少女也有许多共性之处。所以，王紫苓看了许多周璇的电影，从中汲取艺术营养，她把周璇在银屏上所表现的少女气质、神态、形象等化解到自己的表演中。

## 28. 谈演戏

有一次，王紫苓先生与笔者谈论演戏时，针对一些演员连续发出几问，值得我们深思。她问道："您会了吗？您对了吗？您好了吗？您精了吗？"这是递进式的发问，也是把演戏的深度层层引向更高层次的问题。演戏首先要学会，但是只学会了还不成，这只是无法再低的基本要求，还要思考演对了吗？剧情、剧中人物，你把这些演对了吗？能够演对还是不行，进一步研究是否演好了，演到让人觉得还可以的程度。最后，应该达到的目标是要演得精彩，把戏演成精品。因此，演戏要经过"会、对、好、精"的全过程，才是一位合格的好演员。

### 29. 放低自己，感激别人

2015年重阳节，中央电视台戏曲频道举办京剧老艺术家演唱会，王紫苓应邀参加。北京市原市长张百发同志对她说："王紫苓，好啊！你这次上台表演，我看可能会在这台演出中出现五个亮点。但是，咱们是玩儿，可不要上台玩儿命，要知道咱们自己的年龄！"演出结束后，他又对王紫苓说："真没想到，原以为你的表演会有五个亮点，今天上台我给数了数，有七个亮点！"这里说的亮点是指出现喝彩声的地方。

《柜中缘》王紫苓饰刘玉莲

这次上中央台演出，王紫苓表示特别感恩领导、家人、同事、戏迷……（流泪）她说她这是幸福的哭！多年来，有大家的支持、帮助，是大家的力量堆出了她今天的一点艺术成就！看，她总是抱有一颗感恩的心，而不是认为大家给她的掌声、喝彩声是她理所当然、应得应分的，总是不觉得自己有多么了不起，她一生都是这样虚怀若谷，把自己放低，感激别人。

### 30. 不忘师恩

演员不要忘了恩师，更不要忘了为你启蒙的"奶"师。她经常说，魏效荀先生引领她从一个什么也不懂的10岁孩子走进京剧表演艺术，开蒙戏是《女起解》。魏先生不只教她一出戏的唱、念、表演、身段，同时给她讲解剧情戏理，讲解人物身份和感情，为什么要那样的表情，剧中人是什么心理活动。她从魏先生那里开始明白了演戏要演人物、要演感情，开始懂得一些做戏的道理，这对她后来一生的艺术活动都起到了指导作用。后来拜师荀慧生先生，又学会了演员要注意观察生活，她是从荀先生那里开始懂得演员要观察生活的。荀先生的表演为什么那样生活化、那样自然，就是平时注意观察生活，从生活中汲取表演素材，加工为艺术表演，搬上舞台。自己有成功的一天，不要忘了老师。

王紫苓与马铁汉

### 31.《三岔口》

在观众当中留有良好口碑的，是她在天津市建华京剧团时与曹艺铸合演的《三岔口》，她反串饰任堂惠，曹艺铸饰刘利华，施明华饰焦赞。那时还是老的演法，刘利华这个角色勾歪脸。这个戏她在东北也演出过，参加合作演出的有荣春社科班出身的王长山。

### 32.《白水滩》

20世纪50年代在建华京剧团，王紫苓反串演《白水滩》，饰演武生应工的十一郎。这出戏是武生短打的重工戏，本工武生的演员演这出戏都会觉得吃力，而王紫苓作为一位女青年，却以"明知山有虎，偏向虎山行"的大无畏精神承担这出戏的演出，可见她大有"拼命三娘"的精神气概。为她配演青面虎的演员曾有赵韵廉、王金铭等。

### 33.《八蜡庙》

王紫苓反串演《八蜡庙》这出戏是在20世纪50年代，与京剧前辈艺术家刘汉臣合作的时期。约在1951年演于天津南市地区的上平安戏院，一般主要演员反串演出，王紫苓饰黄天霸，刘汉臣饰张桂兰，吴韵芳饰小张妈，赵万鹏饰费德功，周素英饰贺仁杰。演出结束后，演员们认为机会难得，要合影留念，这时王紫苓已经卸装，宋啸菊赶忙从后台叫出王紫苓，到前台参加照相。大罗帽运走了，她只好戴个软罗帽。

### 34.《法门寺》

王紫苓还反串演出过《法门寺》，她饰演过贾桂、刘彪、刘媒婆，前孙玉姣，中宋巧姣，后刘媒婆。

王紫苓与宋丹菊

### 35. 演双出戏

20世纪50年代，在搭班或挑班演出时期，王紫苓经常演双出戏。例如，她在前边先演拿手戏《红娘》，到最后再反串《白水滩》中的十一郎。又如，演《杨排风·三岔口》，她在前边饰杨排风，后边在《三岔口》中反串饰演任堂惠；演《孔雀东南飞》，后面加《刺巴杰》中的巴九奶奶。如果演全部的《武松》，她除了饰演潘金莲之外，还在《十字坡》中赶饰孙二娘。她曾与李金声、马鸣哲合演过全部《武松》，李金声饰前武松，马鸣哲饰后武松，她演双出，分饰潘金莲和孙二娘。以上的演法不仅表现出了她的一专多能，而且彰显了她的文武之功。演《勘玉钏》时她前饰俞素秋，以青衣应工，加点儿闺门旦的表现方法，后饰韩玉姐，是纯花旦的活儿。《红楼二尤》她一人前饰尤三姐，后饰尤二姐。上面记述她反串演《法门寺》，更是一赶三。

### 36. 谈旦角的"腰功"

王紫苓很注重旦角行当演员的"腰功"。在旦角表演时的身体姿势方面，她认为旦角在舞台上要切忌扭胯的姿势，行话叫不能"折腰拉胯"。虽然旦角在舞台上为了表现妇女走路的姿势优美，有时腰部需要扭动，但要做得自然，不能故意做作，动作幅度不能过大，要站有站姿，坐有坐姿，一戳一站的功夫就全在腰上了。有些演员没有意识到腰部的力量、腰腿功夫对旦角演员的重要性，好像觉得增强腰部的力量，锻炼腰腿功夫，那是武戏演员的事。其实不然，旦角演员同样需要有力的腰部力量，需要过硬的腰腿功，这是任何行当演员都应该具备的。没有这些基本功，在舞台上表演时就会显出身姿的各种不尽如人意，不准确、不到位、不协调、不自然，因而缺乏美感。

# 五、艺事年谱

（外地演出无资料，本年谱仅限于在京津两地的演出情况）

1932年

农历12月29日，王紫苓生于天津市河北区一个城市贫民家庭。

1938年

王紫苓进入天津木斋小学就读，曾用名王淑慧，在校参加文艺活动，演过话剧。

1942年

王紫苓向荀慧生大弟子魏效荀学戏，以《女起解》开蒙，继之学《铁弓缘》等。开始到舞台上演出。

1945年

王紫苓在1945年与1946年之交，随魏效荀到北京，拜荀慧生为师，从学数月，随师到戏院观摩师父演出，从此得荀老师亲授《金玉奴》《铁弓缘》，全部《玉堂春》《红娘》《霍小玉》《棋盘山》《荀灌娘》《勘玉钏》《钗头凤》等剧。

1946年

王紫苓在天津拜京剧名家三吉仙（王润生）为业师，订立6年师徒合同。王紫苓在天津城东北角的大观楼戏院正式登台，之后开始在天津南市大舞台戏院等处演出《探亲家》《双摇会》等花旦的玩笑戏，同时随师姐王丽英（王润生之女）学青衣、花旦戏。

**1949 年**

五六月间，王紫苓在北京拜尚小云先生为师，师徒合影留念。她每日到尚府学戏，从学数月后回天津。其间及以后她得尚老师亲授《杨排风》《穆桂英》《汉明妃》《十三妹》《虹霓关》等剧。

**1950 年**

10 月 24 日起，王紫苓在天津上平安戏院搭刘汉臣剧团，与刘汉臣、张海臣、刘宫阳、赵万鹏、周素英、杨筱卿、萧英翔合作，24 日晚演出《胭脂虎》；25 日日场演《红娘》，晚场演《拾玉镯·法门寺》等。

12 月 6 日起，在天津南市共和戏院搭赵松樵领导的扶新剧社，王紫苓与赵松樵、费玉策、张海臣、曹艺铸、郭云涛、钳韵宏、杨筱卿、高吟秋、周蕴华、何昆林、小麟童同台演出，不久即离班。

王紫苓演出应节戏《天河配》等。

**1951 年**

王紫苓在上平安戏院搭刘汉臣、姜铁麟组成的合作剧团，演出《红娘》《木兰从军》等。

8 月 24 日至 10 月 18 日，王紫苓仍在上平安戏院与刘汉臣、吴绛秋、王秀兰、朱薇芳、谷玉兰、宋啸菊、张德发、杨孝昆、赵鸿林、张海臣、刘麟童、赵万鹏、刘荫增等同台，主演了《红楼二尤》《红娘》《坐楼杀惜》《得意缘》《豆汁记》等。

**1952 年**

王紫苓应邀与童祥苓合作，演于北京民主剧场，王紫苓演出《拾玉镯》，童祥苓演出《群·借·华》。

同年，二人在天津上平安戏院再次同台合作演出《玉堂春》《香罗带》《珠帘寨》《龙凤呈祥》等。

1953年

5月31日至6月16日，王紫苓在天津华林戏院与赵凤兰、史玉兰、万志英（王志英）、杨婉英、金又琴合作演出。

1954年

2月16日至27日，王紫苓在天津黄河戏院领衔建华京剧团演出，合作演员有陈云声、史玉兰等。

4月12日起，王紫苓在天津新中央戏院领导建华京剧团演出，合作演员为宋又声、李云秋等。主演剧目有《红娘》《虹霓关》《东方夫人》，全部《穆桂英》《红楼二尤》《勘玉钏》《十三妹》《荀灌娘》《得意缘》，合作演出的剧目有《四进士》《三国》《潘金莲》。

4月23日起，王紫苓在新中央戏院继续领衔建华京剧团演出，主要演员是王紫苓、宋又声、孙荣蕙、刘麟童，演出三天后王紫苓离班，该团由宋又声、杨逸梅、刘麟童领衔主演。

5月8日起，王紫苓在华林戏院领导建华京剧团演出，合作的主要演员有史玉兰、郭菊贞、朱锦章、李润田、李执中、许高扬、杨春年等。

9月2日起，她在天津上平安戏院（后改名为长城影剧院）参加童祥苓领导的北京大众京剧团演出，主要演员有童祥苓、李今芳、王紫苓、童遐苓、苏连汉、田荣贵、王志英、计鸣宽、小玉楼、李盛元、卢邦彦、李鸣升等。王紫苓主演全部《红娘》《十三妹》《拾玉镯》《春香闹学》《大英杰烈》《得意缘》《勘玉钏》《红楼二尤》《穆柯寨》《大破洪州》《香罗带》《姑嫂英雄》等，与童祥苓合演《拾玉镯·法门寺》《武松与潘金莲》等。大众京剧团还在北京石景山剧场等地演出，如某天的演出剧目为《打严嵩》，童祥苓饰邹应龙，张学忠饰严嵩，虎起顺饰常宝童，孙益海饰严侠；《诓妻嫁妹》这出戏中，王紫苓前饰俞素秋、后饰韩玉姐，童遐苓、卢邦彦等为配。

1955年

1月3日至2月9日，王紫苓在天津华林戏院领导建华京剧团演出，主要演员还有杨玉娟、吴铁英、梁桂亭、陈志华、费世延、张岚芳、王蕴山等。

8月1日起，她在天津新华戏院与刘麟童共同领导建华京剧团演出，王紫苓主演的有《悦来店·能仁寺》《大英杰烈》《红娘》《姑嫂英雄》《虹霓关》《红楼二尤》，全部《穆桂英》《花田错》《勘玉钏》《春香闹学》《杨排风》《荀灌娘》《拾玉镯》，与刘麟童合演《武松与潘金莲》《霸王别姬》《六国封相》等。8月17日起，王紫苓在天华景戏院与王则昭、杨玉娟联合领导天津建华京剧团演出，18日王则昭退出，王紫苓、刘麟童领衔继续演出至31日。

9月1日起王紫苓、刘麟童在新中央戏院率领建华京剧团演出至9月16日，王紫苓演出了《悦来店·能仁寺》《大英杰烈》《霸王别姬》《红娘》《荀灌娘》《姑嫂英雄》《虹霓关》《红楼二尤》，全部《穆桂英》《花田错》《勘玉钏》《春香闹学》《杨排风》《拾玉镯》《香罗带》，全部《弓砚缘》《得意缘》，参加演出《三国志》《六国封相》《武松与潘金莲》等。与刘麟童排演《天河配》，在天华景戏院连演十余日。

**1956年**

王紫苓继续在天津市建华京剧团演出。

1953年至1956年，王紫苓每年都会应北京方面的邀请赴京演出多半年时间，深受欢迎。在京期间，多次向筱（翠花）派创始人于连泉先生请教，学习筱派表演艺术。

**1957年**

成立不久的天津市京剧团团长张利民、副团长厉慧良等看过王紫苓的演出，十分赞赏，邀请王紫苓加入天津市京剧团。8月5日晚，天津市京剧团在长城戏院举办王紫苓加入该团之后的首场演出，王紫苓以特约主要演员的身份演出大轴戏全部《玉堂春》，第二天演大轴戏《红娘》，第三天压轴演出拿手戏之一《拾玉镯》。其后陆续演出《大英杰烈》、《悦来店·能仁寺》、《红娘》、《拾玉镯》、《武松》（与王宝春）、《诓妻嫁妹》、《花田错》及合作戏《龙潭鲍骆》等剧。后来与王宝春共同带领一个分团在各剧场巡回演出，合作演出有《武松》《龙潭鲍骆》等剧。

9月1日起，王紫苓在天津塘沽戏院与天津市京剧团著名演员程正泰、周铁豪、刘少泉、李少楼、赵春亮、哈宝山、李荣威等合作演出，王紫苓主演或参演的剧目依次有《龙潭鲍骆》《大英杰烈》，全部《玉堂春》《探母回令》《红娘》《拾玉镯》。

9月17日起，天津市京剧团王紫苓、赵慧秋、邓金昆、包式先、李少楼、刘少泉、孙鸣凯、周铁豪、宋鸣啸、李荣威、程正泰、赵春亮、哈宝山、苏世明、季尚春、施明华、张文轩等在新华戏院演出。王紫苓演出了《红娘》《拾玉镯·法门寺》，四四《五花洞》，全部《四郎探母》，全部《玉堂春》《铁弓缘》《龙潭鲍骆》等。

9月28日至10月4日，厉慧良、王紫苓领衔天津市京剧团在天津中国大戏院演出，同台有包式先、李少楼、李荣威、苏世明、季尚春、哈宝山、赵春亮、薛慧萍、张美玲等。

10月1日至4日，与厉慧良在国庆节做庆贺演出，王紫苓演出了《拾玉镯》《悦来店·能仁寺》《文章会》。15日起王紫苓、宋鸣啸、邓金昆、刘少泉等在新华戏院演出新排的《铡判官》，一直演至11月3日。11月29日起，她在中国大戏院继续演出《铡判官》，该剧连演44场，场场爆满。该剧的剧本改编是李宝櫆，由张文轩导演，主演王紫苓、宋鸣啸。

12月20日起，王紫苓领衔主演新排历史剧《洺州烽火》，编剧王文泉，导演厉慧良，助导张文轩，合作演员有包式先、邓金昆、刘少泉、李少楼、孙鸣凯、李荣威、宋鸣啸、周铁豪、季尚春、哈宝山、苏世明、赵春亮、施明华、张文轩、张世娴、杨麟玉。

12月31日起，王紫苓在新华戏院领衔演出新排的古装戏《铡赵王》，编导张文轩、李荣威，主演王紫苓、季尚春、哈宝山、包式先、邓金昆、赵春亮、张文轩、李荣威、孙鸣凯等。该剧连演到跨年的1月12日。

1958年

2月至4月，王紫苓随团赴朝慰问中国人民志愿军演出，深获中朝军队官兵的欢迎与喜爱。

在哈尔滨与厉慧良合演新编戏《关汉卿》，厉慧良饰关汉卿，王紫苓饰朱帘秀。在大连与厉合演《白毛女》。

4月6日至13日，在天津人民剧场做赴朝归来的汇报演出，王紫苓演出了《拾玉镯》《铡判官》《红娘》《铁弓缘》《三不愿意》。

7月20日起她演于天津人民公园剧场。

8月30日起她在新华戏院演出《铡判官》等。

她响应毛主席"一定要根治海河"的号召，深入施工现场，参加义务劳动，并且慰问劳动者，在劳动现场演唱京剧。

10月1日至7日，在中国大戏院她与厉慧良、程正泰、李少楼、李荣威、宋鸣啸等主演新编现代戏《治海降龙》。

10月8日起，她在中国大戏院与厉慧良、周啸天、丁至云、林玉梅、包式先、季砚农、薛慧萍、哈宝山、苏世明等演出新编现代戏《走在前面的人们》，编剧王文泉，导演张文轩。

**1959年**

1月6日，她在天津共和戏院演出《界牌关》（李少楼）、《樊江关》（王紫苓）、《打登州》（周啸天）。

5月3日，在天津第一工人文化宫演出根据关汉卿原著改编新排的古装剧《救风尘》，主要演员为王紫苓、赵慧秋、季尚春、詹世辅等。17日，在中国大戏院与朱玉良、程正泰同台，王紫苓演出《打焦赞》，朱、程合演《将相和》。

8月27日晚场在天津第一工人文化宫演出，王紫苓主演《柜中缘》，程正泰主演《文昭关》，张世麟演双出《战冀州》《金翅大鹏》。30日晚场王紫苓演的《拾玉镯》，程正泰演的《洪洋洞》，张世麟演双出《蜈蚣岭》《雁荡山》。

10月1日，她与赵松樵等作为人民代表登上天津市庆祝中华人民共和国成立10周年游行检阅大会的观礼台。

10月4日至5日，王紫苓在天津第二工人文化宫演出新编古装剧《包龙图晚年除奸》，原著陆登善，改编晏甬，导演关明林，主要演员有朱玉良、王紫苓、李少广、彭英杰、张韵啸、罗世明、曹世嘉、刘世亨、茹绍岩、王世霞。

荀慧生先生亲临剧场观看王紫苓演出《大英杰烈》，演出结束后荀先生到后台指导，在宾馆传授多出荀派戏，师徒合影留念。

王紫苓与川剧名家许倩云会面，进行艺术交流。

王紫苓与张世娴等演出现代戏《治海降龙》，饰妇女民兵连长。

## 1960 年

1月1日至24日，王紫苓在第一工人文化宫与张世麟、程正泰、宋鸣啸、关明林、季砚农、彭英杰、曹世嘉、张韵啸、孙宝文、李少广、王世霞等同台演出。王紫苓主演了《拾玉镯》《铡判官》《大英杰烈》《勘玉钏》等。2日至4日，她与朱玉良主演新排古装剧《智斩鲁斋郎》，原著关汉卿，改编马少波、范钧宏，导演曹世嘉、彭英杰。7日晚在民主剧场与朱玉良合演《铡判官》，8日晚演出全部的《穆桂英》，9日与程正泰、李少楼、彭英杰、李少广、曹世嘉、张韵啸、高凤茹、冯荣焕、王世霞合演《甘露寺·美人计·回荆州·丧巴丘》，13日白天演出《红娘》，14日晚上再演出《铡判官》，18日晚场在华北戏院上演《大英杰烈》，24日晚上仍在华北戏院演出了《勘玉钏》。

2月3日晚、6日晚，她在共和戏院演出《铁弓缘》，4日晚演出《拾玉镯》。另外，自4日起在中国大戏院与林玉梅、程正泰、季砚农、曹世嘉、张韵啸、李少广、黄荣俊合作演出新排古装剧《团圆梦》，剧本整理于岩，执行导演冯荣焕，导演林玉梅、程正泰、季砚农，舞台设计石云正。各剧场穿插演出。

4月3日起，在中国大戏院主演新编现代戏《为了六十一个阶级弟兄》，改编王文泉、张文轩，导演张文轩、冯荣焕，主演王紫苓、刘志广、张文轩、宋鸣啸、李少广、李少楼、李文英、张韵啸、张芝兰、高凤茹。

4月13日《天津日报》公布天津市级劳动模范、先进工作者名单，王紫苓再次被评为天津市市级劳动模范。

5月1日至5月3日，天津市京剧团在河西区工人俱乐部演出新排古装剧《佘赛花》，编剧景孤血、祁野耘，导演冯荣焕，主演王紫苓、王世霞、张韵啸、冯荣焕、张学增、于月芝、茹绍岩、马少良。5日晚与王世霞合演《挑女婿》。

5月，梅兰芳剧团到天津演出，天津有关方面在干部俱乐部招待、欢迎梅兰芳等，王紫苓参加招待欢迎会，并向梅兰芳祝酒。

6月11日起，王紫苓在中国大戏院演出《佘赛花》《铡判官》《铡赵王》《柜中缘》及全部《穆桂英》等。

7月5日起，王紫苓与厉慧良、周啸天、朱玉良、张世麟、赵慧秋等主演新编现代戏《赤胆红心》，改编王文泉、张文轩，执行导演厉慧良、张文轩。

8月1日起，王紫苓与李少楼领衔演于黄河戏院，主演还有张韵啸、彭英杰、马少良、李文英、李少广等。17日起演于新华戏院，24日以后演于小剧场、共和戏院、天华景戏院。

12月11日起，王紫苓与李少楼领衔演于第二工人文化宫，同台者还有卢英麟、高凤茹、王金铭、张学增等。

**1961年**

1月20日起，王紫苓与李少楼领衔演于黄河戏院、华北戏院，主演有张芝兰、刘志广、马少良、卢英麟等。

4月2日，王紫苓在中国大戏院与朱玉良合演《智斩鲁斋郎》，16日起与周啸天领衔演于第一工人文化宫，同期与朱玉良、张世麟等演于中国大戏院，在两剧场穿插演出。20日晚与张世麟合演《武松与潘金莲》，23日晚与王世霞合演《文章会》，31日晚主演《花田错》，5月1日与张世麟、李荣威、关明林合演《大战宛城》。

7月6日起，王紫苓在中国大戏院演出。14日晚主演《香罗帕》，该剧由王文泉根据川剧改编，冯荣焕导演，配演王世霞、高凤琴、张美玲、琴湘玲等。16日与程正泰、于月芝、张芝兰、李荣威演出《生死牌》。另与朱玉良演出《智斩鲁斋郎》《铡判官》，与张世麟演出《武松与潘金莲》。

八九月她主演《香罗帕》《佘赛花》《红娘》《大英杰烈》《花田错》

《柜中缘》，与李少楼、刘少泉、施明华等合演《杨排风·天波楼·三岔口》，与张世麟合演《武松与潘金莲》等。之后，她随团赴北京演出。

11月18日，由北京返津汇报演于中国大戏院，王紫苓与李少广、王世霞演出《文章会》，王紫苓演出《勘玉钏》时，前饰俞素秋，后饰韩玉姐。

12月31日起，王紫苓在第一工人文化宫演出《拾玉镯》等。

王紫苓本年随团赴京汇报演出《火烧望海楼》，进中南海为毛主席演出《铁弓缘》。

1958—1961年，王紫苓连续4年被评为天津市市级劳动模范、河北省先进工作者、天津市"三八红旗手"、青年建设社会主义积极分子。

### 1962年

1月，王紫苓先后在第一工人文化宫、中国大戏院演出《铁弓缘》《大英杰烈》《穆桂英》《铡判官》《红娘》《拾玉镯》《柜中缘》《辛安驿》《武松与潘金莲》，合演者分别有张世麟、赵春亮、包式先、王世霞、苏世明、刘志广、张韵啸、宋鸣啸、季尚春、张学增、于月芝等。

3月9日起，与厉慧良领衔演于新华戏院，王紫苓演出《辛安驿》等。

3月15日起，与厉慧良领衔演于八一礼堂，王紫苓演出《拾玉镯》等。

### 1963年

9月10日起，王紫苓与张世麟领衔演于中国大戏院，王紫苓演出《拾玉镯》《柜中缘》等。

9月18日起，王紫苓与厉慧良先后演于人民剧场、华北戏院、共和戏院、天华景戏院。王紫苓演出《拾玉镯》《红娘》《柜中缘》等。

12月7日，王紫苓在共和戏院演出新排大型历史剧《红灯令》，剧本改编王庚生、向新、王敏，导演李荣威，主演丁至云、程正泰、王紫苓。

12月15日，王紫苓与厉慧良等再次在天华景戏院登台，当晚剧目有包式先、季尚春合演的《连升店》，王紫苓、赵春亮、张学增合演的《柜中缘》，厉慧良等主演的《艳阳楼》。

### 1964 年

王紫苓随团赴京参加全国现代戏汇报演出《六号门》，接受毛主席等党和国家领导人的接见。

### 1970—1978 年

王紫苓下放到天津市东郊李庄子公社大宋大队第四小队。

### 1978 年

王紫苓回到天津市京剧团，恢复工作。

王紫苓复出后，在中国大戏院演出的第一场戏是《杨排风》。

王紫苓恢复演出传统戏《柜中缘》等，同台合作者有小生名家黄荣俊、文丑名家赵春亮、张学增。

### 1979 年

王紫苓在全国率先恢复演出荀派名剧《红楼二尤》，前饰尤三姐，后饰尤二姐，花旦名家荀令莱、刘长瑜专程从北京到天津观摩，并祝贺演出成功。

### 1980 年

2月，王紫苓与季砚农、张芝兰、董良彦、李少广、黄荣俊合演《红娘》。

5月，王紫苓与京剧名家李文英、季砚农、赵春亮、黄荣俊、张芝兰等合演《红楼二尤》。

### 1981 年

6月，王紫苓、季砚农、赵春亮合演《拾玉镯》。

6月10日《天津日报》刊登李雁的文章：《美的艺术 美的性格——

评王紫苓演出的〈拾玉镯〉》。

8月，王紫苓与武生名家张世麟合演《武松与潘金莲》。

8月12日《天津日报》发表孙淑英文：《常将磨洗展新容——京剧〈武松〉人物探讨》。

天津市人民政府颁发王紫苓连续4年获市级劳动模范、先进工作者称号的证书、奖状。

她与京剧名家黄荣俊、文丑名家赵春亮、张学增合演《柜中缘》。

1982年

2月24日《天津日报》刊登公羊子文章：《情之所至——看王紫苓演出的〈红娘〉》。

王紫苓演出《拾玉镯》。

1983年

1月27日至2月5日，王紫苓参加京津沪三地联合在天津第一工人文化宫举行的荀派艺术专场演出，与童芷苓、赵慧秋、荀令莱、尚明珠、童葆苓、姚玉成、孙玉祥等合演《红娘》；与童芷苓、赵慧秋、荀令莱、尚明珠、姚玉成等合演《金玉奴》；与姚玉成合演《悦来店》；与童芷苓、赵慧秋、荀令莱、尚明珠、姚玉成、孙玉祥、赵春亮等合演《红楼二尤》；与荀令莱、王紫苓、姚玉成等合演《花田错》。

2月15日、16日，天津人民广播电台第三频道两次播放王紫苓、姚玉成等演出的《悦来店》。

1984年

10月，王紫苓参加"爱我中华，修我长城"义演，彩唱《红娘》片段。

之后，由于长期受到精神压抑，王紫苓年初心脏病发作，开始休养，休养期间开始文学创作。

12月20日、27日的《天津日报》分两期连载王紫苓的中篇小说《招财进宝》，之后《小说月报》转载。

**1985 年**

1月17日《天津日报》发表李克明文章:《情节·人物·语言——王紫苓〈招财进宝〉读后》。

8月29日、10月5日的《天津日报》发表王紫苓的又一力作《老虎搭拉》。

10月26日《天津日报》发表张仲的文章:《旧人生舞台的哀歌——谈王紫苓的小说》。

**1988 年**

在咨询委员会成立一周年的纪念演出中,王紫苓彩唱《红娘》《红楼二尤》片段。

6月4日《天津书讯》发表紫坤、春晓采写的文章:《花红柳绿又是春——访著名京剧演员〈花红柳绿〉的作者王紫苓》。

**1989 年**

2月6日,天津《今晚报》连载3天发表王紫苓的文章《喊嗓子》。

3月28日,《天津日报》刊登记者李军拍摄的王紫苓饰演的红娘剧照。

9月,天津剧协给王紫苓颁发"从事戏剧工作40周年荣誉证书"。

**1993 年**

王紫苓个人出资演出《翠屏山》《铁弓缘》《穆天王》《梅龙镇》《大劈棺》《战宛城》《武松与潘金莲》等剧。

毛主席百年诞辰纪念演出,与赵春亮在中国大戏院演出《铁弓缘》中的"茶馆"一折,为使剧情完整,王紫苓在收尾处临时做了精心修改,使剧情完美结局。

**1994 年**

1月,王紫苓获颁国务院的"从1993年10月起发给政府特殊津贴"证书。

11月26日至27日，与李金声在北京西单剧场演出《蝴蝶梦·大劈棺》，王紫苓饰田氏，李金声饰庄周，魏喜奎饰观世音菩萨。著名京剧表演艺术家吴素秋、李砚秀、刘雪涛等到场观摩，演出结束后上台祝贺演出成功。

王紫苓在老年大学进修绘画艺术。

62岁的王紫苓与小生演员吕孔瑜等演出《拾玉镯》。

## 1998年

咨询委员会在中华戏院组织咨询委员们演出3场戏，王紫苓彩唱《铁弓缘》《拾玉镯》等。

王紫苓在天津与著名女老生金振东合演《游龙戏凤》。

王紫苓在天津主演《穆桂英》。

王紫苓应邀与张世麟之子张幼麟合演《武松与潘金莲》，实现与张氏两代人合作此剧。

## 1999年

11月，她被聘为天津市振兴京剧艺术基金会理事。

## 2000年

尚小云、荀慧生百年诞辰，两位大师的塑像在北京落成，王紫苓应邀参加演出，并在理论研讨会上进行发言。

## 2001年

10月16日，王紫苓被聘为天津市京剧基金会的艺术顾问，担任多种评委工作。

## 2004年

8月，王紫苓教授的天津华夏未来少儿学员王雨参加第8届"中国少儿戏曲艺术小梅花"大赛，获得了金花奖，中国戏剧家协会给王紫苓颁发荣誉证书、证章。

2006年

1月，天津市文化局评选出王紫苓的国画《傲骨》为参加首届天津市"文化杯"当代名家新人美术作品展的参展作品及颁发证书。

2008年

2月22日，《今晚报》发表周汝昌文章《年画·大观茶园·荀派·王紫苓》。

12月25日，王紫苓获颁天津市文化局签发的"命名王紫苓为天津市非物质文化遗产项目京剧的代表性传承人"证书。

汶川地震，5月31日天津戏曲界在中国大戏院举办赈灾义演，她演出了《红娘》和《打焦赞》片段。

2009年

在中国大戏院公益讲座活动中，王紫苓主讲《京剧花旦表演艺术》。

王紫苓应邀挖掘整理荀派名剧《棋盘山》，将重点场次加以浓缩、精练，修改剧本，传授给上海京剧院著名演员熊明霞并演出，亲到熊明霞演出现场"把场"。

7月17日，中国文化艺术界联合会颁发给王紫苓"从事中华人民共和国文艺工作60周年荣誉证书"。

2010年

荀慧生110周年诞辰纪念演出于京、津、沪等地，使《棋盘山》这出戏成为唱、念、做、打俱全而精练的剧目，舞蹈性得以充分发挥和传承。

王紫苓在纪念活动中发表纪念文章《师德师艺育后人》。

王紫苓在上海与美籍华裔知名人士靳羽西会面。

2011年

80岁的王紫苓受聘到天津艺术职业学院任教，传授刀马旦戏《穆桂英》。

6月10日，在中国大戏院举行"薪火相传"师生同台演出《棋盘山》《红娘》《打焦赞》的片段。

12月，王紫苓获得了中国戏曲表演学会颁发的"著名京剧表演艺术家王紫苓终身成就奖"证书。

2012年

12月20日至23日，王紫苓去北京，见到了吴素秋、张正芳、刘嵩崑等，将自己的剧照年历赠送给吴素秋。吴素秋回赠一幅自己的画作。张正芳要求王紫苓把《红娘》中一段荀慧生先生的老唱词给她记录下来。

2013年

2月5日，天津市戏剧博物馆收藏了王紫苓的剧照挂历，获收藏证书。

4月，她赴西安参加尚小云艺术研究会成立大会，被任命为研究会副会长兼艺术委员会副主任。

王紫苓先后受邀为"中国京剧艺术基金会"录制《谈戏说艺》、"非物质文化遗产"访谈《艺术人生》、《中国戏剧》的《名家访谈录》等资料性录音录像。

5月16日中午，王紫苓在寓所附近的饭店与天津市京剧团原与其合作演出的老演员以及来自美国的老同事聚会。

6月21日，王紫苓在天津市艺术职业学院，中国京剧艺术基金会组织老艺术家《谈艺说戏》录制音像。

8月，王紫苓获颁中国京剧艺术基金会关于完成"京剧艺术传承与保护工程——老艺术家'谈戏说艺'访谈录制"的证书。

9月11日，天津《中老年时报》发表了王紫苓文章《我与周汝昌先生的交往》。

9月18日，《中老年时报》发表了王紫苓的文章《咸水沽忆旧》。

2014年

春节前后，王紫苓受邀到澳大利亚进行京剧艺术交流活动并探亲。

**2015 年**

2月8日，天津市艺术职业学院承接国家艺术基金资助项目，成立"京剧尚派艺术表演人才培训班"，1月12日签发聘书："兹聘请 王紫苓先生 为国家艺术基金资助项目 京剧尚派艺术表演人才培训班教学督导委员会督导"。

王紫苓获颁"荀派艺术传承人""中国京剧尚派艺术传承人"的奖杯、证牌、证书。

10月21日，中央电视台在北京长安大戏院举办的"霜叶红于二月花"重阳节京剧老寿星演唱会上，84岁的王紫苓表演了《打焦赞》的片段，轰动了现场和全国的电视观众。

11月20日至22日，京津冀地区的尚（小云）派艺术传人、京剧名家、楹联和书法名家会聚在石家庄市，隆重举办"尚德南宫——纪念京剧大师尚小云诞辰115周年"系列活动。该活动由南宫市委、市政府、河北省尚小云艺术研究院联合河北省文联、河北省剧协、河北省书协、河北省图书馆、河北省文化艺术发展基金会、陕西省尚小云艺术研究会共同举办。20日晚，电视剧《京剧大师尚小云》在河北省话剧院儿童剧场如期开机。该剧由河北省尚小云艺术研究院、河北省文化艺术发展基金会、南宫市委、市政府联合组织拍摄，分为人生经历、艺术风采、人格魅力、传承艺术等部分内容。开机后，举行演唱会，高潮迭起，掌声不断，长达三个多小时，余兴未尽。尚小云先生亲传弟子朱广洁、栾广平出席活动，在尚小云先生的琴师、山西省尚小云艺术研究会副会长、年过八旬的王君笙的伴奏下，70岁的栾广平演唱了《盗令》《双阳公主》《打青龙》的唱段；尚派艺术再传弟子杨荣环先生的河北籍弟子、已经古稀之年的肖月珠演唱了《大登殿》的唱段；尚小云的孙女、尚长春的女儿尚慧敏率弟子演唱了《汾河湾》《汉明妃》《御碑亭》。受过孙荣蕙、杨荣环、崔荣英亲传的尚派再传学生李莉演唱了《龙凤呈祥》。21日，在河北省图书馆召开为此次活动举办的楹联大赛颁奖仪式和作品展的开幕式，下午由河北省尚小云艺术研究院副院长兼秘书长、尚小云纪念馆馆长周哲辉做尚派艺术研究报告。王紫苓全程参加了各项活动。

**2016 年**

8 月初，庆祝天津京剧院建团 60 周年，王紫苓表演了《十三妹》的片段，再次轰动剧坛。

**2017 年**

3 月 11 日至 26 日，天津市表演艺术咨询委员会、天津戏剧博物馆在天津鼓楼博物馆联合举办王紫苓艺术成就展。

7 月 5 日至 7 日，天津艺术研究所联合天津市表演艺术咨询委员会，采访王紫苓，录制音响资料，9 月她继续接受采访。

7 月 5 日，王紫苓接受记者刘丽丽和王瑞丰的采访，介绍了表演艺术咨询委员会成立 30 周年取得的工作成绩；6 日，《天津日报》发表采访报道《耄耋艺术家口传心授一代绝技》。

王紫苓多次担任电视台专业及业余票友、票房比赛的评委，任"天津市京剧艺术基金会""天津市票友协会"的理事和顾问，常年受邀担任多个票房的艺术指导和顾问。

7 月至 8 月，王紫苓应邀为天津市青年京剧团修改《武松与潘金莲》剧本，与北京京剧院李卜春指导排练。王紫苓分别为潘金莲扮演者张悦、武大郎扮演者和西门庆扮演者说戏，分析人物。

9 月，王紫苓应邀在天津电视台节目做嘉宾评委，到天津市青年京剧团指导响排《武松与潘金莲》。月末，她第三次接受天津艺术研究所、天津表演艺术咨询委员会联合采访。

10 月 8 日上午，王紫苓应邀参加尚慧敏收天津市京剧院许佩文为徒的拜师仪式；20 日应邀参加天津市京剧院老艺术家演唱会，赵慧秋、王紫苓、刘志广等参加。

10 月 12 日晚，王紫苓到中国大戏院，与天津市京剧团的鼓师和琴师排练，20 日晚在老寿星重阳节演出中表演了《悦来店》的片段，并清唱了《红楼二尤》的唱段。

10 月 22 日、25 日，王紫苓到天津市青年京剧团现场指导《武松》

的彩排。

10月26日至28日,王紫苓应邀到蓟县进行艺术交流活动,28日晚赶至中华剧院为天津市青年京剧团演出《武松》"把场"。

2018年

重阳节"菊坛月圆贺中秋"天津京剧老艺术家演唱会,王紫苓应邀与刘志广、康万生、李经文、张克让、张学敏、武广江等参加演出。王紫苓演出了《棋盘山》《红娘扑蝶》。

2019年

3月23日,王紫苓应邀赴河北省东光县荀慧生纪念馆,参加纪念荀慧生活动"荀门佳音诵梓桑京剧晚会",向荀老师家乡赠画作。

中秋佳节,国庆70周年,王紫苓在中国大戏院演唱了《尤三姐闹宴》及《红娘棋盘舞》。

## 六、文学成就

王紫苓与其他戏曲演员有所不同,她除了在戏曲表演艺术方面取得了令人瞩目的成就外,还开辟了第二战场,即从事文学创作,并且取得了傲人的成就,成为中国作家协会天津分会的会员,这在戏曲演员中是不多见的。

王紫苓伏案写作

王紫苓接受正统学校教育不多,只有小学毕业,但这样的学历在老演员中已经是少之又少了。她文化知识的获得主要是自学,她一生十分好学,进取心很强,从少年时学戏起她就抄写所有她能接触到的剧本,戏文成了她的文化课本之一。她要进行文学创作,是基于她产生了一股强烈的创作冲动,而这种冲动的来源是永不停步的进取心和丰富的生活经历。"文化大革命"以后,她除了要恢复演出以外,就是希望把她自己的经历和生活体验写下来，也有很多人鼓励她这样做。在1978年恢复传统戏以后，年近花甲的王紫苓在舞台上复出，演了多出传统戏，焕发出艺术的青春。但是，这一状况维持的时间不长，1976年以前那不堪回首的10年特殊经历对她身心的摧残，使她的身体和精神出现了不良状况，医生建议她安心静养。领导部门对她十分关心和重视，让她去天津市干部疗养院住院疗养，她便在这里开始动笔。

王紫苓是个闲不住的人，大半辈子没有离开京剧舞台，一直过惯了刻苦练功、辛劳演出的她，哪里过得惯养尊处优的日子？暂时上不了舞台，她也要找别的事干。她想，应该把自己的艺术生涯记录下来，眼下不正是难得的好时光吗？她想写的内容太多啦，写她从小学戏、练功、演出……她有丰富的生活经历，这是进行文学创作的宝贵材料；她对自己的生活经历具有深刻的记忆和感悟。如今又有了创作的冲动，这时她感觉自己身上好像有一股无形的力量要迸发出来，不可遏制，涌动着她向文学创作这个方向奔跑！她自己越来越感到脑子里被写作素材装得满满的，就像要溢出来一样。写作的冲动越发强烈，她下决心就从住疗养院的时候开始吧！天津资深的报业编辑和作家温超潘等人见到她，也纷纷鼓励，要她拿起笔，写写回忆录。当她写出一部分拿给温先生看时，温先生惊讶地说："你这哪里是回忆录，分明是小说呀！"她认为温超潘等人的指点和帮助是她从事文学创作的"引路明灯"。

她住的疗养院是两人一间住房，住同屋的是天津一中的黄校长。王紫苓经常在屋里来回踱步，开动脑筋，思索着从何写起、写什么、怎样写。舞台对于她来说是再熟悉不过的，要让她上台演戏，那是轻

小说《招财进宝》手稿

车熟路，随时都可以，可是要写作，却不知道从哪里下手。这位校长看她整天在屋里转悠，就说："哎哟，我说紫苓，快歇歇吧，你在我眼前走来晃去的，转得我都眼晕。"

王紫苓带有歉意地回答："哦，打扰您了，我在想事呢。"

她有时在屋里遛来转去地想，有时趴在桌子上奋笔疾书。很多要写的情节是她亲身的经历，有些人物形象就是她曾经认识的，所以写起来十分顺畅，有时一天能写出五六千字。黄校长不好意思凑到她跟前看她写什么，有时闷不住了说一声："你整天忙忙叨叨的，这是忙乎什么哪！"还未成稿，王紫苓也不好透露实情。

星期日很多住疗养院的人回家，王紫苓也不舍得回家，还在疗养院继续笔耕。也有不回家的大学教授在楼道看到王紫苓整天坐在书桌旁写什么，有的偷偷给她送些水果、小食品。有一次，有人悄悄地送来半个大西瓜，王紫苓听到动静，扭头看时却不见人影，也不知道是谁送的。疗养院的护士发现王紫苓在夜以继日地写作，知道她很辛苦，就时常默不作声地给她送来一些疗养院供应的水果。大家就这样友善地默默地支持着她，生怕惊动她，唯恐打扰了她的思路和行文。

写了几天，有一次，星期一黄校长从家回来，王紫苓把写出来的一部分内容念给黄校长听，想征求意见。校长听了之后恍然大悟："呵，这么多天你也不好好休息，原来是搞写作哪，你真行！我说你有时干吗老是来回溜达，原来是在构思呀，太好了！往后你再溜达，我就出去，别影响你构思。嘿，你写得真好，就像发生在我们眼前的真事儿一样，那些人吧，太真实了，太形象啦！这哪里是小说，简直就是真事，像电影一样在我的眼前。这样写下去，你就是个大作家啦！"

她从疗养院回到家，也是整天满脑子的写、想。有时觉得同一个姿势累了，想换一换姿势，她就坐在小板凳上，或者趴在床上写。她整个人都融化在了写作的境界里，连睡觉也不安稳，一有思路，她就起床开灯，立刻记下来想要写的，唯恐忘记想起来的情节或是人物的动作、相貌、语言……有时一晚上她要起来几次。她已经全身心地投入自己的形象思维中去，达到废寝忘食、夜不能寐的地步。这时，她真的体会到要想写出像样的文学作品来，还真不是一件容易的事，不然的话，人人都

小说《老虎搭拉》手稿

可以成为文学作家了。起初她动笔时,有很多困难。首先,虽然她在老演员中还算是有些文化底子的,可是这次是写文学作品,是搞文学创作,原有的文化底子就显得太单薄了。于是,她找来小说读,从中学习人家是如何塑造人物、编制结构的。不会写的字,她就抱着字典查找。然而,文学创作的成功与否往往和人的文化教育经历又不是绝对成正比的,那么多学文学的大学生有多少成了作家,又有多少没有太高学历的人成为知名作家?况且王紫苓对自己的生活经历体验深刻,阅历丰富,特别是她平时就重视文化学习,知道用功,她的实际文化水准早已经超过了小学生的水平。再说,文艺是相通的,学戏演戏,戏文就是课本,舞台演出就是另一种体验生活和人物的方法和形式,这些都在丰富她各方面的知识,都是帮助她通往文学创作之路的有利条件。她有时为了塑造人物,为了更准确地描写一个人物的动作,就会在屋里尝试做出各种动作、姿态,揣摩人的心理,有时为了遣词造句,她反复推敲。她改动的稿纸一张又一张,重要的是她找准了自己作品的风格特点,她把作品定位在"津味儿"风格上,她把故事的场景设定在天津,把作品中的大多数人物设定为天津人,把小说的主人公以第一人称"我"出现,作为讲述人,这样显得情节真实可信,读来亲切。这都是她非常熟悉的人物和故事,如果读者了解她,不难发现其实小说中的"我"就有她的影子。这样,在许多作家老友的指导下,经过她自己反复的修改加工,她的作品不但有了突出的地方区域和语言特色,充满乡土气息,而且觉得各色人物性格鲜明,形象活灵活现,场景立体,小说中的人和事仿佛就在读者身边。

她说:"那个时期,要写的东西就像自己要从脑子里往外拱似的,欲罢不能呀!"笔者很理解她说的这种感受,一位作家只有出现这种状态,也只有在这种状态下,才能写出好的作品。相反,那种无中生有,无病呻吟,是无论如何也写不出像样的文学作品的。要想使自己写出的东西能感动人,首先自己要被人物和情节感动才行。

搞文学创作对于王紫苓终究是"头一回",写出的东西如何,能不能拿出来让大家看,她自己心里的确没有底,于是便请文化界的一些老朋友、老人儿给她提意见,替她把把关。她把写的内容拿给温超藩先生看,温先生看了说:"你这不就是小说吗?干脆,你就把这些素材朝小说的方向去写吧!"然后,温先生给了些具体的指导。著名书法家兼作家李克明看了之后,也给予了极大鼓励,认为很有潜力可挖,可以再发挥。听到行家们对自己写的东西发表这样的观感后,王紫苓的心才踏实下来,有了很大的信心,让她知道了自己写的东西是可以拿出来给别人看的,还不至于让人看了以后感觉一无是处、不可救药。

于是,她鼓足勇气,拿着写好的稿子去找早已退休的她的老领导,也是全国知名的老作家,原市委宣传部部长方纪先生,希望求得他的指教和首肯,王紫苓和方纪及夫人黄人晓都是很熟识的老朋友。方纪先生在动乱中深受迫害,这时的他罹患偏瘫重症,右半身动弹不得,说话也不十分利索,全身活动不便,不能自理,然而头脑清楚,并且能坚持用左手书写毛笔字,"方纪左手"题签的书法作品一时成为洛阳纸贵,十分抢手,被

王紫苓与方纪先生

人们争相收藏。王紫苓不忍心给方老增添看稿子的辛苦，征得方老的同意，她把稿子带有感情地读给他听。她读了足足有两个多小时，方老尽管沉疴在身，还是打起精神，认真地听着。过去工作时，方老很熟悉王紫苓，了解她在剧团里积极肯干的工作态度，作为天津文化界的领导人，方老也知道她是戏曲界不多的几位市级劳模、市级先进工作者之一，对于这样的文艺人才，方老始终给予爱护和培养。如今她已是年届花甲的知名京剧艺术家，能拿起笔写自己熟悉的生活，方老自然甚感欣慰，晚年时还能有机会亲手扶植和指导老演员自己动笔描写生活、反映时代、服务社会，方老认为自己力所能及尽些余力，是义不容辞的责任。刚开始听的时候，方老有时点头、有时皱眉，渐渐地眼含泪花，他似乎看到一幅幅旧社会艺人悲惨生活的情景。让人意想不到的一幕发生了，当读到小说的最后情节时，方老的情绪被小说感染得把控不住，竟像受了委屈的小孩子一样，突然"哇"的一声放声大哭起来，哭得那样地悲伤，那样地尽情。或许他被小说中的某些情节打动，或许小说中被欺压和凌辱的旧社会艺人的遭遇让他联想到自己的某些经历和遭遇，引起了他如此强烈的共鸣。这下可把方老的家人和王紫苓吓了一跳，王紫苓深怕自己的小说会引起方老病情发作，赶忙上前查看、安慰，给方老擦眼泪。方老一边哭一边竖起大拇指，嘴里不断说着"好，好"。安定下来以后，方老认为王紫苓的小说有坚实的生活基础，写得真实，形象生动，人物刻画各有特色，语言有地方风格，完全可以与读者见面。王紫苓给小说拟了几个题目，希望方老给确定一下。方老要家人拿来毛笔和宣纸，写下"招财进宝　方纪　左"几个字。这几个字在报社发表小说时被作为标题刊登了出来。这极大地鼓舞了王紫苓，从此她更是对写作信心百倍，在文学创作的道路上坚实地走下去。

　　实际上王紫苓之所以能写出这样动情的作品，正是因为她有如同于小说中生活的历练，她的小说都是反映旧时代艺人生活的，《招财进宝》中的主人公春子，其生活中的原型就是她本人，记述的故事是她少年时在大观楼演出的一段实际生活，当然在写成小说作品时有文学艺术的加工。正是因为反映生活真实，描写得生动感人，她的小说作品不但引起了普通成人读者的兴趣，就是中小学和大学的学生也喜欢读，有反馈消息表明，小学生爱看《招财进宝》，大学生爱看《老虎搭拉》。

王紫苓与石坚先生

王紫苓的小说《招财进宝》发表后，引起了文艺界一时的轰动。戏曲界读者看了深受感动，结合自己学艺、从艺的生活经历，触发回忆，引出无限遐想；文学家们看了小说，觉得这是向文学界吹进来一股新风，是"津味"作品的最新献礼，也开拓出了小说创作的新思路、新题材，因为以往反映演员生活的小说并不多，作家中真正如此了解演员生活的少之又少。于是，一些作家提笔，针对《招财进宝》作出探讨文字。1985年1月17日《天津日报》发表李克明文章：《情节·人物·语言——王紫苓〈招财进宝〉读后》。

1984年12月20日、27日的《天津日报》分两期连载王紫苓的中篇小说《招财进宝》，随后文学期刊《小说月报》转载。

此前王紫苓发表过短篇散文约10篇，如《惭愧与感动》《朝鲜见闻》，以及回忆老师和学艺练功的经历的文章等。中篇小说《招财进宝》是她第一篇真正意义上的文学作品，1984年由《天津日报》发表后，1985年《小说月报》转载。自此她欲罢不能，再续第二篇小说《老虎搭拉》，1985年由《天津日报》分两期发表，刊登时配有插图。1988

年她的第三篇小说力作《花红柳绿》在《小说家》文学双月期刊首先发表。

1985年1月17日《天津日报》

1985年年初，湖南大学一位姓邹的老师看到王紫苓的小说《招财进宝》后，给她写信，说计划将该篇小说选入中小学教材文学专业现代文学四册课本中的第三册中。但是，这篇小说带有很浓厚的天津地方文化和民俗特色，所以针对小说中使用的一些天津方言和戏班的"术语"提出了44个问题，要求王紫苓老师给予解答，以便教课时，给学生讲解。王紫苓请研究文字学并且擅长天津方言的语言文字研究家刘思训先生帮助写了回信，此后却未见回复。1986年，另有一位四川大学的应届毕业生给王紫苓

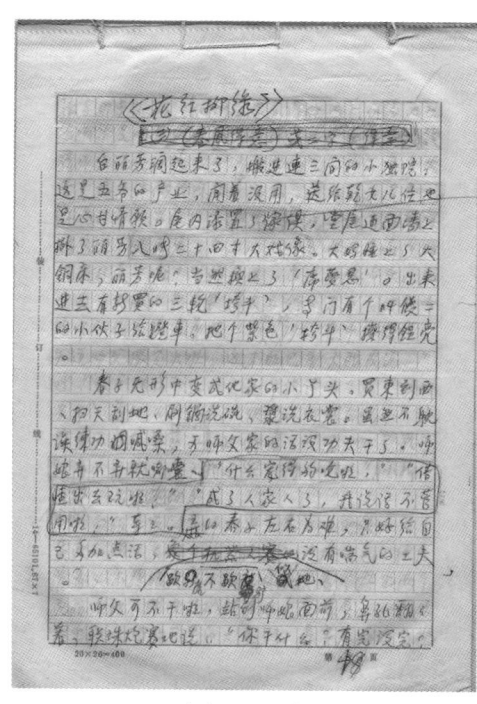

小说《花红柳绿》手稿

老师来信,表示要以小说《招财进宝》为素材写个电影剧本,请王紫苓老师去四川,帮他完成剧本的创作。因正在疗养,不便远行,此事亦未实现。从这两件事情可以看出,王紫苓的小说作品不仅在天津本地产生影响,而且引起全国各地读者的喜爱和重视。

> ## "舞台方寸悬明镜 优孟衣冠启后人"
> ——《招财进宝》与《老虎搭拉》读后
>
> 刘乐群
>
> 一口气读完了王紫苓的小说《老虎搭拉》,兴致难已,于是又找出其姊妹篇《招财进宝》一并重读。浓郁的生活气息、生动的人物形象、朴实的语言格调、多采的人生况味,情不自禁地激起我对生活的联想与思考。
>
> 在旧社会的舞台上,常贴着这样一幅楹联:"舞台方寸悬明镜,优孟衣冠启后人"。如果我们从今天是昨天的继续这个角度来回味,这两篇以"优孟衣冠"为题材的小说,确是不愧为一面昨天的"明镜"。
>
> 无疑,文学作品的地域观念和乡土特色,会增加美和力。这两篇作品,就摄取了众多的天津味的世俗风习画面,让人感到亲切。《招财进宝》开头演出的跳财神、跳加官,结巴的吞蛇卖艺者的表演,那铺纸写状的求艺者的哀告,多么如当年"南市""三不管"一带江湖场上世俗市井的再现。《老虎搭拉》里,春子提到"那天玉仙姐说五月节给我带粽子来",及做了这个老虎搭拉送给她过节"的风习;在玉仙出嫁时的排场、仪式的俗令,以及王婶发出的要养闺女嫁官的市民心理,还有在"团长"家"堂会",艺人们抢吃"官中菜"以及向主家"谢饭"的时尚,都微妙微肖地展示出一种"津味"的世俗风貌。俗语说:"十里不同风,百里不同俗"。这些"津味"的世俗描绘,与老舍、邓友梅等作家的"京味"小说相比,就不难发现,"京味"风习带有遗老遗少顽固繁礼的烙印,而"津味"则偏重于市民贾商显露实惠的特色。当然,独特的世俗画面的展示,并不是文学的目的。重要的是这些

刘乐群评王紫苓小说

1985年8月29日、10月5日的《天津日报》发表王紫苓的小说又一力作《老虎搭拉》。天津民俗研究家曾发表文章,高度评价王紫苓的小说《老虎搭拉》。10月26日《天津日报》发表张仲的文章:《旧人生舞台的哀歌——谈王紫苓的小说》。《天津日报·副刊》资深编辑温超藩,作家刘乐群、李克明等,均曾对王紫苓的小说发表了评论,加以赞赏。

附一　王紫苓表演艺术评论选

# 锐意求新
——谈王紫苓演出的《红娘》

王永运

看天津市京剧团王紫苓演出的《红娘》，重展荀派风采，继承和发扬了荀派表演艺术的独特风格。王紫苓饰演的红娘，之所以值得赞赏，首先在于演员精确、细致地掌握住了人物的身份地位和思想性格。红娘是相府千金崔莺莺的贴身侍女，她不像崔莺莺受了那么多封建教养，因而，她的性格较之崔莺莺大胆泼辣。与此同时，她受到相国府环境的熏染，虽是个十五六岁的小姑娘，却是"大人家举止端详，全没那半点儿轻狂"。红娘一上场，王紫苓手执团扇，步态轻盈、既洒脱又端庄。当红娘引着崔莺莺采花捕蝶时，她翩翩轻舞、姿态优美，活脱脱地表现出一个天真活泼、婀娜多姿的少女模样。后来，红娘见到张生，张生呼唤她"请转"时，她稍一趔趄，停止脚步，旋转身答礼，很是庄重大方，但当张生唐突地向她自报家门，红娘顿时微现愠怒，用一大段"流水"唱腔，斥责了张生的无礼，使观众感到红娘又是多么直率、机敏。

更为重要的是，王紫苓善于在戏剧矛盾冲突的发展中，从人物之间的关系变化里，揭

1980年8月16日《天津日报》

示人物的内心底蕴，生动传神地展现红娘助人为乐、见义勇为的性格。起初，红娘只是感到张生、崔莺莺相互钟情，但她并没想到要从中促成他们的姻缘。直到由于老夫人"悔婚"，红娘才蓦然义愤填膺，心怀不平，她敢冒一切风险，为他们传书送简，定约相会。戏里，红娘怀着十分激动的心情，怂恿张生写信给崔莺莺，急随张生走进书房。王紫苓在表演进书房时，使用的是大步流星的步伐，水袖上下翻舞，恍如五彩蝴蝶，翩翩起飞，到书桌前，还用了一个类似敦煌壁画中飞天舞姿的扬袖动作，双手露出，大转身，替张生一个劲地拼命磨墨。然后，还颇带点喜剧色彩，研着墨，一不小心墨汁沾污了手指，她连忙在桌围上使劲揩擦。这一系列表演动作，不仅给观众以美的享受，还展现了人物的性格和生活气息。

王紫苓学荀派艺术是有个过程的。记得二十几年前，王紫苓演《红娘》时，多从荀派艺术的外形动作模仿，总有轻浮、过火之感，经过长时间的磨炼，王紫苓对荀慧生塑造人物的艺术方法有了进一步的体会，因此能较好地运用荀派的艺术表现手段来进行人物形象的创造，从而在一定程度上发挥了荀派艺术的精华。

(《天津日报》1980年8月16日)

# 美的艺术　美的性格
——评王紫苓演出的《拾玉镯》

李　雁

戏剧艺术同文学创作一样，应以塑造性格鲜明人物形象为本。最近，看了王紫苓演出的《拾玉镯》，深感她献给观众的是一个富于艺术美和人格美的出色创造。她的表演细腻入微、清新活泼，宛如一枝开放在村野的奇花，虽经风雨，但仍保持了丽质和纯朴、芳香而素雅的品格。因此，她创造的孙玉姣这一舞台形象，不仅性格鲜明，而且具有强烈的艺术魅力。

有人曾说，观众对于传统戏剧的欣赏，主要着眼于演员的表演技巧。如果是把演员的表演技巧作为审美加以强调，这当然是很有道理的。但是演员不能因此而忽略对于戏剧内容和人物性格的理解和掌握，单纯卖弄技巧，或者满足于对传统表演程式的模拟。所以，有修养的演员总是把演人物作为艺术实践的根本问题来对待。王紫苓表演艺术的成功之处，就在于她是在准确地把握剧本内容和人物性格的基础上，充分发挥了自己的表演才能。因此，她创造的孙玉姣这一人物，处处都融合了她自己对人物性格和心理特征的独特理解和解释。我国优秀的传统戏剧大都有一个明显的特点：不以曲折离奇的故事情节去吸引观众，而是以写人为主的。就《拾玉镯》来说，故事情节十分简练，因此演员就必须根据剧本本身提供的戏剧情节，进行艺术再创造。这就是说演员只有把事件进程中人物的行为方式和心理特征，具体地而不是笼统地、细腻地而不是粗疏地揭示出来，才能成为具有审美价值的艺术品，从而激发观众浓厚的欣赏兴趣。

王紫苓对孙玉姣这一人物性格特征和心理状态的深刻揭示，是通过娴熟地运用传统的表演程式来实现的。譬如，全剧把拾玉镯这一具体行动，作为戏剧冲突发展的高潮，无疑对揭示角色的性格特征和心理状态是十分重要的一笔。王紫苓在表现拾玉镯这一具体行动的全过程时，不仅舞姿优美、动作细腻，而且融合了自己对于生活的深切感受，使每一步法、手法、身姿和眼

1981年6月10日《天津日报》

神的运用都具有明显的目的性，从而便深刻而具体地揭示了孙玉姣内心思想情绪的复杂变化。她发现玉镯之初，以为是傅朋所失，连忙呼唤，而傅朋并不回转，这才使她回想起傅朋曾叩门而去。难道是傅朋有意丢下给她拾的吗？当她悟出此中奥秘时，便又惊又喜地去拾玉镯，但又怕人看见。她张望再三，又高喊妈妈，见确实无人，才把手绢扔在地上盖住玉镯，以拾手绢来掩盖她拾玉镯的激动心情。这时，傅朋突然出现在眼前，她羞愧难当，要将玉镯交还傅朋，但傅朋嬉笑而去，她那一颗忐忑不安的心似乎才慢慢平静下来……其间，王紫苓还运用了耍穗子、耍手绢、横磋步等技巧，表现了人物兴奋异常的思想感情。随着演员的精彩表演，孙玉姣天真活泼、纯真朴实的性格特征也就活灵活现地展示在观众面前了。人们也就可以看出，孙玉姣对幸福生活的热烈追求，是同她的性格特征相联系的，也是她所处的社会条件和生活环境所培植的素质的一种具体表现。

戏剧艺术的任何表演手段，都是以现实生活为基础的。当然，它不是现实生活自然形态的模仿，而是经过演员对现实生活的观察、感受而

进行艺术概括的结果。例如,《拾玉镯》中轰鸡、喂鸡的表演就是如此。不从生活出发,演员的表演不能给人以真实的感受,同样,不进行艺术概括,演员的表演也不能给人以美的享受。艺术的魅力就在似与不似之间,如果真的把鸡轰上舞台,岂不要大煞风景,还有什么艺术可言。王紫苓深知艺术的奥秘,她的表演既真实,又富于美感,孙玉姣养鸡是她经济生活的来源之一,因而,她时时关心着鸡的喂养并和鸡有着浓厚的感情。她轰鸡出来点数、喂食,由于鸡是活物,欢蹦乱跳而眯了她的眼睛。待她给鸡喂食之后,坐在门前做针线活时,仍不忘记时时瞄鸡群一眼。在这里,王紫苓的生动表演,说明演员心里有鸡,也才能使观众感到舞台上的鸡群正在欢快地啄食嬉戏。如果不从生活出发,这些舞蹈动作就很难具有艺术生命力。

王紫苓是一位在观众中颇有影响而艺术经验又比较丰富的京剧演员。多年以来,她在政治上屡遭迫害而离开舞台,"文化大革命"结束之后,我们才能有机会重新看到她的演出。祝她焕发艺术青春,为观众演出更多的精彩剧目。

(《天津日报》1981年6月10日)

# 常将磨洗展新容
——京剧《武松》人物初探

孙淑英

（节选谈潘金莲部分）

著名花旦演员王紫苓在戏中扮演了潘金莲。她把荀派唱腔和筱派表演技巧融为一体，并十分善于把自己对人物的体会和见解创造性地体现在表演之中，因而使潘金莲这一悲剧人物的复杂性格生动而形象地展现在观众面前。她解释说，潘金莲是贫苦人出身，曾在张大户家做过丫鬟。张大户想霸占她，遭到拒绝，因此把她卖与武大为妻。这种带有报复性的买卖婚姻当然不称她的心愿，所以她感到"红颜薄命"，心情愁怨烦闷。在"戏叔"一场戏中，她遇到了武松，不由得对这位打虎的英俊青年产生了爱慕之情。她便企图打破封建礼教的束缚，对武松有所表示，但由于她所受的教养，而采取了不正当的手段。后来在"挑帘""裁衣"两场戏中，她和西门庆相遇，在西门庆和王婆的共同策划和威逼诱惑下不幸失足。这就使她像鲜花落在泥淖之中，被损害、被玷污而不能自拔。西门庆与王婆定计害死武大，她被吓得魂不附体，而后便遭到杀身之祸。王紫苓对潘金莲这一悲剧人物的复杂性格所做的解释，无疑是值得肯定的。这种解释既与明代沈伯英所撰《义侠记》中潘金莲的形象完全相反，也不同于筱翠花当年在舞台上创造的潘金莲形象。特别是在今天，如果完全按照风骚旦的路子，把潘金莲仅仅演成一个悖理乱伦的荡妇形象，不仅不能够揭露封建社会中妇女所遭受的深重迫害和人性虐杀这一历史的本质现象，也不能够深刻揭示潘金莲这一性格的复杂性和造成她悲剧命运的因素，而且也无助于提高青年观众健康的艺术欣赏趣味。潘金莲作为一个妇女向往过一种合乎天性的爱情生活，但与固有的封建秩序发生了根本性的冲突。正如恩格斯所说："这就构成了历史的必然要求和这个要求的实际上不可能实现之间的悲剧性冲突。"这样看来，潘金莲的被杀也就成为不可避免的了。以至于有人说，潘金莲如果不是坏人，武松杀了她岂不有损于武松的英雄形象吗？这种观点可能是对当时的社会状况和潘金莲这一悲剧性格的复杂性缺乏认真分析。

王紫苓对潘金莲这一悲剧性格所做的解释和她在表演上所做的努力都是值得称赞的。例如，她扮演的潘金莲第一次出场，腰扎围裙，挽着袖口，使人一看就知道潘是个穷苦人出身，靠帮助武大做炊饼出卖而过活的劳动妇女。但因她从小在大户人家当过丫头，当然也受了一些沾染，有风流爱俏的一面，所以选了一朵鲜艳的粉色绢花插在鬓前。这就把潘的为人清晰地表现了出来。总的来说，王紫苓的表演放得开，收得住，很有分寸，她的潘金莲泼辣中藏着苦闷，轻俏中含有几分对当时社会秩序和伦理观念的挑战。

（《天津日报》1981 年 8 月 12 日）

1981 年 8 月 12 日《天津日报》

# 情之所至

——看王紫苓演出的《红娘》

公羊子

前几天,我看了天津京剧团著名花旦演员王紫苓同志演出的《红娘》。她的戏不但表演细腻,更主要的是能够细致入微地体验剧中人物的心情、言行,以丰富的感情去塑造舞台角色,使之更加逼真、生动,从而给予了人们艺术美的享受。

《红娘》是一出以花旦为主的戏。戏中性格爽直、大胆、泼辣,充满正义感的红娘是由花旦应工的。要想塑造好这个人物形象,真实地表现出人物性格,就要把握人物的思想感情,并把它熔铸在唱、做二功中,这样表现起来才生动、引人入胜。王紫苓在演出中认真体会了红娘这个人物的思想感情,经过反复琢磨,在荀派原有的表演基础上,把某些细节加以发展创新,使人物形象更加完美。例如,戏中红娘三次研墨时的神态,根据不同场合、环境、条件,

王紫苓饰红娘

表现出红娘三种不同的心情。红娘第一次研墨,是普救寺被困,崔老夫人说如有人能退贼兵,就将崔莺莺嫁给他,张生听后当即给白马将军写信请求发兵。在这样绝处逢生之时,人们见到张生这样侠义行为必然感到高兴,而红娘又见崔莺莺与张生的婚事可望可即,更加高兴,因此在

这种心情驱使下，她研墨时兴高采烈，玉腕飞转，几下就将墨研成了。红娘第二次研墨是崔夫人失信，张生无计可施时，红娘见义勇为，愿为张生送信给崔莺莺，从中穿针引线，这时红娘的心情是矛盾的。她有正义感，愿使崔、张两位"有情人终成眷属"，但又不知崔莺莺会怎么想，同时又唯恐有人看见她私入张生书房，引起非议，因此她表情很紧张。她一边研墨，一边四下张望，看看外边是否有人来。红娘第三次研墨是在崔莺莺"闹简"一场。崔莺莺见了张生的信，心里虽高兴但又不得不在丫鬟面前维护自己的尊严，于是她对红娘摆出一副大家闺秀严肃正经的样子，训斥了红娘。但当她终于抑制不住自己感情，要给张生写回信并请红娘送去时，红娘装出不高兴的样子，噘起嘴，一边慢慢地研墨，一边还不时地斜眼看上崔莺莺几眼，假装对崔莺莺不满。这三次研墨时三种不同的神态，表达了红娘的三种心情。王紫苓同志细心体会到了这个人物三种不同的心情，很好地把握住了人物性格，把红娘演活了。研墨，这在《红娘》的演出中实在是微不足道的细节，对全戏并无影响。但王紫苓没有轻易放过这些地方，从她演出中可以看出她是细心领会了红娘的思想感情，把握住了这个相国府千金小姐贴身丫鬟的性格特征，把她活灵活现地表现了出来，使人感到红娘的性格既不是《花田错》里的春兰，又不是《荷珠配》里的荷珠，也不是《春香闹学》里的春香。她们同是丫鬟，但王紫苓的红娘却演出了"这一个"的特点，达到了出神入化的地步。从中我们可以看出以荀派为宗的王紫苓真正学到了荀慧生先生对艺术严肃认真、一丝不苟的态度，这些细节的创新，也表现出了她在表演方面有较深的艺术造诣。

王紫苓在20世纪50年代就崭露头角，是一位很有艺术才华的演员。她学的是荀派戏，曾受过荀先生的指点。她在艺术实践中，不但学到了荀派戏的长处，而且也学到了荀先生对艺术的态度。她牢记荀先生"演人别演'行'"的教诲，用心领会人物的性格特点，以情演人，以情带戏。因此她演的人物生动、形象，声情并茂，人们看了她的戏，会觉得是一次很好的艺术享受。

现在有些人不了解中国戏曲艺术的美及其特点，认为戏曲表演形式已落后于时代，走向衰落了，这种说法实在是错误的。精湛的戏曲表演艺术还是深受广大群众欢迎的，还是观众乐于接受和欣赏的，像王紫苓的表演艺术就是这样。听说，"文化大革命"期间，王紫苓也毫不例外地受到了严重迫害，长期离开舞台，致使她艺术生涯中最好的年华被糟蹋了，这是很值得同情的。党的三中全会之后，经过解放思想，拨乱反正，对于这样难得的艺术人才，我们不是应该给予更多的关注和爱护吗？

"艺术无止境，流派有发展"，这是荀慧生先生所倡导的。愿王紫苓同志在今后的艺术实践中能遵照荀先生的主张，继续认真学习并发展荀派艺术，为人民的艺术事业服务，为中国戏曲的繁荣发展做出更多的贡献。

1982年2月24日《天津日报》

（《天津日报》1982年2月24日）

# 近访王紫苓

刘光斗

在首届京剧艺术节前夕,笔者访问了京剧名家王紫苓。

她因家境贫寒没等小学毕业就拜荀慧生先生弟子魏效荀为师学艺6年,在荀派艺术上打下了扎实的基础。尽管旧社会学艺生涯磨难、苦楚,可幼小的王紫苓对京剧艺术着了迷,想做一名名副其实的演员,她在坎坷崎岖的学艺道路上一直没有停过脚步。因她工花旦,除每天早晨三四点钟跑到郊外去喊嗓外,回来还必须练跷功,用长布把跷绑捆在脚部练习走路,为把跷功练得扎实过硬,她上街买菜、到胡同水铺打水都要踩跷去,一直坚持了3年之久。那时人们看她这般打扮都感到惊奇、可笑,可王紫苓不在乎人们对她的讥笑、讽刺……1949年后,人民政府为她解除了"卖身契"的合同。1956年,她加入了天津京剧团,心情极其舒畅快活。她先后拜了荀慧生、尚小云、三吉仙三位名师,一连几年刻苦练功、钻研、学习,她的技艺大有长进,并学会了花旦戏百余出。

《天津日报》登载刘光斗访谈王紫苓

20世纪50年代，正是王紫苓风华正茂的年龄，也是辉煌的年代，她工作积极肯干，不怕苦累，除在天津、北京、上海各大城市演出外，一年还几次到农村、矿山、部队参加访问演出，所到之处都给广大观众留下了极为深刻的印象。1958年，她随中国赴朝鲜慰问团第五分团到朝鲜为归国志愿军战士做慰问演出，仅一出《拾玉镯》就连演百余场。有一次大雪纷飞，气温突然降到近零下37摄氏度，她扮演戏中的少女孙玉姣，身穿单衣单裤，手持玉镯表演，演得非常激情投入。当演到高潮时，王紫苓的手已冻僵麻木了，差点将玉镯掉在台上。她不畏高山严寒，咬住牙关坚持把戏演好、演完。回忆到这里王紫苓动情地说，"志愿军战士在雪地里笔直地坐着看戏，严守纪律，他们保家卫国，远离家乡，文化生活很单调，和他们相比，我非常渺小，冷算什么。首长司令员怕我在台上冻坏身子，叫我停下不演了，我不干，这时演出场上全体官兵激动地流下热泪，我深受教育。司令员叫我上台披上棉大衣去演，我再三解释这样做会破坏剧情的。至今追忆往事，我心中特别……"话未说完，王紫苓掉下热泪。

1958—1961年，连续4年王紫苓被评为天津市劳动模范和河北省先进工作者，1960年她加入了中国共产党。1961年，王紫苓随天津市京剧团赴北京怀仁堂为毛主席演出《铁弓缘》，受到了毛主席称赞。毛主席请秘书转告王紫苓："演得很好，眼睛再收敛一些就更好了。"从此王紫苓永远记住了毛主席这句话。

"文化大革命"，王紫苓遭受极大灾难，她失去了舞台生活，被下放农村改造，没有人敢接近，得不到一丝人情的温暖，陪伴她的只是酒后的酣睡，转天起身又去地里劳动。

"文化大革命"结束以后，她获得艺术新生，重新穿上了大靠，精神抖擞地驰骋于舞台，过着梦寐以求的京剧艺术生活。许多老观众为她重新登上舞台而高兴，热烈鼓掌欢迎她。

她深有感触地对笔者说："我年纪大了，身体也不太好，但我非常喜爱京剧艺术，我太想念天津观众了，我有些知名度，这是天津观众培养的结果。我想再演出，让天津观众知道我心里有一团炽热的火，一团真挚追求京剧艺术的火。现在我只有一个心愿，就是京剧艺术再创辉煌。"

（1995年11月在天津举办首届中国京剧艺术节演出而作）

# 荀派名家王紫苓

赵绪昕

新年伊始，2010年1月13日晚，中央电视台《空中剧院》播放了在上海逸夫天蟾舞台演出的荀派专场，看后令人振奋。这场演出的三折戏《鱼藻宫》《晴雯》《棋盘山》是绝迹舞台数十年的荀派代表剧，被挖掘整理出来，使濒临失传的精彩剧目失而复得，重放光彩，实在是件值得庆幸的事。笔者觉得那些指导中青年演员的老艺术家功不可没，应该褒扬，这其中就有整理并指导大轴戏《棋盘山》的京剧荀派名家王紫苓老师。演出结束后，笔者见她被请出与演员一起谢幕的那一刻，想到她今年已经78岁高龄了，却仍显得那么精神利落，为她高兴的同时，笔者忆起在1985年11月和1999年10月与她两次长谈的情景。

## 投身剧艺

王紫苓于1932年出生于天津，家境贫寒。她家住的是个两进的大杂院，后院住着一位叔叔，人们给他起了个外号叫"票李"，也就是个在戏院里管"跑票"的。有一天，李叔拿来一张戏票送给紫苓妈，说："你不是爱看戏嘛，又舍不得花钱买票，我弄到两张，你去看看戏吧！"紫苓妈虽然爱看戏，可平时腾不出闲钱和时间去戏园子。这回不用花钱能看上戏，可一定得去。再带上个孩子做伴，但带谁呢？她首先想到了聪明伶俐的二姑娘紫苓。"二闺女，回头跟我看戏去！" 4岁的紫苓这是有生以来第一次看戏，也许是命运的安排，就是这偶然的一次看戏，让她从此迷上了戏曲，爱上了文艺，终于后来一生投在了演戏事业上。

翁偶虹先生在太平街他的旧宅院里曾对我说过："戏曲有一种魔力。"的确，戏曲的魔力实在太大了，它能启动一个孩子智慧的闸门，打开心灵的窗口。自从看了这场戏回来以后，紫苓就像着了魔，成天在院子里模仿台上演员跑圆场的动作，嘴里念叨着锣鼓点，不厌其烦地做，而且总是让大人看她的表演。这就是当演员的一个必备条件——表现欲，她具备了。

家里再穷，父母还是千方百计地供孩子上学读书，紫苓进了天津私立名校"木斋小学"。有一年，学校组织学生排演话剧，小小的紫苓天天到场看别的学生排练，她看得是那样的专注入神，一动不动。等到正式演出的那天，扮主角的那个学生病了，没来上学。老师急得心如火燎，一眼看到了小紫苓，马上想到每次排练时她都在场盯着看，于是问紫苓："你想演戏吗？"紫苓回答："想。"老师说："你看会了吗，会演吗？"紫苓答："会。"老师喜出望外："那好，就由你来演吧。"紫苓演得很入戏，好得出乎老师所料，从此学校发现了一个小演员的人才。她简简单单作答的两个字"想"和"会"，体现出她对表演的痴迷与渴望，反映出她一看就会、一记就牢的资质。这又是当演员的另一个必备条件——灵气儿，她也有了。

紫苓平生第一次上台演戏就大获成功，这让她信心倍增，踌躇满志。她小小年纪已经暗下决心："我要上台演戏！"她与京戏结缘的机会在向她靠近，命运在一步步地成全她。

## 步入荀门

1942年，荀慧生先生的早期弟子魏效荀（魏翠痕，辅仁大学毕业）从北京来天津投奔弟弟，住进了王紫苓家的大院。魏先生长期跟随荀先生，给他抄本子，所会荀戏甚多，不少学荀派名家都曾从学于他。他发现同院里的小紫苓气质不俗，透出一股精劲儿，就跟邻居说："这孩子长得挺机灵，要是学唱戏就好了。"有人说："正好，她整天想的就是学唱戏,你快教教她吧。"于是,魏先生成了紫苓的启蒙师,先教的是《女起解》中"忽听得唤苏三心惊胆战"四句【二黄散板】的唱,然后又教她《铁弓缘》中"劝母亲不必泪嚎啕"的一段唱。魏老师为她归置身上的第一出戏是《虹霓关》。在此后一年多的时间里,紫苓跟魏老师一出出地学下去,像《武家坡》《四郎探母》《六月雪》等。魏先生严遵荀派,给紫苓一生的荀派艺术打下了坚实牢靠的基础,以至后来成为真正的荀派专家。

魏先生见她有了些基础,学得又快,觉得她确是一个唱荀派花旦戏的好苗子,应该让她去拜真佛了。于是,有一天魏老师对她说:"走,这回我可以带你去北京投名师了。有我的引荐,你家拜师的钱就可以省下了。"过去正式拜师,最起码要在饭庄摆上几桌酒席,招待同行,以周知与做证。紫苓家当时的经济状况哪能办得起呢,也只能靠托人情图便当,来个"穷拜"(此处有删节)。魏先生引荐她要拜访的竟是"四大名旦"之一的荀慧生先生,这是紫苓和她父母想都不敢想的事情,却真的实现了。

1946年的一天,魏老师带着王紫苓来到北京西城白庙胡同的荀先生寓所。当年开门的荀夫人是大家闺秀的气质,说话和气,待人亲近,把他们迎接进去。荀先生正与琴师对戏,魏老师说明来意,荀老师就着有胡琴让紫苓唱一段《铁弓缘》的【南梆子】。荀先生对这个小姑娘很喜欢,夸她唱出了荀派的韵味,扮相好,脸上自然、带戏,是个演花旦的材料,进而对她的几处唱做了指点,并欣然应允她行师徒跪拜大礼。荀先生把紫苓和父母安排在留香饭店居住,并经常给紫苓说戏。最后荀先生对魏老师说:"这孩子现在还小,又是女孩儿,她家不在北京,哪能把她留在我这呀。不如先把她领回去,该教的你继续教,往后可以常来,我给说说。"于是,紫苓暂时回天津,继续跟魏先生学戏。但是,魏先生终归是北京人,在天津只是赋闲寓居。因此,在魏老师离津返京后,为了继续在天津就地学戏,紫苓经人介绍,在天津拜京剧名家三吉仙先生为师。王紫苓一有机会就去北京,向荀先生求教了《大英杰烈》《棋盘山》《弓砚缘》《得意缘》《钗头凤》《荀灌娘》《霍小玉》《玉堂春》《红楼二尤》《勘玉钏》《香罗带》等戏。约1960年,已是京剧名家的王紫苓在北京演《大英杰烈》时，荀慧生先生亲临剧场观看、指导，并到后台拍着紫苓的头说"好！好！你演得真是荀派，没走样儿，武功比我强！做戏做得也好！"紫苓受到了极大鼓舞！

## 荀艺名家

王紫苓成名很早，她在十四五岁时就在天津唱红，到她十七八岁时已经可以独当一面了。

记得两三年前，全国闻名的"红学"家周汝昌老人在《今晚报》著文，回忆旧时天津民风世俗，谈到曾在天津北马路"大观楼"看过荀派花旦王紫苓的演出，留有深刻印象，以至60余年后还能让他记忆犹新。继之，顾曲研究家陈笑暇也在同一报上发短文，专门谈了王紫苓与荀派。紫苓是在舞台上摔打成长起来的艺术家，她在14岁时，即以"小客串"的名义在正式的戏院演出荀派戏《铁弓缘》《花田错》《鸿鸾禧》等，观众对她十分看好，当时有人就预言"这个小花旦非大红不可"。她19岁时就开始挑班演于京津两地，21岁又在天津南市的"升平"戏院挑班。1950年，天津扶新京剧团成立，首场演出有社长赵松樵主演的《逍遥津》，赵老饰汉献帝，费玉策饰曹操，紫苓饰伏后，郭云涛饰穆顺。此外，她还应邀演于天华景戏院、新中央戏院等处，与白玉昆、李万春等名家合作，也曾得到过杨宝森、赵燕侠的合作邀请。1956年，王紫苓加入了天津市京剧团，24岁的她就成为当时天津京剧荀派的代表人物。为纪念辛亥革命50周年，中南海怀仁堂举办京剧演出，紫苓为毛主席等党和国家领导人演出了《铁弓缘》。她另在天津为周恩来、邓小平等中央领导演过《打焦赞》《拾玉镯》等戏。1957年，她参加了由周总理为总团长的最末一批"中国人民赴朝慰问团"。从1958年起，她连续4年荣获天津市劳动模范、市先进工作者、市青年建设社会主义积极分子、"三八红旗手"等荣誉。

王紫苓演过的剧目不下130余出，有《红娘》《拾玉镯》《柜中缘》《尤三姐》，全部《十三妹》《花田错》《大英杰烈》《豆汁记》《棋盘山》

《辛安驿》《玉堂春》《潘金莲》等。笔者从20世纪50年代中期开始看她的戏,她那时嗓音甜美,扮相俊秀,身段和台步灵活利落,眼功极好,传情达意尽在眼神之中,荀派讲究的"京白",由她念出来悦耳动听。她文戏的唱、念、做、舞无一不好,难于指摘。可贵的是她还文武双全,"跑圆场"稳健而又迅疾如风,走个"抢背""下腰"、起个"屁股坐子"、连翻"乌龙绞柱",都能动作准确而敏捷,刀枪"把子"耍起来是干净利落,她甚至反串演《八蜡庙》的黄天霸、《白水滩》的十一郎,可见其功夫了得,花旦演员中少见。她这次不计报酬传授给上海京剧院熊明霞演出的《棋盘山》就是一例,花旦使双刀大开打,文武俱备,难度相当可观。她指导并亲临现场"把场"的这次演出十分成功,亦可想见她当年的非凡风采。这说明王紫苓幼功非常扎实,吃过很多苦,接受过戏曲文武之功的严格训练。经询问得知,原来她在研习荀派艺术的同时,为开阔自己的艺术之路,多方吸收艺术养分,还于1949年拜尚小云先生为师,经常去北京住亲戚家,白天整天到尚先生家中学习。此外,她也向方连元、宋德珠学习刀马旦、武旦戏,向崔熹云学习筱派戏,梅、尚、程、黄(桂秋)的戏都演过。"文化大革命"后她嗓子失润,难于登台。即使如此,观众还是经常惦念她,渴望重见她舞台上的倩影。20世纪80年代初,笔者在天津第一工人文化宫大剧场观赏到了她复出后与赵春亮、黄荣俊、张学增诸名家合作上演的《柜中缘》,

王紫苓荣获京剧终身成就奖时留影

1988年4月27日在中国大戏院又看了一场她演《红娘》中"送信"一折。这两场戏她的嗓虽不如初却韵味十足，念、做、表情风采依旧，演技不俗，妙龄少女那活泼伶俐的形象依稀跃然舞台之上。1994年11月26日至27日，王紫苓与京剧名家李金声在北京西单剧场演出绝迹舞台多年的《蝴蝶梦·大劈棺》，引起了轰动。

王紫苓老师是享受国务院津贴的专家，是天津市表演艺术咨询委员会委员、天津振兴京剧艺术基金会理事、文化部非物质文化遗产传承人，不但是中国戏剧家协会会员，还是天津市作家协会会员。她荣获全国京剧终身成就奖、享受国务院特殊津贴。

## 传艺授业

王紫苓在对中青年演员的传艺、授业、解惑上做出了突出贡献，得过她传授和指导的演员有很多如今已经是知名艺术家了，如高淑芳、李莉、李小蕙、李占莹、张悦、李静、刘淑云、于月芝、张芝兰、郭琪、阎虹羽等。

王紫苓（左三）与上海评弹演员交流艺术

她对年轻的演员讲:"我演戏这么多年有个体会,凡是只看过别人演的戏就排出来演,总不如亲自在台下向别人一点一滴学的戏再演起来心里踏实。只要在台上演时自己感觉实在的,观众在台下看得就一定实在,反映就必然会好。凡是自己演时觉得有不实在的地方,观众看着就肯定也感觉不实在。"她这里谈的就是戏界经常说的是否"实受"的话题。她谈得浅显易懂,但这在学戏过程中是个很值得重视的问题。她不是满足于在别人后面人云亦云、亦步亦趋的演员,而是对表演艺术有独特见解的、动脑子研究的演员。例如,《尤三姐》一剧中有句台词是"一死瞑目了夙姻",她演时把这句改为"一死明心了夙姻"。她认为尤三姐的引剑自刎决意一死是因为她受到别人的污蔑,败坏了自己的名声,而自己的心上人偏偏又听信这些秽言,以致误解自己却不醒悟,这让她虽死而不能瞑目。尤三姐要以死来表明自己的清白贞洁,明其心志,所以,改为"一死明心"才更加符合剧情和人物的心境。她对学生们讲:"荀派戏中扮丫鬟的不少,但是她们的身世、地位、所处环境不同,表现就不能千篇一律。例如,红娘是相国府里小姐的贴身丫鬟,不能太过火,不能太俗、太疯,表演可以活些,但要大方、人气。《花田错》中的丫鬟就不一样了,她是土财主家的小丫鬟,靠拍马屁得些小钱就高兴得不得了,就要表现得俗些、小气些。"

(《中国京剧》2010 年第 7 期)

# 充满朝气的王紫苓

赵绪昕

2013年5月16日，著名京剧表演艺术家王紫苓与原天津市京剧团赴朝慰问演出的部分健在的老演员聚会，已是80岁上下的老人们，多年不见，回首当年，恍如昨日，感慨万千。

王紫苓老师虽已八旬，却精神矍铄，还像她年轻时一样的热情奔放，充满朝气。她谈起京剧来，精神振作，滔滔不绝，即兴清唱了几段。在座的不止一人，指着王紫苓说："这是我们的角儿！""好么，这是当年的天津市劳动模范！"这些话勾起我对王老师以往的回忆。

王紫苓是地地道道的天津市人，幼入著名的私立"木斋小学"读书。在一次学校的联欢会上，演话剧的一位小主演因病请假，老师挑上经常爬窗户看高年级学生排练话剧的王紫苓来替演，没想到她竟然成功地演了下来。从此，她心中暗下志愿："长大了，我一定要上台演戏！"果然，后来她真的成长为一名享誉全国的京剧旦角荀派名家。

1942年，10岁的王紫苓开始师从"四大名旦"之一荀慧生先生的大弟子魏效荀（辅仁大学毕业）学习荀派戏。学了几年之后，魏先生认为她是唱戏的好坯子，为培养她在京剧艺术方面更上一层楼，主动提出带她到北京去见"真佛"，求取"真经"，让她直接去向荀派创始人荀慧生先生学习。1946年，母亲带她随魏先生到荀先生府上，拜认了师父。在北京向荀先生学习一段时间后，回津继续跟随魏先生学戏，同时经人介绍，拜天津名角三吉仙先生为师，立了师徒字据。三吉仙的大女儿是有名气的京剧旦角演员，有自己一堂的"行头"，王紫苓向师姐学习了很多戏，并且演出时就穿师姐的戏装、服饰。到十四五岁，王紫苓已经小有名气，到十七八岁时已经挂头牌，19岁即挑班演出了。

王紫苓基本功扎实，不但聪明伶俐，学戏悟性好，而且刻苦用功，武功比一般唱旦角的要好。为了提高自己的艺术水平，扩宽戏路，经人介绍，她随父亲到北京，再拜尚派创始人、"四大名旦"之一的尚小云先生为师。

如此，王紫苓艺兼京剧旦角艺术中"荀""尚"两大派，享誉京津，名扬华夏。

1950年，天津扶新剧社成立，在首场演出中，大轴为"扶新"社长赵松樵先生主演《逍遥津》饰汉献帝，费玉策饰曹操，王紫苓饰伏后，郭云涛饰穆顺。她离开"扶新"后，曾与白玉昆、李万春等名家同台。1953年，王紫苓应邀到北京演出，演期一续再续，一直演了一两年，广得内外行的一致好评。她载誉返津后，在天华景、新中央等戏院演出，曾与著名女老生王则昭，麒派老生赵麟童等搭班合作。

著名红学专家、天津乡贤周汝昌先生曾在《今晚报》撰文，回忆青年时代在天津北马路"大观楼"戏院看"小花旦"王紫苓的演出，留有深刻印象。曲艺专家陈笑暇也曾在《今晚报》著文，称赞王紫苓的表演艺术。20世纪50年代和80年代，《天津日报》也曾发表过多篇评论王紫苓艺术的文章，均对她的舞台艺术给予了高度评价。

1956年，王紫苓应邀加入刚刚成立不久的天津市京剧团，成为该团花旦行的主要演员。她像一团火，满腔热情地投入艺术创作中，技艺已趋成熟，所演《红娘》《辛安驿》《红楼二尤》《柜中缘》《十三妹》《铡判官》等戏，舞台上的她就像生活中的她一样，既活泼又富有朝气，总是给人以生机勃勃的清新之感。1961年纪念辛亥革命50周年，王紫苓在北京怀仁堂为毛主席等中央领导演出了《铁弓缘》，受到了毛主席的鼓励。后来在天津，为周恩来、邓小平等演出《打焦赞》《拾玉镯》等，受到了周总理的称赞。

王紫苓演出过的剧目有130余出，积累有丰富的舞台经验，形成了自己的艺术风格。年近八旬的她义务为戏校授课，培养学生。经她教授的学生，在演出或比赛中都取得了好成绩。2010年1月13日晚，中央电视台戏曲频道的"空中剧院"向全国播放了由上海京剧院熊明霞主演的《棋盘山》，就是王紫苓老师传授的，演出结束后被邀请登台与观众见面，上海观众对这位久违的老艺术家报以热烈的掌声。《棋盘山》是一出几十年未见于舞台的戏，被王紫苓老师等整理、挖掘，并继承下来，为京剧的传承与发展做出了无私奉献。

在与老战友的会面中，王紫苓向各位赠送了由她的7幅剧照印制的挂历，面对这些扮相俊美、一脸神气的剧照，大家赞不绝口，纷纷表示要好好珍藏，作为永久纪念。她的这组大幅剧照已被天津市戏剧博物馆收藏。

王紫苓已被确定为京剧流派艺术传承人，并且获得了"终身艺术成就奖"。今年4月，她在西安又被推举为全国尚小云艺术研究会的副会长。好事连连，荣誉接踵而至，既是她的光荣，也是天津的骄傲。

我们祝愿王紫苓这位老艺术家永远生气勃发，青春永驻！

（《津门曲坛》杂志2013年第3期）

# 津沽的荀派"双苓"

赵绪昕

在京剧"四大名旦"之一荀慧生先生门下的众多弟子中，有两位同是天津人、拜荀老师较早、后来都成为京剧名家、姓名最后一个字又都是"苓"的演员，她们是童芷苓和王紫苓。这"荀门双苓"不仅是同门师姐妹，还是生活中从小就要好的一对干姐妹。

童芷苓在1939年于天津拜荀老师，王紫苓在1946年于北京拜荀老师。王紫苓16岁时即经常出入童家，这时她拜荀老师已有两年。童芷苓的哥哥童寿苓看过王紫苓的演出之后，就和紫苓谈，邀她参加"童家班"的演出，为的是要捧红童祥苓，让王紫苓在前边垫一出，好让童祥苓在后边演大轴。以后，王紫苓就经常到童家，与童家的兄弟姐妹一起研究戏。"童家班"的班主，即童氏兄妹之父童汉侠先生十分喜爱这个讨人喜欢的机灵鬼王紫苓，操着一口天津话对紫苓说："这回好了，我有女儿童芷苓、童葆苓，又来一个王紫苓。我看，你也做我的女儿吧，今后你和芷苓不光是师姐妹，又是干姐妹，亲上加亲多好呀！"从此她们两家便以干亲的关系走动。那时紫苓时常住在童家，与芷苓、葆苓一起切磋交流学戏心得，互相学习和帮助。后来童家兄妹到上海发展并定居，紫苓一有机会到上海，就去看望童家兄弟姊妹。寿苓等人到天津，有时也住在王家。芷苓出国后，每次回国到北京，紫苓都会专程到北京与芷苓会面。对"荀艺"的共同喜好与追求，把她们紧紧联系在一起，加深了她们之间的情谊。她们后来都学有所成，艺术成就斐然，享誉全国京剧界，成为梨园中一对耀眼夺目的姊妹花。

童芷苓于1922年出生在天津，她的幼年和青少年时代都是在天津度过的，对天津怀有深厚的感情。她自己说："我是喝海河水长大的。我在天津读书，在天津学戏，到自己组班独挑大梁，一直都在天津。天津是我的第一故乡，是哺育和培养我成长的奠基地。"她毕业于天津慈惠学校，受家庭熏陶，几个兄弟姊妹都爱好京剧。童芷苓8岁（1930年）就参加天津永兴国剧社的活动，11岁登台演出《女起解》，受到了观众的热情鼓励，从此她一发不可收，专心钻研京剧的表演。为培养她在京剧方面成才，父亲曾把她与二哥送进北平戏曲专科学校求学，作为中学教师的母亲心疼他们受苦，仅月余就把他们接回家。此后，父母为她聘请老师来家教戏，她拜天津旦角名票近云馆主和著名演员张曼君为师，按部就班地在家学戏。此外，她几乎天天到中国大戏院看各名家的演出。那时像胡碧兰、章遏云、新艳秋等当红明星的戏，她看了一遍又一遍。看得最多的是荀慧生先生的戏，只要荀先生到天津演出，她是每场必看，深深被荀派艺术陶醉。她16岁已在天津红起来，1939年6月3日正式拜荀慧生为师，时年17岁。她在天津与白家麟、高盛麟、李盛斌等合作演出，极受欢迎。除了各位老师的口传心授之外，戏院就是她的第二课堂，而且她在这个课堂学的知识更多更广。例如，程砚秋在《锁麟囊》中的"水袖"表演，她就是在天津中国大戏院反复看这出戏学会的。又如，荀先生的名剧《得意缘》《十三妹》《红娘》《玉堂春》等，她主要也是在戏院里"偷学"来的，对此她毫不讳言。无数事实证明，一个人的事业能否取得成功，除受明师的点拨外，主要取决于个人的努力，必须用功去修行。

在领受荀老师的教导之余，童芷苓还登门求教"通天教主"王瑶卿先生，使她获益匪浅。

1939年，天津遭受特大水灾。有一天，童芷苓在天津滨江道上的新中央戏院演《牛郎织女》，才演到一半时观众慌乱起来，纷纷往戏院外边跑。她先以为戏唱"砸"了，到前台一看，洪水已经冲进了剧场。这件事给她终生留下了深刻的印象。

1940年，童芷苓的父亲童汉侠为孩子们组建起自己的班社"苓社"，挑大梁的是童芷苓，2月在天津演出《纺棉花》。这时期的她已经名声大噪，她与著名老生李盛藻搭档，到上海演出，还与林树森、唐韵笙、高百岁等大牌演员合作演出，盛誉更隆。戏院老板让她演《纺棉花》，特意聘来南方名丑刘斌昆与她合作，演出轰动了上海滩。后来又演《大劈棺》《戏迷传》等，充分发挥出了童芷苓多才多艺的特长，在上海红得发紫。但是，童芷苓在艺术道路上并未满足，为进一步提高自己的艺术水平，扩展艺途，1942年6月28日，童芷苓与孟幼冬等组团赴哈尔滨新舞台演出，同年她拜梅兰芳为师，跨出不拘一格的关键一步。1943年1月下旬，她在上海参加七个京剧戏班的联合义演。1946年6月，皇后出版社出版《童芷苓专刊》。1949年上海解放后，8月初童芷苓与盖叫天、芙蓉草、盖春来、高盛麟、言慧珠、李玉茹、俞振飞、刘斌昆等联合演出，慰劳解放军。

1952年10月22日至11月17日，童芷苓京剧团在天津新华戏院演出，主要演员有童芷苓、童寿苓、童遐苓、杨荣楼、赵云秋、朱兰春。童芷苓主演的剧目有《女起解·玉堂春》《花木兰》，新《生死恨》，全部《穆桂英》《吕布与貂蝉》《王宝钏》《红楼二尤》，全部《荒山泪》《大英杰烈》《红娘》《汉明妃》《天女散花》《贵妃醉酒》《鸿鸾禧》《尼姑思凡》《拾玉镯·法门寺》，有时以双出演出。

童芷苓涉足的艺术领域越拓越宽，她应邀主演了多部电影故事片，参加周信芳主演的《宋士杰》电影拍摄，特别是她主演的京剧《尤三姐》被搬上银幕，说明她的这个戏得到了社会的广泛认同。她还主演了新编戏《武则天》《王熙凤大闹宁国府》，改编演出《金玉奴》《尤三姐》《红娘》等传统剧目，这些成为她的代表剧目。

1958年9月4日至14日，童芷苓领衔上海京剧院二团到天津的新华戏院演出，同行的主演还有王熙春、陈大濩、童祥苓、张岚云、魏连芳、童寿苓等。童芷苓主演了《雁门关》《二度梅》《锁麟囊》《樊梨花》等。

王紫苓小童芷苓10岁，1932年生于天津。童芷苓艺兼荀、梅，而王紫苓则是艺兼荀、尚。因为王紫苓的武功底子好，可以兼演青衣、花旦和刀马旦，在众人的提议下，她于1949年又拜尚小云先生为师。王紫苓学习荀派戏从一开始就是正根正宗，而且一生没改"宗荀"的戏路。她一入门就跟随为荀先生抄本子的徒弟魏效荀学戏，稍有基础后就直接拜荀老师。20世纪40年代后期走红天津，邀约不断，十几岁即开始挑班演出。1950年10月和1951年她与刘汉臣、姜铁麟、吴绛秋等合作演出。1950年12月她参加赵松樵领导的扶新剧社，与费玉策、张海臣、曹艺铸、郭云涛、钳韵宏等合作演出。1952年她与童祥苓演于北京。1954年2月和5月她领衔天津建华京剧团演出，1954年4月和1955年1月领衔天津建新京剧团演出。1954年9月她参加童祥苓领导的大众京剧团演出。1953年至1956年前后，王紫苓在北京红极一时。

王紫苓的演艺高峰时期是在20世纪的40年代晚期至60年代前半期。她的艺术特点是扮相俊美，舞台形象清新靓丽，文武兼备，活泼自然，塑造人物性格细腻入理，唱念悦耳动听，做表赏心悦目。她的戏路极宽，文戏能唱《孔雀东南飞》《凤还巢》《红娘》《红楼二尤》《玉堂春》《王宝钏》，武戏除演《穆桂英》等刀马旦，还有武旦戏《十字坡》之孙二娘、带点武的花旦戏《杨排风》、《荀灌娘》、《铁弓缘》、《战宛城》之邹氏、《武松与潘金莲》，并且还能反串演武生戏《白水滩》《三岔口》等，至于花旦戏，那是她的本工，更是当行出色的。粗略统计一下，她演过的剧目有130余出。

1957年，王紫苓受邀参加天津市京剧团，8月5日在长城戏院登台，她在9天中依次上演了全部《玉堂春》《红娘》《拾玉镯》《大英杰烈》《悦来店·能仁寺》《诓妻嫁妹》《花田错》，以及与王宝春合演的《武松与潘金莲》《龙潭鲍骆》。1958年王紫苓随团赴朝慰问志愿军。她在天津市京剧团除了经常带领分团演出，在"大轴"主演自己的常演剧目外，还经常在厉慧良、张世麟的武戏之前演"压轴戏"，也与厉、张等合作演出。例如，与厉慧良合演《长坂坡》饰糜夫人、合演新排古装戏《关汉卿》饰朱帘秀、合演现代戏《白毛女》《治海降龙》《赤胆红心》《走在前面的人们》；与张世麟合演《战宛城》饰邹氏、合演《武松与潘金莲》饰潘金莲等。有时还承担新编剧目的首期主演任务，如先后与朱玉良、宋鸣啸合演新排古装剧《铡判官》《铡赵王》《包龙图晚年除奸》《智斩鲁斋郎》，以及专为她量体裁衣打造的新排剧目《佘赛花》《香罗帕》《洺州烽火》及现代戏《为了六十一个阶级弟兄》等。王紫苓曾为毛主席、周总理、邓小平等国家领导人演出，获好评。至老年，王紫苓同天津众多老艺术家们一起，首批成为天津市表演艺术咨询委员会委员。

值得一提的是，王紫苓在京剧艺术生活之余，还写小说、散文等，并有作品发表，是全国戏曲演员中为数不多的作家。2012年，王紫苓荣获中国戏曲表演学会颁发的"终身成就奖"，年末制出王紫苓剧照挂历，获得各界赞赏。2013年4月，在西安王紫苓被推举为尚（小云）派艺术研究会副会长。同年6月21日，中国京剧艺术基金会"老艺术家谈艺说戏"工程项目为王紫苓录音录像。

王紫苓（左四）与童芷苓（左五）

童芷苓和王紫苓虽然是同出于津沽的荀门师姐妹与亲密的干姐妹，但却难得有机会同台献艺。岁近老年终于有机会在她们的故乡天津，圆了二人同台演出的梦想。

1983年1月27日至2月5日，天津人民广播电台与天津电视台主办连续10场的京剧"荀派"艺术专场演出，由天津市京剧团协助演出。童芷苓、王紫苓与其他一些荀门弟子同台合作，轰轰烈烈、圆圆满满地完成了10天的演出。1月27日晚和28日晚由陈永玲、赵春亮、季砚农演出《拾玉镯》，童芷苓、赵慧秋、王紫苓、荀令莱、尚明珠合演《红娘》。29日晚和30日晚由童芷苓、赵慧秋、王紫苓、荀令莱、尚明珠合演荀派名剧《金玉奴》。31日晚王紫苓、姚玉成演出《悦来店》，荀令莱、姚玉成、赵春亮、李少广演出《铁弓缘》，陈永玲、董金凤（荀派再传弟子）、孙玉祥、孙鸣凯、张学增演出《姑嫂英雄》。2月1日晚和2日晚由童芷苓、赵慧秋、陈永玲、王紫苓、荀令莱、尚明珠、姚玉成、张荣善、孙玉祥、赵春亮、孙鸣凯、张学增合演《红楼二尤》。2月3日晚和4日晚由童芷苓、荀令莱、姚玉成、张荣善、赵春亮、孙玉祥、黄荣俊、孙鸣凯、李少广等演出《勘玉钏》。5日晚演3出折子戏，荀令莱、王紫苓、姚玉成、李少广、温玉荣演出《花田错》，陈永玲、穆祥熙演出《小上坟》，童芷苓、童葆苓、孙玉祥、孙鸣凯、齐忠岚演出《樊江关》。这次演出活动轰动了全国剧坛，童芷苓与陈永玲作为这次演员中在全国影响最大的荀门弟子，起到领衔主演的作用，王紫苓作为天津市当地的主要演员，积极配合主办方、协助演出方和荀家及其弟子们，做了大量的协调工作，得到了荀慧生夫人的赞扬。《天津日报》发表署名吉平的评论文章说，在《红娘》中"王紫苓表演的'梳妆'不落俗套，做戏细腻准确，把红娘的喜悦心情体现出来。'佳期·拷红'一折由童芷苓主演，向家乡父老汇报，已61岁，仍像一个小姑娘，唱出'情'"。

如今芷苓已逝，紫苓健在，年逾八旬，精神矍铄，教戏论艺，仍为京剧奔走繁忙。

（发表于微信公众号"天津记忆"，2017年）

# 戏韵丹青梅花香
## ——我与王紫苓大师切磋画梅

张学强

朋友来电话请我到五大道艺术馆教王紫苓画画。我与王紫苓并不认识，只知道她是一位88岁的京剧表演艺术家，荀派继承人，主工花旦，能演青衣、武旦、刀马旦，是梨园名宿。

到展览馆时已是下午3点了，不多时老太太来了。

一见面一个笑容满面的老太太映入眼帘，看上去不像88岁的老人，脚腿无障碍，走路很快，很像在走台步，檀香的小扇拿在手里，动作像《西厢记》中的红娘，举手投足间流露出京剧演员的范儿。

她握着我的手高兴地对我说："我向您求教来了，我刚学画画，画得不好，您多指点。"寒暄后稍息，老太太来到画案前，打开了她的画。呀！十多幅梅花，我惊讶，一个老太太能有如此的毅力，从头学画画真的叫人敬佩，骨子里的一股坚强的精神，肯做老来学子，丹青不知老已至了，她辉煌的艺术成就是用这种精神造就的吧。

我从画梅花的打枝、点梅、补萼、点蕊细细地边画边讲，她连连点头："噢，明白了，明白了。"像个小学生，挚诚和如饥似渴的样子，真是可敬，有时我说话要大点声，显然她耳背了。

在我画画过程中她不时地拍手叫好，并自言自语："嗯嗯，是这样画！"当她看到了我把一幅梅花完成了，就鼓掌叫好，还对围观的朋友说："想学戏就找我，我可以教你们唱几段。"

当大家问及"您老怎么保养得这么好？"她弟弟笑着说："我姐心地善良，从不比，也不争，遇事不入心，乐观、豁达、知足，没什么保养。"

我当场画了一幅紫藤灵芝,题名《紫藤送春 灵芝献寿》送给这位老姐,她那高兴劲儿,真叫我欣慰,我送她一支画枝干的毛笔,她如获至宝,一个多小时过去,怕老人家累了。

临走时依依不舍,拉着我的手说:"我回去画点画再来请您指教。"

一位耄耋之年的京剧表演艺术家,88岁的老人,仍学而不倦,应该告诉我们中老年人,学习没有早晚,只要一颗挚爱的心,一种不服输的劲儿,就是最好的时间。

人总是要老的,年轻也不是可以骄傲的资本,人的一生学习是要每时每刻都要进行的。

祝紫苓老师画梅长进,祝她喜乐,平安,长寿。

画家张学强(中)赠画,左王紫苓,右王宝麟

# 青春永驻俏花旦

刘万江

在津门京剧舞台上,至今活跃着一位老艺术家。她年近九旬,却精神健旺,每每登台毫无老态,那行云流水的台步,灵活俏丽的眼神,细腻多变的表情,清脆悦耳的唱腔,刚劲、敏捷又矫健的身段,在短短几分钟内,便让你忘记了她是一位老人,让你觉得舞台上分明就是十五六岁调皮可爱的小花旦。她,就是津门京剧翘楚王紫苓。

王紫苓1932年出生在天津一个贫苦家庭,10岁学戏,在14岁和17岁时,先后拜京剧大师荀慧生、尚小云为师,又向名家筱翠花、宋德珠讨教,经多年舞台实践,其表演风格融合了荀、尚、筱、宋诸大家神髓,观众称赞她"文武昆乱不挡,唱念韵味纯正,功架边式大方,表演细腻传情"。

20世纪50年代初,王紫苓奔走京津沪献艺,她艺高人胆大,自己挂头牌,梅尚程荀的戏她均演,许多观众说:"有些演员的戏是'听',而王紫苓的戏是'看'!"当年,用戏班的话说,王紫苓真是红得"山崩地裂",难怪我国红学大家周汝昌年届九旬时还赋诗赞道:"荀派传人王紫苓,大观楼上管弦清,回眸六十年前事,绣幕重温史可惊。"1956年,王紫苓回到家乡参加天津京剧团,作为顶梁花旦,除长年与武生翘楚厉慧良和张世麟合作外,自己也挑梁演出了多部"大块戏",享誉剧坛八十载。

王紫苓的另一超凡之处,是她不但在舞台上允文允武,在生活中也能舞文弄墨。20世纪80年代初,她潜心写作,以旧社会闯荡江湖所经所闻为素材,创作出多篇反映旧戏班儿故事的小说《招财进宝》《老虎搭拉》《花红柳绿》,依然秉持她演戏的风格,语言通俗,入情入理、活灵活现。

读着她的小说,耳边仿佛响起锣鼓经,仿佛看到各色人等登上舞台。

我有缘与王老结识,也是源于她喜欢写作。2000年左右,我开始在京津报刊发表梨园逸事及戏曲评论文章,引起了王老关注。她日常喜欢读书、看报,纳闷从哪儿冒出一位刘万江,知道这么多梨园往事,可是她在天津唱戏几十年,怎么没见过这位老先生呢?当我给她打电话时,她下意识操着舞台小花旦腔儿吃惊地说:"哎哟,你还不到30呢!我呀,一直以为你是个老头儿。"当我苦恼自己写稿子只会平铺直叙,不会辞藻华丽、升华主题时,王老鼓励我:"辞藻华丽有什么好?光云山雾罩没真东西,大帽子下面没有眉眼儿,谁爱读?"王老爱戏如命,恍惚20多年过去了,我亲眼看着她终日练功、教学、演出、写作、作画、访友,她一点儿也没有老的迹象,终日忙碌。有时闷得慌了,她就把我叫到家里聊戏。丝毫不夸张地说,在我结识的诸多戏剧、曲艺名家中,王老聊戏最为绘声绘色。她提到谁,不管是戏里的人物,还是生活中的某位名家,那这个人物就算附了她的体,无论表情、细小动作、声音、语气,就仿佛这个人来到面前;要讲起某段过往故事,那简直比评书还扣人心弦、流光溢彩,鲜活得如同一场大戏。讲完,我们娘儿俩就以这些为素材合作写稿子,我写初稿,她提意见修改。去年6月,王老在微信里操着她的小花旦语气给我留言:"万江,你不是要我的画儿嘛,我给你画了一幅梅欢(花)儿,来拿吧!"老天!这幅画,王老拖了我20年!王老小时候就特别喜欢画画,但因为家里穷,学了戏,一直与画画无缘,直到退休后,20世纪90年代,她特意报老年大学潜心学画,圆儿时的梦。她最爱画梅,她说梅花在寒

王紫苓赠画刘万江

风暴雪中仍然挺立,铮铮傲骨,毛主席赞梅"待到山花烂漫时,她在丛中笑!"王老说这样的气魄让她敬佩,她要尽力画好,画出品格!画出气魄!所以,她画了20年,自己觉得满意了,才画一幅送给我。我小心地展开画作:王老以浓淡交织的墨色绘出老梅粗壮、遒劲的枝干;以艳红点染出梅花,层层叠叠、凌寒留香;以浅红点染出花蕾,浓浓密密,生机盎然。我心想,这画的不正是王老自己吗?老梅虽老,虬枝仍器宇轩昂,花儿仍恣肆怒放!

愿这位不服老的俏花旦青春永驻!

# 题　著名京剧表演艺术家王紫苓先生

师承荀尚，舞步翩跹，声腔婉转，八秩名伶春不老；
学贯迩遐，行操俊逸，技艺精深，一身英气范长标。

南宫尚小云纪念馆敬赠

# 名家、观众评论摘选

## 名家评论摘选

1.《大英杰烈》：20世纪50年代王紫苓在北京演出时，京剧界德高望重的万子和经常去看她的演出，尤其对她演出的《大英杰烈》最为赞赏。万子和在梨园界很有本事，是一位十分有经验的经纪人，有眼力，有捧角的丰富阅历，能够主宰一名演员的荣辱沉浮。他专爱看王紫苓演的《大英杰烈》，无论是在北京还是在天津，自己掏钱买票也要看。他说："买票看王紫苓的戏，我也愿意，她的《大英杰烈》好，与别人不一样，那是要文有文，要武有武。"在北京丰泽园饭庄，他收王紫苓为义女。王紫苓演的这出《大英杰烈》，不但万子和喜爱，就是大名鼎鼎的京剧名家赵燕侠也对王紫苓表演的《大英杰烈》颇感兴趣。约在1954年，王紫苓在天津新中央戏院演出《大英杰烈》时，赵燕侠来到剧场观看，看完演出，赵燕侠对他的琴师彭世基说："王紫苓演《大英杰烈》时抬腿是真功夫，使的是'真腿'（腿的真功夫）。"

2.《金玉奴》：该剧又名全部《豆汁记》《棒打薄情郎》，现在有时把全剧最后的"棒打"作为折子戏独立演出。王紫苓第一次在大观楼戏院演出的就是荀派名剧《棒打薄情郎》，当演到金玉奴看到父亲（师父三吉仙扮演）时，王紫苓的眼泪就立刻流了出来，师父的泪花也在眼眶里打转。

金玉奴出身于丐帮头头的家庭，因此她是一个小家碧玉，为人心地善良，其母早丧，父女相依为命，关系亲密无间。演员每演一个不同的人物，就要有一种不同的念白方法，其演法也不能一样。1982年与1983年之交，上海艺术研究所著名研究员、荀派研究专家王家熙到天津参加荀派艺术专场演出活动，实际上这次荀派专场演出是王家熙联合荀派主要传人共同策划与组织的。有一天，王家熙对王紫苓说："你的《金玉奴》好，既演出了金玉奴贫穷人家出身的身份，又表现出了金玉奴心地善良的品德，是小家碧玉的金玉奴。童芷苓演《红娘》好，演得够分儿，她的分儿大，因此她演出的金玉奴显得气派大些。演金玉奴非你莫属，你去上海如果演《金玉奴》，可能童芷苓就把这出戏收了（不再演出）。你去上海唱戏，我给你操办！"

3.著名京剧评论家、上海艺术研究所研究员王家熙：约在1980年，王家熙在天津观看了王紫苓与张世麟合演的《武松与潘金莲》，演出结束后，王家熙到后台见到王紫苓，说："我在天津（耀华中学）上学时，我们班上的同学都是你的戏迷，包括南大的一帮学生，经常集体去看你的演出。回到宿舍不睡觉，有的在被窝里偷偷给你写信。当时我们看你的戏都看成魔怔了！漂亮，表演得太好了，身段也美，完全是老的荀派，味道十足。你当年长得很像香港电影演员夏梦，有人说你是天津的夏梦，于是这个名声在学生中间就叫响了！到现在，老同学们在一起的时候，还谈起你当年的风采，好像就在眼前。人们对你的印象太深了，表演能抓住人心，让人看不够、忘不掉！"

谈到《武松与潘金莲》，他说："张世麟演的武松太威严了，现在很难找到这样的武松了。你演的潘金莲恰到好处，不瘟不火，用的是筱派的表演路子，但是有你自己的风格，表现出了潘金莲的委屈和无奈，令人深表同情。这个戏现在（指当时）只有吴素秋和姜铁麟演过。斗胆地说，你在她的基础上有所超越，非常好！希望你们能到上海演出，一准红！"

1983年，荀派艺术专场在天津第一工人文化宫演出多天，王家熙与其他荀派演员策划筹办并且参加全场活动。他对王紫苓说："你参加的演出我全看了，你的金玉奴太棒了，演出了金玉奴不折不扣的小家碧玉的身份，《豆汁记》这折戏非你莫属。当然，童芷苓演得也不错，可是她太大气，没有你更像小家门户的金玉奴。"

4.天津戏剧家协会名誉副主席刘连群：2017年3月19日参观"王紫苓艺术成就展"后留言："王紫苓老师艺术展内容很丰富，展出了王老师技艺精湛的舞台风采,让老观众感到很亲切,也有益于青年一代对老艺术家的精神有更多的了解,有助于京剧艺术的传承。"

5. 荀慧生先生之第三子、老生演员荀令言:2017年3月参观"王紫苓艺术成就展"后,在留言簿上写道:"津门鼓楼博物馆参观大师姐王紫苓艺术成就展,钦佩之至,有感抒怀,荀、尚亲授,艺承两派!"

6. 2017年3月29日《今晚报》登载记者曹彤的报道:《天津鼓楼博物馆展王紫苓艺术成就》,随文配发图片一幅。

7.《天津日报》记者刘莉莉为天津市表演艺术咨询委员会成立30周年撰文报道:《耄耋艺术家口传心授一代绝技》。

8. 天津京剧院著名演员李莉:2017年10月天津京剧院在天津中国大戏院举办一场老中青演员的演唱会,特请老艺术家王紫苓参加演出,她表演了《十三妹》中"悦来店"的片段。当时李莉在美国,未能亲临剧场观摩和祝贺,发给王老师微信:"王老师您好!我在网上看到您演出的剧照,非常高兴。您还是那么英姿飒爽,祝您健康长寿,多给大家观看您的风采。这次我在美国,没能亲自到剧场观看,非常遗憾,只能遥祝您演出成功!"

这场演出后,李莉再发给王紫苓先生一条微信写道:"王老师好,祝贺您演出成功!提前不知道有这次演出,加之学业原因,我未能及时到场观摩学习,很是遗憾,也很愧疚。幸喜好友特意将录像发给我,我才如愿再次欣赏到您的风采。只是(录像)是在后台(侧幕)录的,不如在前台能看到您脸上的戏。特发给您以存念。八(个)字(的)观(赏赞)语:老当益壮,风韵犹存!"

9. 原天津市艺术职业学院副院长张艳玲:参观"王紫苓艺术成就展"后在微信发帖:"昨天带着两位学生去参观了著名表演艺术家王紫苓老师艺术成就展,很受感动和启发。通过欣赏每一张照片,看到了老先生对京剧艺术的挚爱,从每一个动作和眼神,看到了老艺术家深厚的功力和深刻的内涵。她从内心深处迸发出来的艺术灵感深深打动了我,撞击出我的灵魂和感动。王老师高超的技艺绽放出来了!"

10. 天津京剧院退休演员、导演吴春鹏:他曾长期与王紫苓先生同台合作演出。在参观完"王紫苓艺术成就展"并且看到文丑名家赵春亮

（曾长期与王紫苓合作演出）之子的文章以后，发表感想，写道："看到赵贤弟（指赵春亮之子）和弟妹参观王紫苓大姐艺术成就展览的热情，顿感你们的父辈和王老师的情真意切，（他们）在舞台上的演出（似乎）就在眼前。什么是真正的艺术家、大师？是从生活中、艰难中磨炼出来的。不信你们可以查查过去老艺术家练功、学戏、跑码头、受气等的情况。现在的演员，你们哪个敢说'我演戏（可以）连续客满一个月'？没有（这样的人）了。我们年轻演员要向王紫苓老师虚心学习，她这样的老艺术家在全国也是屈指可数了。"

11. 天津青年京剧团花旦演员张悦：在2017年10月28日演出的全部《武松》中，张悦饰潘金莲，李秀成饰武松。该剧由天津王紫苓先生和北京京剧院李卜春老师（李万春之子）做艺术指导。张悦在朋友圈发帖说："今天开始排练全部《武松》，感谢两位老师冒着酷暑来指导说戏！李卜春老师一早从北京赶来，85岁高龄的王紫苓老师亲自整理剧本，一字一句反复推敲……"

## 观众评论选

12. 2017年3月，戏迷朋友吴贵山在参观"王紫苓艺术成就展"后留言："尚室精英荀派姣，经风沐雨化蟠桃。难得沽上花仙子，耄耋氍毹试宝刀。"

13. 2017年9月，天津电视台第二套（文艺）频道《大师模仿秀》栏目邀请王紫苓做荀派专场的嘉宾。一位戏迷观众在看过王紫苓这次在电视台与林玉梅相会及合影照之后，给王老师发微信："您和林玉梅演的《十三妹》，我都看过，多快，一个甲子过去啦！当年两枝花，沽上称大家。忽觉甲子后，神情仍十八！"

14. 戏迷朋友鲍凤海在"王紫苓艺术成就展"的展出期间，三次莅临观展，可见当年是王紫苓老师的一位忠实观众。他在2017年3月19日的留言写道："梨园奇葩，荀尚大家，德高艺精，薪火相传，贡献巨大！"22日留言写道："2016年8月1日晚，天津京剧院辉煌60年大型演唱会……王紫苓老师以85岁高龄在《十三妹》中英姿飒爽、表演精彩，不愧为'菊坛楷模'。愿王老师多保重，永葆青春，让人们喜闻乐见的（她的代表）剧目《战宛城》《拾玉镯》《大英杰烈》《翠屏山》《柜中缘》等再现舞台！"25日的留言又编出几句感言："万紫千红月季花，津苓剧坛挑梁旦，功劳簿上留美名，楷模国宝艺术家。"每句的第二个字连起来是"紫苓劳模"，每句的最末一个字连起来是"花旦名家"，这八字连起来则是"紫苓劳模，花旦名家"。王紫苓先生在20世纪50年代末至60年代，曾连续4年获得天津市劳动模范称号。

15. 一位北京的京剧票友夏先生特意赶到天津，参观"王紫苓艺术成就展"，留言："阳光明媚，我来天津观看王紫苓老师的"艺术成就展"。内容挺丰富，详述了王老师的从艺经历和艺术成就，尤其是展出的影像资料非常珍贵，正是观众所期待的。全片五十分钟左右，不由人驻足观看。最大的感触仍是成就背后无数的血汗积累，博采众长方能畅游艺海，而这一点（经验的意义）绝不仅在艺术一（个）方面。再次祝贺王老师！"

16. 一位署名范权的当代书画大家留言道："王紫苓老师从艺70年回顾：出将为鸾凤，入相拜墨皇。一生传佳音，德艺美名扬。"

17. 天津医科大学教授、雅风京剧社票友左厚生先生留言写道："继荀尚两家，传京剧事业，德高技艺精，门徒满天下。愿青春常在，身健永康宁。"

18. 北京戏曲职业艺术学院、荀派艺术交流中心、北京荀派研究会李连仲先生写道："祝贺王紫苓老师艺术成就展成功举办！德艺双馨，文武全才。恭祝王老健康长寿！"

19. 戏迷李进昌赞语："荀派一代名伶，梨园界内精英，今日前来观展，形象铭刻心中。"

20. 河南省郑州市马义钦从郑州专程赶来天津，参观"王紫苓艺术成就展"，并留言道："专程从郑州来天津看王老师的艺术成就展，收获颇多。祝愿王紫苓老师青春常在！希望能跟您学戏！特别喜欢荀派戏。看了您的照片发现，梳头、穿着原来还能这样。"

还有不少外国人也赶来参观"王紫苓艺术成就展"，留下外语感言。

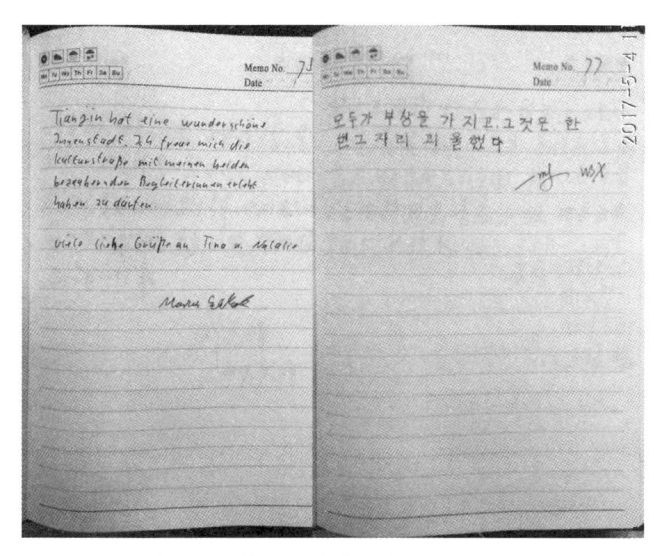

外国游人参观王紫苓艺术成果展留言

## 附二　王紫苓回忆文选

# 喊嗓子
## ——学戏生涯
### 王紫苓

"快起，快起。"师父每天都在天不亮的时候用这习惯的"喊起儿"把我从沉睡中惊醒，我一骨碌从被窝儿里坐起来，蒙眬着两只眼睛，迷迷糊糊的。师父已经把电灯打开，我一边穿衣服，一边努力睁开眼睛。我还想睡，多困哪！好像刚睡着，怎么就把我叫醒了呢？师父又喊上了"快点儿！快！快！磨蹭什么？一会儿天亮路上行人一多，空气就不新鲜了。早起清气儿能治百病。再说，学戏有睡懒觉的吗？谁家'功夫'是睡出来的？喊出来是个'铁嗓子'，要想'吃功夫'，就得喊。进九了更要喊。连喊几冬就行了。你嗓子这么窄，再不下功夫还唱什么？把嗓子喊哑了，再喊出来；喊出来，再喊哑了。来回几个个儿，嗓子就'担活'了。老先生说过：'不是没嗓子，就怕没功夫。'快穿，快走！"我一边加快穿衣服，一边听着师父的训话，睡意马上消失了。我和小师姐匆匆出了大门。星星在天空向我们眨着眼睛，路上没有行人。我俩顺着南门外大街往墙子河走，谁也没说话。师父说过多说话费嗓子。借着早晨新鲜空气，把昨天晚上的浊气换出来，天长日久就长命百岁。脑子闲下来可以背戏，于是我一边走一边想背戏，可是背不出来，只想着昨天的事……

师娘又让我请牌手打牌，两元钱一"锅儿"，每个人抽两角钱的"头儿"。这样打两"锅儿"，每人就抽六角钱的"头儿"，可以补贴日子。师父每天唱戏只赚5斤棒子面。因为米、面老涨钱，所以师父不赚钱，只赚棒子面儿。牌手里有一个妓女，头发老是披散着，脸上总显得那么疲倦。她嘴有点歪,烟卷一支接一支。她不爱说话,但人很和蔼。我总觉得她好像有什么心事。有时别的牌手没到,她便坐在那里歪着头发怔。忽然眼光碰上我,就冲我淡淡地苦笑一下。我常偷偷地看她。听人家说妓女没好人,没好心眼儿,老打扮得漂亮迷惑人。我就想在她身上找到一点儿讨厌的地方,但是没有。如果说她讨厌,那就是她总那么不高兴,从没笑过。每次我去请她打牌,不管她是在睡觉还是歪着身在抽烟,都答应来。"苦孩子来了,我就得去,你要请不来牌手,师父准不高兴,对吧?等我赢了钱给你几角'吃喜'。"真的,只要她一赢钱,就给我两角三角的,并且是偷偷地给。她说:"拿着。学徒离开家怪可怜的。谁家里有钱也舍不得让孩子出来呀!"她的心眼真好。我又觉得她怪可怜的,好像她家里只有她一个人。我没有看见过她家中还有别人,也没看见她打扮过,更没看见她高兴或大笑过,她总是那么忧郁。

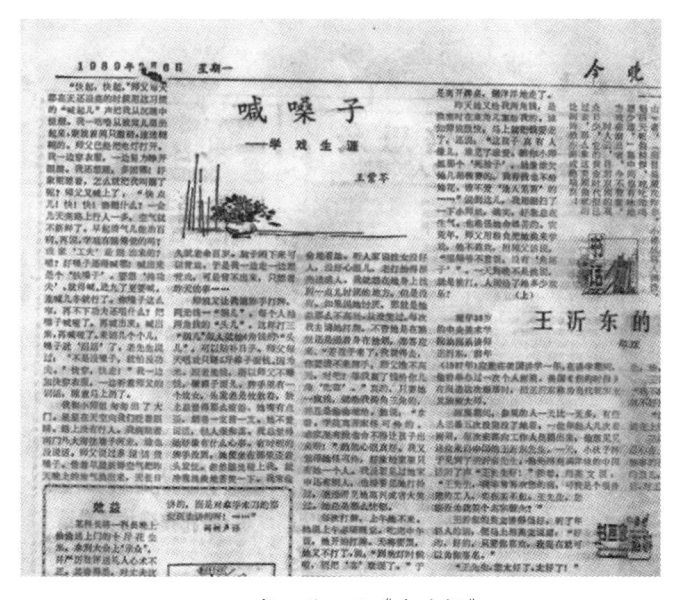

1989年2月6日《今晚报》

每次打牌,上午她不来,她说上午必须睡觉。吃完中午饭,她开始打牌。天将要黑,她就不打了,说:"到挑灯的时候啦,别把'客'耽误了。"于是离开牌桌,懒洋洋地走了。

昨天她又给我两角钱,是换座时在桌角儿塞给我的。谁知师娘眼快，马上就把钱要走了，还说："这孩子真有人缘儿，谁见了谁爱。瞧你小师姐那个'死脸子'，就像谁欠她几吊钱似的，我有钱也不给她花，谁不爱'逢人见喜'的……"说到这儿，我用眼扫了一下小师姐，确实好像总在生气。也难怪她命够苦的，灾荒年，师父用粮食把她换来学戏，她不喜欢，用师父话说，"祖师爷不赏饭，没有'角坯子'"。一天到晚不是挨说，就是挨打，人间给了她多少欢乐？

边走边想，来到墙子河。走上长堤，再从堤那边下去，是一条小河流。两岸都是"乱葬岗子"。有一条狗，眼睛是红的，正在啃一堆骨头，仔细看，原来是昨天新埋的小孩，让狗给扒出来了。小师姐说："咱回去吧，怪害怕的。"我壮壮胆子往前迈了一步，狗一惊，扭头就跑，跑到远处回头看着我，我用假声喊："咦——，啊——"狗闪电一样没影儿了。

天好冷！嘴都冻木了。"使劲念白！血液活动开嘴皮子就有劲儿了。"想到师父的教诲，我便使劲念起台词来。

忽然听到有脚步声。一看，呵！唱小生的伙伴来了。他穿得特别单薄，一条黑单裤被风吹得来回摆动。脚下一双"鞋"几乎只剩下半个鞋底，又没有鞋帮，用草绳缠在脚上。看见他，我感到更冷。我打了一个冷战，缩缩脖子看着他。忽然，我羡慕地说："你多美，还有口罩儿，准比我暖和。"他不停地来回倒着脚说："也许。"说着，用手摘他的口罩儿，准备喊嗓子。怎么？从鼻子尖到嘴唇薄薄地冻了一层冰，可怜！我心想，还是别有口罩吧，我要有，恐怕也冻上了。由于体内热量不够，小生伙伴根本就不能固定站在一个地方，他不得不来回走着，搓搓手，焐焐耳朵，一边连走带跳喊着："咦——，啊——"接着我们该念白了，我经常念的京白是《十三妹》和《金玉奴》，韵白是《玉堂春》《宇宙锋》。从双唇没有知觉听不出自己念的是什么，到双唇运用自如，自己听得非常清楚为止。有时我问小生伙伴："我念得清楚吗？"他说："不成，嘴皮没碰上，囫囵半斤。"我就再用劲念。一阵风迎面打过来，我怕"拍"了嗓子，顺着风一扭脖儿，正看见身后堤上站着一个人，背着手冲我们看着。"师父！"我"啊"了一声，心想，师父偷偷来了，如果我们没好好喊嗓子，回家免不了一顿好揍。我们时刻记着师父的话:"能耐练出来是自己的,下多大功夫露多大脸,不练不学是害自己。"

显然师父已经来了一会儿了,看我们都没"偷油",索性他也喊上了:"具,具告状民女宋氏巧姣为夫喊冤事啊——"于是,小花脸的高、亮京白,夹杂着小生的真假声,还有我和小师姐窄窄的小嗓京白、韵白,形成一个京剧高低、真假、宽窄音的大和弦,听起来很悦耳。特别是师父那段《法门寺》中贾桂的念白,又脆又亮,听起来嘴皮干净利落,字字铿锵有力,一气呵成。我慢慢听会了,后来我曾反串过贾桂,以师父的念白特点,赢得了观众的好评。

这天,风特别大,师父冻得都不行了,说:"来,来来,上这儿来避避风。"说着,师父领头钻进河堤上日本占据天津时留下的碉堡。圆形的,用砖砌成,四周留有射击孔。有一个小门,低低的。我们跟着师父钻进去,呵,太脏了!又潮,还有人骨头。我们每个人找一射击孔,把嘴冲着洞口外喊起来,谁也舍不得休息一会儿……

该回家了,师父用脚踢了一下他脚旁的人骨头,犹疑一下说:"谁敢拿起来?"小师姐往后退一步。小生伙伴说:"天灵盖?我可不敢拿,回头半夜做梦,魂该找我去了。"师父说:"可惜,这个头骨能治'噎嗝',拿回去能救人。"我听了师父的话,毫不犹豫地一蹲身捡起来了。师父说:"妈的,胆儿真大,走吧。"一个一个钻出了碉堡。我边走边想,这准是日本人的头骨,我死了也有头骨,是不是也在地下扔着……想来想去也不知心里是什么滋味。

好不容易到了家,我问师父:"把这个放在哪儿?"师父漫不经心地说:"放椅子底下吧。"我把天灵盖往椅子底下扔。师娘问我:"什么呀,满地乱扔?"我得意地说:"在墙子河捡的头盖骨。"师娘吓了一跳,眼都瞪圆了:"妈呀,快扔出去!你捡这玩意儿干吗?"我看着师父,他忙说:"千万别扔,我让捡的。往后有人得噎嗝,咱可以拿这个去救。这是偏方,一治一个准儿。"师父一边坐在唯一的椅子上闻他的鼻烟,一边满意地看着我笑了笑:"这孩子胆儿真冲!行!有两下子,我还怕她半道儿上扔了哪!"师娘也笑着说:"你这师父没正行儿,你让孩子拿这个,你怎么自己不拿着呢?快找张纸包起来,哪辈子找得噎嗝的去，别在那儿搁着吓人。"我把骨头包好，找个旮旯收起来了。

小生伙伴要走，师父说："嘿，走还成？给她姐俩说说《虹霓关》。"师娘堆着笑脸冲小生说："孩子啊！瞧把你冻的，快来坐在这儿。"她拍拍炕沿儿："一会儿给你们熬山芋粥，热热乎乎吃饱再走。先说戏去吧！"我和小师姐听说学戏，乐得合不上嘴。小生伙伴听到有山芋粥喝，当然非常高兴。师娘洗山芋、熬粥，我们拿藤棍到院中说戏，师父美滋滋地坐在"宝座"上慢吞吞地闻着他那永远闻不腻的鼻烟，至于那块天灵盖，早都扔到脖子后头啦！

(《今晚报》1989年2月6日)

# 我与周汝昌先生的交往

王紫苓

王紫苓与周汝昌探讨《红楼梦》

我今年82岁,被称为京剧表演艺术家,是非物质文化遗产传承人,全国京剧表演艺术终身成就奖得主。但我出身贫寒,没读过书。所以,我从小就特别羡慕文化人。

1946年,我在天津市东北角官银号大观楼演出。女花脸尚宝奎告诉我:总有两位大学生来看戏,尤其爱看我的戏,管我叫"小花旦"。这引起了我的注意,只要他们来,我就演得更加认真、投入。两位大学生和许多演员都很熟,经常到后台聊天儿,他们谈吐文雅大方,为人处世规矩、真诚,给我留下了极为美好的印象。他们看我练功刻苦,总鼓励我："你演的像真的一样！将来准能成角儿！"后来，我离开大观楼，闯荡江湖，再也没见到他们，但每每有人提到大学生，我脑海中总会闪现出他们儒雅的形象。

  1984 年，我开始学习写作，先后发表了《招财进宝》《老虎搭拉》。或许是受了我的启发，不久，周汝昌先生就发表文章，谈及青年时代在大观楼看"小花旦"，并说当年看好的"小花旦"果然成了京剧名家，就是现在的王紫苓！看到文章，我特别惊讶，周老是不是当年看戏的大学生？！他这么夸赞我的艺术，让我万分荣幸，如果能联系上周老，不管在艺术上、文化上，哪怕他随便说几句话，都将是对我莫大的教导啊！我辗转找到周老的地址，写去书信表达感谢并问候。周老很快写来热情洋溢的回信，亲切地称我为"紫苓艺家、乡友"，说当年看戏的，正是他和四兄祜昌。信中，周老表现出浓浓的思乡之情和对家乡艺术人才的厚望，他鼓励我要多演出、多教学，鼓励我坚持写作，让我多多回忆旧戏班儿的人和事儿以及天津民俗。从此，我开始了与周老的通信生涯。周老怀念家乡，让我拍下大观楼的照片，我特意和家人找到大观楼旧址，可惜已然被拆除，我只拍下周边情景，寄给周老。周老来信问我当年大观楼一些演员的下落，我知道的，一一回答。我还按周老嘱咐，回忆了诸如旧社会"腊八舍粥""打牌抽头""过年上供"等民俗片段，寄给周老。周老来信要听我演唱，我也想方设法录音后寄去。那时周老虽年事已高，且学术活动频繁，写作任务艰巨，但对我这个家乡的演员，却极为重视，每信必复，可以说每一句话都是在引导我、鼓励我钻研艺术与写作，且每封信均要附一首对我艺术描述的古体诗，给了我莫大的鼓舞。

  20 世纪 90 年代初，周老来津参加第一次娘娘宫纪念大会，我去拜访了他。见到这位不一般的老观众、老知音，一直鼓励我钻研艺业的老师、我心目中的"圣人"，我百感交集，落下泪来。那天我们聊得很开心。我带去自己各个时期 30 多张剧照赠给周老。周老虽视力微弱，却兴致极高，一张张仔细观看，并问我很多戏的演法。我又唱又做，周老也高兴得哈哈大笑。这是我唯一一次与周老见面。他曾多次邀请我去北京做客，我也的确想去，怎奈经历过"文化大革命"，我心里始终憋着劲儿要抢回失去的岁月，天天忙于教学、演出，社会活动也多，总难抽身。有时间去看周老了，他又不便。如此阴错阳差，一拖再拖，我们始终没有再见面。随着周老年事增高，视力越来越差，给我写来的信越来越乱了，落款签字，时常是"周汝昌"三个字摞在一起。每次我都是流着眼泪读他的来信，老人对我的热情真诚，让我不知如何报答！我知道周老收到我的信后，要女儿在他耳边大声喊着读给他听；给我回信，要手持放大镜，脸几乎贴上信纸慢慢地写。我更加牵挂周老、心疼周老，更想去看望他，可我更不敢去，怕他累，怕打扰他的生活。我不敢总给周老写信了，只好从报上关注他。

每每读到他行云流水的文字，我仿佛又看到他和蔼可亲的笑容，耳边又响起他如沐春风的话语。令我没有想到的是，周老依然关注着我。2008年大年初二，年届九旬的周老又一次撰文回忆青年时代看我演戏的情景，称赞我的表演"大方而自然，端庄而美丽"，并提及我们的书信往来，呼吁希望看到我的电视专题片，还赋诗一首："荀派传人在紫苓，大观楼上管弦清。回眸60年前事，绣幕重温史可惊。"

2013年5月，周老辞世。我闻知噩耗，痛哭失声。欣赏我的艺术、了解我的为人、给过我教益的恩师、我心中的圣人，永远离开我们而去了！我朝着北京方向，深深鞠躬，向老前辈沉痛告别。

（《中老年时报》2013年9月11日）

# 师艺师德育后人
## ——怀念师父荀慧生先生

王紫苓

京剧艺术是我国民族文化的瑰宝,更是中华民族的骄傲。如果把京剧艺术比作一顶美丽的桂冠,我的师父四大名旦之一的荀慧生先生创立的荀派艺术就是镶嵌在这顶艺术桂冠上的一颗璀璨的明珠。

我尊敬的师父自幼坐科学艺,苦练各项技巧,特别是让人望而生畏的"硬跷"功。他用辛勤汗水,滴滴血泪,坚持锻炼,遍访名师,以坚韧不拔、百折不挠的毅力,冲破重重难关,不断进取,逐渐形成了魅力无穷、独树一帜的荀派艺术表演体系。老师的表演无论是小家碧玉,还是大家闺秀、巾帼英雄,都是从人物的特定环境和性格出发,不受行当限制的,不单纯卖弄技巧,绝没有矫揉造作、搔首弄姿,一坐一站都是那么美妙绝伦、如诗如画,艺术风格既风雅大方、清新夺目、妩媚优美、意境非凡,又是那么媚而不俗,美而不妖。

老师是一位从不故步自封的革新家,在他一生艺术生涯中,始终是锐意求新、不断思考、不断总结,每次演出都有新发现,有时即兴发挥,做出新的尝试,使其更贴近人物,更加细腻传神和引人入胜。

老师曾说:"要充分理解所演人物的思想感情,要'死'学四功五法,'活'用在角色身上,但这只是一个'形',要想做到'形神兼备',就要挖掘角色的内心,突出一个'情'字。内外合一才能把一个栩栩如生、有血有肉、各阶层各年龄段的妇女形象呈现给观众。人物有了灵魂,不是空架子,观众才能百看不厌。同时,牢记演戏要保持'三分生'，不停地在角色的感情中去挖掘，要用心去演，让观众永远会有新鲜感，那才能久演不衰。演戏不能图热闹、图叫好，要演深度，无论是手势、眼神，还是台步等一系列技巧，都要'有的放矢''恰如其分''有条不紊''动中见静''静中见动'，准确地为人物变化所运用。如果用多了，观众就会看得眼花缭乱，累得慌。艺术本身是源于生活、高于生活的，如果用得好，观众看到的是既可信可靠又自然贴切的真实人物，观众就会随之动情，而爱、而恨、而喜、而悲。"

有一年我接受任务，赴北京中南海怀仁堂为毛主席演出《铁弓缘》，机会难得，演唱得非常火爆。主席派秘书到台上对我说："你唱的是荀派，很好哇，能把眼睛收敛一些就更好，眼睛太活啦！"我冷静下来，仔细思考，老师曾说："不管什么场合，不管给谁演，都要一丝不苟地在人物之中，过于兴奋，容易手眼乱动，那就偏离了人物。眼睛该动时动，不该动时别乱转。"今天忘了老师的教诲，今后引以为戒。在以后的教学中，我叮嘱学生演出时一定要严谨认真，把握人物性格，千万处处注意分寸。

回忆1946年我在北京西城白庙胡同拜师，正赶上老师与琴师郎富润对戏，老师让我唱了一段《铁弓缘》的"南梆子"。老师夸我唱出了荀派韵味，扮相好，脸上自然带戏，是个花旦料，欣然让我行了师徒大礼，收下了我这个徒弟，并安排我和我父母住在了留香饭店。一天晚上，老师要在鲜鱼口华乐戏院演《杜十娘》，我陪着老师在大圆桌前吃饭，老师吃得很少，但喝了一杯白酒，我问老师："怎么喝酒不吃饭哪？"老师非常高兴，认为我敢于提问，就告诉我："饱吹饿唱，不能多吃，喝酒不对，但已习惯，千万别学我的毛病。"老师多么善于教导学生，让学生不走弯路。这就是我老师的为人，让我肃然起敬。

有人来催戏了，老师领着我上了四轮大马车，去了剧场。有生以来我第一次看到老师演出，惊呆了！服装化装都与众不同，加上独特的念白、唱腔、表演，综合起来是自然大方，非常传神，我太爱了，入迷了，更坚定了我向老师学习的决心和信心。

有时间老师就给我说戏，不管教哪出戏，都是先讲戏情戏理，讲人物、环境、心理变化等。在讲《玉堂春》时，老师说："这出戏是唱、念、做、表综合一体的戏，很吃功，既要唱得好，又要表演得精，从'嫖院'开始，就要让观众看到一个被逼为娼的少女，在鸨儿的摆布下，历尽磨难的命运遭遇，使观众寄予同情。苏三在娼门待了9年，怕长大，还是到了16岁，鸨儿逼着去见王公子，苏三既怕鸨儿，又不愿见，这是第一次心情紧张，步履黏滞，慢慢腾腾，非常勉强，在鸨儿推推搡搡下到了王公子面前，用眼一瞟，刚要扭身回去，心中忽然一动，马上凝神聚光看住，害臊、低头、心慌意乱，用眼看鸨儿，意思是我怎么办哪？鸨儿说：'倒茶！'苏三步伐轻盈地倒茶送与公子，还是低头害羞，用眼角偷扫公子，暗生爱慕。二场，苏三心中期盼公子，她心中产生少女初恋的感觉，想公子又怕公子不来。当鸨儿喊：'公子来啦'，苏三从椅子上跃然而起，快步出迎，表现出盼来了心上人的喜悦，一定要含蓄矜持，一来她还是纯真少女，二来怕鸨儿申斥，把真的思想感情暗藏起来，从脚步上带出欢快就行。总之，这个戏，没有大舞蹈，也不要水袖，就靠眼神来表达心理变化，一定要学会了，好好仔细地去品味，去'悟'，去揣摩。"

此后，老师又教我《勘玉钏》《十三妹》《大英杰烈》《霍小玉》《红娘》等戏，都给我讲得很仔细，而且不厌其烦，还告诉我："你武功基础好，多演点半文半武的戏。以后可以按我早年的戏路，串演《白水滩》《三岔口》等武生戏。"老师给我指出宽阔的戏路，让我发挥我的特长，使我思想开了窍。遵照老师的教导，我演出《红娘》时，后边反串《白水滩》的十一郎，演《杨排风》时，后边反串《三岔口》的任堂惠。我又学了《战濮阳》《艳阳楼》，观众非常欢迎，认为既看了荀派表演，又看了反串武生，真是文武全才，值！我真由衷地感谢老师，不仅教我如何演戏，还给我指出一条宽阔的戏路，更让我知道什么叫"因材施教"，如何去鼓励后辈发挥潜能和优势。老师还说："学我别像我，要像所演的角色才行。千万不要停滞不前，要用自己特长发挥创造，只有不断创新和修改，才能'立得住'。"

老师的教导使我获益颇深，牢记一生。老师是一位提携后人、循循善诱、德高望重的育人长者。他希望学生个个超过他，青出于蓝胜于蓝。如果说今天我在艺术上取得了一些成绩，应该归功于老师的教诲和引导有方。

在我60余年的舞台生涯中，不停地在荀派艺术海洋中学习、寻求、探索和实践，逐渐悟出老师荀派的念白独特之处在于生活化、口语化，无论京白、韵白，还是京、韵白结合，都不是咬言砸字，而是朴素自然。看似拉家常，却在韵味之中，很见功力，让观众既容易听懂又非常亲切，如《金玉奴》《十三妹》。

在唱腔上，我个人认为老师综合了美、媚、俏、娇、脆、圆、柔、憨、新等特点，巧妙地运用滑音、颤音、撒音、顿音，甚至缩音。板式上大催大撒，以婉转缠绵、收放自如、以情带声、先情后声、声情并茂来唱出人物内心世界的千变万化，如《尤三姐》《俞素秋》等。悲情如泣如诉，凄凉哀怨，时而如病燕哀泣，又似那杜鹃啼血，不仅使人动情，更是催人泪下，如《霍小玉》《钗头凤》等。喜腔则是唱出高山流水，珠落玉盘，使人欢欣舒畅，心旷神怡，不禁令人神往，如《红娘》《韩玉姐》《棋盘山》等。唱情时则是含情脉脉，情意绵绵，音断情不断，尽在意念中，让人回味无穷。

眼神绝不乱用，有的放矢，简而明，少而精，恰当准确地表现人物内心动态，或情意绵绵、或悲凉哀怨、或洒脱活泼，都是勾魂摄魄、牵动人心、令人陶醉而神往的。

总之，老师的表演风格深沉含蓄，风雅大方，讲究的是神态和意境。在台上演什么人像什么人，灵活自如，非常随意，让观众跟着他的艺术心驰神往，像一幅国画的"大写意"，那么灵活飘逸，出神入化，观众为之倾倒。细微处又似美丽的"工笔画"，细腻精巧，越看越深奥，又是那么难学，高不可攀。

荀派艺术是宝库，是老师毕生心血创立的，来之非常不容易，我们要好好继承传播下去。首先是爱护它，研究它。我今年78岁，一直在学习和实践荀派，觉得越摸越不见底，只悟到了一些皮毛，愿在有生之年和荀门师姐妹及荀派爱好者共同携手研究挖掘荀派艺术的奥妙，让荀派艺术永传后人。老师的学生很多，都在勤奋工作，孙毓敏师妹是佼佼者，她不仅继承荀派，有所发挥创造，而且桃李已经遍布全国，撒下荀派艺术的种子，非常感谢她为荀派做的大量工作，在振兴京剧的同时，把我们荀门师姐妹召集一起，共同探讨商榷如何把荀派传承下去。我愿尽微薄之力，把一生所学所悟尽量挖掘传给下一代，让荀派艺术这京剧百花园中的一朵美丽奇葩越开越旺，永放光彩。

（在"纪念京剧大师荀慧生诞辰110周年"艺术研讨会上的发言，原载由北京戏曲艺术教育基金会、北京市振兴京剧昆曲协会编印的《荀学理论初探》专刊第141—144页）

# 我与天津中国大戏院的渊源

王紫苓

在1947年到1948年间，我初次登上了天津中国大戏院的舞台，那是一次偶然的机遇。有一天，中国大戏院贴了《二进宫》这出戏，花脸是万国权，老生大概是张伯驹，旦角因生病去不了了。正好我刚学完这出戏，我就跟师父三吉仙先生来到了中国大戏院。我第一次看到了这么富丽堂皇的剧场，灯光很明亮，有面光，有顶光，还有脚光，非常漂亮。那天我穿的服装是我师姐的，漂亮的黄帔，再戴上新的点翠头面，扮上还挺好看的。大伙问我："你这么小，唱这戏，你害怕吗？"那时我只有十五六岁，我说："我不害怕！"当时年龄虽然小，却留下了很深的印象。记得那时的后台不大，是在乐队的上边，乐队后边有个铁梯子，顺着梯子上去是灯光室，在旁边是三个不大的化妆室，是给主演预备的。《二进宫》中一个老生，一个花脸，一个青衣，正好我们三个人一人一个化妆室。中国大戏院还有地下室，那里边很大，班底、四梁四柱、群众演员都在那里化装，包括大衣箱都在那里。

中国大戏院的剧场有三层，我妈妈是在二层看的戏，她说："哎哟，剧场这么大、这么好，可是你太矮了，我在二楼看你，就跟个小蚂蚁似的，那么瘦小，看着挺可怜的。"这个事说起来是个笑话，但当时我的心里就立下了志愿：我一定要身体健康，长个子、长能耐，将来到中国大戏院来演出！因为，中国大戏院不是随便能去的，不是好角儿，是没有资格到中国大戏院来演出的，只有马连良等全国各地的名角来了，才能登上这个大雅之堂。同时，只有在中国大戏院演出了，才能说明你是个好角儿，你就要红起来了，观众就特别爱看了。而一般演员，最多能到新华、共和、群英等戏院演出。

1956年，天津市京剧团建团时，他们派人找我，希望我加入该团，听说团部设在中国大戏院，我非常高兴，我也非常愿意给天津的父老乡亲演出。但我当时跟北京有演出合同，所以在1957年合同满了之后，才参加了天津市京剧团。那时候中国大戏院的格局还跟我在20世纪40年代末看到的一样，等到了1960年，就把后台的后墙推开了，为的是给演员多留点迂回的地方。因为演员太多，穿服装、扎靠什么的都不方便，地方太窄小。有一次，我们到钢厂演出，中国大戏院的经理杨树新跟我说："能不能借这次演出的机会，让钢厂的厂长给批个条子，多给点钢材，咱把戏院弄好点。钢厂的杨厂长爱看你的戏，今天晚上又是你的全部《穆桂英》，吃饭时你跟杨厂长说一说。"我说："我可不敢，我除了会唱戏，别的都不会。"杨经理说："你就甭管了，到时我一提醒，你就说，然后我就接过你的话茬。"于是，演完戏后，我们就一起吃饭，我坐在杨经理和杨厂长的中间，吃着饭时，杨经理说："我们中国大戏院把后墙推了，想把它重新弄一下。"然后就推了我一把，我就说："是啊，杨厂长，我们那儿还缺料呢。"结果杨厂长就给批了好多的料，现在回想起来，我还为中国大戏院的改造出了一份力，感到很高兴。

建好后的后台宽阔了许多，但剧场的声音就没有以前的好了。以前不用话筒，就是嗓门小的演员演唱，观众在三楼（戏称"娃娃山""灶王龛"）都能听得特别清楚，声音都是往剧场里拢音的。后墙一推开，声音就往后台外边走了，演员唱起来就比较费劲了。当然，现在用上了无线扩音话筒，这个弊病也就无关紧要了。

在中国大戏院的舞台上，我演出了不少大戏，譬如《大英杰烈》、《红娘》、《红楼二尤》、《杨排风》、《十三妹》、《铡判官》、全部《玉堂春》，以及折子戏《柜中缘》《拾玉镯》等；还与张世麟先生合作过《武松与潘金莲》《战宛城》；与厉慧良、周啸天、张世麟、丁至云、包式先、宋鸣啸等合作演出了不少现代戏，如《赤胆红心》《治海降龙》等。《走在前面的人们》是我团排演的第一个现代戏，是1958年演出的，反响很好，后来就决定多排些现代戏，戏很火爆，人员也挺齐整。那时候不分大小角色，也不分主演、配演，谁适合谁就演就唱，大家都非常地团结,非常地愉快。

我在中国大戏院唱戏已有30多年了,如果算上第一次1948年初次登中国大戏院,也有70余年了。在特殊时期,我在这里劳动,从一楼到五楼的所有卫生间、楼梯、屋子,都由我来清洁,这一切都是在中国大戏院。所以,这里的每一个角落我都熟悉,地下室从哪儿进,门儿在哪里,哪里还有个小屋,屋里都放着什么东西,我都清楚。中国大戏院留有我的酸甜苦辣。1987年,我被调入了天津市表演艺术咨询委员会,

王紫苓在天津中国大戏院讲座

但也经常回到中国大戏院看看,因为我与这里前台的各位经理、演职员工的关系都相处得非常好,有深厚的感情。中国大戏院就像我的家一样,收藏着我半生的回忆与情感……

中国大戏院的舞台非常适合演传统戏,因为它不大不小,正好。像新华戏院就不如中国大戏院大,而后来盖起来的一宫、二宫等剧场,就比中国大戏院大,现在盖的戏院又更大了,它们适合排演大型剧目。如果演传统戏,我还是喜欢在中国大戏院演出,我觉得它的深度和横度都非常适合。当然了,也可能是我在那儿30年了,在台上怎么走都觉着合适,这也许是我的一种情怀吧。

我非常喜欢中国大戏院,怀念中国大戏院,能再次登上中国大戏院的舞台,我觉得特别的欣慰,因为我在中国大戏院学习、展示过我热爱的京剧艺术,付出了我亮丽的青春和最美好的年华,在这里也得到过组织对我的培养和教育,享受到国家给予我的许多荣誉,更获得过无数观众热情的捧场与鼓励。千言万语汇成一句话:中国大戏院就是我的家!

(2018年7月29日,该文刊于天津中国大戏院院刊)

# 回忆名丑张永禄先生

王紫苓

一代名丑张永禄先生离开我们20年了，但他的音容笑貌却如在眼前。他的过早离世是京剧界的一大损失，使京剧界失去了一位德高望重的丑角艺术家。记录他舞台风采的资料很少，实在令人惋惜。

张永禄先生会的戏颇多，无论四大须生、四大名旦，甚至花脸、老旦，哪一个行当和流派他都能傍，而且兜得准、傍得严。张先生常说："丑行是配演，在台上要捧角儿、托角儿，也就是要把戏捧好、托住，不要卖弄自己，不能蹿头，不能搅戏。"他不光这么说，也是这么做的。有了他的帮衬，使主演这一"花朵"更加美丽鲜艳、光彩照人。当年我与名小生童寿苓、名丑茹富蕙、朱斌仙在北京民主戏院合演《拾玉镯》，与众多名家同台，使我真正体会到"好花需要绿叶配"的含义。我演出的时候是那样的轻松自如，演出质量比平日高出一大截儿，让我更加体会到张永禄先生所说的：好的艺术作品需要演员们悉心合作。

张永禄先生文武昆乱不挡，表演风格不媚不俗，含蓄大方，擅抓冷哏，又不脸谱化，演出的人物真实可信，令人回味无穷。我与张先生合作过的剧目有《大英杰烈》《孔雀东南飞》《拾玉镯》《挑帘裁衣》，张先生在剧中分别饰演陈母、婆婆、刘媒婆和王婆。虽然这几个人物从扮相上基本相似，但张先生在表演上却能从人物性格出发，抓住人物的内心世界，将陈母的刚强侠义、刘媒婆的诙谐风趣、婆婆的封建刁钻和王婆的卑鄙恶毒刻画得淋漓尽致，毫无雷同之感。

1953年，北京燕声剧团为加强演员阵容，约来张永禄先生和谷玉兰先生。当时我演的戏比较杂，梅、尚、程、荀及筱翠花、赵燕侠等位的戏无所不演。因为有了张先生，所以我演的这些流派代表剧目都很顺畅，一点儿也不用着急。张先生见我虽然年轻但很有舞台经验，便经常鼓励我，还把他所知道的其他优秀演员的艺术特点及所擅长的风格讲给我听，使我受益匪浅。

一次我在华北戏院演出"荀派"名剧《霍小玉》，我饰演霍小玉，张永禄先生演鲍十一娘。眼看要上场了，可琴师临时有事来不了，后台演员都很着急，我甚至有些慌乱，这可怎么办？要不回戏得了！这时张先生看我慌乱的样子，忙说："别慌！稳住情绪，戏还得唱，不能回！这么着，我给你拉琴！"我吃惊地说："您拉琴，那谁演鲍十一娘？""没关系，咱来个两不误，只要我在台上有戏，你就由官中的胡琴给你拉，但你不能急，还得把戏演好，如果台上没我的戏，我就马上到乐池给你拉琴。你是主演，不能慌，大家都瞧着你呢！千万沉住气。"听了张先生的话，我才踏实下来，照常演出。现在回想起那个场景非常有趣，也着实让人感动：张先生脸上拍着彩，梳着彩旦头，穿着彩旦褂子，坐在乐池为我拉琴，一会儿在台上演戏，一会儿在乐池拉琴，这个场面别有一番情趣。总之，这场戏演得比较圆满，没有太大的失误，观众兴致勃勃，异常高兴和满意，因为他们不仅欣赏了"荀派"名剧，还额外领略了张先生的京胡演奏，是一次很难得的机会。通过这次演出，我更加感受到张先生的舍己为人、顾全大局的高尚情操。

1958年，我与厉慧良先生赴朝鲜慰问演出回来，听说张先生调到我们所在的天津市京剧团二队（那时候还没有建院）。我很高兴能有机会与张先生再次合作。当时由我与张世麟先生合作演出《武松与潘金莲》，正好是张永禄先生的王婆，我们是老熟人了，所以合作得非常默契。以后又与张先生合演了《香罗带》《勘玉钏》《金玉奴》《荀灌娘》等戏，每出戏经过我和张先生一起研究都是越演越精，特别是《金玉奴》，我们把父女俩的感情演得逼真感人。

张永禄先生台上台下都正直正派，他待人和气、礼貌、彬彬有礼。对强者从不献媚，而是以礼待人，一派正气；对弱者则处处呵护关照，从行动和精神上给人以温暖和尊重。和张先生合作的时候我尚年轻，但张先生给我的印象却相当深刻，不仅对我当时的艺术道路提高帮助很大，更重要的是在我人生道路上，他起到垂范作用，称张先生"德艺双馨"，他当之无愧。

之后张永禄先生回到北京，我们就再没有机会合作了，直到今天，我还深深怀念张永禄先生。值此张先生95周年诞辰之际，他的子女张兰馨、张立和四处奔波为其父搞此纪念活动，他们的孝心令我感动，也使我时隔多年重忆一代名丑的卓越德艺，希望他的德和艺能为后代树立典范，传承下去。

（原载《家世梨园情》，2000年5月）

# 浅谈荀派名剧《棋盘山》
——我赴上海京剧院为熊明霞说戏

王紫苓

我10岁学戏，青衣、花旦、刀马旦兼演武生，尤其对荀派情有独钟。1946年，我在北京正式拜荀慧生大师为师，1949年又在北京正式拜了尚小云大师为师，成为他们的亲传弟子。我的一生始终热爱、忠于、传承、保护荀尚两派，是二位大师多年来积累的艺术宝库养育了我，让我受益终身。

多年来，我的演出以荀派为主，组班挑梁巡演于京津沪等全国各地。1957年，我应邀参加天津市京剧团（现京剧院），担当顶梁花旦，长期与厉慧良、张世麟等合作。1987年原天津市老市长李瑞环同志给我们成立了"天津市表演艺术咨询委员会"，我成为咨询委员，后享受国务院特殊津贴，被命名为"非物质文化遗产传承人"，是京剧终身成就奖获得者。

荀老师非常喜欢我，他说我不仅脸上有戏，浑身还带戏，天然腼腆含羞，是个演花旦的好材料。老师经常告诫我："天才加勤奋才能出好人才，不要凭着小聪明，一看就会，就得意忘形。"通过多年来的舞台艺术实践，我更加深刻地体会到荀派艺术确实是无比深奥的，是学无止境的，要刻苦锻炼、努力学习、深入研究、进行探索，才能在各个戏的不同角色中找到不同环境、不同心境、不同感情、不同人物的喜怒哀乐。

我遵循老师的教诲，每出戏、每个人物都仔细琢磨角色的内心活动和内涵，尽量捕捉角色的内心世界，用四功五法灵活适当地运用在角色的心理活动和思想感情变化之中。我记得荀老师常讲的"要用心去演，要演戏的灵魂，要形神兼备，要演出内涵，要演出有血有肉、活灵活现的剧中人物"。正是铭记了荀老师的教诲，我每次演出都能有良好的效果，得到了观众的好评和认可。我一直在刻苦钻研，因为老师的演出境界是出神入化的，实在是太深奥了。

在荀老师110周年诞辰即将到来之际，孙毓敏校长又在辛苦地奔波，为纪念老师做筹备工作。2009年春，她邀请我挖掘整理荀老师多年未演濒临失传的荀派名剧《棋盘山》，我感到非常荣幸，毓敏师妹把这个艰巨的任务交给我，这是对我极大的信任。作为早期荀门弟子，把荀老师的艺术发扬光大，保护传承下去，是我义不容辞的光荣使命，我欣然应允，承担下来。

我的剧本和资料在"文化大革命"当中全部丢失，感谢王家熙先生在病中找到剧本，寄给我，并嘱我缩减到50分钟。我努力回忆当年老师教导我时的要求，以及我在北京、天津等地合作过演《棋盘山》的王世霞、朱锦章、姚玉成、谷玉兰、崔熹云、詹世辅、张永禄等名家演出时的特点和效果，集中起来整理成册，删除多余人物，去烦琐，留精华，突出了窦仙童和薛丁山的招亲重点，形成了今天的演出精练本。

这出戏要赴上海京剧院为孙毓敏校长的爱徒、当今走红的当家花旦熊明霞传授，小生金喜全由孙元喜先生负责。一路上我心潮澎湃，想起当年我风华正茂，因为得到荀老师的教诲，能够抓住角色的内涵，观众爱看、喜欢，说我表演自然流畅，很多戏迷想见我，因我那时年轻气盛，只挚爱艺术，不擅交往，演出后观众在剧场门前热情地等待我，我却被同事前呼后拥地从后门溜走，失去好多聆听意见的好机会。可是，在荀老师面前，我又是那么幼稚无知，我如饥似渴地把老师的每句话、每个动作、每个眼神，

《西安京剧与艺术交流》2015年第3期

牢牢地刻在记忆当中,用到每个角色中去。这次我要把深刻的记忆和多年实践积累的经验和心得,实实在在地传授给学生,使得荀派艺术在我们这一代继续传承下去。当今青年演员有一定的文化修养,素质好,条件好,有很好的基础和演出经验,对艺术表现有自己的认知。我当年的风采青年们不大了解,我又多年脱离舞台,生活非常低调,早年没有录音,更没有录像,我讲的东西青年是否认可,能否接受?这是个未知数。

到上海,得到上海京剧院领导及熊明霞和金喜全的热情接待,在教戏过程中,熊明霞、金喜全寸步不离,端水送饭,谦虚好学,使我忘却疲劳,从早到晚都在排练场上。

我对熊明霞说:"《棋盘山》是荀派的刀马应工戏,融唱、念、做、打、舞于一身。荀老师的演艺风格以表演人物为主,不要太武气,不要'叫好'主义,要武戏文唱,要用细腻的心理活动带动武打。由于人物感情的细腻变化,所以不要只打套路,要打出轻、重、缓、急,以情引打。每个姿势和动作都是美丽的画面,载歌载舞,舞蹈性很强。因为你是欣赏和爱慕薛丁山的,表面上不得不打,内心是爱、是传情,一定要打出感情,不落俗套。念白要干净利落,不要拖泥带水,要唱出清新俏丽,俏皮洒脱,注意抑、扬、顿、挫,大催大撒。总之,既要有少女的矜持娇贵,又要有女将的飒爽英姿,主要抓住人物美、媚、柔、脆的特点,掌握分寸,恰到好处,要柔韧兼备,区别于其他派别,突出荀派独特的意境和神韵。这就需要悟、化,长期坚持不懈地用功和努力。"

这里还要感谢孙毓敏校长,近日又把我们荀门各时期的弟子聚在一起,成立荀派艺术研究会,发了会员证,组成团队,发扬团队精神,并要经常聚在一起,研究、探讨、挖掘荀派艺术的精髓。我认为这是她做的又一件大好事。我们要各显其能,互相团结,互相切磋,保护传承来之不易的荀派艺术,移步不换形地世代相传。

荀老师在天之灵应当欣慰了。

(原载《陕西京剧与艺术交流》2015年第3期)

(本书所载图片均为王宝麟先生提供)